CES REINES
QUI ONT FAIT L'ANGLETERRE

Du même auteur

L. S. Mercier, *Parallèle de Paris et de Londres. Un inédit de Louis Sébastien Mercier*, Didier Érudition, 1982 (avec C. Bruneteau).

Terre d'exil, Aubier, 1985.

Partis et factions, PUPS, 1987 ; nouvelle édition mise à jour, 1991 (avec M.-M. Martinet).

Le Christ des Lumières, Cerf, 1990 ; rééd. CNRS éditions, 2011 (version italienne).

The Huguenots in England, Cambridge University Press, 1991.

W. Hogarth, *Analyse de la beauté*, Ensb-a, 1991.

The Civilisation of Modern Britain, Bréal, 1991 ; rééd. 1992, 2004 (en collaboration).

Bolingbroke, Klincksieck, 1992.

Cromwell, Fayard, 1992. Médaille d'argent de l'Académie française, prix Monseigneur Marcel.

J. Fontaine, *Mémoires d'une famille huguenote*, M. Chaleil, 1992 ; rééd. 2003.

Histoire des îles britanniques, XVIe-XVIIIe siècle, Nathan, 1994 (en collaboration).

Calvin, Paris, Lattès, 1995 ; rééd. Payot, 1999-2009. Prix Budget, janvier 1997, de l'Académie des inscriptions et belles-lettres (version américaine, version allemande, version espagnole, version géorgienne, version polonaise, version néerlandaise, version japonaise).

Histoire d'Angleterre, XVIe-XVIIIe siècles, Puf, « Nouvelle Clio », 1996 ; rééd. 2003.

L'Europe politique, XVIe-XVIIIe siècle, Ophrys, 1996 (avec M. Cottret).

Bolingbroke's Political Writings, Macmillan, 1997.

1598 : l'édit de Nantes, Perrin, 1997.

Henri VIII, Payot, 1999 ; rééd. 2005.

La Renaissance, Éd. de Paris, 2000.

Histoire du Royaume-Uni, Bréal, 2000 (en collaboration).

Histoire de l'Amérique du Nord, Bréal, 2001 (en collaboration).

Histoire de la Réforme protestante, Perrin, 2001 ; rééd. Tempus, 2010.

Du patriotisme aux nationalismes, Créaphis, 2002 (en collaboration).

Jansénisme et puritanisme, Nolin, 2002 (en collaboration).

La Révolution américaine, Perrin, 2003 ; rééd. Tempus, 2004. Prix F. Millepierres de l'Académie française, 2003.

(suite en p. 431)

BERNARD COTTRET

Ces reines qui ont fait l'Angleterre

De Boadicée à Élisabeth II

TALLANDIER

2, rue Rotrou – 75006 Paris
www.tallandier.com

Sommaire

Introduction. – Jadis et naguère 11
Chapitre premier. – Les siècles obscurs : de Boadicée aux Mathilde 17
Chapitre 2. – Aliénor d'Aquitaine : la Belle Hélène 39
Chapitre 3. – Les Louves de France : Isabelle († 1358) et Marguerite († 1482) 61
Chapitre 4. – La loi phallique : Henri VIII et ses femmes 95
Chapitre 5. – Marie Tudor : l'impossible retour au catholicisme 139
Chapitre 6. – Élisabeth Ire, vierge et mère de ses peuples 171
Chapitre 7. – Henriette-Marie, digne fille d'Henri IV 197
Chapitre 8. – La reine Anne : la dernière des Stuarts 227
Chapitre 9. – La philosophie faite reine : Caroline d'Ansbach 255
Chapitre 10. – Une épouse pour George IV : la reine est (aussi) une femme 287
Chapitre 11. – La reine Victoria 307
Chapitre 12. – Élisabeth II ou le bel aujourd'hui 341
Conclusion. – Les lois du genre 371

Notes 375
Appendice. – Les reines d'Angleterre depuis Guillaume de Normandie 397
Bibliographie 399
Remerciements 413
Index des noms de personnes 415

Pour Évan, Lydie et Soline,
ces histoires de princes et de princesses…

Introduction

JADIS ET NAGUÈRE

Vraies ou fausses, réelles ou fictives, les histoires de reines et de princesses nous enchantent : depuis l'enfance, elles nous hantent et nous poursuivent. On s'interrogera sans doute sur l'intérêt que les plus démocratiques des républiques portent aux contes ; c'est que les rois et les reines sont de l'ordre du mythe tout autant que de l'histoire. Tout comme les dieux de l'Olympe, leurs passions les rattachent encore à l'humanité. Bien des anecdotes, arrachées au secret des alcôves, ne seraient que des faits divers si le rang de leurs protagonistes ne leur conférait un caractère archétypal, voire universel. Ces histoires de reines relèvent fondamentalement d'une histoire des femmes, de leurs corps, de leurs aspirations et de leurs désirs, souvent bafoués, humiliés et corsetés au gré des conventions ou des usages.

Mais où sont les neiges d'antan ? J'avais six ans à peine et, sur mon île de la Cité, je découvrais en même temps la reine d'Angleterre et la monarchie ; reine depuis 1952, Élisabeth II entreprenait sa première visite d'État à Paris. Je devais retenir de cet événement un double enseignement : que l'Angleterre était une île, comme on le dit communément, qu'à la tête de l'État se trouvait un personnage féminin. Nous étions en avril 1957 ; le président Coty lors d'un superbe banquet évoqua l'Entente cordiale, renforcée par le sang versé durant les deux guerres mondiales, encore très proches dans tous les esprits.

C'était hier. Soixante ans plus tard, cette incarnation de la monarchie britannique est toujours là, fidèle à elle-même. J'ai vieilli avec elle, je l'ai revue sans cesse au détour des actualités, avec ses éternels chapeaux qui suivent le rythme des saisons. Je me suis réjoui intérieurement de voir le peuple de Paris l'accueillir avec enthousiasme lors des cérémonies marquant en juin 2014 le débarquement de Normandie, soixante-dix ans plus tôt. « Vive la reine » : ce cri a semblé jaillir spontanément des poitrines lors de la visite mémorable au marché aux Fleurs, sur l'île de la Cité au centre de Paris. Ces longs règnes deviennent immanquablement des symboles de pérennité, sinon d'éternité, alors que le temps court de nos hommes politiques, englués dans les luttes partisanes, paraît frappé d'une perpétuelle obsolescence. Rien ne garantit autant le sentiment de la durée et de la permanence que les monarchies ; à l'inverse, nous usons nos présidents de la République à un rythme accéléré, sans leur laisser le moindre répit. Avec la reine vierge, cette première Élisabeth, au tournant de la Renaissance et de l'âge baroque, avec Victoria, au temps de l'expansion impériale, Élisabeth II est, plus encore qu'une icône, une vivante allégorie des valeurs de constance, de tradition et d'enracinement paisible qui, pour beaucoup, caractérisent son pays. Est-ce tout à fait un hasard s'il s'est agi ces trois fois de règnes féminins ? Ou bien, faut-il poursuivre avec Maurice Agulhon, grand historien chez nous de la République et de ses symboles, que l'allégorie épouse volontiers un visage de femme ? Les bustes de Marianne qui trônent dans nos mairies sont la transposition laïque et profane d'une exaltation patriotique, quasiment religieuse, au sens où l'on parle de religion civile pour décrire les manifestations d'une ferveur politique inséparable de la forme républicaine de gouvernement. Charles de Gaulle, au début de ses *Mémoires de guerre*, n'avait-il pas écrit, avec son style inimitable : « Toute ma vie, je me suis fait une certaine idée de la France. Le sentiment me l'inspire aussi bien que la raison. Ce qu'il y a, en moi, d'affectif imagine naturellement la France, telle la princesse des contes ou la madone aux fresques des murs, comme vouée à une destinée éminente et exceptionnelle[1] » ? Que l'on dise « la France » ou que l'on dise « la République », à chaque fois le pays assume un visage de femme. En Angleterre, les reines ont été parmi les meilleures incarnations de leur pays, de la très mythique Boadicée, du temps des Romains, à Élisabeth II.

Cette histoire des reines d'Angleterre, écrite depuis la France, n'est pas dénuée d'empathie. Elle procède d'une admiration consciente et assumée pour un pays proche et pourtant dissemblable, justement fier de son histoire et de ses réalisations. Simone Bertière a d'emblée perçu la différence fondamentale qui existe entre une reine d'Angleterre et ses consœurs du royaume de France : « À la différence des pays voisins, la France a toujours un roi. La reine n'est que son épouse. Traversez les Pyrénées ou la Manche : vous trouverez en Castille ou à Londres des reines de plein exercice, tout comme dans l'Europe du Nord[2]. » Ces reines de plein exercice sont relativement nombreuses outre-Manche, du moins à la période moderne et contemporaine, de Marie Ire à l'actuelle souveraine Élisabeth II. Ce n'est pas le moindre des intérêts de la société anglaise que d'avoir laissé aux femmes la possibilité de conquérir, souvent à la force du poignet, la place éminente qui leur revient.

Pour une fois, ce ne sont pas les grands hommes qui seront à l'honneur, mais plutôt les grandes femmes, les femmes peu ou prou en position de pouvoir et de responsabilité. L'histoire des reines oscille en permanence entre deux pôles, l'un abstrait et constitutionnel (quelle est la nature du pouvoir « au féminin » ?), l'autre nécessairement plus intime (l'articulation du public et du privé)[3]. Depuis la conquête normande de 1066 et la reine Mathilde, épouse du Conquérant, elles sont près d'une cinquantaine à avoir occupé le trône. Leur liste figure en appendice de cet ouvrage. Écrire la biographie de chacune aurait imposé d'inutiles redites, des platitudes et des lourdeurs. Nous avons préféré nous concentrer sur une dizaine d'entre elles, en raison de leurs compétences particulières ou de leur rayonnement singulier.

Femmes d'antan, femmes du temps jadis, femmes de toujours… Un grand historien français, Georges Duby, a pu parler dans ses derniers travaux des « dames de ces temps lointains » qui n'ont pour nous ni visages ni corps et que l'on est en droit « d'imaginer revêtues de robes et de manteaux semblables à ceux où se drapent les vierges et les saintes sur les portails et sur les vitraux des églises[4] ». Avec la distance respectueuse des siècles, épurées par l'oubli, plusieurs des reines que nous avons découvertes frappent par leur relative humilité ; ombres indécises, entrevues au détour des règnes de leurs époux, elles furent d'abord des femmes, soumises à des formes et à des normes de domination dont elles ne s'échappaient que par un courage et une ténacité exceptionnels.

La comparaison s'impose d'elle-même. La culture française, volontiers masculine pourtant, a égrené au fil des siècles ses figures de femmes guerrières ou résistantes, de sainte Geneviève, patronne de Paris, sauvant sa ville devant l'avancée des Huns, à Jeanne Hachette ou à Jeanne d'Arc, la bonne Lorraine, pour ne rien dire de George Sand ou de cette Louise Michel, vierge rouge de la Commune, exaltées par la gauche. Ou encore de cette Geneviève de Gaulle-Anthonioz, l'une des rares femmes à reposer, au moins symboliquement (puisque sa dépouille n'a pas été transférée), au Panthéon, où elle a rejoint Marie Curie, la savante polonaise célèbre pour ses travaux sur le radium. Souvent négligées, ou tenues dans des seconds rôles de soubrettes ou de servantes, placées en position ancillaire, les femmes ont fourni leur coefficient de saintes et de bonnes âmes. Les études féminines actuelles parviennent désormais à les arracher à cette place subalterne. Les femmes n'ont pas été uniquement les instruments passifs de stratégies matrimoniales. Certes, les reines occupent souvent chez nous une place peu enviable de faire-valoir des rois, et quand elles dérogent à cette fonction, elles s'attirent, au propre comme au figuré, une réputation d'empoisonneuses. Catherine de Médicis s'est ainsi prêtée à une légende noire, alimentée par le romantisme et renforcée par la réputation sulfureuse de cet autre Florentin, Nicolas Machiavel. À moins qu'elles ne fussent veuves et régentes endeuillées, l'accès au pouvoir était généralement interdit à cette moitié de l'humanité.

L'Angleterre échappe apparemment à cette règle ; nombre de ses reines méritent mieux qu'une mention amusée ou pittoresque en marge de l'histoire politique officielle de leur pays. Cela commence avec Aliénor d'Aquitaine au XIIe siècle (mais était-elle vraiment anglaise, cette épouse d'Henri II Plantagenêt ?), et se continue avec Isabelle, fille de notre Philippe le Bel et femme insatisfaite d'Édouard II (décidément, ces Françaises ont du tempérament), pour rebondir sous les Tudors avec Marie dite « Marie la Sanglante », et trouver son plein épanouissement au début du siècle des Lumières avec la reine Anne, un rien déconcertante mais assez splendide. Et comment ne pas reparler, encore et toujours, de l'inéluctable Victoria, la « grand-mère de l'Europe » dont les enfants allaient s'entre-déchirer durant la Première Guerre mondiale ?

C'est du reste au début de l'ère victorienne que furent publiée les *Vies des reines d'Angleterre* d'Agnes Strickland. Dame Antonia Fraser, qui aura été outre-Manche l'une des pionnières de l'histoire des femmes, souligne les mérites de cet ouvrage déjà féministe qui combine la sympathie pour les personnages avec un « sens très méticuleux de la recherche[5] ». Ce règne avait deux ans en 1839 au moment où fut écrite la première préface. Avec l'aide de sa sœur Elizabeth et celle de sa correspondante française, Mademoiselle Fontaine, de Neuilly, entre autres personnalités citées avec reconnaissance, Agnes Strickland accomplit une œuvre pionnière, dédiée comme il se doit à la souveraine, la reine Victoria. En cet âge positiviste, marqué par un progrès inégalé des connaissances archivistiques et des publications de documents, elle déclarait son intention de s'en tenir aux « faits plus qu'aux opinions[6] ». Nous la suivrons dans ce programme.

Chapitre premier

LES SIÈCLES OBSCURS : DE BOADICÉE AUX MATHILDE

Une durable malédiction poursuit les règnes féminins. On ne sait plus très bien ce qui relève du fantasme ou de l'allégorie dans les premiers récits ayant des reines pour protagonistes. Qui soupçonne l'existence d'une première reine Victoria dans la Grande-Bretagne du premier siècle de notre ère ? Une brave Bretonne, dénommée Boadiga et devenue Boadicea sous la plume de l'historien Tacite, ose alors défier la puissance romaine. Boadiga aurait signifié « triomphe » ou « victoire » dans la langue des autochtones. Les Victoriens ne s'y sont pas trompés en plaçant au cœur de Westminster, en bordure de la Tamise et à quelques encablures du Parlement, un bronze de la reine, œuvre du sculpteur Thomas Thornycroft († 1885). Armée d'une lance et entourée de ses deux filles, Boadicée en *Britannia* archétypale conduit un char dont les chevaux cabrés renforcent le caractère inflexible et vengeur. Comme Victoria, Boadicée associe la puissance militaire et le sentiment maternel. Dans ses *Annales* rédigées en 110 après Jésus-Christ, Tacite donnera une première version de l'épopée, présentant Boadicée comme une apparition céleste, « montée sur un char, ayant devant elle ses deux filles ». Elle parcourt la Bretagne en protestant que, « tout accoutumés qu'étaient les Bretons à marcher à l'ennemi conduits par leurs reines, elle ne vient pas, fière de ses nobles aïeux, réclamer son royaume et ses richesses ; elle vient, comme une simple femme, venger sa liberté ravie, son corps déchiré de verges, l'honneur de ses filles indignement flétri ». Historien romain d'expression grecque, Dion Cassius a laissé au second siècle une *Histoire* où Boadicée apparaît également en « femme bretonne, de race royale et d'un courage au-dessus de son sexe ». Sa taille est élevée, sa figure farouche, son regard perçant ; elle a la voix forte et sonore, et laisse flotter au vent son épaisse chevelure blonde. Arborant un grand collier d'or, sa tunique colorée est revêtue à la grecque d'une épaisse chlamyde lorsqu'elle harangue ses troupes. « L'expérience vous a montré combien la liberté diffère de la servitude[1] », déclare-t-elle aux combattants.

La résistance au féminin

L'histoire de Boadicée relève de la semi-fiction et non de la contrefaçon. Boadicée a vraiment existé, même si l'on ne sait pas grand-chose d'elle. Elle est un exemple de vertu civique y compris pour ses détracteurs ; les Romains rapportent son histoire à des fins d'édification. Loin de s'en prendre uniquement à l'envahisseur, Boadicée aurait critiqué ses compatriotes en leur reprochant leur tiédeur avec des accents qui pour nous évoquent irrésistiblement par leur fougue léonine quelque Churchill au féminin. « Ne redoutez pas les Romains, dit-elle, ils ne sont ni plus nombreux, ni plus vaillants que nous. » Avant d'expliquer : « Ces pays nous sont familiers et favorables ; pour eux, au contraire, ils sont inconnus et ennemis ; nous, nous traversons les fleuves nus et à la nage ; eux, ils ont peine à les passer sur des bateaux. Marchons donc contre eux, pleins de confiance en la bonne fortune, et montrons-leur qu'ils ne sont que des lièvres et des renards qui prétendent commander à des chiens et à des loups. » On perd pratiquement la trace de Boadicée dans l'histoire anglaise ultérieure[2]. Dame Antonia Fraser se souvient encore de l'émotion qui la saisit petite fille lorsqu'elle entendit parler pour la première fois de cette héroïne dans les années 1930 : « Je pleurais en apprenant le sort qui lui avait été réservé, à elle et à ses filles, et je me remis à pleurer, mais d'admiration cette fois-ci, à l'image de sa mort[3]. » Il n'est pas indifférent pour nous que cette première icône combattante soit une femme, ni qu'elle appelle à la résistance, comme dans le chant patriotique le plus célèbre, *Rule Britannia*, où l'on trouve ce vers vengeur :

Règne, Britannia, règne sur l'onde,
Que les Bretons ne soient jamais esclaves.

Épouse et/ou reine ?

Autres ancêtres constamment invoqués, les Saxons bien entendu. Reines, concubines ou douairières : quel choix avaient-elles, les dames du haut Moyen Âge germanique ou saxon[4] ? Les Saxons, les Angles, les Jutes et les Frisons venus s'installer outre-Manche quelques siècles après les Romains auraient composé au temps de leurs splendeurs plusieurs royaumes distincts. D'après le témoignage du moine Gildas le Sage, dans ses *Ruines de la Bretagne* rédigées au VIe siècle, la conquête saxonne ne fut pas un dîner de gala, et les Bretons latinisés, équivalents de nos Gallo-Romains, firent les frais de cette invasion barbare. Sans doute les préventions de Gildas contre les nouveaux arrivants sont-elles liées à l'inquiétude qu'éprouvent les ecclésiastiques devant le grand chamboulement qui affecte l'équilibre religieux d'une Bretagne récemment christianisée… En tout cas, les reines sont souvent pour les hommes d'Église des astres bénéfiques dont il faut s'assurer le concours afin de parfaire une inculturation encore fragile. Que d'histoires pieuses et d'exemples de dévotion vertueuse ou de gaillardise dans les portraits de ces reines aux noms imprononçables (les

Rædburh, les Ælfgifu, les Ælfthryth, les Eadgyth…) dont on tente tout naturellement de se faire des alliées !

Qu'est-ce qui faisait une reine en ces temps reculés ? Il n'y a pas de définition simple ; on pourrait convenir que la reine était l'épouse du roi. Oui, mais cette réponse est encore insuffisante ; plusieurs siècles s'écoulent avant que l'une des épouses prenne le titre de reine. Il n'y a rien d'automatique au départ dans cette appellation ; le mariage chrétien n'est pas encore universel, et des formes de polygamie continuent à coexister avec le mariage monogame, finalement imposé par l'Église. Reines, concubines ou douairières : quelles options avaient-elles, ces femmes du haut Moyen Âge, germanique ou saxon ? La consécration des reines ne se développe qu'à partir des IXe-Xe siècles. Elle s'inspire du rituel utilisé pour les abbesses. La reine incarne alors la prospérité et la richesse du royaume, et comme le roi, elle reçoit l'onction.

La reine Judith († 858)

Judith, épouse du Saxon Æthelwulf, fut probablement l'une des premières reines que l'Angleterre ait comptées. Son père Charles le Chauve, un petit-fils de Charlemagne, était le roi de la *Francia occidentalis*, qui correspond à une bonne partie de la France actuelle. Elle est consacrée comme reine selon la volonté de son père au milieu des Francs, avant de gagner l'Angleterre, moins conciliante envers les épouses. Judith doit sa célébrité à sa vie plus chaotique que véritablement édifiante. À la mort d'Æthelwulf, Judith épouse Æthelbald († 860), le fils de son mari. Le clergé proteste devant cette union considérée par lui comme incestueuse, mais le roi meurt peu après l'annulation de son mariage. Son frère cadet Æthelbert († 865) lui succède. Ces deuils successifs n'avaient pas tari la libido de Judith qui revient sur le continent où elle se rend immédiatement coupable d'adultère avec Baudouin Ier, comte de Flandre. Le rédacteur des *Annales de Saint-Bertin* signale, sur un ton réprobateur, qu'en l'an de grâce 862 « Judith, veuve d'Æthelbald, roi des Angles » se trouve auprès de son père à Senlis où elle est traitée avec tous les honneurs que l'on réserve à une reine. Elle aurait préalablement « vendu les propriétés qui lui avaient été conférées dans le royaume des Angles », étant revenue vers son père qui la tenait dans la cité de Senlis avec les égards auxquels elle n'avait apparemment pas droit chez les rudes Saxons où les reines étaient tout juste les épouses des rois. Son père et les bons évêques veillent sur sa vertu, lui remontrant que « si elle ne pouvait vivre dans la continence, du moins il fallait qu'elle se mariât selon le conseil de l'Apôtre [saint Paul], c'est à savoir convenablement et légalement ». Las, l'ingrate n'obéit pas aux conseils pleins de sagesse de son pauvre père. « Charles le Chauve étant venu par Reims à la cité de Soissons, des messages certains lui apprirent en ce lieu que Judith s'était prostituée au comte Baudouin, et, du consentement de son frère Louis, le suivait sous un habit d'homme. » Le chroniqueur ecclésiastique complétait : « Le roi Charles s'étant consulté avec les évêques et grands de son royaume, après avoir fait juger par les lois du siècle Baudouin et Judith, laquelle courait le monde avec son ravisseur et se rendait complice de l'adultère, demanda aux évêques de prononcer contre eux la sentence canonique selon l'édit de saint Grégoire, que si quelqu'un enlève une veuve pour l'épouser, et qu'elle y consente, que tous deux soient anathèmes. » Il convient de rappeler les préventions du temps contre les reines et contre les femmes en général.

Le roi Alfred († 899)

Le moine Asser révèle que le roi Alfred, le plus célèbre des souverains saxons du IXe siècle, lui aurait confié qu'il fallait se défier des épouses, volontiers tyranniques dès qu'on leur lâchait la bride. Le peuple des Ouest-Saxons ne tolère pas que sa compagne siège auprès du roi, et il n'est de même pas permis de l'appeler reine, mais seulement « épouse du roi ». Alfred le Grand aurait eu bien des raisons de se méfier des femmes en général et des reines en particulier, à suivre les chroniqueurs ecclésiastiques, soupçonneux envers les filles d'Ève. Il fallait interdire aux femmes de s'asseoir à côté du souverain sur le trône royal. La misogynie accentuée d'Alfred aurait été renforcée par l'histoire fâcheuse de Beorhtric, le roi du Wessex, empoisonné quelques décennies plus tôt, en 802, par son épouse Eadburh. La mégère se serait réfugiée après des Carolingiens, laissant les Saxons méditer sur l'ambition des épouses devenues malencontreusement reines. Charlemagne aurait alors déjoué la fourberie de cette femme enjôleuse. « Eadburh choisis, lui aurait-il dit, qui tu préfères entre moi et mon fils. » Eadburh serait alors tombé dans le piège tendu par l'empereur en lui rétorquant, plus sensible à la jeunesse qu'à la sagesse : « Si l'on me donne le choix, je choisis ton fils, parce qu'il est plus jeune que toi. » Et Charlemagne de rétorquer : « Si tu m'avais choisi, tu aurais eu mon fils ; mais parce que tu as choisi mon fils, tu n'auras ni lui, ni moi. » Cette histoire malicieuse est rapportée dans l'*Histoire du roi Alfred*, merveilleusement traduite et présentée récemment aux éditions Les Belles Lettres[5].

Le pouvoir au féminin apparaît bien comme une anomalie dans l'Angleterre du haut Moyen Âge. Tout au plus trouvera-t-on quelques cas épisodiques de femmes régentes. Les femmes n'étaient rien, mais les mères étaient tout. Dans l'espace de la maisonnée, elles jouent un rôle essentiel. L'épouse du roi comme sa mère sont souvent au cœur de la vie de Cour, et assurent à ce titre une fonction éminemment politique. Hélène, la mère de l'empereur Constantin, est également invoquée pour défendre des liens privilégiés avec l'Église. Combien de récits de conversion au christianisme insistent ainsi sur le rôle des femmes, intercesseurs tout désignés auprès des rois, leurs époux.

La situation ne change pas fondamentalement avec l'invasion normande de 1066. C'est alors l'entrée en scènes des solides Mathilde, de Mathilde de Flandre († 1083), épouse de Guillaume de Normandie, et Mathilde d'Écosse († 1118), épouse de son fils Guillaume II, à Mathilde de Boulogne († 1152), épouse du roi Étienne. Mais l'épisode le plus calamiteux fut bien celui de l'impératrice Mathilde (1135-1141), sans cesse invoqué contre les abus qu'engendreraient les règnes exclusivement féminins.

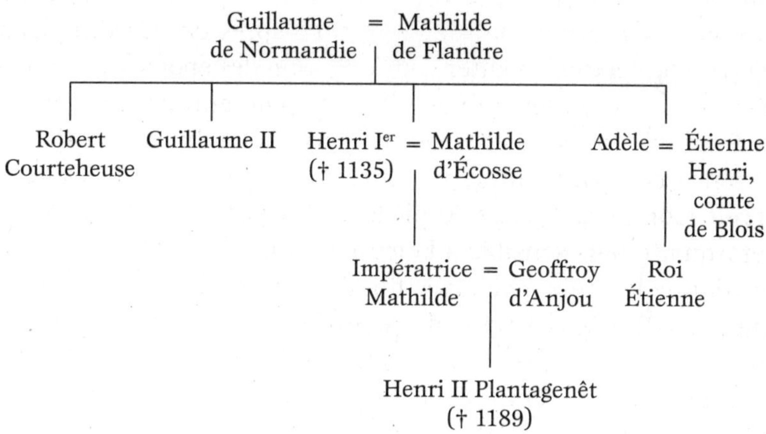

Mathilde, femme du Conquérant († 1083)

En 1066, Guillaume de Normandie envahit l'Angleterre et bat les Saxons à la bataille d'Hastings. Le Saxon Édouard le Confesseur étant mort sans enfant, Guillaume avait revendiqué la succession et éliminé son rival Harold, beau-frère d'Édouard. On ne sait presque rien de son épouse Mathilde de Flandre, à part quelques notations conventionnelles sur son mariage, sa piété et sa mort. On ne connaît pratiquement d'elle que la fameuse *Telle du Conquest* qui raconte sur 70 mètres la conquête de l'Angleterre. Cette tapisserie mémorable, conservée à Bayeux, est attribuée à l'épouse de Guillaume le Conquérant que l'on imagine volontiers en Pénélope consciencieuse appliquée à défendre avec modestie la gloire incomparable de son époux. Ce rôle ancillaire, la chaste modestie des travaux d'aiguille, renvoient à un éternel féminin qui enferme les dames d'autrefois dans d'humbles tâches. Si elle n'a évidemment pas été tissée par la reine, la tapisserie de Bayeux tient de la chanson de geste et de la bande dessinée par son découpage en séquences dont l'enchaînement culmine dans la victoire des Normands sur leurs rivaux Saxons. Les protagonistes de la conquête, le roi Harold et Guillaume, apparaissent sous un jour héroïque. Rien ne prouve que Mathilde ait joué le moindre rôle dans cette œuvre de propagande, dont la finalité précise nous échappe. La tapisserie est visiblement anglaise et non pas normande, sa graphie en fait foi. Elle est mentionnée pour la première fois au XVe siècle quand on la déploie lors de la fête des reliques à la cathédrale de Bayeux. Mais, parmi les minces indices dont nous disposons, rien ne permet d'affirmer ou d'infirmer le rôle de Mathilde dans le projet ou son exécution. Que nous disent les chroniqueurs ? Orderic Vital, dans son *Histoire de Normandie* publiée en français par Guizot à l'époque romantique, se contente de quelques lignes laconiques pour signaler que Guillaume prit pour femme Mathilde, fille de Baudouin, comte de Flandre, « dont il eut quatre fils et cinq filles, savoir : Robert, Richard, Guillaume et Henri, Agathe, Adelise, Constance, Adèle et Cécile ». Deux de ces fils seront destinés à régner, Guillaume II, mort sans enfant, et Henri Ier, dit Henri Beauclerc en raison de ses aptitudes pour l'étude. En dépit de son image de femme soumise, la reine Mathilde ne manque pas de jouer un rôle politique. Elle soutient l'aîné de ses fils, Robert Courteheuse, face à son père, encourant les vifs reproches de son époux qui déplorait que la dame de son cœur aide ses ennemis, les enrichisse de son argent et les arme pour son plus grand péril. Mais tout rentre finalement dans l'ordre et inhumée à sa mort en 1083 dans le couvent de la Sainte-Trinité de Caen, mieux connue sous le nom d'Abbayeaux-Dames, Mathilde a droit à cette épitaphe : « Consolatrice des pauvres, amie de la piété, ce fut en prodiguant des trésors que, pauvre pour elle-même, elle fut riche pour l'indigence. C'est par cette conduite qu'elle mérita d'être admise à partager la vie éternelle, le second jour du mois de novembre [1083][6]. »

On ne saurait mieux résumer l'idéal féminin du temps : abnégation, charité, effacement... Peu importe que Mathilde ait été dans les faits moins soumise à son époux que ce programme le laisse entendre. Orderic Vital indique sobrement le rôle pacificateur dévolu aux femmes et aux épouses dans une société imprégnée de violence masculine. Ne s'agit-il pas d'en faire à ce titre des auxiliaires de l'Église dans son œuvre de moralisation ? Sa petite-fille, l'impératrice Mathilde, constitue à ce titre un contre-exemple absolu.

L'empresse Mathilde

Rien n'interdisait au départ les règnes féminins en Angleterre mais l'idée même paraissait monstrueuse et insensée. L'empresse (ou impératrice) Mathilde, petite-fille du Conquérant, laissa une image tellement calamiteuse dans les esprits que la cause parut entendue pendant des siècles. Née vraisemblablement en février 1102 à Sutton Courtenay, au sud d'Oxford, la petite-fille de Guillaume de Normandie fut prénommée Mathilde, ou encore Maud, en double hommage à sa mère Édith, dite Mathilde d'Écosse, et à sa grand-mère paternelle, Mathilde de Flandre. Sa grand-mère maternelle, Marguerite d'Écosse, jouit pour sa part d'une réputation de piété solidement établie puisqu'elle est canonisée et devient la sainte protectrice de son pays. Sa spiritualité exigeante s'accompagne de l'amour des livres et de l'art sacré qu'elle encourage autour d'elle. Son entourage de dames nobles et graves s'adonne à la confection de nappes d'autels et de chasubles pour le clergé, bien qu'à titre personnel elle n'ait pas directement participé à ces travaux d'aiguille. Son père avait confié son éducation à saint Anselme, le célèbre archevêque de Cantorbéry. Ancien abbé du Bec en Normandie, Anselme était incontestablement l'un des hommes les plus cultivés de son temps. Nul ne savait encore que l'enfant confié à sa vigilante attention allait devenir successivement impératrice puis officieusement reine d'Angleterre, soulevant des tempêtes.

Mathilde se révèle à un âge encore tendre un pion sur l'échiquier diplomatique. Dès 1109, l'érection du siège épiscopal d'Ely la conduit à signer en latin *Mathildis sponsa regis Romanorum*, « Mathilde épouse promise du roi des Romains ». Une alliance avec l'héritier de Charlemagne était la meilleure façon d'assurer ses arrières pour un roi d'Angleterre en mal de reconnaissance. Encore toute jeunette (elle a à peine 8 ans), la valeureuse enfant traverse la Manche munie d'une magnifique dot et se rend à Liège où elle parvient en février 1110. Henri Beauclerc, le roi son père, avait fort à faire pour affirmer son autorité face à son frère Robert Courteheuse, duc de Normandie, ou à Louis VI, le roi de France. L'union projetée de la jeune Mathilde avec le roi des Romains, futur empereur, la conduit ensuite à Utrecht, où se déroulent les fiançailles. Elle est couronnée à Mayence le jour de la Saint-Jacques, 25 juillet. Le saint jouissait d'une reconnaissance particulière dans la ville depuis que son bras figurait au nombre des reliques exposées dans la chapelle royale. Avec le fidèle Bruno de Trèves, elle s'initie à la langue et aux coutumes de son nouveau pays, et en janvier 1114, à la veille de son douzième anniversaire, elle épouse formellement dans la ville de Worms Henri V de Franconie, un héritier de la dynastie des Saliens, tout juste élu à la tête du Saint Empire romain germanique. Qui dira jamais la magnificence de la noce à laquelle participent cinq ducs, cinq archevêques et moult évêques, comtes et abbés ? Sa vie durant, Mathilde utilisera le même sceau la présentant en reine des Romains par la grâce de Dieu, *Dei gratia Romanorum regina*. Épouse fidèle, elle accompagne l'empereur lors de son voyage à Rome et en Toscane. Mais les relations entre le pape et l'empereur se sont considérablement tendues. Pascal II prend soudainement peur de la suite de l'empereur ; le pape se réfugie à Montecassino puis finalement à Saint-Denis auprès de l'abbé Suger, se plaçant ainsi délibérément sous la protection de Philippe Auguste. Entre-temps, l'empereur et l'impératrice sont couronnés dans la basilique Saint-Pierre, désertée par le (vrai) pape au printemps 1117. Henri V avait déjà été préalablement couronné une première fois par un Pascal II terrorisé, mais cette fois-ci l'on renouvelle la cérémonie pour son épouse et lui-même. Un (faux) pape, le schismatique Grégoire VIII, officie dans ces nouvelles circonstances ; cet antipape était originaire du Limousin, où il était connu sous le nom de Maurice Bourdin, latinisé en Mauritius Burdinus. Bourdin avait réussi à la faveur des troubles qui régnaient à Rome à se hausser jusqu'à la première place dans l'Église, sans être pour autant reconnu par tous.

La question de savoir si ce pape était le bon ou un pape de contrefaçon ne préoccupe pas Mathilde. N'est-elle pas impératrice ? N'a-t-elle pas été couronnée dans la Ville éternelle ? Le bonheur de Mathilde est, hélas, de courte durée. Un terrible malheur s'abat sur Henri Beauclerc : la perte de son fils Guillaume, dit Guillaume Adelin, lors du naufrage de la *Blanche Nef* au large de Barfleur sur la péninsule du Cotentin, le 25 novembre 1120. L'endroit est désormais signalé par le phare de Gatteville, en raison des nombreux courants qui précipitent les bateaux vers les récifs en ces lieux. La traversée avait pourtant bien commencé, dans une atmosphère de liesse juvénile. Dans sa chronique, Henri de Huntingdon évoque la punition divine destinée à châtier le terrible péché de sodomie, auquel aurait succombé cette jeunesse dorée[7]. Comment expliquer autrement cette catastrophe maritime par temps calme ? L'archidiacre avoue sa perplexité devant ce sort injuste, à l'origine d'un profond bouleversement de l'histoire anglaise. Ce deuil amène le roi à reporter tous ses espoirs sur son deuxième enfant, sa fille Mathilde, destinée en dépit de son sexe à exercer la fonction royale et à mener l'existence aventureuse d'un garçon manqué. Le sort paraît s'acharner sur cette pauvre impératrice ; son époux Henri V meurt d'un cancer en mai 1125 à l'âge de 39 ans. Le couple n'aurait pas eu de descendance, à l'exception d'un fils, tôt disparu. D'après l'*Histoire des rois d'Angleterre* ou *Gesta regum Anglorum*, que rédige son contemporain Guillaume de Malmesbury, Mathilde ne se résout qu'à contrecœur à quitter l'Allemagne où elle jouit paisiblement des revenus de son douaire[8]. Mais l'insistance du roi son père la contraint à rentrer en bonne fille soumise. Du reste, dans la mesure où elle n'avait pas eu d'enfant avec l'empereur, son statut de veuve demeurait aléatoire ; elle aurait pu entrer au couvent comme bien des femmes éplorées, mais visiblement elle n'avait pas de vocation monastique, et comme elle se sentait encore jeune, elle opta pour une nouvelle existence.

Une reine maudite

Après avoir convolé avec l'empereur auquel elle aura consacré les seize plus belles années de son ardente jeunesse, Mathilde quitte donc le Saint Empire en l'an de grâce 1126, emportant avec elle les biens les plus précieux, dont la main de saint Jacques, déposée avec ferveur parmi les bonnes reliques de l'abbaye de Reading où elle permet d'écarter les épidémies en tous genres. Mathilde épouse en secondes noces Geoffroy, comte d'Anjou, en dépit du fossé qui sépare une impératrice d'un simple noble. Il n'était pas facile d'avoir une telle épouse pour un homme de cette génération. À bien des égards, Mathilde connaît un improbable destin, en totale rupture avec les usages. Pour mieux marquer la distance, Mathilde s'en retourne brièvement auprès de son père à Rouen. Nous continuerons à l'appeler l'impératrice ou l'« empresse » Mathilde, selon l'usage le plus répandu, pour mieux la distinguer de ses homonymes.

L'une des habitudes du temps est, semble-t-il, de parler d'elle comme de la « dame » des Anglais, *domina Anglorum*, titre plus acceptable que celui de reine d'Angleterre, *regina Angliae* qui n'arrive jamais à s'imposer. Célébrée le 17 juin 1128 dans la ville du Mans, l'union matrimoniale avec Geoffroy sera décisive pour la suite de l'histoire anglaise. Le roi Henri avait fait solennellement reconnaître un an et demi plus tôt sa fille Mathilde comme sa légitime héritière par une assemblée des seigneurs et des prélats du royaume. Cet engagement avait été renouvelé au printemps suivant (janvier 1127, avril 1128). Il s'agit d'un arrangement par défaut, ce serment ne s'accompagnant pas même d'un hommage vassalique, et Mathilde ne sera jamais formellement couronnée. Parmi les nobles personnages qui admettent à contrecœur cette solution provisoire figure un autre descendant de Guillaume le Conquérant, Étienne, comte de Boulogne. Le cousin Étienne ne manquera pas de revendiquer le trône pour lui-même, peu convaincu au fond de la possibilité de règnes féminins. Personnage considérable que cet Étienne, neveu du comte de Champagne, Henri le Libéral auquel on attribue entre autres la construction de la célèbre tour César de Provins.

L'affaire du voile

D'où venaient ces difficultés dynastiques, avaient-elles une cause humaine ou céleste ? Au XVIIIe siècle, le grand historien français de l'Angleterre, Paul de Rapin de Thoyras, rappellera la malédiction proférée par Mathilde d'Écosse, mère de l'impératrice, quand on l'avait arrachée au couvent pour la mettre dans le lit d'Henri Ier. Elle aurait « maudit la lignée qui venait d'elle comme ne pouvant être agréable à Dieu[9] ». La jeune femme n'avait-elle pas voué sa virginité au Seigneur, en prenant le voile, que le roi d'Écosse son père la contraignit de quitter pour épouser le roi d'Angleterre ? Les rois d'Angleterre auraient-ils été, comme le veut cette pieuse légende, des « rois maudits » ?

Le huguenot Rapin de Thoyras n'a cure de ces racontars. Mais si l'on adhère à la thèse, évidemment outrancière, d'une malédiction céleste, tout paraît s'enchaîner magnifiquement. Après un long règne de trente-cinq ans, le roi Henri rend son âme à Dieu tandis qu'il chasse à Lyons-la-Forêt, à mi-chemin entre Rouen et Beauvais, en décembre 1135. Il s'éteint entouré de son fils Robert, comte de Gloucester, de Hugo, archevêque de Rouen, et de sa bonne noblesse. Il a providentiellement le temps de préciser que ses territoires, de part et d'autre de la Manche, doivent échoir à sa fille à titre perpétuel. La cause du décès demeure mystérieuse. Selon la version la plus répandue, rapportée par Henri de Huntingdon, le roi aurait mis brutalement fin à une vie de gastronome en se jetant goulûment sur un plat délicat à base de lamproies, cet animal aquatique serpentiforme proche de l'anguille[10]. Qui sait ? L'anecdote a frappé des générations de potaches outre-Manche. Les praticiens du temps déconseillaient hautement cette nourriture frigide aux personnes âgées, persuadés qu'ils étaient que, selon la théorie des humeurs, l'aspect froid et humide des lamproies entraînait un surplus de flegme dans l'organisme, que l'on devait combattre par une décoction chaleureuse de ce bon vin rouge, que l'on sait propice à tous les ébaudissements du corps et de l'esprit.

On ne manque évidemment pas de donner à ce décès un caractère édifiant. L'archevêque de Rouen écrit au pape pour l'informer qu'il a apporté les derniers soins au roi défunt, en restant à ses côtés trois jours pleins d'affliction, avant de lui octroyer l'absolution de ses fautes, tandis qu'il battait sa coulpe. Henri a également baisé dévotement la croix de son Sauveur et reçu la communion sous les deux espèces, en précisant qu'il souhaitait acquitter ses dettes et garder ce qui resterait pour les pauvres. Enfin est venue l'extrême-onction, ce sacrement des malades administré à l'aide des saintes huiles. Guillaume de Malmesbury rapporte qu'après le décès, le corps du roi a été conduit à Rouen pour y être éviscéré afin d'éviter la putréfaction, et enfin déposé à Caen[11]. Mais c'est en Angleterre que tout se joue désormais, et le comte de Gloucester comme surtout sa demi-sœur, l'empresse Mathilde, commettent l'erreur de rester sur le continent. À la mort d'Henri Ier, leur concurrent, Étienne de Blois, traverse la Manche sans délai et se proclame héritier du trône aux dépens de Mathilde, sa cousine, revenant ainsi sur son engagement précédent de lui être fidèle. Le terrible orage qui éclate alors semble présager une tempête politique.

Le roi Étienne

Une assemblée de seigneurs et de prélats reconnaît Étienne pour roi tout comme l'archevêque de Cantorbéry, Guillaume de Corbeil, disparu peu après. Étienne est couronné à Westminster le jour de la Saint-Étienne, 22 décembre 1135. Le pape Innocent II favorise l'entreprise, trop heureux d'exercer sa capacité d'arbitrage entre les princes chrétiens. Étienne, pour se protéger, traite avec l'Église et s'engage à défendre ses libertés. « Moi, Étienne, par la grâce de Dieu et avec l'assentiment du clergé et du peuple ai été élu roi des Anglais, consacré par Guillaume, archevêque de Cantorbéry et légat de la sainte Église romaine, et confirmé par Innocent, pontife de la sainte Église romaine, au nom de la crainte de Dieu et de son amour, accorde la liberté à la sainte Église et confirme la révérence qui lui est due. »

Il poursuit en condamnant toute forme de simonie et en confortant le pouvoir des évêques sur le clergé, sur ses biens et sur les honneurs ecclésiastiques. Il promet de respecter les « libertés de l'Église » et d'en revenir à la situation qui prévalait lors de la mort de Guillaume le Conquérant, son grand-père, quitte à discuter au cas par cas les dérogations à cette règle, en se réservant le droit de décider « selon son bon plaisir » des questions restées sans réponse. Étienne promettait également de maintenir la paix et de faire régner la justice. Le roi gardait pour son usage les forêts appropriées par son grand-père Guillaume Ier ou par son oncle Guillaume II, tout en restituant les bois restant, confisqués à l'Église par le feu roi Henri Ier. Reste la sempiternelle question des sièges vacants, laissés par Étienne entre les mains du clergé, là où l'usage est de plus en plus d'en réserver les profits à la couronne. « Fait à Oxford, en l'an de grâce 1136, première année de notre règne. »

Voilà qui s'appelle parler en roi. S'appuyant sur son comté de Boulogne, Étienne n'a aucune difficulté à passer l'année suivante en Normandie pour revendiquer le titre ducal. La Manche, qui sépare l'Angleterre du continent, est aussi le trait d'union qui les rapproche, en facilitant les contacts maritimes. Mathilde crie à la perfidie d'Étienne et de tous ceux qui le soutiennent, en particulier au sein de l'Église. Son mari Geoffroy la soutient ; comme il a l'habitude d'arborer une touffe de genêt à son chapeau, on lui donne le surnom de Plantagenêt qui est resté dans la famille. Avec son épouse Mathilde, ils seront à l'origine de l'une des plus fabuleuses dynasties de l'histoire du Moyen Âge...

Mathilde est revenue

Mathilde a gardé de son séjour impérial une profonde connaissance des rouages de l'Église. Elle saisit directement le pape, qui assemble en ce printemps 1139 le deuxième concile œcuménique de Latran. Élu neuf ans plus tôt, Innocent II ne fait pas l'unanimité ; plusieurs cardinaux ont coopté en leur sein un antipape, dénommé Anaclet II. Le concile de Latran rétablit Innocent II dans son autorité ; le Français Pierre Abélard, resté surtout célèbre par ses amours avec Héloïse, est condamné pour hérésie, suivant les recommandations de saint Bernard. Prêt à rendre raison de tout, Abélard aurait même prétendu « expliquer ce qui dépasse la raison, en dépit des règles de la foi et de la raison elle-même ». Plusieurs décrets conciliaires pourfendent la simonie et le nicolaïsme, en réaffirmant l'obligation du célibat pour les prêtres. Sur cet arrière-plan théologique et disciplinaire est examiné le différend existant entre Étienne et Mathilde. Arnoul, archidiacre de Sée et futur évêque de Lisieux, avait fait préalablement valoir que Mathilde ne pouvait être légitime parce que bâtarde, sa mère s'étant déjà engagée dans les ordres avant son mariage – c'est la vieille histoire dont il a été question plus haut. En fait, si Mathilde d'Écosse avait bien porté le voile à l'abbaye de Wilton où elle avait été placée auprès de sa tante Christina, c'était assurément pour se préserver, et non pas à la suite de quelque engagement religieux définitif. Du moins est-ce la version que donne Eadmer, le biographe de saint Anselme. Connaissant la brutalité de cet âge qui succède à la conquête normande, on peut assurément le croire. En tout cas, la pauvrette a confié au saint les risques réels qui menaçaient sa vertu : « Je ne nie pas avoir porté le voile, lui aurait-elle dit, car lorsque j'étais tout adolescente et tremblais de peur sous la férule de ma tante paternelle [...], celle-ci pour garder mon corps de la sensualité effrénée des Normands [...] avait souvent l'habitude de me mettre sur la tête un petit morceau d'étoffe noire[12]. »

Voilà pour l'affaire du voile qui a pesé comme une fatalité sur la mère, Mathilde d'Écosse. Mais revenons-en à la fille, l'empresse Mathilde. Dans l'immédiat, le combat douteux entre Mathilde et Étienne n'est pas gagné, tant s'en faut. Aucune des parties n'est satisfaite. Descendant lui aussi de Guillaume le Conquérant, Étienne jouit d'un avantage certain par rapport à sa concurrente : il est un homme. L'idée de règne féminin est encore anathème pour beaucoup, elle le demeurera jusqu'aux Tudors à la Renaissance. Et même alors, il faudra beaucoup d'énergie pour imposer la reine Marie et la reine Élisabeth Ire. Dans cette société masculine jusqu'à l'excès, l'empresse Mathilde bénéficie d'un appui de taille, celui de son époux. Surnommé le Bel, en raison de sa bonne mine, Geoffroy d'Anjou s'adresse à son tour à son seigneur souverain, le roi de France, afin d'obtenir des troupes pour mener une double opération en Normandie et dans le Boulonnais à partir de 1136. Cette conquête de la Normandie va durer douze ans, ponctués par deux hommages successifs à Louis VI le Gros puis à son fils, Louis VII, dit Louis le Jeune.

Ce Louis VII, sommé de prendre parti, avait une épouse insatiable et pleine d'ardeur dont il sera beaucoup question par la suite, Aliénor d'Aquitaine. Le roi de France prend position pour Geoffroy ; ses relations avec Étienne sont plutôt mauvaises et à l'inverse, il entretient des liens étroits avec la maison d'Anjou. Quel intérêt aurait d'ailleurs eu le roi de France à permettre l'union de la Normandie, du Boulonnais et de l'Angleterre entre les mains d'un seul ? Lorsque Geoffroy et Louis VII pénètrent en Normandie, ils ne rencontrent aucune résistance ; les peuples reconnaissent sans hésiter l'autorité de l'empresse Mathilde et de son mari. Le roi de France n'est pas perdant ; il récupère au passage Gisors et le Vexin normand, entre les rivières d'Epte et d'Andelle. Étienne contre-attaque, et aborde en Normandie où il est à son tour acclamé comme sa devancière. Étienne de Blois reçoit le soutien de son frère aîné Thibault le Grand, comte de Champagne. Mathilde, elle, compte sur son demi-frère Robert FitzRoy, comte de Gloucester, un puissant chef de guerre enfanté hors mariage par Henri Ier. Homme de devoir, ce roi bonhomme avait apparemment semé ses bâtards un peu partout, non pas en raison de quelque penchant immodéré pour la volupté mais par amour de la procréation. Robert est connu sous le patronyme de FitzRoy, littéralement « fils du roi ». Une chronique contemporaine, la *Gesta Stephani*, précise que Robert aurait initialement ambitionné de devenir lui-même roi mais qu'il aurait renoncé à cet honneur au profit du futur Henri II. La postérité a gardé une image plutôt favorable du comte, « homme de conseil et d'exécution, prompt à concevoir un grand dessein, et plus hardi encore à l'entreprendre, fort attaché aux intérêts de Mathilde, et l'âme de tous ses conseils[13] », pour citer le jugement d'Isaac de Larrey, à la fin du XVIIe siècle. Lorsque à la bataille de Lincoln, le 2 février 1141, Étienne est fait prisonnier, la guerre paraît gagnée. Sa rivale aurait-elle remporté la partie ? Malheureusement, la ville de Londres se révolte contre l'empresse. De façon prévisible, la *Gesta Stephani* décrit le caractère insolent et insensé de cette femme qui ruine la cause qu'elle défend par son comportement irresponsable[14]. En plaçant à la tête de la cité l'un de ses vassaux, Geoffroy de Mandeville, et en tentant de lever des subsides, elle s'aliène le soutien des bourgeois, qui exigent d'en revenir aux usages du temps du bon roi Édouard le Confesseur, que l'on devine plus modéré. Des *Annales*, attribuées à un chroniqueur originaire du Yorkshire, Roger de Hoveden († 1201), ont laissé un compte rendu clairement misogyne de l'événement. Si elles commencent par admettre que le « jugement de Dieu » a manifestement entériné la victoire de l'empresse, ces *Annales* poursuivent qu'Étienne, désigné en ces lignes comme le roi légitime, est fait prisonnier. Mais, poursuivent-elles, « l'empresse est reconnue par tous les peuples d'Angleterre, à l'exception des habitants du Kent où l'épouse d'Étienne, Mathilde de Boulogne, et Guillaume d'Ypres, l'un de ses capitaines, continuent le combat ». L'empresse est d'abord reçue par Henri de Blois, évêque de Winchester et légat du pape, puis sans tarder par le peuple de Londres. Pourtant, ce succès lui serait « monté à la tête » ; après l'incertitude des combats, « la victoire met un terme à l'affection des peuples. Irritée, elle laisse libre cours à sa rancœur féminine, et fait placer dans des fers le roi, oint du Très-Haut ». Quelques jours plus tard, agissant de concert avec son oncle, le roi des Écossais, et son frère, le comte de Gloucester, elle assemble ses troupes pour assiéger l'évêque de Winchester qui appelle en renfort la reine Mathilde de Boulogne, Guillaume d'Ypres et « pratiquement toute la bonne noblesse d'Angleterre ». Le consensus s'établit contre l'empresse : une armée de bourgeois de Londres se joint aux forces favorables à Étienne, contraignant Mathilde à prendre la fuite. On cueille au vol le comte de Gloucester et l'on exige contre son élargissement la libération du roi Étienne. L'auteur des *Annales* rapporte cette déroute de Winchester, en précisant que Dieu seul en est l'auteur (septembre 1141)[15].

Une victoire en demi-teinte

Mathilde ne peut plus entrer dans la cité de Londres révoltée, tandis qu'Étienne retrouve, provisoirement, son trône. Mais Mathilde a une dernière corde à son arc, son fils Henri, né au Mans le 5 mars 1133, et placé en Écosse auprès de son oncle maternel, le roi David Ier, qui l'arme chevalier. Ce beau jeune homme est promis à un brillant avenir ; sans attendre, il devient duc de Normandie. L'année suivante, il effectue une descente en Angleterre et frappe monnaie. En 1151, il succède à son père Geoffroy dans tous ses titres à la tête de la maison d'Anjou. Son ascension paraît dès lors irrésistible ; les combats avec Étienne s'intensifient ; les deux adversaires signent finalement un traité de paix à l'automne 1153. Étienne reconnaît même Henri comme son fils. Henri a gagné mais c'est sa mère, l'empresse Mathilde, qui est le grand vainqueur. Étienne meurt en octobre 1154, et Henri II est couronné à Londres le dimanche 19 décembre… C'en était cependant fini, et pour au moins quatre siècles, des règnes féminins. Longtemps après, en plein siècle des Lumières, le philosophe écossais David Hume revient sur cet épisode malheureux. Le premier règne féminin de l'histoire anglaise jouit d'une image équivoque. Plus encore que d'exception, ce règne fait figure de parenthèse. David Hume explique pour l'opinion éclairée : « Dans les progrès et l'établissement de la loi féodale, la succession des mâles aux fiefs avait eu lieu quelque temps avant que la succession des femmes fût établie. » Il relie nettement cet interdit au droit de porter les armes, théoriquement dénié aux femmes, pour des raisons plus encore anthropologiques que juridiques. Il se réfère clairement au système féodal : « Les terres, considérées comme bénéfices militaires et non comme propriétés, poursuit Hume, ne se transmettaient qu'à ceux qui pouvaient servir dans les armées[16]. »

Mathilde meurt le 10 septembre 1167 ; elle est enterrée à l'abbaye du Bec, et sur sa tombe on peut lire cette épitaphe : *Grande par la naissance, plus grande encore par son mariage, elle surpasse encore tout cela par sa descendance. Ci-gît la fille, l'épouse et la mère d'un Henri*. Fille d'Henri Ier Beauclerc, épouse d'Henri V de Franconie, et mère d'Henri II Plantagenêt : cette proximité masculine suffisait-elle à gommer l'originalité foncière de cette *domina Anglorum* si prête à s'affirmer dans un monde où les femmes n'avaient pas encore leur place, du moins sur le plan politique ? En 1421, la tombe fut profanée par les Anglais en pleine guerre de Cent Ans ; reconstruite à la fin du XVIIe siècle, la sépulture fut à nouveau démantelée par les troupes de Napoléon, avant que les restes de l'impératrice soient inhumés cette fois-ci dans la chapelle Saint-Pierre-et-Saint-Paul de la cathédrale de Rouen, puis de se retrouver apparemment dans la sacristie.

On qualifie couramment ces temps de troubles d'« anarchie ». Les historiens actuels proposeront plus sobrement de parler d'une « guerre des deux Mathilde » pour évoquer le conflit qui met aux prises Mathilde, fille d'Henri Ier, et sa grande rivale, Mathilde de Boulogne, épouse d'Étienne[17]. L'on aboutit désormais à une image éclatée de cette reine cosmopolite. Pour les Allemands, elle a droit au respect qu'impose sa stature impériale ; les historiens normands leur emboîtent le pas ; en Angleterre par contre, avant les travaux novateurs de Marjorie Chibnall († 2012), on la traitait avec un certain mépris. Mais Mathilde est désormais revenue au premier plan ; une histoire féminine voire féministe ne peut manquer de souligner l'originalité de ce destin, dans un monde occidental majoritairement façonné par des hommes aux dépens de leurs mères, de leurs sœurs et de leurs épouses. On ne s'attendait pas à ce que les reines du temps règnent ; elles étaient confinées dans le rôle mineur d'épouses ou de filles, chargées de transmettre un héritage. Si, à la suite du décès de son conjoint, une reine détenait le sceptre, ce n'était que de façon provisoire, jusqu'à ce que l'on trouve un bon mari ou un fils fidèle plus à même de coiffer la couronne. Voilà pour la théorie, car en pratique un certain flou juridique permettra à une Mathilde de sortir de sa condition, ou du moins de le tenter[18].

Généralement, avant même que les règles de la primogéniture ne fussent formellement établies en Angleterre, l'héritier de la couronne se devait d'appartenir au sexe masculin : l'une de ses premières tâches n'était-elle pas de chevaucher à la tête des armées ? Le règne des Amazones relevait en Europe de la pure fiction ; la féodalité renforce ce tabou, même s'il arrive que des femmes reçoivent l'hommage vassalique. Quelques princesses font exception au XIIe siècle en raison de la fluidité des règles de succession : Urraca, fille d'Alphonse VI de Castille, Mélisande, fille de Baudoin II de Jérusalem, et notre Mathilde, en Angleterre. L'étiquette infamante de perturbateur et de trublion qu'on lui accole indique assez le caractère inédit, voire énigmatique de ce règne féminin qui a longtemps pris de court les historiens, souvent aussi conservateurs, à leur corps défendant, que leurs sujets d'étude. N'a-t-on pas souvent parlé d'anarchie au sujet de son règne[19] ? L'histoire de Mathilde a ainsi servi pendant des siècles de repoussoir… mais est-ce bien justifié ?

Chapitre 2

ALIÉNOR D'AQUITAINE : LA BELLE HÉLÈNE

En rendant hommage dans son *Roman de Troie* à une « riche dame de riche roi », en qui « toute science abonde », et à laquelle « n'est nulle seconde », Benoît de Sainte-Maure pensait-il à Aliénor ? À la Vierge Marie ? Ou à quelque autre dame célèbre[1] ? En tout cas l'assimilation d'Aliénor à Hélène n'avait rien de gratuit. Chacun connaît l'histoire quasi mythologique d'Hélène de Troie, fille de Zeus et de Léda, mariée à Ménélas, roi de Sparte, et finalement enlevée par Pâris, occasionnant ainsi la guerre entre Grecs et Troyens. Si l'on remplace Hélène par Aliénor, la Grèce et Troie par la France et l'Angleterre, on aboutit à une forme actualisée du mythe, reprise par l'historien Isaac de Larrey dans la dernière décennie du XVIIe siècle. « La reine Aliénor dont je donne l'histoire, écrit Larrey, est connue de tout le monde. Les écrivains du XIIe et du XIIIe siècle en ont composé la vie, et les faiseurs de romans ont ajouté aux relations des historiens qui ne lui sont pas avantageuses, des fictions qui le sont encore moins. » Et ce passage clé pour notre propos : « Les plus modérés de ces auteurs nous la représentent comme une autre Hélène, dont la beauté fut fatale à ses deux maris. Et les autres enrichissant par-dessus, nous la dépeignent courant après un soldat turc [Saladin] dont elle avait fait l'objet de sa passion au mépris de sa religion et de sa dignité. » Aliénor était-elle volage ? En bon chevalier servant,

Larrey n'en est pas convaincu : « Je n'ai pas été fâché de me sentir en état de la pouvoir défendre contre les calomnies dont sa réputation a été noircie jusqu'à présent. Il y a du plaisir à protéger l'innocence opprimée[2]. »

Le mariage désastreux avec le roi de France

Aliénor a été une reine épique en un temps d'exception. D'où la réputation de galanterie dont on l'accable, comme tant de femmes, d'hier ou d'aujourd'hui, qui rompent avec les stéréotypes. Après l'empresse Mathilde, il était quasiment impossible pour une femme de s'affirmer sur la scène publique. Quoi que l'on dise, le règne de Mathilde n'a jamais réussi à convaincre jusqu'au bout ni ses contemporains, ni surtout sa postérité. Il fallait qu'une femme relevât enfin le défi de cette société virile, dominée par le bruit et la fureur. Cette femme, ce fut Aliénor d'Aquitaine (1122-1204), l'une des personnalités les plus remarquables de son siècle fertile en figures hors du commun. Contemporaine de Suger, de Bernard de Clairvaux, de Pierre le Vénérable, de Thomas Becket, de la mystique Hildegarde de Bingen ou du réformateur Pierre Valdo, elle aurait pu rencontrer Abélard et Héloïse, les amants maudits de leur siècle. Rarement sans doute aura-t-on « autant écrit sur un personnage historique sur lequel on en sait si peu[3] ». De la première partie de cette existence riche et mouvementée, nous ne retiendrons que les traits saillants : ils n'intéressent qu'indirectement l'histoire anglaise. Du reste, comme l'écrit Philippe Delorme dans sa biographie très enlevée d'Aliénor, « pour les chroniqueurs médiévaux, rois et reine n'ont pas d'enfance[4] ». Nous en sommes donc réduits à des approximations ou à des conjectures. Fille de Guillaume X, duc d'Aquitaine, Aliénor descendait du côté de sa mère des vicomtes de Châtellerault. La mort soudaine de son père à Saint-Jacques-de-Compostelle, le vendredi saint 1137, laisse d'immenses biens sans successeur masculin direct. Outre l'immense duché d'Aquitaine, entre Loire, Massif central et Pyrénées, le comté de Toulouse peut également être revendiqué par Aliénor. Le terme Aquitaine est assez imprécis pour désigner une région floue et mal définie occupant un grand quart sud-ouest de la France actuelle[5]. L'un de ses grands-pères, Guillaume IX d'Aquitaine, dit « le Troubadour », n'a-t-il pas épousé une héritière des comtes de Toulouse dans les dernières années du XIe siècle ? Devenue à son insu un très beau parti, à peine remise de la disparition de son père, Aliénor écrase précipitamment ses larmes pour épouser le dimanche 25 juillet en la primatiale Saint-André de Bordeaux Louis le Jeune, un descendant d'Hugues Capet, appelé à monter prochainement sur le trône. Il n'y avait pas un instant à attendre pour ouvrir à la France la voie du Sud-Ouest aquitain. Élu et sacré roi un siècle et demi plus tôt, en 987, le duc des Francs avait fondé l'une de plus prestigieuses dynasties de l'Occident chrétien, celle des Capétiens. Destin en un sens également inédit que celui d'Aliénor, devenue sans le savoir, en tout cas sans le vouloir vraiment, un excellent parti. Qui aurait dit au départ que son père, feu Guillaume X, n'aurait pas la possibilité de se remarier et de procréer des mâles ?

Au château de l'Ombrière, à l'emplacement de l'actuelle place du Palais à Bordeaux, se presse la fine fleur de la bonne noblesse aquitaine et les puissants feudataires du nord de la Loire, à commencer par Thibault le Grand. La noce se transporte alors à Poitiers, siège de la dynastie, pour y être accueillie en l'ancienne cathédrale Saint-Pierre, reconstruite par la suite. C'est là qu'Aliénor et son époux coiffent la couronne ducale d'Aquitaine. Le couple y reçoit aussi le serment de fidélité de ses vassaux. C'est encore à Poitiers que Louis apprend que son père n'est plus. Le jeune marié est désormais Louis VII de France. Quelle lourde responsabilité pour le jouvenceau, né dix-sept ans plus tôt en 1120 ! Excellent homme, au demeurant, l'époux d'Aliénor aurait fait un très bon moine, et sa chasteté, sa piété, sa dévotion exemplaires arrachaient les compliments des commensaux de l'abbaye de Saint-Denis où il poursuivit sa formation. Bonne fée, l'abbé Suger veillait sur le jeune couple. En retour, le roi s'intéressait particulièrement à son abbaye de Saint-Denis ; la nouvelle abbatiale, inaugurée en grande pompe en 1144, marquait la précellence d'un style gothique appelé à s'imposer jusqu'en Angleterre aux dépens du style roman ou de ce style saxon, si reconnaissable à ses arrondis. La croisée d'ogive allait l'emporter sur l'arc de plein cintre au fur et à mesure que s'affirmait l'influence culturelle de la France du Nord. Sens, Saint-Denis, Laon, Noyon, Paris sont les centres d'où rayonne la nouvelle esthétique.

Plus propre à un cloître qu'à un trône, Louis se révéla à l'usage un piètre mari. Aliénor le déplorait suffisamment. La gaillarde aurait souhaité accéder à une volupté sans cesse différée, et plus encore, être enceinte des œuvres de son époux, afin d'accomplir son destin de reine, chargée de perpétuer la lignée. Louis n'assurait pas. Ne parvenant pas à avoir d'enfant après plusieurs années de mariage infertile, elle s'ouvrit de ses craintes à Bernard de Clairvaux, grand saint au demeurant mais assez médiocre conseiller conjugal. L'un des premiers biographes du cistercien, son compagnon Geoffroy d'Auxerre († 1189), moine de Clairvaux, revient sur cette rencontre : « Il arriva, le jour de la fête de saint Denis, que la reine Aliénor s'entretenait dans l'église de ce saint martyr avec notre abbé [saint Bernard], et se plaignait que Dieu lui eût fermé le sein et l'eût rendue stérile. Il y avait en effet déjà près de neuf ans qu'elle vivait avec le roi, et après avoir conçu une première fois, elle avait fait une fausse couche, et depuis n'était plus redevenue grosse. Aussi désespérait-elle de pouvoir le redevenir jamais. Elle se plaignait donc amèrement au saint de sa position ; le saint lui dit : *Occupez-vous activement d'assurer la conclusion de la paix, et moi,* dit-il, *plein de confiance en la miséricorde de Dieu, je vous promets que vous aurez un enfant.* Le roi apprit cela par la reine, fit la paix, et réclama secrètement du saint l'effet de la promesse qu'il avait faite à la reine, etc.

Bref, la même année [1145], la reine devint grosse et eut un enfant [Marie de France][6]. »

La mésentente entre les époux s'accentue cependant en Terre sainte. La vie d'Aliénor se déroule sur cet arrière-plan de croisades. C'est aussi l'époque des grands ordres de chevalerie religieuse : les Templiers, les chevaliers de Saint-Jean ou plus à l'est les redoutables teutoniques. Une première croisade avait culminé en 1099 avec la prise de Jérusalem ; une seconde, prêchée par Bernard de Clairvaux à Vézelay en 1146, avait souffert de l'opposition croissante entre les Français et les Germaniques, regroupés autour de leurs deux chefs Louis VII et l'empereur Conrad III. Défaite par les Turcs d'Anatolie, l'armée des croisés parvient à Antioche en mars 1148 ; la cité est gouvernée par l'oncle paternel d'Aliénor, Raymond de Poitiers. Un parfum de scandale entoure les relations de la nièce et de son oncle ; la réputation d'Aliénor en sera durablement affectée[7]. On ne manque pas non plus de lui attribuer comme amant Saladin, en dépit de toute vraisemblance puisque le grand soldat musulman n'avait que… 10 ans à l'époque. Tout est bon pour accréditer l'image d'une Aliénor nymphomane et pervertie.

Sur le chemin du retour, la reine sera arraisonnée par un bateau grec avant d'être accueillie en compagnie de son époux par le roi Roger de Sicile, un Normand qui avait participé à la reconquête de l'île sur les Infidèles. Le couple rend également visite au pape Eugène III dans sa résidence de Tusculum à l'automne 1149 ; le Saint-Père préside à une scène touchante, en couchant les deux époux dans un même lit somptueux, afin visiblement de ranimer leur flamme défaillante. Mais le remède fait long feu. La théologie sacramentelle du mariage ne s'était pas encore pleinement développée avant le concile de Latran IV en 1215 et surtout avant le concile de Trente au XVIe siècle.

Henri Plantagenêt

Suger s'éteignit en janvier 1151. Prononcé en l'église Notre-Dame de Beaugency non loin d'Orléans pour cause de consanguinité, un divorce libérateur permettra à Aliénor de recouvrer sa liberté en mars 1152. Malgré qu'elle en eût, Aliénor était bien parvenue à donner deux enfants à Louis VII, Marie et Alix. Mais cela ne comptait guère à une époque où l'on survalorise les fils. Aliénor prie sans tarder le bel Henri Plantagenêt de venir remplir la place laissée vacante. Redevenue une riche héritière, Aliénor suscite toutes les convoitises, à commencer par celles du jeune Thibault V, comte de Blois et fils cadet des puissants seigneurs de Champagne, ou encore de son futur beau-frère, Geoffroy d'Anjou, fils puîné de l'empresse Mathilde. Une première tentative d'enlèvement rocambolesque dans une abbaye où elle s'arrête pour passer la nuit est suivie par un second guet-apens sur la Creuse, déjoué à temps par son entourage. Elle épouse enfin au doux mois de mai Henri Plantagenêt, comte d'Anjou et duc de Normandie, plus jeune qu'elle d'une dizaine d'années. La Guyenne, l'Anjou, le Maine et la Normandie sont désormais passés entre les puissantes mains des Plantagenêts qui doivent en échange s'acquitter de leur hommage auprès du roi de France. Celui-ci comprend, mais un peu tard, la perte considérable qu'il a subie.

Ce 18 mai 1152, de nombreux convives se pressent pour les noces à la cathédrale Saint-Pierre de Poitiers. L'union était en soi parfaitement légitime ; mais il y manque cependant l'accord du roi de France dont Aliénor aurait dû solliciter la permission, comme tout vassal. Louis VII allait prendre sa revanche en tentant d'envahir la Normandie. Par son mariage, la duchesse de Poitiers, duchesse de Guyenne, devenait également duchesse d'Anjou et duchesse de Normandie. Quant à Louis VII, il se consolera en épousant consécutivement Constance de Castille et Adèle de Champagne…

Que d'épousailles ! Aliénor est également soucieuse de sa vie spirituelle ; elle s'empresse d'accorder une charte à l'abbaye de Fontevraud. Elle y mentionne son premier mariage raté avec Louis VII et sa nouvelle union avec Henri, qui n'est pas encore roi. Mais surtout, elle affirme son attachement indéfectible pour les moniales au milieu desquelles elle terminera ses jours… Fondé par Robert d'Arbrissel un demi-siècle auparavant, l'ordre de Fontevraud insistait strictement sur la clôture monastique et sur la pauvreté, tout en ménageant un équilibre entre l'opulence aristocratique et le dénuement monacal. Mais revenons-en à ce moment d'éphémère bonheur que représente la rencontre avec le futur roi d'Angleterre. De stature moyenne, les yeux gris perle, les cheveux roux, Henri dégage une impression de force physique et d'assurance virile. Il sera surtout un roi à cheval, ami des interminables chevauchées qui épuisent ses compagnons et ses montures. Son conseiller Pierre de Blois le décrit ainsi : « Du matin au soir, sans arrêt, il s'occupe des affaires du royaume. Sauf quand il monte à cheval ou prend ses repas, il ne s'assoit jamais. Il lui arrive de faire en un jour une chevauchée quatre ou cinq fois plus longue que les chevauchées ordinaires. Il est fort difficile de savoir où il est et ce qu'il fera dans la journée, car il change souvent d'idées. Il met à rude épreuve la constance de sa suite, qui erre parfois pendant trois ou quatre milles dans une forêt inconnue, à la nuit, et doit loger dans des huttes sordides[8]. »

L'autorité d'Henri est à ce prix ; le fils de l'empresse Mathilde, l'arrière-petit-fils de Guillaume le Conquérant s'enorgueillissait également de sa culture. Henri devient opportunément roi d'Angleterre deux ans plus tard, permettant à son heureuse épouse de siéger successivement sur les deux trônes. Combien de temps faudra-t-il pour que l'Aquitaine ne devienne anglaise ?

Un premier enfant, dénommé opportunément Guillaume, voit le jour en août 1153. En décembre suivant, le couple débarque non loin de Southampton pour remonter par Winchester jusqu'à l'abbaye de Westminster où se tient le couronnement, le 19 décembre 1154. Si Aliénor reçoit comme son époux l'onction du sacre et la couronne, en revanche elle ne porte pas le glaive, symbole de commandement militaire et de justice. Amaury Chauou note, en spécialiste des Plantagenêts, que « revêtue de la dignité royale » elle n'est pas investie du même pouvoir que le roi son époux. Elle demeure associée au trône en tant que consort, et en cas de décès, le pouvoir passe directement au nouveau roi. La leçon administrée à l'empresse Mathilde portait ses fruits. Aliénor ne manquait pas d'atouts ; elle produisait des mâles. Que demander de plus à une reine ? Un deuxième fils, Henri, dit Henri le Jeune pour le distinguer de son père, vit le jour le 1er mars 1155. Une fille dénommée Mathilde, en l'honneur de l'empresse, suivit quinze mois plus tard[9]. Le célèbre Richard naît en 1157, le terrible Jean en 1166. Aliénor a dépassé les 40 ans, c'est trop tard pour procréer. Mais elle a rempli sa mission reproductrice en donnant au roi son mari six beaux enfants... auxquels on peut ajouter les deux filles engendrées précédemment par le roi de France. Huit fois, Aliénor aura été mère huit fois, sans jamais perdre son inépuisable énergie.

Henri II a décidément fait le bon choix. Le formidable empire des Plantagenêts semblait avoir un avenir assuré entre les mains de ce roi gyrovague. Jusqu'où se poursuivrait une expansion territoriale qui recouvrait, outre l'Angleterre, un bon tiers occidental de la France actuelle, entre la Manche et l'Atlantique ? Il existe une France des Plantagenêts splendidement documentée par les éditions Ouest-France dans un ouvrage *Sur les pas d'Aliénor d'Aquitaine*[10]. Le roi de France, l'empereur n'avaient qu'à bien se tenir face à ce voisin redoutable, de plus en plus mal à l'aise dans son rôle de vassal. Au centre de cet ensemble, la Cour, une Cour dominée par son roi et de plus en plus par son épouse, Aliénor. Sans cesse en mouvement, le couple mène la vie trépidante de la *jet-set* médiévale entre l'Aquitaine, l'Anjou, la Normandie et puis Londres, où l'on parvient après avoir embarqué à Barfleur.

David Starkey, le plus médiatique des historiens anglais, a déclaré justement qu'il y avait deux types de monarques, des rois de la proximité et d'autres qui règnent par l'éloignement[11]. Henri II était un roi de la proximité, mais c'était au prix de perpétuels déplacements. Henri II ne s'embarrasse pas de tenues inutiles ou dispendieuses, il a besoin de bouger, de sauter sur sa monture, de tourbillonner sans arrêt. Aliénor le suit dans ce rythme endiablé, ou bien se sépare provisoirement de son époux afin de maintenir l'image de ce pouvoir bifrons, affichant les deux visages de la royauté, son pôle chevaleresque et son pôle courtois. Aliénor se dote de sa propre chancellerie et de ses scribes pour faire face à la demande. On a parfois prétendu qu'Aliénor n'exerçait pas de pouvoir véritable ; c'est aller un peu vite en besogne. Elle joue au moins un rôle de représentation au sein de l'empire Plantagenêt. C'est ainsi qu'elle se rend à Cherbourg en 1159 et en 1162, à Falaise en 1160, au Mans la même année, à Poitiers en 1166 ou encore à Chinon six ans plus tard. L'année suivante, elle se partage entre Clermont-Ferrand et Limoges. Elle conduit son fils Richard à s'intéresser de très près à l'Aquitaine, en l'amenant à prêter hommage à Louis VII pour son duché.

Nouveau naufrage conjugal

Le 6 janvier 1169, jour de l'Épiphanie, se tient une importante cérémonie au château de Montmirail, dans le comté du Perche. Louis VII recueille l'hommage d'Henri II, accompagné de trois de ses fils : Henri le Jeune, pour la Normandie et l'héritage angevin, Richard pour l'héritage maternel, Poitou et Aquitaine, Geoffroy pour la Bretagne. On remarque l'absence d'Aliénor ; à quoi bon confronter la reine d'Angleterre à son ancien mari ? Aliénor mène d'ailleurs un jeu de plus en plus personnel ; elle fortifie la réputation de son fils Richard, connu opportunément sous son titre de comte de Poitiers. Pour la

Pâques 1170, la mère et le fils tiennent une Cour plénière à Niort. Elle leur permet de s'affirmer conjointement face à Henri II en revenant sur les confiscations opérées par lui. Reçus à Poitiers puis à Limoges en grande pompe, la reine et le fils affirment conjointement leur ascendant sur l'héritage aquitain. Il faut vite faire face à un régime royal de plus en plus outrancier ; Henri II vieillit mal, il a des crises d'autorité irrépressibles. Son ambition s'étend à l'ensemble de l'archipel atlantique ; l'annexion militaire du pays de Galles est un galop d'essai avant l'Irlande. On ne saurait cependant enfermer le règne dans sa réputation de violence aveugle ; le trône dote le pays d'un instrument juridique exceptionnel, la *Common Law* en usage jusqu'à notre époque. Le triomphe programmé du droit n'empêche certes par la violence la plus meurtrière. Thomas Becket, le bouillant archevêque de Cantorbéry, fut la victime la plus célèbre de ces homériques colères. Le primat défend les privilèges ecclésiastiques, Henri II souhaite soumettre l'Église au droit commun du royaume en réduisant ses privilèges judiciaires. Après un séjour en France, Becket s'en retourne enfin en 1170 à Cantorbéry. « N'y aura-t-il donc personne pour me débarrasser de ce prêtre turbulent ? » aurait déclaré le roi d'Angleterre, au comble de la colère. Aussitôt dit, aussitôt fait ; quatre preux chevaliers se rendent à Cantorbéry où ils mettent à mort l'archevêque, dotant le royaume de l'un de ses plus célèbres martyrs (29 décembre 1170). Pour se faire pardonner, Henri II entreprend la conquête de l'Irlande, avec la bénédiction du pape Adrien IV. Un concile se tient alors à Cashel, pour défendre les droits du roi d'Angleterre devenu à son tour conquérant de l'Irlande, comme son ancêtre Guillaume de Normandie avait pu être conquérant de l'Angleterre. Quant à Becket, sa châsse devient un lieu de pèlerinage ; le roi de France Louis VII n'hésitera pas à se rendre en personne à Cantorbéry demander l'intercession du saint homme pour son fils, le futur Philippe Auguste, victime d'une chute lors d'une partie de chasse à Compiègne. Rigord, l'un des moines de Saint-

Denis, a rapporté cet incident traumatique dans son *Histoire de Philippe Auguste*. Né en août 1165, Philippe était ardemment désiré par ses parents, Louis VII et Adèle de Champagne, qui n'avaient jusque-là procréé que des filles. Le roi Louis avait eu en songe une vision prophétique : son fils tenait à la main un « calice d'or plein de sang humain » qu'il tendait à tous les grands de son royaume. Sentant sa fin prochaine, Louis VII souhaite que l'on procède sans attendre au sacre de son fils le jour de l'assomption 1179. « Mais Dieu voulut que tout se passât autrement que Louis ne l'avait espéré », note Rigord. Lors d'une partie de chasse à Compiègne, Philippe voit un sanglier foncer devant lui. « À cette vue, les veneurs lâchent les chiens, et se mettent à la poursuite de la bête, à travers les détours de la forêt et de cette vaste solitude, donnent du cor et se dispersent dans les différentes battues du bois. » Philippe est emporté par sa monture et poursuit le sanglier ; il se retrouve ainsi seul absolument affolé au milieu de la forêt. Poussant moult gémissements, il trace sur son front le signe de la sainte croix, et se recommande « très dévotement à Dieu, à la bienheureuse Vierge Marie, et au bienheureux Denis, patron et défenseur des rois de France[12] ». Apparaît alors un charbonnier au « visage hideux et noirci par le charbon » ; le brave homme le ramène à Compiègne, mais « Philippe Dieudonné » tombe dangereusement malade et son couronnement est différé jusqu'à la Toussaint. Pour marquer sa reconnaissance à Dieu, on massacre quelques Juifs, suspectés du meurtre rituel des chrétiens, précise, imperturbable, le même chroniqueur.

Henri II accueille le roi de France en son royaume et se joint à ses prières devant la tombe du martyr, tout juste canonisé. Il avait beaucoup à se faire pardonner, ce brave Henri II, responsable sinon coupable de la mort de ce Thomas qu'il vient ensuite implorer. Quoi de plus inédit que cette union dans la prière des deux conjoints d'Aliénor, son ex-époux Louis VII, bien oublié, et son présent mari, Henri II, bien volage et infidèle ? Cette association tenait déjà du miracle. Philippe ira mieux, beaucoup mieux, grâce sans doute à l'intervention de Thomas Becket qui, du haut du ciel, veille sur la cité des hommes, mais Louis VII en sort épuisé. Il est terrassé par une crise d'hémiplégie à Saint-Denis, sur le chemin du retour, alors qu'il fait ses dévotions au protecteur de la France (deux précautions valent mieux qu'une). Les Anglais, toujours patriotes, ne manqueront pas d'opposer les effets bénéfiques de saint Thomas Becket, apparemment supérieur aux mérites, pourtant considérables, de saint Denis. Une bouffée de judéophobie permettra à Philippe de laver la faute de son père, apparemment beaucoup trop modéré face aux fils d'Israël. Quelques mois plus tard, en septembre 1180, Louis VII meurt terrassé, emporté par sa longue maladie.

L'aigle et les lionceaux

Homme à poigne, Henri II connaît une forte opposition au sein même de sa famille. Ses fils ne tardent pas à se rebeller avec l'appui de leur mère, Aliénor. Raymond V, comte de Toulouse, s'en serait ouvert au roi d'Angleterre en 1173 lors d'une visite à Limoges de ce dernier. Étienne de Rouen, moine bénédictin de l'abbaye Notre-Dame du Bec, mentionne Aliénor dans son poème *Draco Normannicus*, *Le Dragon normand*, dédié à Henri II. La reine y est présentée comme « l'aigle de la foi trahie », et ses fils comme des « lionceaux », pour reprendre le texte d'une prophétie attribué au célèbre Merlin l'Enchanteur, le prophète magicien de la légende arthurienne. Aliénor fait ainsi figure d'épouse infidèle, non seulement sur le plan sexuel, mais de façon aussi fondamentale pour des raisons politiques. On admet mal l'indépendance de jugement de cette femme, habituée à commander et à être obéie[13]. Dans sa chronique, Benoît de Peterborough († 1193) mentionne la collusion d'Aliénor et du roi de France contre Henri II. Aliénor s'enfuit et on la retrouve déguisée en homme, sans que l'on sache si ce détail n'est pas une invention destinée à démontrer sa perversité. Aliénor, comme l'empresse Mathilde avant elle, ne rejetait-elle pas sa condition de femme soumise ?

Les motifs profonds d'Aliénor demeurent obscurs : jalousie devant Rosemonde Clifford, la maîtresse de son mari, devenue « rose immonde » pour les satiristes, solidarité avec ses fils contre leur père, mécontentement enfin de voir en 1773 Raymond de Toulouse prêter l'hommage vassalique à Henri II au lieu d'elle-même ? Les années accomplissaient leur œuvre inexorable ; encore belle, Aliénor ne parvient plus à retenir Henri II, tenaillé pour sa part par ce démon de midi qui n'épargne pas les plus sages. Fille d'un seigneur des marches du pays de Galles, Rosemonde était belle, elle était attirante, las, elle n'était déjà plus. Il y avait là tout le matériau d'une légende, attestée dès le début du XIVe siècle sous la plume d'un moine compilateur de Chester, Ranulf Higden, auteur d'une histoire universelle à vocation encyclopédique, le *Polychronicon*[14]. Rosemonde aurait caché ses moments d'intimité avec le roi dans ce palais de Woodstock, connu pour être un labyrinthe propre à déchaîner toutes les interprétations symboliques. La belle est inhumée à l'abbaye de Godstow, maintenant dévastée, au nord d'Oxford, non loin de cette *Trout Tavern* où, à la belle saison, les étudiants se rendent en groupe pour des virées bachiques. D'abord déposés à l'extérieur de la chapelle, les restes de cette femme suscitaient une forme de pèlerinage jugée indécente par Hugues, évêque de Lincoln. Où va-t-on si même les maîtresses royales suscitent un culte spontané après leur mort ? On installe les restes de Rosemonde dans la salle capitulaire où l'on contrôle mieux les flux des visiteurs. Sur sa riche sépulture on lisait cette épitaphe :

Ci-gît dans un triste tombeau,
L'incomparable Rosemonde,
Ou plutôt la rose du monde,
Dont le règne fut court mais beau[15].

La guerre du roi et des fils

Pendant qu'Henri II déchiffre la carte du tendre en compagnie de sa maîtresse, son épouse rapatriée en Poitou ne laisse pas passer un instant. Un terrible conflit familial s'ensuit. Il met aux prises Henri II et trois de ses fils, Henri le Jeune, Richard, futur Cœur de Lion, et Geoffroy. Henri le Jeune aurait laissé tomber, assez méchamment pour son vieux père : « Je suis roi et fils de roi, et mon père n'est que fils de comte. »

Le prince Henri avait reçu l'assistance du roi de France, Louis VII, qui n'oublie pas l'affront que lui a fait Henri II en épousant son ancienne femme, ressentiment de cocu en quelque sorte. Ces mariages croisés sont étonnants : Henri le Jeune a épousé la princesse Marguerite de France, une fille de Louis VII, le premier mari de sa mère. Mais cela n'arrange en rien le conflit familial entre Henri II et les siens. Une bonne partie des combats se déroule en Normandie. En juillet 1174, Henri II rentre d'Irlande ; en septembre, le père et les fils se réconcilient par la paix de Montlouis sur la Loire. Pour avoir porté atteinte à ses devoirs de mère et d'épouse, la reine d'Angleterre entame une longue période de captivité, à Chinon tout d'abord puis à Salisbury et dans diverses places fortes. En 1963 à Chinon, on exhume une fresque représentant Aliénor sur le narthex d'un ermitage semi-troglodytique dédié à sainte Radegonde. Le choix de Radegonde ne relève pas du hasard : comme Aliénor, elle était une épouse royale. La sainte du VIe siècle était une princesse de Thuringe, épouse de Clotaire, fils de Clovis. On lui vouait un culte particulier à Poitiers et dans sa région. Plusieurs personnages figurent sur cette représentation du départ d'Aliénor allant en captivité en Angleterre : en tête, le roi Henri II, le doigt tendu vers l'avant, conformément à son caractère déterminé et fonceur ; au centre, Aliénor, accompagnée de sa fille Jeanne. Avant-dernier personnage, Richard Cœur de Lion, associé à un faucon, symbole de son domaine d'Aquitaine, d'où le nom de *Chasse au faucon* couramment utilisé pour désigner l'ensemble de la fresque. Enfin, fermant la marche, Henri le Jeune, qui reproduit le doigt pointé d'Henri II.

Aliénor est tenue emprisonnée pendant presque quinze années avant de retrouver les coudées franches. Henri le Jeune sur son lit de mort en juin 1183 demande que les conditions de l'incarcération de sa mère Aliénor soient désormais moins sévères. Pierre de Blois s'empresse de présenter ses condoléances à la reine, tout en méditant sur les malheurs qui frappent cette femme d'exception. « Nous, qui ne parvenons ni à guérir ni à apaiser nos propres blessures, comment pourrions-nous trouver le médecin ou le remède qui apaise les douleurs d'une mère ? » lui demande-t-il. L'année suivante, la reine peut accueillir sa fille Mathilde et Henri le Lion, duc de Saxe, contraints à l'exil outre-Manche. La mort d'Henri II se produit enfin le 6 juillet 1189, octave de saint Pierre et saint Paul, au château de Chinon. Après avoir maudit ses fils et communié dévotement au saint corps et au sacré sang du Seigneur, il quitte ce monde, mettant un terme à un long règne de trente-quatre ans, sept mois et quatre jours. Son fils Richard arrive en larmes le lendemain pour constater que le corps du défunt se met à saigner lorsqu'il s'en approche. En apprenant la nouvelle, Aliénor se met en route et ordonne la libération des prisonniers pour le salut de l'âme du défunt. N'avait-elle pas appris « dans sa chair même », comme le note Roger de Hoveden, que l'incarcération est contraire à l'humanité ? Parmi ces prisonniers, beaucoup de pauvres hères qui avaient transgressé les lois draconiennes contre le braconnage.

Aliénor, le retour

Aliénor insiste également pour que tous les « hommes libres » prêtent serment d'obéir à « Richard, roi d'Angleterre, fils du roi Henri et de son épouse ». L'on pardonne à Guillaume le Maréchal, ce meilleur chevalier du monde, son attachement inconditionnel à son défunt roi. Henri II est enseveli à Fontevraud, où son fils Richard et sa femme Aliénor le rejoindront un jour pour composer l'extraordinaire nécropole dynastique des Plantagenêts que nous visitons de nos jours. Les choses changent véritablement pour Aliénor avec l'arrivée sur le trône de son fils Richard. Débarqué à Portsmouth le 13 août, le preux Richard est accueilli par sa mère à Winchester, le lendemain, veille de l'Assomption. On lui prêtera la « valeur d'Hector, l'héroïsme d'Achille, la grandeur d'Alexandre et la vaillance de Roland ». Sorte de Samson ou d'Hercule, Richard atteint comme Aliénor un statut quasi mythologique. Le couple de la mère et du fils domine ces dernières années du XIIe siècle. Le chroniqueur Richard de Devizes rapporte l'atmosphère électrique de la succession, marquée par un accès d'antisémitisme, qualifié pour l'une des premières fois de l'histoire d'« holocauste » : « En l'an de grâce 1189, Richard, fils d'Henri II et d'Aliénor, et frère d'Henri III, a été consacré roi des Anglais, par Baudoin, archevêque de Cantorbéry à Westminster, aux nones du 3 septembre. Le jour même du couronnement [23 septembre], à peu près à l'heure solennelle où le Fils avait été immolé au Père, commença un sacrifice des Juifs pour leur père, le diable, dans la cité de Londres, et ce célèbre mystère dura si longtemps que l'holocauste n'était pas terminé le jour suivant. Les autres villes et cités du royaume imitèrent la foi des Londoniens, et avec la même conviction ils envoyèrent ces suceurs de sang en enfer[16]. »

Roger de Hoveden rapporte le cas de ce Juif d'York dénommé Benoît et laissé pour mort par la foule, avant qu'un ecclésiastique choisisse de lui administrer le baptême. Sans illusion, le même chroniqueur précise aussi que si certains émeutiers sont poursuivis, c'est en raison des atteintes aux biens et à l'ordre public et non pas pour punir leurs actes d'hostilité contre les fils d'Israël.

Aliénor a encore quinze ans à vivre, jusqu'à sa disparition en 1204. La sexagénaire n'ignore pas qu'elle va être amenée à jouer un rôle croissant avec le départ de Richard pour la croisade. Saladin avait reconquis Jérusalem en 1187, suscitant cette nouvelle expédition occidentale. Originaire du Yorkshire, Roger de Hoveden a laissé un précieux témoignage sur le roi Richard dont il fut l'un des compagnons lors de la troisième croisade. Hoveden insiste à juste titre sur l'action d'Aliénor qui se rend de château en château et de ville en ville durant l'absence de son fils pour rendre la justice et exiger de chacun de reconnaître son autorité royale. Elle accompagne même sa future belle-fille Bérangère de Navarre, jusqu'à Messine en Sicile[17]. Mais le véritable couple royal n'en demeure pas moins celui de la mère et du fils. Malheureusement pour lui, Richard avait un frère cadet, surnommé par leur père « Jean sans Terre ». Souvent présenté par la suite comme un dangereux psychopathe, ce personnage sombre et aigri avant l'âge présentait une sorte de portrait inversé du beau Richard qu'il détestait jalousement, au grand dam de leur mère. Richard de Devizes note au moment du départ de la troisième croisade que le comte de Mortagne, ainsi qu'il l'appelle non sans malice, en faisant référence à l'une de ses possessions, souhaitait manifestement que son frère Richard n'en revienne pas vivant. Heureusement, le roi avait pour lui Guillaume Longchamp, évêque d'Ely, chancelier et justicier du royaume. Avant de s'embarquer pour la Terre sainte, Richard convainc sa mère de demander le versement de son douaire, plutôt que de dépendre de l'échiquier.

Aliénor veille jalousement pour sa part sur les intérêts de son fils. Elle traverse les Pyrénées et les Alpes en compagnie de Bérangère de Navarre, la princesse qu'elle lui destine, afin de le prémunir contre la double menace que représentent son frère Jean et le roi de France. Fin mars, elle trouve son fils à Messine où il s'embarque. Le mariage avec Bérangère se déroule en mai sur l'île de Chypre. Il n'y avait pas un instant à perdre. Jean n'a de cesse d'intriguer contre son frère, empêtré dans la croisade ; les choses tournent mal pour Richard. Le séjour en Palestine ne dure qu'un an et demi, mais le retour s'avère laborieux. Après avoir tout juste le temps de participer au siège d'Acre, le roi d'Angleterre prend en octobre 1192 le chemin de l'Angleterre, non sans s'être brouillé avec Philippe Auguste et Léopold d'Autriche. Alarmé par les bruits du complot que trame son frère Jean, il est bien décidé à ne pas perdre un seul instant, mais c'est hélas le contraire qui se produit : les tempêtes s'abattent sur le pauvre Richard et, arrivé à Marseille malgré tout, il décide d'éviter Toulouse et de passer par Vienne où il est reconnu et fait prisonnier le 20 décembre, en dépit d'un déguisement. Le duc l'emprisonne dans son château de Dürenstein sur le Danube, avant de le livrer à l'empereur Henri VI[18]. Richard Cœur de Lion, petit-fils de l'empresse Mathilde, se retrouve en quelque sorte à la case départ. L'empereur exige le paiement d'une lourde rançon de 150 000 marcs – le marc était une unité de compte valant approximativement les deux tiers d'une livre sterling. Il demande aussi, ajoutant l'humiliation au chantage financier, que le roi d'Angleterre lui prête hommage. Durant les seize mois que dure sa captivité, Aliénor s'adresse au moins trois fois au pape Célestin III dont elle réclame l'intercession. Sans doute rédigées par les soins de Pierre de Blois, ces épîtres ont été incontestablement inspirées par la reine elle-même. Reine des Anglais, duchesse de Normandie et comtesse d'Anjou, ainsi qu'elle se présente, Aliénor ne veut plus être qu'une « mère souffrante ». Elle supplie : « Vous ne pouvez pas prétendre ignorer ce crime et cette infamie, vous qui êtes le vicaire du Crucifié, le successeur de Pierre, le prêtre du Christ, l'oint du Seigneur, le Dieu même de Pharaon. » Elle reprend la plume peu après pour se prosterner dans la « poussière et la cendre ». L'empereur Henri VI devient sous sa plume un simple tyran indigne et la reine termine cette deuxième lettre en retrouvant les accents du livre de Job pour se lamenter. La troisième et dernière missive implore la Vierge, « mère de miséricorde ». Aliénor le dit, il ne lui reste plus que deux fils,

Richard et Jean, Richard « enchaîné » et Jean qui ravage ses propres territoires. Comment expliquer cette « cruauté » de Dieu envers une mère ? « Que puis-je faire ? Comment survivre ? » Aliénor en appelle au pape contre l'empereur : « La croix du Christ précède les aigles de César. » Aliénor puise cette fois-ci son inspiration dans le *Magnificat* qui dit assez combien Dieu disperse les superbes...

À la veille de sa libération, au printemps 1193, Richard exprime toute sa gratitude envers sa mère. « Richard, par la grâce de Dieu, roi des Anglais, etc., écrit-il, à la gente Aliénor, sa mère bien-aimée, reine d'Angleterre par la même grâce de Dieu, salut et tous les souhaits de bonheur qu'un fils aimant peut former pour sa mère. » Nous tenons d'abord « à rendre hommage à Dieu, et ensuite à votre sérénité, mère admirable, mais nous ne parviendrons jamais à vous remercier suffisamment parmi d'autres actions dignes de louange pour votre loyauté envers nous et le soin et l'attention constante et diligente que vous avez manifestés pour nos territoires[19] ». Aliénor était jugée responsable de la défense des intérêts de son fils, au côté d'Hubert Walter, évêque de Salisbury. Datée de Spire le 30 mars, cette lettre s'accompagnait de consignes orales transmises par Guillaume de Sainte-Mère-Église. Si Richard revient en Angleterre en mars 1194, s'il est couronné pour la seconde fois à Winchester le mois suivant, afin de mieux marquer sa légitimité, c'est pour immédiatement franchir le *Channel* en sens inverse et s'intéresser à ses possessions continentales. Il meurt lors du siège de l'un de ses vassaux à Châlus en avril 1199.

Une chose est sûre, ces périodes de troubles n'ont pu que renforcer le pouvoir d'Aliénor. On la voit négocier directement avec le pape la nomination de Geoffroy, frère bâtard de Richard, à l'archevêché d'York ; on la trouve encore en Allemagne quand il s'agit de discuter la rançon de son fils... C'est elle enfin qui apaise le conflit entre Richard et Jean réconciliés à Lisieux. En 1199, Jean sans Terre est couronné à Westminster. Aliénor se prête devant Philippe Auguste à la cérémonie de l'hommage vassalique pour ses propriétés héréditaires du Poitou à Tours durant l'été 1199, l'année suivante elle mènera une dernière ambassade délicate en Castille où elle arrange le mariage de Louis VIII avec la redoutable Blanche de Castille qui sera la mère de notre Saint Louis... Aliénor pour une fois s'aperçoit de sa fatigue, et sur le chemin de la Normandie, où elle veut passer la semaine sainte, elle s'arrête à Bordeaux, laissant sa petite-fille Blanche aller seule vers son destin. Cette mission matrimoniale n'était pas dénuée d'un arrière-plan militaire ; en mai 1200, par le traité du Goulet, le roi d'Angleterre cède au roi de France le Vexin normand et une partie du comté d'Évreux. On ajoutera qu'en juillet-août 1202, elle résiste encore à un siège de la petite ville de Mirebeau dans le nord du Poitou organisé par les Bretons. L'arrivée opportune du roi Jean permet seule de la tirer de ce mauvais pas.

Que reste-t-il d'Aliénor ?

Aliénor s'éteint à Fontevraud au printemps 1204, à l'âge vénérable pour l'époque de quatre-vingt-deux ans[20]. « Femme incomparable », c'est ainsi qu'un moine bénédictin qualifie cette dame deux fois reine, mère de onze enfants, dont le preux Richard Cœur de Lion et l'infâme Jean sans Terre qui se succéderont sur le trône d'Angleterre. C'est auprès de son époux Henri II et de son fils Richard qu'un livre à la main, dans une simple tenue de moniale, assagie par la guimpe, son effigie sculptée dans ce merveilleux tuffeau des pays de Loire, rehaussé de couleur, attend paisiblement le Jugement dernier à l'abbaye de Fontevraud. Que fait la reine ? Elle prie, elle médite, assurée de son salut. Ce livre est sans doute un psautier, comme le précise Martin Aurell, le « recueil des cantiques de louanges » que les gentes dames possèdent alors. Mais la reine affectionne également la littérature profane ; deux ou trois romances lui sont consacrées : *Roman de Thèbes*, *Roman de Troie*, *Roman de*

Brut, trépidant des aventures d'Arthur et des Bretons. La reine est au cœur même d'une renaissance du XIIe siècle, entre la renaissance carolingienne et celle du XVIe siècle. Elle correspond avec Hildegarde de Bingen, la mystique rhénane qui égrène à son attention quelques phrases énigmatiques : « Ton esprit est comme un rempart environné de nuages tourbillonnants. Tu regardes autour de toi sans trouver le repos. Fuis cela pour te tourner vers l'impérissable, avec Dieu comme avec les hommes, et Dieu t'aidera au milieu de tes tribulations. Qu'il t'accorde sa bénédiction, et son assistance dans tes entreprises. » Quelles entreprises ? Pourquoi cette exhortation ? Aliénor avait-elle même le temps de songer au repos, ou bien ne trouvait-elle pas dans l'action le remède au divertissement[21] ?

Les restes royaux ont été profanés et dispersés, entre les fureurs des guerres de Religion et l'iconoclasme révolutionnaire. Qu'importe, Aliénor ou Éléonore comme on dit parfois poursuit son chemin dans les imaginaires. « Mon dessein avait d'abord été d'esquisser les premières années d'Éléonore d'Aquitaine dans une nouvelle historique », fait mine de s'excuser la comtesse Palamède de Macheco sous la Restauration pour aguicher le lecteur de son roman consacré à la reine. Elle se justifie : « Obligée de relire les auteurs qui ont parlé de cette princesse, je sentis mon sujet se développer et s'agrandir devant moi. Toutes les passions dont l'âme d'une femme est capable, l'amour, la coquetterie, la légèreté, la fierté, la jalousie, l'ambition se trouvaient naturellement dans ce tableau, et, ce qui en accrut l'intérêt, ce caractère romanesque et dramatique avait existé. Je crains qu'on ne me reproche d'avoir écrit un roman, et cependant les dernières années de l'existence d'Éléonore offrent tant de traits extraordinaires, que je n'ai pu me décider à n'en pas faire usage. Il y a une grande moralité à montrer après des erreurs et des crimes, le malheur et le repentir ; et l'histoire m'offrait encore ce développement[22]. »

Aliénor, ou l'éternel féminin ? On peut évidemment sourire devant ce portrait psychologique daté. Tout comme les origines méridionales d'Aliénor ont pu se prêter à des raccourcis faciles – citons cette formule que Jules Michelet emprunte à Augustin Thierry qui veut qu'Aliénor ait été « passionnée et vindicative comme une femme du Midi ». Certes, mais cela ne dit pas grand-chose. « Je connais même des historiens très sérieux dont elle continue d'enflammer l'imagination et de la dévoyer[23] », laisse tomber malicieusement Georges Duby dans ses *Dames du XIIe siècle*. Mais comment ne pas se montrer partial envers cette dame d'antan, sans cesse remise au goût du jour ? S'il cède facilement au mythe, Michelet avait quelques excuses. La fortune d'Aliénor ne s'est pas démentie. Un ouvrage récent se demandait encore si Aliénor a été « la femme fée souveraine qui, régnant sur l'Aquitaine, décida de sa vie, ou l'épouse d'Henri II, enfermée et empêchée d'exercer quelque pouvoir[24] ». Aliénor est devenue depuis le siècle dernier une héroïne féministe et occitane, d'autres avaient vu en elle l'égérie du renouveau poétique auquel on associe les troubadours. Son aïeul Guillaume X d'Aquitaine († 1126) ne s'était-il pas illustré dans la création poétique ? Le poète Bernard de Ventadour n'a-t-il pas contribué au développement de la tradition de l'amour courtois dans l'entourage de la reine ? Il n'en fallait pas plus pour faire d'Aliénor un personnage mythique, appelé à se prononcer dans d'hypothétiques « cours d'amour », sur les règles de la courtoisie[25]. Elle apparaît à ce titre, tout comme sa fille Marie de Champagne, dans le *Traité de l'amour* attribué à André le Chapelain, qui fait s'accorder la mère et la fille sur ce principe : *Il n'y a pas d'amour possible dans le mariage*. Mais sans doute s'agit-il de fiction littéraire plus que de discours rapportés. Il reste que l'image d'une Aliénor protectrice des troubadours et des poètes s'est imposée comme affirmation d'un féminisme contemporain toujours en quête de précédents. La cour des Plantagenêts a été indéniablement l'un des centres névralgiques d'où a rayonné, outre le récit des chevaliers de la Table ronde, l'émouvante histoire de Tristan et Iseut.

Chapitre 3

LES LOUVES DE FRANCE : ISABELLE († 1358) ET MARGUERITE († 1482)

Au tournant des XIe-XIIe siècles, on ne compte plus les Mathilde ; un siècle plus tard, les Isabelle sont légion. Isabelle, dite communément désormais la « Louve de France », épouse d'Édouard II, ne doit pas être confondue avec ces deux Isabelle : Isabelle d'Angoulême († 1246), deuxième épouse de Jean sans Terre, ou ultérieurement Isabelle de France († 1409), femme de Richard II.

Isabelle de France, épouse d'Édouard II, ne fut jamais surnommée la « Louve de France » de son vivant. Cette appellation doit beaucoup en fait à Maurice Druon au XXe siècle ; son roman *Les Rois maudits* et peut-être plus encore ses adaptations télévisuelles de 1972 et 2005 ont contribué à populariser cette qualification[1].

Il fallait enquêter sur ce surnom. Le surnom « Louve de France » avait été utilisé une première fois par William Shakespeare au sujet d'une autre reine du XVe siècle, également française, Marguerite d'Anjou, épouse d'Henri VI[2]. Qu'est-ce qui pousse ainsi les Françaises à la sauvagerie, du moins aux yeux des Anglais ou de leurs chroniqueurs ? Cela mérite bien, sinon des excuses, du moins quelques mots d'explication. La plupart des reines du Moyen Âge anglais, un Moyen Âge qui commencerait par la conquête normande et plus encore avec les Plantagenêts, viennent de la France actuelle ; Isabelle de

France, fille de Philippe IV le Bel, ou Marguerite d'Anjou ne sont donc pas des exceptions[3]. Nous examinerons tour à tour chacune de ces deux louves pour juger si l'appellation est bien appropriée.

Isabelle, première « Louve » de France

Née à Paris dans les dernières années du XIIIe siècle, la fille de Philippe le Bel épouse un prince dont le comportement est jugé scandaleux. Dans ses *Chroniques*, le Picard Jean Froissart ne manquera pas de rapporter nettement plus tard la déposition d'Édouard II, jugé indigne de porter la couronne durant l'hiver 1326-1327. Un autre chroniqueur relate sa mort atroce quelques mois plus tard, à une date indéterminée ; mimant une scène de sodomie, deux chevaliers étouffent Édouard sous des oreillers et lui introduisent un fer rouge dans l'anus à travers un tuyau de corne. Telle est la version accréditée par un contemporain, le chevalier Thomas de la Moor, dans sa *Vita et Mors Edwardi Secundi*. Si elle éprouve de la pitié pour Édouard II, dont elle incrimine seulement « les erreurs de jugement et la conduite légère », Mrs Strickland ne manque pas dans ses *Vies des reines d'Angleterre* de s'en prendre à Isabelle ; elle lui reproche en substance d'avoir été une épouse infidèle, tout en soulignant « sa cruauté, son hypocrisie et l'amour dénaturé de son fils ». Le face-à-face d'Isabelle de France et d'Édouard II a un caractère fatal qui continue à diviser l'opinion. Encore au XVIIIe siècle, Mme de Tencin voit en Isabelle un personnage romanesque ; la reine aurait été « belle de cette beauté qui pique plus qu'elle ne touche » et « plus susceptible de passion que de tendresse, plus capable de bien haïr que de bien aimer »[4]. Dès l'époque, une lamentation poétique évoque les amours mortes d'Isabelle et d'Édouard, dont « l'étincelle » n'est plus. Attribué au roi d'Angleterre, ce beau texte poétique commence par quelques vers montrant une superbe maîtrise du français :

En temps d'hiver me survint dommage,
Fortune trop m'a contrarié,
Ores, m'est failli tout mon âge,
Bien souvent l'ai éprouvé,
Au monde n'est si bel ni si sage
Ni si courtois ni si réputé,
Qui, si la fortune se détourne,
Ne sera proclamé fol[5].

La France médiévale est, en ce début du XIVe siècle, au faîte de sa splendeur, avant la peste noire de 1347 et la terrible épreuve de la guerre de Cent Ans. L'Angleterre connaît une période de désordres intérieurs, liée à la contestation du pouvoir royal. Né en 1284, le futur Édouard II s'attache dès l'adolescence à un favori gascon, son aîné de quelques années, Piers Gaveston, exilé par son père[6]. Édouard II est devenu grâce au dramaturge élisabéthain Christopher Marlow la figure même de l'homosexuel persécuté[7]. Édouard II a longtemps été un roi maudit contrairement à Richard Cœur de Lion, par exemple, qui inspire suffisamment de sympathie pour devenir l'archétype même du roi chevalier, en dépit de certaines rumeurs sur son éventuelle bisexualité. Rien de tout cela dans le cas d'Édouard et Isabelle de France en porte en grande partie la responsabilité. Elle éprouve pour les favoris de son mari une haine de femme jalouse, associée à une profonde rancœur politique et sociale devant les parvenus. Comment en est-on arrivé là ?

David et Jonathan

Le premier amour du jeune Édouard fut apparemment Gaveston. Une *Vie* latine du roi le présente en ces termes devenus célèbres : « Je ne sache pas qu'aucun homme ait jamais éprouvé une passion comparable pour un autre homme. Jonathan chérissait David, Achille aimait Patrocle, mais cela restait dans les limites de l'acceptable. » Par contre, poursuit l'auteur anonyme : « Incapable de modération, notre roi perdait la raison avec Piers, en telle sorte que l'on accusa ce dernier de sorcellerie[8]. » Mais qui était-il donc, ce Gascon parti un beau matin tenter sa chance à la cour d'Angleterre ? Né aux confins du Béarn, Piers Gaveston (conservons-lui la forme anglicisée de son nom) était le fils d'Arnaud de Gabaston et de Claramonde de Marsan. Son père Arnaud prête hommage au duc d'Aquitaine pour les châteaux de Louvigny, non loin de Pau, de Roquefort de Marsan, de Montgaillard en Chalosse, d'Hagetmau et de Saint-Loubouer, à la limite du Tursan. Il se bat au service du roi d'Angleterre, Édouard Ier, jusqu'au pays de Galles. Son fils Pierre lui emboîte le pas, et se fait remarquer par Édouard Ier qui apprécie vivement ses qualités de bretteur. Le roi le cite en exemple à son propre fils Édouard, auquel il souhaite procurer une éducation virile au milieu des braves.

L'accusation de sodomie a été relayée par l'Église. Souvent cité, un témoignage ecclésiastique précise, maladroitement sans doute, que le roi Édouard II aurait éprouvé une passion « immodérée » pour ce type d'ébats – ce qui impliquerait qu'il en existe un bon usage[9]. Thomas de Burton était loin de le penser. L'abbé cistercien de Melsa, dans le Yorkshire, ne cachera pas sa réprobation plusieurs décennies après la disparition du roi ; Édouard étant mort ou du moins mystérieusement disparu, la cause semblera désormais entendue après un règne de vingt ans, de 1307 à 1327, perçu comme une parenthèse. L'histoire pourra reprendre son cours avec Édouard III. Édouard II, « sodomite » ? C'est possible en effet, encore faut-il ajouter que l'accusation était fréquente à l'époque et qu'on l'a dirigée y compris contre les Templiers, voire contre les hérétiques ou les sorciers, toujours suspects d'accouplements contre nature. En tout état de cause, l'accusation d'homosexualité a manifestement servi à renforcer l'image respectable d'Isabelle de France, présentée comme l'épouse vertueuse d'un dépravé[10]. Sans doute la petite-fille de Saint Louis avait-elle beaucoup à se faire pardonner pour que l'on noircisse ainsi son mari, en l'accusant de tous les maux.

Le reproche adressé à l'homosexuel est social tout autant que physique : il brouille et déconcerte, trouble et désarçonne en fusionnant les sexes comme il confond les rangs. Il déroge par là aux normes reçues en encourageant la promotion de ses gitons. Gaveston est détesté parce qu'il est un ambitieux ; il fait éclater les cadres en ne restant pas dans sa condition. La transgression sexuelle engendre un autre désordre au sein de la cité en brouillant la hiérarchie entre les hommes et les femmes, ou encore entre les gentilshommes et les manants. On reprochera surtout à Gaveston de se comporter en *alter ego* du roi ou en double du monarque, quitte à minorer ou à nier totalement le caractère physique de ses relations avec Édouard II, comme l'a fait un historien à la fin du siècle dernier[11]. Un rien narcissique, le Gascon était bel homme, et il excellait dans les exercices du corps ; croyant bien faire, Édouard Ier lui avait confié l'éducation de son fils. Il en était résulté une idylle interdite.

La fille de Philippe le Bel

Les choses avaient bien changé depuis qu'Aliénor d'Aquitaine avait apporté à Henri II une partie importante du territoire de la France actuelle. Son fils Jean sans Terre († 1216) dilapide son héritage en perdant coup sur coup la Normandie, le Maine et l'Anjou ; et il ne reste plus au roi d'Angleterre que la Gascogne au Sud et les comtés de Ponthieu et de Montreuil dans l'actuel département de la Somme. Comment stabiliser cette inéluctable érosion territoriale ? Il faut d'abord trouver un terrain d'entente en promouvant un beau mariage : le 29 mai 1303, âgée de 7 ans à peine, Isabelle de France est fiancée par procuration au prince Édouard. Le futur roi d'Angleterre a 19 ans et il est représenté par Henry de Lacy, comte de Lincoln, et Amédée, comte de Savoie. Isabelle comme Édouard descendent d'Aliénor d'Aquitaine, matriarche de la dynastie. Édouard est un arrière-petit-fils de Jean sans Terre, et Isabelle une arrière-petite-fille de Blanche de Castille. Né au château de Caernarfon, Édouard est le premier prince héritier à arborer le titre de prince de Galles, qui est resté depuis lors attaché à la fonction. Cette union vient parachever une série d'accords entre la France et l'Angleterre. Le traité de Montreuil, ratifié en 1299, avait instauré une trêve précaire entre les deux pays, toujours au bord d'un conflit au sujet de la Guyenne et de l'Aquitaine.

Attaché à la paix de l'Église, le pape Boniface VIII souhaite ardemment cette union des princes chrétiens face aux menaces que font peser les Infidèles sur les lieux saints ; le 20 mai 1303, le traité de Paris confirme les décisions de Montreuil. Un mariage croisé doit sceller cette amitié : à 60 ans, Édouard Ier accepte d'épouser en secondes noces Marguerite, sœur de Philippe le Bel, âgée seulement de 17 ans, et le roi de France donne en échange sa fille Isabelle au prince Édouard. Le traité de Paris précise encore que les Anglais se verront restituer la Guyenne, à condition que leur roi en rende hommage à Philippe le Bel. Alliés traditionnels de la France, les Écossais sont les grands perdants ; Édouard Ier n'a-t-il pas été justement surnommé *Malleus Scotorum*, le « marteau des Écossais » ? Le voisin du Nord a été manifestement l'objet de sa convoitise pendant l'ensemble de la période. Le destin d'Isabelle est tout tracé : elle doit être l'incarnation de cette première entente cordiale entre la France et l'Angleterre, chargée de renforcer une commune prospérité fondée sur la paix des armes, du moins à l'extérieur, car en Grande-Bretagne même Édouard mène une politique expansionniste aux dépens des Gallois et des Écossais amenés de force dans l'orbite anglaise.

Était-elle née en 1292 ou plus vraisemblablement en 1295-1296, la petite princesse ? On ne sait au juste. Mais l'on n'ignore pas le caractère illustre de la naissance d'Isabelle : la fille de Philippe le Bel se rattachait par sa mère Jeanne à la lignée des rois de Navarre et des comtes de Champagne. Reine de Navarre et comtesse de Champagne, Jeanne fonde en son hôtel de la rue Saint-André-des-Arts à Paris le collège de Navarre, destiné à accueillir des étudiants de sa province. L'établissement devait migrer peu après vers la colline Sainte-Geneviève où il occupa le site de la future École polytechnique. L'anecdote n'est pas sans intérêt car Isabelle de France montre comme sa mère une réelle appétence pour le livre et la culture. Quant aux Capétiens, ils étaient tout auréolés du prestige de Saint Louis, canonisé en 1297. Avec des tels ancêtres, comment ne pas connaître le plus prometteur des avenirs ?

Le mariage tant attendu traînait pourtant en longueur. Le roi Édouard Ier avait d'autres chats à fouetter, et préférait dans l'immédiat ferrailler avec l'Écosse. Lorsqu'il meurt le 7 juillet 1307, rien n'est encore accompli. Philippe le Bel finit par perdre patience ; il envoie son frère Louis, comte d'Évreux, pour négocier outre-Manche, et l'on parle sérieusement d'une gigantesque cérémonie nuptiale à Boulogne pour le mois de janvier suivant. C'est alors qu'intervient à l'automne l'arrestation des Templiers. Édouard II, qui a eu tout juste le temps de succéder à son père, tergiverse ; il commence par prendre position en faveur des moines soldats avant de se retourner et de les interdire à son tour en janvier 1308.

La passion du roi pour son favori ne fait que croître ; il voit en lui une sorte de jumeau, un « frère » comme il le dit lui-même. Il lui confère même le titre de comte de Cornouailles. Pour mieux marquer leur commune amitié, Édouard choisit de lui donner sa nièce Margaret de Clare en mariage. Les fiançailles ont lieu sans tarder début novembre et un mois plus tard, Gaveston organise un beau tournoi qui lui permet de river son clou à la meilleure noblesse du pays en se montrant le meilleur jouteur de tous. Cette vengeance symbolique allait laisser des traces ; alors même qu'il apparaît comme un héros pour les jeunes chevaliers du pays, pressés d'en remontrer à leurs aînés, Gaveston se rend de plus en plus intolérable à tout ce qui compte dans le royaume. Comtes et barons se dressent contre lui ; ils prêtent serment de ne pas céder devant cet étranger qui rit sous cape de leur jalousie hautaine. Gaveston excelle dans les exercices physiques. Il a le verbe haut et son sens très gascon de la repartie en fait une sorte de d'Artagnan du Moyen Âge. Les seuls qui l'apprécient sont à vrai dire le roi et Hugues le Despenser le Jeune, autre personnage ambivalent dont on reparlera par la suite. Même Henry de Lacy, comte de Lincoln, naguère encore son plus ferme soutien, s'est détourné de Gaveston et de ses frasques. Isabelle est encore trop jeune pour avoir voix au chapitre ; elle se rattrapera par la suite, mais il est sûr que Gaveston ne peut pas, politiquement, être très favorable à l'alliance entre la France et l'Angleterre. Entre Philippe le Bel et Édouard II le choix est évident pour lui ; il attend tout de l'Angleterre et rien de la France. En janvier 1308, Édouard II franchit la Manche et se précipite pour rendre hommage à Philippe le Bel. Isabelle est déjà arrivée sur les lieux et elle accueille Édouard à Boulogne. Le douaire promis à Isabelle par son futur époux, « Édouard, par la grâce de Dieu, roi d'Angleterre, seigneur d'Irlande et duc d'Aquitaine », passe de 18 000 à 20 000 livres tournois par an – soit l'équivalent de 4 500 livres sterling. Payable à « la fête de Saint-Jacques l'Apôtre », cette somme devait être prélevée en grande partie sur les possessions françaises des rois d'Angleterre. Pour Philippe le Bel en tout cas, c'était une bonne affaire, d'autant plus que les dépouilles des Templiers lui avaient permis d'arrondir encore ses disponibilités financières.

Mariage et couronnement

Le mariage est célébré le jeudi 25 janvier, jour de la conversion de saint Paul, à Notre-Dame de Boulogne. L'on s'affaire autour du jeune couple : en plus de Philippe le Bel et de son fils Louis, roi de Navarre et futur roi de France sous le nom de Louis X le Hutin, on aperçoit aussi Marie de Brabant, deuxième épouse de feu Philippe III, dit le Hardi, Charles II, roi de Sicile, et la reine Marguerite de France, seconde épouse d'Édouard Ier et tante d'Isabelle, sans oublier Albert de Habsbourg, roi des Romains, Élisabeth de Tyrol, son épouse, et leur fils, Léopold Ier d'Autriche. En apparence, il s'agit de tisser des liens conjugaux suffisamment forts pour empêcher, conformément aux vœux de la papauté, toute tentation de conflit entre les deux pays. Toute la chrétienté occidentale est invitée à s'associer à ce mariage « très *people* » qui marque la victoire du Saint-Siège. Le pari est risqué et cette union matrimoniale, par les effets désastreux qu'elle engendre à moyen terme, contribuera à l'inverse à déstabiliser totalement les relations entre la France et l'Angleterre. Au lendemain même du grand jour, on fait courir le bruit que les somptueux cadeaux de l'épouse ont été reversés à Gaveston, toujours prêt à se servir au vol. Déjà on s'active en coulisses contre le favori et plusieurs seigneurs, dont le comte de Lincoln et Antony Bek, évêque de Durham, se coalisent en secret contre lui avant même de quitter le continent.

Le 7 février, le couple royal arrive à Douvres où l'attend Gaveston. Les deux hommes se retrouvent avec force effusions au milieu d'embrassades fraternelles. Isabelle et ses oncles restent sur la réserve. Le ton monte à la veille du couronnement ; les oncles d'Isabelle, Charles de Valois et Louis d'Évreux, le conseiller Enguerrand de Marigny, bras droit de Philippe le Bel, s'inquiètent de l'insolence de Gaveston. Le roi d'Angleterre, s'indignent-ils, aime mieux partager sa couche avec son favori qu'avec son épouse, tout juste nubile. Isabelle est encore une toute jeune fille, et l'on ne sait évidemment pas ce qu'elle pense dans le fond de son cœur, ni même si son mariage a été consommé. En tout cas, Philippe le Bel ne cache pas son aversion pour Gaveston et pour ses partisans ; ses représentants en Angleterre se coalisent sans attendre avec les adversaires du favori. Les frasques amoureuses d'Édouard II prennent une tournure internationale.

Le couronnement d'Édouard II et de la reine Isabelle se déroule dans la magnificence le 25 février. D'abord logés à la tour de Londres, le roi et la reine parcourent les quelques mètres qui séparent Westminster Hall de l'abbaye. Les pieds nus, revêtu d'une splendide robe verte, les jambes élégamment moulées dans des chausses noires, Édouard foule majestueusement le tapis couvert de fleurs que l'on a déployé devant lui. Les barons des Cinq-Ports, précédés des prélats et des barons, tiennent un dais richement brodé au-dessus du couple. Les éperons d'or ont été confiés à un William Marshall ; le beau-frère du roi, le comte de Hereford, tient le sceptre, son cousin Henri de Lancastre le bâton de commandement, tandis que divers comtes se partagent les différents glaives. On reconnaît aussi dans les rangs plusieurs personnages que nous retrouverons par la suite dans des circonstances funestes comme Hugues le Despenser l'Ancien ou Roger Mortimer. Gaveston est magnifiquement accoutré et n'hésite pas à revêtir la pourpre, généralement réservée au souverain. C'est qu'il se sent un peu monarque lui-même, en sa qualité de double du roi. « Il avait l'air du dieu Mars perdu parmi les mortels », laisse tomber un témoin. On déplore hautement à l'époque qu'il ait porté lui-même entre ses doigts impurs la couronne de saint Édouard, relique politique et religieuse léguée par l'un des derniers rois saxons… Édouard le Confesseur n'est-il pas en quelque sorte le Saint Louis des Anglais, celui dont on se réclame au point de donner son nom à plusieurs rois successifs, afin de mieux acclimater la dynastie des Plantagenêts parmi les autochtones ?

Édouard II prononce en français, dans ce beau français que l'on parle encore à la cour d'Angleterre, et non plus en latin comme précédemment, le serment que lui présente Henry Woodlock, évêque de Winchester, en l'absence de l'archevêque de Cantorbéry, Robert Winchelsea, resté en France pour mieux marquer son hostilité : « Sire, voulez-vous garder et confirmer par votre serment au peuple d'Angleterre, les lois établies par les pieux rois vos prédécesseurs, en particulier, les lois, les coutumes, les franchises accordées au clergé et au peuple, par le glorieux roi saint Édouard votre devancier ? »

Le roi : « Je l'accorde et le promets. »

L'évêque : « Sire, garderez-vous à Dieu, à la sainte Église, au clergé, et au peuple, la paix en Dieu entièrement et selon votre pouvoir ? »

Le roi. « Je la garderai. »

L'évêque : « Sire, ferez-vous observer dans tous vos jugements le droit et la justice, avec discrétion, en miséricorde et en vérité, selon votre pouvoir ? »

Le roi : « Je le ferai. »

L'évêque pose enfin cette question inédite, où s'exprime déjà toute la défiance de la bonne noblesse envers le roi : « Sire, promettez-vous de garder et de faire observer les lois et les statuts que la communauté de votre royaume jugera à propos d'établir, et les défendrez-vous et protégerez-vous, selon votre pouvoir ? »

Le roi : « Je l'accorde et le promets[12]. »

Ce serment est un rite purement masculin, les reines n'étant pas appelées à le prêter lors de leur couronnement. Édouard reçoit alors une triple onction sur le crâne, sur les mains et sur la poitrine avant d'être finalement couronné et conduit jusqu'à son trône qui surplombe la fameuse pierre de Scone, ravie une dizaine d'années plus tôt aux Écossais. Aussi connu sous le nom de « pierre du destin », ce bloc de grès rouge servait pour le couronnement des rois d'Écosse. Il a été restitué aux Écossais…

en 1996. Isabelle reçoit également l'onction, mais uniquement sur les mains, avant de coiffer à son tour la couronne.

Tandis que les préparatifs du banquet battent leur plein, Édouard arme chevaliers plusieurs jeunes gens de bonnes familles et l'on s'achemine vers le repas. Il produira un effet désastreux. Les Français sont profondément choqués de voir que la salle est recouverte de tapisseries aux armes du roi et de Gaveston – et non pas d'Isabelle son épouse. Ils remarquent aussi qu'Édouard lance des œillades à son favori, laissant Isabelle en compagnie de ses parents et compatriotes venus pour l'occasion outre-Manche. Édouard, visiblement mal à l'aise avec une si jeune femme (Isabelle a à peine une douzaine d'années), sait se montrer familier, voire carrément affable avec le petit peuple qui l'entoure : garçons d'écurie, cantonniers, artisans, matelots ont droit à ses faveurs, ce qui scandalise les préjugés aristocratiques de son entourage. On méprise tous ces vilains, ces manants de basse extraction. Édouard ne partage pas ces préventions ; il aime les comédiens, les bouffons, les chanteurs et les jongleurs. Tout y passe. Passionné de musique, de poésie et de théâtre, ce roi cultivé s'attire une réputation de vulgarité qui en dit long sur les préjugés de la caste anglo-normande. On lui reproche aussi son intérêt pour les animaux ; excellent cavalier, attentif aux chiens de son chenil, amateur de vins et de bonne chère, ce roi prodigue exerce une certaine séduction sur son entourage, quitte à encourir la vindicte d'une partie croissante de sa bonne noblesse. Les Dominicains ont droit également aux faveurs de ce roi craignant Dieu. Il accorde aux Frères prêcheurs un prieuré dans sa résidence favorite de Langley, au nord-ouest de Londres.

Isabelle, pour sa part, se manifeste à peine ; quoi qu'elle pense du favori, elle laisse filtrer peu de chose, se contentant de quelques observations elliptiques à l'usage de ses compatriotes. Philippe le Bel se montre inquiet pour sa fille. Mais Isabelle doit encore trouver bien des choses étranges dans son nouveau royaume ; la différence d'âge avec son époux nuit à leurs relations charnelles. En juin 1308, alors qu'on le menace d'excommunication, Gaveston est nommé lieutenant d'Irlande, ce qui lui permet de prendre le large quelque temps, mais il rentre d'exil un an plus tard et les tensions reprennent. Durant l'absence de Gaveston, Isabelle semble avoir gagné l'affection du roi son époux. Mais ce n'est qu'un feu de paille et dès que Gaveston est de retour, les tensions reprennent. Il faut dire que le favori renoue avec son vieux goût du calembour et qu'il appelle tous les nobles de noms d'oiseaux. Cela culmine avec des *Ordonnances* adoptées par les barons du Parlement en 1311 afin de diminuer les pouvoirs du roi. Un comité de *Lords Ordainers* ou « lords mandataires » (huit comtes, sept évêques et dix barons) est chargé de vérifier leur application ; les Communes ne sont pas représentées. Parmi les opposants les plus décidés on notera la présence du comte de Lincoln, puis à sa mort de son gendre, Thomas de Lancastre, cousin du roi. Datées du 5 octobre, les *Ordonnances* ne comptent pas moins de 41 articles, destinés à placer le roi sous le contrôle de ses barons. Ce texte constitutionnel, principalement dirigé contre Gaveston, tente en fait de limiter les marges d'action de la couronne, que l'on met nommément en garde contre les « mauvais conseillers ». Ceux-ci sont accusés de ruiner leur roi en affaiblissant son image tant en Gascogne qu'en Irlande et en Écosse. On établit aussi le principe que le roi doit désormais « vivre du sien », sans dépendre de ses sujets. Mais Gaveston est la principale cible ; on lui reproche d'avoir mal conseillé son roi et d'avoir détourné une partie de son trésor pour son enrichissement personnel et en dilapidant ses biens. L'on exige sa totale disgrâce et son renvoi en dehors du pays et de tous les territoires relevant de la couronne avant la Toussaint. En mai 1312, Gaveston est arrêté et exécuté à Blacklow Hill, près de Warwick, après une parodie de procès.

Naissance du futur Édouard III

Rien ne prouve pour l'heure qu'Isabelle ait joué un rôle quelconque dans cette sombre affaire. Le roi lui-même, en dépit de sa profonde affection pour Gaveston, laisse percer son désarroi. Ce « grand fou » de Gaveston, s'exclame-t-il, n'a-t-il pas abusé de la situation ? La reine, son père Philippe le Bel, le pape même œuvrent à la difficile réconciliation entre Édouard II et ses barons. Isabelle est enceinte et elle accouche le matin du 13 novembre à 6 heures moins vingt d'un prince, connu tout d'abord sous le sobriquet d'Édouard de Windsor, avant de monter sur le trône sous le nom d'Édouard III. L'entourage français de la reine, dont son frère le comte d'Évreux, l'un des parrains de l'enfant, avait un temps espéré que le bébé porterait le nom de Louis comme son prestigieux aïeul le roi Saint Louis ; mais Édouard est plus conforme aux attentes des Anglais.

Durement affecté par la mort de Gaveston, Édouard II se réjouit considérablement de cette naissance. Quelques jours avant Noël, les négociations entre Édouard II et ses barons portent enfin leurs fruits ; les meurtriers de Gaveston reçoivent leur pardon, à condition de restituer le trésor qu'ils ont prélevé sur lui. Lancastre et quelques autres se montreront réservés sur cette clause, mais dans l'immédiat on note un apaisement au moins provisoire des tensions. La lune de miel du couple dure plusieurs semaines, suffisamment longtemps pour permettre à Édouard II et à Isabelle de passer deux longs mois à Paris où ils logent à l'abbaye de Saint-Germain-des-Prés. Isabelle a 17 ans à l'époque et elle a donné un héritier à la couronne d'Angleterre. C'est une épouse comblée, au sommet de sa gloire, qui assiste le jeudi de la Pentecôte à l'adoubement de ses trois frères Louis, Philippe et Charles, par leur père Philippe le Bel, au milieu de deux cents nouveaux chevaliers. Godefroy de Paris, dans son poème la *Chronique métrique*, rapporte un incident éclairant :

Mais ce matin, le roi anglais,
N'a pu voir le français.
Car trop dormi, grasse matinée,
Avec la reine épousée.

Quoi de plus excusable que cette panne d'oreiller quand on sait, comme le poursuit le poète, qu'Isabelle est la plus belle d'entre les belles ? Et il ajoute : « comme le soleil sur les étoiles ». Il faut dire que « dame Isabiau » avait de qui tenir, son père Philippe le Bel étant, comme l'indique son surnom, « des beaux le plus beau ». Il était normal à ce titre que « bel engendrerait beauté ». Édouard II a une jolie femme et il semble s'en apercevoir pendant ces quelques mois. Le couple a plusieurs enfants ; après Édouard, le prince John naît à Eltham le 15 juillet 1316, suivi par deux sœurs, Aliénor, future comtesse de Gueldres en 1318, et Jeanne, qui sera reine d'Écosse, en 1321.

En février 1314, Isabelle revient en France, sans son époux cette fois-ci. Elle est à Boulogne en mars et fait ses dévotions à Notre-Dame, où a eu lieu son mariage. Elle arrive enfin à Paris et s'installe comme précédemment à Saint-Germain-des-Prés. Toute la ville retentit encore de la terrible malédiction qu'aurait prononcée le dernier grand maître des Templiers, Jacques de Molay, avant d'expirer sur son bûcher de l'île aux Juifs, à proximité de l'actuel Pont-Neuf. Le supplicié n'avait-il pas invité avec audace Philippe le Bel et ses descendants jusqu'à la treizième génération à le retrouver au tribunal céleste ?

La tour de Nesle, qui parachève l'enceinte du Paris médiéval sur la rive gauche de la Seine, avait abrité l'un des plus beaux scandales du siècle. Rappelons que Philippe le Bel avait eu trois fils appelés à lui succéder sur le trône, Louis X, dit le Hutin, Philippe V le Long et Charles IV le Bel ; ces trois frères d'Isabelle avaient eux-mêmes épousé trois héritières : Marguerite, Jeanne, et Blanche[13]. Las, les dames n'étaient ni sages ni vertueuses ; familière des intrigues de Cour, Isabelle a sans doute provoqué sciemment un cataclysme en dénonçant à son père la sordide affaire de la tour de Nesle. Isabelle avait en effet offert ces formes particulières de bourses que l'on appelle des « aumônières » à Marguerite et à Blanche. Ne fallait-il pas son œil exercé pour les reconnaître à la ceinture des frères d'Aunay ? La vérité éclate : Marguerite et Blanche ont bien eu pour amants Gauthier et Philippe d'Aunay... Jeanne se serait contentée de couver d'un œil complice ces amours coupables. Tous seront punis : les frères d'Aunay sont mis à mort dans des conditions particulièrement atroces en avril, Marguerite et Blanche sont tondues et jetées dans des cachots aux Andelys, tandis que Jeanne est placée au château de Dourdan. Ces scandales princiers éclaboussent la monarchie française ; outre-Manche aussi la crise est rude : en menaçant le principe héréditaire, ne jette-on pas le trouble sur la légimité dynastique ? La chasteté des femmes garantit le caractère paisible des successions[14].

Isabelle rentre en Angleterre dans un pays sur le pied de guerre contre l'Écosse. Le royaume a été provisoirement affaibli par les querelles au sommet de l'État. Les Écossais en profitent ; ils mènent leurs raids au nord du pays dans le Northumberland et le Yorkshire. Édouard II contre-attaque en lançant une expédition en Écosse ; son épouse attend à Berwick, à la frontière. Le roi est battu par Robert Bruce à Bannockburn, le 24 juin 1314. « Jour de vengeance et de désastre, jour de défaite et de honte, jour maudit, jour de malheur qui mériterait d'être rayé du calendrier[15] », s'exclamera la *Vita Edwardi Secundi*. Sa bonne noblesse l'a en partie déserté : Edmund Fitzalan, comte d'Arundel, Jean de Varenne, comte de Surrey ou encore Guy de Beauchamp, comte de Warwick, ne lui prêtent aucune assistance. À York, Édouard II et Isabelle font face aux *Lords Ordainers* qui profitent de la défaite pour réduire le train de vie du roi et de son épouse... Édouard et Isabelle sont solidaires dans l'adversité ; ne sont-ils pas embarqués sur la même galère ? Au comble du malheur, Isabelle apprend aussi la disparition de son père ; Philippe le Bel est terrassé par une attaque fin novembre à Fontainebleau. Par contre, la reine se réjouit en décembre de l'élection d'un nouveau pape, Jean XXII.

En Angleterre même, Édouard compte un redoutable adversaire en la personne de Thomas de Lancastre, battu à Boroughbridge en mars 1322 et immédiatement condamné à mort. La vengeance du roi est terrible ; il exerce une réelle purge de l'État ; les anciens partisans de Lancastre sont poursuivis, et plusieurs dizaines d'entre eux sont taillés en pièces, écartelés ou pendus. Le pape et la reine le supplient d'user de clémence et de modération, mais nul ne parvient à l'apaiser. Après tout, Lancastre était de sang royal et Isabelle voyait en lui un oncle. Édouard ne peut rester seul ; il s'entoure vite de nouveaux favoris, Hugues le Despenser et son fils, également prénommé Hugues. La haine que les deux hommes suscitent dépasse presque en imagination la détestation de Gaveston. On leur reproche entre autres d'être corrompus, de mettre tout le royaume en coupe réglée et d'exercer un infâme chantage sur les veuves pour les dépouiller. Les Despenser ont au moins une qualité : leur esprit mesquin en fait d'excellents administratifs. Peu importe, Isabelle les déteste. Le père Despenser est nommé comte de Winchester. Froissart relaiera l'accusation de sodomie pour le fils. Mais c'est là un lieu commun permanent concernant Édouard II et son entourage, toujours suspects d'homosexualité. Le système Despenser a des ramifications : le père et le fils peuvent compter sur la complicité d'Edmund Fitzalan, comte d'Arundel, ou d'ecclésiastiques de Cour comme le chancelier Robert de Baldock et le trésorier Walter de Stapledon, évêque d'Exeter.

La mère et le fils

À partir de 1322, Isabelle qui a toujours extérieurement donné des gages de fidélité à son mari semble prendre des distances accrues, en particulier sur le plan affectif ; elle se révèle dans ces circonstances. Les tensions internationales pèsent sans doute sur Édouard et Isabelle ; Charles IV envahit la Gascogne à l'été 1324. Quand on se souvient que l'un des buts du mariage d'Édouard II et d'Isabelle était de conforter la paix entre le roi de France et le roi d'Angleterre, on comprendra *a contrario* que la moindre tension se ressente au sein du couple. Isabelle est de plus en plus perçue comme l'étrangère, et les Despenser mettent à profit la situation pour l'humilier davantage ; en septembre ses biens sont même placés sous séquestre, et l'on baisse autoritairement son revenu. On chasse également ses fidèles serviteurs français qui l'accompagnent depuis des années ; on finit même par lui ôter la garde de ses jeunes enfants. Le pape s'en indigne depuis Avignon. Despenser le Jeune se plaint à son tour que l'on pratique la magie noire contre lui et contre le souverain, en utilisant des poupées de cire. Qui s'adonne à ces opérations de sorcellerie à distance ? Qui a intérêt à vouloir la mort des Despenser et d'Édouard II ? Ils sont légion et l'on ne saurait accuser Isabelle sans preuve, mais comment ne pas voir que la fille de Philippe le Bel n'est plus rien dans sa prison dorée, un peu moins dorée chaque jour…

Édouard II ne supporte plus Isabelle ; sans doute songe-t-il à demander la nullité de leur mariage… Mais quelle chance aurait-il de l'obtenir de la part d'un pape en Avignon ? Isabelle éprouve envers les Despenser une rancune tenace. L'image de Thomas de Lancastre en sort renforcée. Sa popularité s'accroît à titre posthume ; comme Thomas Becket, il devient une sorte de martyr, pour le moins de martyr civique, confronté à la tyrannie du pouvoir.

La reine joue une carte de plus en plus personnelle ; elle se repose sur ses relations familiales : elle est la sœur d'un roi, le Français Charles IV ; elle est la mère du futur roi d'Angleterre Édouard III. Est-ce inconscience ? Est-ce lassitude ? Édouard permet à son épouse en février 1325 de retourner en France. L'erreur lui sera fatale ; lorsqu'elle débarque près de Boulogne au mois de mars avec sa suite, Isabelle n'est soumise qu'en apparence ; elle est bien décidée à triompher de son mari et des infâmes Despenser. Elle reçoit un accueil digne de la sœur du roi de France, insiste Froissart. « Quand la reine Isabelle fut arrivée à Boulogne, ainsi comme vous oyez, écrit-il, le capitaine de la ville et l'abbé et les bourgeois vinrent contre elle et la recueillirent moult joyeusement, et la menèrent en la ville et la logèrent en l'abbaye et toute sa suite, et y fut deux jours. Au tiers jour, elle s'en partit et se mit à voie et tant chemina par ses journées qu'elle s'en vint à Paris. Le roi Charles son frère qui était informé de sa venue envoya vers elle des plus grands de son royaume qui étaient près de lui, Monseigneur Robert d'Artois, Monseigneur de Coucy et Monseigneur de Sully et le seigneur de Roye et plusieurs autres qui honorablement l'amenèrent en la cité de Paris, et devers le roi de France. »

Les retrouvailles avec Charles IV sont pleines d'émotion : « Quand le roi vit sa sœur que grand temps n'avait vue, et elle dut entrer en sa chambre, il vint contre elle et la prit par la main et la baisa et dit : *Bien venez ma belle-sœur et mon beau neveu*. Lors les prit tous deux et les mena avant. La dame qui pas n'avait trop grande joie, fors de ce qu'elle se trouvait près le roi son frère, s'était déjà voulu agenouiller par trois ou par quatre fois au pied du roi son frère, mais le roi ne lui souffrait et la tenait toujours par la main droite, et lui demandait moult doucement de son état et de son affaire ; et la dame lui en répondait très sagement. Et tant furent les paroles menées qu'elle lui dit : Monseigneur, ce nous va, moi et mon fils, votre beau neveu, assez petitement ; car le roi d'Angleterre mon mari m'a prise en trop grande haine, et si ne sais pourquoi, et suivant le conseil d'un chevalier qui s'appelle Hugues Despenser. Ce chevalier a tellement rallié Monseigneur à soi et à sa volonté que tout ce qu'il veut dire et faire, il est ; et jà ont éprouvé plusieurs hauts barons d'Angleterre et seigneurs sa mauvaiseté car il en fit sur un jour prendre et par le commandement du roi, sans droit et sans cause, décoller jusques à vingt-deux, et par spécial le bon comte Thomas de Lancastre ; de quoi, Monseigneur, ce fut trop grand dommage, car il était prud'homme et loyal et plein de bon conseil, et n'est nul en Angleterre, tant soit noble ni de grande affaire qui l'ose courroucer ni dédire de tout ce qu'il veut faire. »

Mais l'affaire n'en reste pas là et la reine d'Angleterre se voit dire « en grand secret » par un proche de son mari et « dudit Hugues Despenser » que l'on allait attenter à sa vie et à son honneur en la diffamant (« par mauvaise et fausse information »). Elle supplie donc le roi de France : « Quand j'entendis ces dures nouvelles et si périlleuses sur moi et sans raison, je m'avisai pour le mieux que je partirais d'Angleterre et vous viendrais voir et montrer féalement, comme à mon seigneur et beau-frère, l'aventure et le péril où j'ai été. Aussi le comte de Kent que là voyez, qui est frère du roi mon mari, est en semblable parti de haine comme je suis, et tout par l'émouvement et conseil faux de ce Hugues Despenser. Si m'en suis ci enfuie, comme femme égarée et déconseillée, devers vous pour avoir conseil et confort de ces besognes ; car si Dieu premièrement et vous n'y remédiez, je ne me sais vers qui me retirer[16]. »

Le témoignage de Froissart paraît vraisemblable. Le chroniqueur a sans doute recueilli des informations, une trentaine d'années plus tard, lors de son séjour à la cour d'Angleterre. Avec son frère Charles IV, fidèle à la mission qui lui est confiée, Isabelle négocie un nouvel hommage vassalique pour l'Aquitaine. Édouard II ne vient pas à Beauvais comme initialement prévu pour rencontrer son suzerain ; il envoie son fils Édouard. Le prince Édouard est à Vincennes à l'automne. John de Stratford, évêque de Winchester, et Walter de Stapledon l'accompagnent. Le prince de Galles s'agenouille solennellement devant le roi de France pour éviter à son père d'accomplir ce geste de soumission, oui, mais ce faisant, n'est-il pas déjà un peu roi lui-même ? Combien de temps pourra-t-il encore attendre ? Édouard s'inquiète de plus en plus de savoir sa femme et son fils sur le continent. Après la Toussaint, le ton se fait de plus en plus pressant quand il leur demande de rentrer au pays. En décembre, il dénonce nommément Isabelle devant le Parlement assemblé à Westminster. Les bons évêques écrivent à leur tour, suppliant Isabelle de pardonner aux Despenser. Édouard II écrit également à son « frère » Charles IV, le priant de renvoyer sa sœur chez elle où on l'attend. Il intime le même ordre à son fils. Ces manœuvres épistolaires se prolongent au printemps. Dans cette société d'hommes, Isabelle s'est alliée à un noble des marches du pays de Galles, Roger Mortimer. L'ancien *Lord Lieutenant* d'Irlande a été précédemment emprisonné par Édouard II. Il ne va pas tarder à encourir également l'exaspération du prince, peu enclin à accepter celui que la rumeur présente comme l'amant de sa mère.

Mortimer a besoin de soutiens ; il se tourne d'abord vers Guillaume le Bon, comte de Hollande et de Hainault. Sa fille Philippa est fiancée au jeune Édouard. Avec la reine et le petit prince, Mortimer appareille depuis les Pays-Bas et débarque en septembre. Édouard II en appelle à la résistance générale ; il est déjà trop tard ; les mécontents se rallient aux rebelles et le roi d'Angleterre est contraint de s'enfuir ; il a beau décréter la levée générale contre l'envahisseur, le mal est fait. Les barons rejoignent les rangs des rebelles. Londres s'insurge ; Édouard II s'enfuit. Mortimer et Isabelle mettent le siège devant la forteresse de Bristol en octobre où le vieux Despenser a trouvé provisoirement refuge. Édouard II, souhaitant s'enfuir en Irlande, s'installe provisoirement au pays de Galles ; on lui reprochera d'avoir abandonné son royaume et les barons se sentent donc libres de confier la régence au prince Édouard. Quant au vieux Despenser, on l'a attrapé et mis à mort sans attendre en la veille de la fête des apôtres saint Simon et saint Jude. En novembre, Édouard II et le jeune Despenser tombent entre les mains d'Henri de Lancastre, fils de Thomas. Les exécutions se succèdent ; seul le roi est épargné. Il est déposé formellement le 13 janvier 1327, et son fils Édouard III lui succède : « Accordé est que sire Édouard, fils aîné du roi, ait le gouvernement du royaume et soit roi couronné par les causes qui s'ensuivent : Premièrement, pour ce que la personne du roi n'est pas suffisante de gouverner, car en tout son temps il a été mené et gouverné par autre que lui ou mauvaisement conseillé à déshonneur de lui et destruction de sainte Église et de tout son peuple, sans qu'il voulût voir ou connaître lequel fut bon ou mauvais ou remède mettre ou faire le voulut, quand il fut requis par les grands et sages de son royaume, ou souffrir qu'amende fut faite [...].

« Item, par défaut de bon gouvernement, il a perdu le royaume d'Écosse et autres terres et seigneuries en Gascogne et Irlande [...]. Item par sa fierté et cruauté et par mauvais conseils, il a détruit saintes églises et les personnes de saintes églises, tenu en prison les uns et les autres en détresse et doute.

« Item, là où il est tenu par son serment à faire droit à tous, il ne l'a pas voulu faire, pour son propre profit et convoitise, de lui et de ses mauvais conseillers, qui ont été près de lui, ni a gardé les autres points du serment qu'il fit à son couronnement, comme il y fut tenu.

« Item, il a déguerpi de son royaume et le laissa sans gouverneur et alla hors de son royaume avec les notoires ennemis de son royaume et fit tant comme en lui fut que son royaume et son peuple furent perdus, et que pire est, pour la cruauté de lui et défaut de sa personne, il est trouvé incorrigible, sans espérance d'amendement, lesquelles choses furent si notoires et connues à tous qu'elles ne peuvent être dédites[17]. »

Est-ce la fin du carnage ? On aurait pu le souhaiter ; mais deux affaires restent en suspens. Que faire d'Isabelle et de Mortimer ? Édouard III tourne sa vindicte contre les adultères. « Noble fils, ayez pitié du gentil Mortimer », s'exclame Isabelle, constatant une nuit d'octobre 1330 la haine inextinguible de son fils pour son amant. Mortimer n'en meurt pas moins pendu le mois suivant ; quant à Isabelle, elle survit encore dix-huit longues années à la disparition de Mortimer. Elle réside essentiellement à Castle Rising dans le Norfolk où elle reçoit la visite de son fils. Elle s'éteint après avoir éprouvé une attirance certaine pour la spiritualité de François d'Assise telle qu'elle se diffuse dans le tiers ordre ; ne dit-on pas même qu'elle endosse la tenue des cordelières dans les derniers temps ? Elle s'éteint au château de Hertford le 23 août 1358 et ses restes reposent jusqu'à la Réforme protestante dans la chapelle des franciscains de Newgate dans la cité de Londres. Mais jusqu'à aujourd'hui le couple maudit d'Édouard et d'Isabelle reste énigmatique. La biographie la plus récente d'Édouard II maintient non sans raison qu'Isabelle et son époux conservent contre vents et marées un certain attachement l'un pour l'autre[18].

Cette affaire tragique a d'importantes conséquences internationales : prenant sa revanche, le roi Édouard III entame un long conflit de Cent ans avec la France. « Le roi de Londres, écrit un historien récent, se considère comme étant lui aussi un prince français ; il est fier de ses origines, de la langue de sa cour, de sa culture courtoise ; et les unions matrimoniales conclues entre les familles de France et d'Angleterre feront d'Édouard III le seul petit-fils de Philippe le Bel survivant en 1328[19]. » Les femmes sont au cœur de ce processus ; intermédiaires dynastiques obligées, les épouses sont, à l'instar de l'Église, parmi les meilleurs vecteurs du maintien d'une culture continentale en Angleterre. En 1340, Édouard III se proclame unilatéralement roi de France. Ses droits sur le trône lui auraient été transmis par sa mère Isabelle. « Pas du tout », répondent les Français qui mettent alors en exergue cette fameuse loi salique interdisant que les droits à la couronne ne soient transmis par les femmes. Puis vient la victoire anglaise de Crécy-en-Ponthieu, le 26 août 1346. Soixante-neuf ans plus tard, le 25 octobre 1415, c'est le désastre d'Azincourt ; la noblesse française est décimée.

Marguerite d'Anjou, seconde « Louve » de France

Entre proscription politique et malheur maternel, Marguerite d'Anjou est exposée à bien des vicissitudes. Sa vie correspond à l'une des pires crises que l'Angleterre médiévale ait surmontée. En dépit de ses avancées militaires sur le continent, l'Angleterre de la fin du Moyen Âge connaît des graves difficultés intérieures, en particulier lors de la « révolution lancastrienne ». Richard II († 1400), le huitième des souverains Plantagenêt, est déchu de son trône. Un petit-fils d'Édouard III, Henri de Lancastre, connu sous l'appellation de Bolingbroke, le supplante et prend le nom d'Henri IV. Deux branches sont appelées à rivaliser, les Lancastre, reconnaissables à la rose rouge arborée par leurs défenseurs, et les York, fidèles à une rose blanche.

Maison d'York et de Lancastre

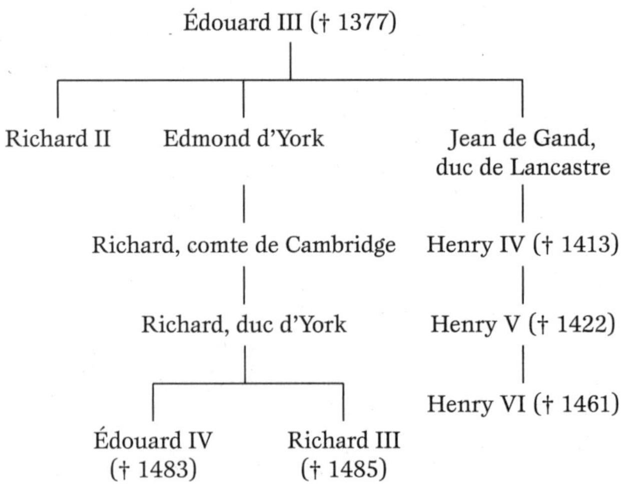

La guerre des Deux-Roses, ainsi qu'on l'appellera à la suite de Walter Scott à l'époque romantique, voit pendant une trentaine d'années, des années 1450 aux années 1480, la meilleure noblesse d'Angleterre s'affronter en batailles sanglantes. Marguerite d'Anjou, épouse d'Henri VI, un rejeton des Lancastre, tente vainement en ces heures sombres de défendre son fils et son mari. Dans le jardin du Luxembourg à Paris, on découvrira sa statue, dans la série des « reines de France et femmes illustres ». Sur le socle, ces quelques mots : « Si vous ne respectez une femme proscrite, respectez une mère malheureuse. » Cette œuvre d'art énigmatique (après tout, Marguerite est pour nous une reine d'Angleterre plus encore qu'une reine de France) est venue en remplacement d'une Jeanne d'Arc que sa fragilité a fait écarter à la fin du XIXe siècle. Marguerite a du reste une vingtaine d'années de moins que Jeanne d'Arc († 1431), et comme elle, elle est lorraine, puisqu'elle naît à Pont-à-Mousson ou à Nancy (on ne sait au juste) en mars 1430.

Connu en Provence sous l'appellation de « bon roi René », René d'Anjou, seigneur puis duc de Bar, duc consort de Lorraine, duc d'Anjou, comte de Provence, comte de Piémont, comte de Barcelone, roi de Naples, de Sicile et d'Aragon a une fille, Marguerite, appelée elle aussi au plus grand destin. Pourtant, sa vie fut une longue suite de malheurs. Cette nièce de Charles VII, l'ancien roi de Bourges, dopé par Jeanne d'Arc et par la fortune des armes, peut se révéler utile dans des négociations de paix que l'on sait de toutes les façons inévitables entre l'Angleterre et la France. Sa complexion, un peu sombre au regard des canons esthétiques du temps, ne nuit pas à sa beauté. Marguerite d'Anjou affectionne la chasse et les longues chevauchées. Du côté paternel, elle descend de Louis II, duc d'Anjou et roi de Naples, tandis que sa grand-mère, Yolande, est la fille d'un roi d'Aragon. Quant à René, il s'est affronté au redoutable duc de Bourgogne, Philippe le Bon, qui l'a même tenu incarcéré plusieurs années à Dijon. Marguerite a passé une partie de son enfance auprès de sa mère ou auprès de sa grand-mère, Yolande d'Aragon († 1442), partageant son temps entre Nancy, Saumur et Angers. Célébré par procuration à la basilique Saint-Martin de Tours, son mariage avec Henri VI le 24 mai 1444 a pour but avoué de mettre un terme à la guerre de Cent Ans. Le chroniqueur Thomas Basin, un temps évêque de Lisieux, a laissé une *Histoire du règne de Charles VII* dans laquelle il analyse les enjeux de la période. La France et l'Angleterre sont exsangues après ces décennies de conflit. « Par ce mariage, écrit Basin, on pouvait concevoir l'espérance d'entamer et de sceller la paix entre les deux rois et les deux royaumes : car la longueur des inimitiés et des guerres avait fortement atteint et diminué les forces de l'un et de l'autre royaume. La France avait d'ailleurs souffert beaucoup plus, incomparablement plus, que l'Angleterre. Elle était épuisée, tandis qu'à cette époque, à cause des richesses et biens de toute sorte provenant soit du butin d'une valeur immense transporté de France en Angleterre, soit de l'usage et de la fréquence des échanges riches et variés, l'Angleterre paraissait en pleine prospérité. À ce moment, elle n'avait pas de guerre à soutenir à l'intérieur, et en France elle avait longtemps conduit ses affaires avec assez de bonheur et en avait tiré d'incalculables ressources. Cependant, nous l'avons déjà dit, la guerre en France était menée avec beaucoup moins de vigueur qu'autrefois. Corrompus par l'amour du lucre et celui du plaisir, deux vices que le succès entraîne toujours avec lui, accoutumés aussi au bien-être de toute sorte qu'ils avaient trouvé en France, les Anglais s'étaient trop relâchés de cette dureté barbare et de cette ardeur qu'ils avaient transportées en France au début des guerres ; les plaisirs, qui les avaient incités à l'indolence et à la paresse, les avaient sans aucun doute gagnés et dominés ». Qui a le plus à gagner à cette paix ? Basin note avec philosophie : « La paix, si elle est nécessaire au vaincu, fait aussi l'affaire du vainqueur. » Contrastant avec ce prosaïsme cependant, Basin compare implicitement Marguerite d'Anjou à la fille du roi

Latinus, héros éponyme des Latins. Citant l'*Énéide* de Virgile, il la présente comme « mûre pour le mariage[20] ».

Henri VI (1421-1471) a laissé une image désastreuse outre-Manche. Dans sa pièce en trois parties, *Henry VI*, Shakespeare a parfaitement rendu compte des errements de ce roi doux, gagné par des accès de démence mystique. Déposé, restauré et finalement assassiné, Henri n'est pas à la hauteur des crises de son temps, tant sur le théâtre militaire (repli inexorable des forces anglaises en France) qu'à l'intérieur du pays (grande jacquerie du Kent en 1450, menée par Jack Cade). Les partisans des York profitent évidemment de cette faiblesse des Lancastre pour se hisser au pouvoir et remplacer Henri VI par Édouard IV. Dans la pièce de Shakespeare, Marguerite d'Anjou parvient pratiquement seule à incarner la résistance aux forces obscures de la folie et de la subversion, tout en étant aussi sorcière à sa façon. Sa partialité, son intransigeance et son refus de tout compromis, soulignés par les commentateurs, en font un boutefeu, en partie responsable du déferlement qui s'abat sur l'Angleterre. Si on laisse place à la démesure poétique, cette image d'épopée correspond en grande partie à la réalité. Encore faut-il préciser que les stéréotypes masculins laissent de toutes les façons peu de place pour les femmes de caractère, traitées unilatéralement comme des exceptions ou des gêneuses. Certaines séquences dans la vie de la reine demeurent embrouillées ; on n'est pas totalement sûr, par exemple, que le mariage de mai 1444 n'ait pas été suivi par une seconde cérémonie à Nancy en mars 1445, solennisée par Louis de Héraucourt, évêque de Toul. En tout cas, après avoir fait halte à Paris et à Rouen, Marguerite arrive en Angleterre au début du printemps et, incommodée, elle attend une première visite de son mari à Southampton.

Henri VI a tout à gagner à cette union, tant sur le plan dynastique (il faut renforcer les Lancastre à la légitimité incertaine) que pour des raisons intimes et personnelles. Qui est-il, lui, l'enfant devenu roi en 1422 alors qu'il n'avait pas encore un an ? Ses deux oncles paternels, John, duc de Bedford, et Humphrey, duc de Gloucester, n'avaient pas eu de descendance légitime. La reproduction de la lignée était une fois encore le principal objectif que la nouvelle reine avait à cœur. Cette appréhension explique-t-elle au moins en partie l'indisposition passagère de la reine quand elle arrive à Southampton ? Le roi son époux se dépêche d'aller l'observer incognito. Le 22 avril, une cérémonie matrimoniale a lieu chez les prémontrés à Titchfield Abbey ; elle est présidée par le confesseur d'Henri VI, William Aiscough, évêque de Salisbury. Un mois plus tard, Marguerite effectue sa joyeuse entrée dans Londres ; plusieurs pantomimes expriment le besoin ardent d'une paix négociée avec la France. Le couronnement s'ensuit à Westminster Abbey le 30 mai, mais la paix générale se fait toujours attendre et quelques escarmouches mettent encore aux prises Anglais et Français.

Dès juillet 1445, Charles VII envoie une ambassade composée de Louis de Bourbon, comte de Vendôme, Juvénal des Ursins, archevêque de Reims, Gui, comte de Laval, Bertrand de Beauvau, sire de Précigny, Guillaume Cousinot, sire de Montreuil, maître des requêtes, et Étienne Chevalier, secrétaire du roi. René d'Anjou, le duc d'Alençon, le roi de Castille accréditent leurs propres représentants. Le traité à venir doit inclure la restitution du Maine, conformément à un engagement purement verbal d'Henri VI lors de son mariage. N'osant pas se dédire, le roi d'Angleterre appréhende les réactions de ses barons et propose un compromis : il remettra le comté aux princes d'Anjou si ceux-ci entrent dans l'alliance anglaise. Convaincu qu'il récupérerait à terme le Maine, Charles VII recommande à son beau-frère René d'Anjou d'accepter la proposition. Sans doute faut-il voir dans ce geste de bonne volonté l'influence de Marguerite qui reçoit durant l'automne des indications par l'entremise de Guillaume Cousinot et Jean Havart, les nouveaux envoyés de Charles VII et de René d'Anjou. Ce dernier exprime sa satisfaction dans la procuration qu'il leur accorde le 17 octobre. Débonnaire, le père de Marguerite se réjouit à nouveau de l'alliance « entre très haut et très puissant prince Henri, par la grâce de Dieu roi d'Angleterre et seigneur d'Irlande », son très cher fils et sa très chère et très aimée fille Marguerite, « sa femme et épouse, sous espérance que, pour l'affinité et amour qui raisonnablement à cause dudit mariage se doit ensuivre » puissent être apaisées « aucunes différences qui sont encore à appointer sur le fait du traité de paix final ». Marguerite écrit en personne au roi de France le 17 décembre ; elle se félicite de cette heureuse issue, en souhaitant le « relèvement et repos du peuple chrétien qui tant longuement par guerre a été perturbé ». Cinq jours plus tard, Henri VI s'engage formellement à livrer toute la province à la requête insistante de sa femme. Henri VI écrit en ces termes à son cher oncle : « Avec entier amour et tout désir de vraie paix et bonne concorde, très haut et puissant prince et notre très cher oncle, nous avons reçu les lettres que par maître Adam Moleyns [...] écrites nous avez ; et pareillement celles que vos conseillers et ambassadeurs maître Guillaume Cousinot, maître des requêtes de votre hôtel, et Jean Havart, votre valet tranchant, présentement envoyés par-devers nous, nous ont apportées. Et par icelles, et aussi par notredit conseiller et vosdits ambassadeurs, avons su du bon état et prospérité de votre très noble personne, qui nous a été singulière liesse et serait toutes les fois que en bien pourrions être assurés, vous priant que souvent il vous plaise nous en faire savoir pour notre très grande consolation et réjouissement. » Henri VI se félicitait surtout de la « bonne amour et inclination » du roi de France pour le « bien de paix », évoquant le Très-Haut, « qui est auteur de paix » (22 décembre 1445)[21]. On sait ce qu'il advient de ce beau projet ; trois ans plus tard, en mars 1448, Charles VII entreprend le siège du Mans. La province reconquise est remise aux mains de Charles d'Anjou, frère cadet de René, avant d'être annexée par Louis XI. Le rôle des femmes en général et celui des reines en particulier n'est-il pas toujours de promouvoir la paix dans ce monde masculin, enclin à d'inutiles querelles ? Christine de Pisan († 1430) l'avait déclaré peu avant dans son *Trésor de la cité des dames* : « Les hommes sont par nature plus courageux et plus chauds et le grand désir qu'ils ont d'eux venger ne leur laisse aviser les périls ni les maux qui advenir en peuvent mais nature de femme est plus peureuse et aussi de plus douce condition. Et pour ce, si elles sont sages, si elles veulent, elles peuvent être le meilleur moyen à pacifier l'homme[22]. » Tout comme la Vierge Marie, la reine est naturellement appelée à jouer un rôle d'intercesseur. Marguerite est bien traitée par le Parlement en retour ; on lui décerne en mars 1446 un revenu annuel de 10 000 marcs. S'y ajoute une importante rente foncière, correspondant entre autres au duché de Lancastre et à divers autres actifs dans le Sud-Ouest du royaume (Hampshire, Wiltshire, Somerset, Dorset, Devon, Cornouailles, Oxfordshire…). Attachés aux études, le roi et la reine fondent deux établissements prestigieux à Cambridge, le célèbre *King's College* et le non moins illustre *Queen's College*. Le couple souffre cependant d'une plaie ouverte en cet âge de rumeurs et de racontars : il ne parvient pas à avoir un enfant. Marguerite se rend au sanctuaire marial de Walsingham à l'est de l'île ; las, au moment où elle apprend enfin qu'elle attend un heureux événement, son mari s'effondre, terrassé par une dépression récurrente qui lui laissera de moins en moins de répit. L'enfant paraît enfin le 13 octobre 1453. On ne manquera pas de jeter le discrédit sur la vertu de la reine, et du même coup sur la légitimité de l'enfant. Le prince Édouard, bâtard ? On voit bien à qui profite cette insinuation, et en tout premier lieu aux partisans des York, qui ne vont pas tarder à sortir de l'ombre. Entre son très jeune fils et son époux malade, il faut beaucoup de courage à Marguerite d'Anjou pour continuer le combat. Elle prend une initiative hardie en 1454, en demandant qu'on lui confie la régence, mais elle est déboutée par la bonne noblesse qui préfère ériger le royaume en un protectorat, confié à Richard Plantagenêt, le duc d'York. Mort en 1460, le duc sera le père de deux rois, Édouard IV et le très horrifique Richard III… Nous y reviendrons au chapitre suivant. Mais Marguerite comprend sans attendre d'où vient le danger ; son fils pourra-t-il un jour succéder à son père ?

C'est là que Marguerite se fait louve ; en bon stratège, en fin connaisseur des mécanismes de Cour, elle joue un troisième homme, Edmund Beaufort, duc de Somerset. Ce cousin d'Henri VI est l'ennemi mortel du duc d'York qui parvient à l'emprisonner brièvement. Les deux chefs s'affrontent lors de la première bataille de Saint-Albans, marquant le début de la guerre des Deux-Roses en mai 1455. Somerset est mortellement blessé, privant la reine de son meilleur soutien. En novembre suivant, Richard d'York entame son second protectorat, mais il doit renoncer en février 1546. Marguerite tente alors d'amener ses opposants à la raison, mais elle abandonne au passage l'impartialité qui seule lui eût permis d'apparaître comme un facteur d'équilibre. Philippe de Commynes le dira avec force : « Ladite dame eût mieux fait beaucoup de faire office de juge, ou de médiateur, entre les parties. » Le conflit paraît dès lors interminable : « Ils en eurent maintes batailles en Angleterre, et en dura la guerre vingt et neuf ans : et, fin de compte, le tout presque y mourut, d'une part et d'autre. » Le prince Édouard pareillement, toujours selon Commynes, « fort jeune, et beau prince entre les beaux du monde, à l'heure qu'il fut de tous points au-dessus de ses affaires, et aussi homme ne complut tant à son plaisir, espécialement aux dames, fêtes et banquets ».

En avril 1446, Marguerite et le prince de Galles se rendent au château de Kenilworth, au sud de Coventry ; le roi les y rejoint durant l'été. Désormais les Midlands seront au cœur de tous les combats. Le danger vient aussi de France ; en août 1447, une attaque surprise dirigée par le sénéchal de Normandie, Pierre de Brézé, amène les Anglais à serrer les rangs, avec les encouragements de leur roi. Henri VI organise une grande manifestation de réconciliation nationale des Yorkistes et des Lancastre à Londres le 25 mars 1448. Mais l'illusion est de courte durée ; les tensions montent à nouveau et en juin 1449, une séance du grand conseil juge par contumace plusieurs Yorkistes, accusés de trahison. Tout change à nouveau lorsque le 31 octobre 1460, fait prisonnier après la bataille de Northampton, Henri VI reconnaît Richard d'York pour son héritier en lieu et place d'Édouard. Une deuxième bataille de Saint-Albans, en février 1461, laisse croire à Marguerite que la victoire définitive est proche, mais la ville de Londres refuse d'ouvrir ses portes, et tandis que le roi, la reine et le petit prince s'enfuient en Écosse, le prétendant yorkiste est couronné sous le nom d'Édouard IV.

Marguerite anime la résistance pendant encore dix ans ; elle compte ses partisans comme Henry Beaufort, duc de Somerset, fils du duc tué précédemment, ou Henry Holland, duc d'Exeter. On y ajoutera William Herbert, comte de Pembroke. Les Écossais apportent une aide minimale en accueillant la reine au palais épiscopal de Linlithgow ou au couvent des dominicains d'Édimbourg. En juillet 1461, la disparition de Charles VII et son remplacement par Louis XI marquent la fin de tout espoir d'un soutien français. L'année suivante Marguerite rencontre en compagnie de son fils le nouveau roi de France ; par l'accord secret de Chinon elle accepte de renoncer à Calais contre le versement d'une importante somme d'argent. L'équipée maritime d'octobre permet à la reine de débarquer au nord de l'Angleterre en compagnie d'Henri VI et de se saisir de la place forte d'Alnwick. En août 1463, Marguerite retourne en France avec le prince de Galles ; elle laisse derrière elle Henri VI qu'elle ne reverra plus jamais.

Édouard IV ne se montre pas inactif pendant ce temps-là ; il signe une trêve avec Louis XI à Hesdin, dans le Boulonnais, en octobre 1463. Marguerite trouve asile à Saint-Mihiel, dans le duché de Bar, mais il est clair qu'Édouard IV est diplomatiquement le grand vainqueur, en négociant tant avec la France qu'avec la Bourgogne. Charles le Téméraire, duc de Bourgogne, épouse même sa sœur, Marguerite d'York, en troisièmes noces en juin 1468. Sur le plan militaire, Édouard IV bénéficie de l'aide incommensurable de Richard de Neville, comte de Warwick, connu par la postérité comme le « faiseur de rois ». Marguerite d'Anjou tente de le retourner en lui proposant de prendre pour gendre le prince Édouard. Le prince de Galles allait-il épouser vraiment Anne de Neville ? Marguerite rencontre à contrecœur Warwick à Angers. Les fiançailles sont célébrées à la cathédrale de cette ville en juillet 1470. Le valeureux Édouard, en dépit de son jeune âge, ne manque pas de détermination. De retour à Londres, Warwick se rend à la Tour pour libérer Henri VI. L'Angleterre aurait-elle retrouvé son roi, et pour combien de temps ? Renonçant à l'alliance yorkiste, Louis XI se précipite pour le reconnaître ; il souhaite en échange l'assistance des Anglais contre la Bourgogne ; au printemps 1471, Marguerite d'Anjou rentre dans une Angleterre durement affectée par la défaite de la rose rouge des Lancastre à Barnet, petite ville au nord de Londres. Ce n'était que le début de la fin ; une nouvelle bataille se déroule à Tewkesbury début mai. Son fils est tué dans des circonstances obscures, son mari ne tarde pas à le rejoindre dans la tombe après avoir été sans doute assassiné sur ordre d'Édouard IV.

Marguerite est incarcérée, en attendant que Louis XI paie sa rançon. Le traité de Picquigny, qui, le 29 août 1475, marque la fin de la guerre de Cent Ans, prévoit son retour en France. Elle se retire près d'Angers, puis à Dampierre-sur-Loire, à côté de Saumur. Elle s'éteint à l'été 1482 et repose à la cathédrale Saint-Maurice d'Angers, auprès du roi René son père.

Marguerite ou l'amour maternel ?

On risque de mal interpréter l'étiquette de « Louve » lancée par Shakespeare. Pour des hommes pétris de références antiques, la louve n'évoque pas tant la férocité que l'instinct maternel. La louve romaine qui veille sur Romulus et Rémus éclipse l'idée de sauvagerie. Basin appelle son lecteur à la commisération lorsqu'il écrit quelques années plus tard : « Cette reine Marguerite et Henri, son époux, comparables en cela à tant d'illustres personnages qui se sont vus en d'innombrables occasions en proie au malheur et à l'adversité, en fournirent un éclatant exemple. Unie à un si grand et si puissant prince, si glorieusement portée au faîte des honneurs royaux, aux applaudissements de tout un peuple, mère d'un fils en qui reposait tout l'espoir de la dynastie elle se vit, peu d'années après, chassée misérablement du pays et jetée en exil en même temps que son époux. Puis, lorsqu'ils se furent consumés longtemps sur la terre étrangère et que son mari eut subi les affres d'un long emprisonnement, un nouveau sourire dérisoire de la Fortune leur rendit le trône un instant ; mais, peu après et presque en même temps, son mari et son fils déjà adolescent, alors qu'ils se croyaient solidement enracinés, sont de nouveau précipités dans une profonde misère. Elle voit son fils, à la tête d'une grande armée, vaincu en bataille rangée et tué avec ses partisans, son mari jeté de nouveau en prison et une fois encore de roi devenu prisonnier, enfin étranglé quelques jours plus tard. Elle-même se voit tomber aux mains du vainqueur et traîne, au bon plaisir de celui-ci, une vie lamentable[23]. »

Dans ses excès mêmes, cette vie attachante se prête au roman. L'abbé Prévost lui consacre un ouvrage au XVIIIe siècle, Meyerbeer en fait un personnage d'opéra, destiné au public italien, au siècle suivant. Marguerite d'Anjou survit davantage dans la légende ou dans la fable que dans l'histoire. Mais c'est à l'époque victorienne que Mrs Strickland rend le mieux hommage à cette reine que Shakespeare même n'avait pas épargnée ; elle devient un modèle de constance et de courage dans l'adversité. Sa passion maternelle seule permet d'excuser sa frénésie.

Chapitre 4

LA LOI PHALLIQUE : HENRI VIII ET SES FEMMES

L'Angleterre est profondément désorganisée au moment de la mort d'Henri VI de Lancastre en mai 1471. Le règne de ses successeurs yorkistes, celui d'Édouard IV (roi de 1461 à 1470, et à nouveau de 1471 à 1483), et plus encore celui de son frère Richard III (de 1483 à 1485), ne débouchent pas sur un régime stable. Accusé du meurtre de ses neveux, Richard III a laissé une image de dangereux désaxé dont la difformité physique se serait accompagnée de la plus grande monstruosité morale. Telle est en gros l'idée qu'a diffusée la pièce que Shakespeare consacre au personnage. Ce portrait au vitriol a eu pour principal effet de renforcer l'ascendant de la dynastie suivante, celle des Tudors. Entre les révolutions politiques et la fin de la guerre de Cent Ans, le XVe siècle aura été navrant pour les Anglais ; le XVIe siècle demeure à l'inverse un authentique âge d'or politique et littéraire. Henri VIII, le roi aux six épouses, est la meilleure illustration de cet âge renaissant, noceur et boulimique, qui permet à l'Angleterre d'afficher à la face du monde sa double indépendance politique et religieuse.

Cette insolence était en un sens le fait d'un parvenu, ou plutôt même d'une dynastie de parvenus. Partie de rien, ou du moins de pas grand-chose, la petite famille galloise des Tudors s'était récemment hissée au pouvoir à la force des poignets. Richard III est battu à Bosworth, non loin de Leicester, le lundi 22 août 1485 par Henri Tudor, comte de Richmond. Le vainqueur est immédiatement proclamé roi. Les Tudors qui arrivent au pouvoir avec Henri VII peuvent se prévaloir de leurs liens avec les Lancastre. Owain ap Maredudd ap Tudur, dit Owen Tudor, le grand-père d'Henri VII, avait courtisé la reine Catherine de Valois, veuve d'Henri V et mère d'Henri VI. Leur petit-fils Henri Tudor est donc lui-même un neveu d'Henri VI. En femme de tête, sa propre mère lady Margaret Beaufort († 1509), comtesse de Richmond, veillera jalousement sur ses intérêts[1]. Peu importe, Henri sera surtout roi par droit de conquête, et en coiffant la couronne sous le nom d'Henri VII, il comprendra qu'il faut sortir de ce conflit fratricide entre les deux dynasties d'York et de Lancastre. En épousant Élisabeth d'York, une fille d'Édouard IV, il fusionne les deux familles. La rose bicolore des Tudors associe désormais le rouge et le blanc des deux dynasties.

Dynastie des Tudors

Owen Tudor († 1461) = Catherine de Valois

Edmund Tudor († 1456) = Margaret Beaufort

Henri VII († 1509) = Élisabeth d'York

Henri VIII († 1547)

Édouard VI († 1553)	Marie Ire († 1558)	Élisabeth Ire († 1603)

Catherine d'Aragon

Leur énumération même revêt un caractère décousu, presque lancinant : Catherine d'Aragon, Anne Boleyn, Jane Seymour, Anne de Clèves, Catherine Howard, Catherine Parr. Six reines, le compte est bon. On se souvient du moyen mnémotechnique qu'utilisent les enfants des écoles pour retenir leurs destins : *Divorced, Beheaded, Died ; Divorced, Beheaded, SURVIVED.*

Six épouses, c'est beaucoup pour un roi monogame, adepte du mariage chrétien. Contrairement à certains raccourcis, si l'on peut dire, elles ne sont que deux, Anne Boleyn et Catherine Howard, à avoir été décapitées. On soutiendra aussi que la luxure ou la gratification des sens n'ont pas été l'objectif poursuivi. La grande obsession du temps aura été la nécessité d'un pouvoir stable pour éviter le retour à l'anarchie. Henri VII lègue à sa postérité un royaume unifié. Il faut évidemment faire fructifier ce bel héritage et pour cela Henri VII a besoin d'une descendance incontestable. Né en 1486, son fils Arthur va-t-il renouer avec le prestige de la légende arthurienne ? Tout l'y invite, mais il meurt trop tôt en 1502, après avoir épousé l'infante d'Espagne, Catherine d'Aragon. La fille des « rois catholiques », Ferdinand d'Aragon et Isabelle de Castille, avait vu le jour au palais épiscopal de l'archevêque de Tolède, à Alcalá de Henares, au nord de Madrid le 16 décembre 1485. C'est l'époque où la *Reconquista* s'achevait dans la péninsule Ibérique ; Isabelle s'était même rendue à Grenade lors de la chute du dernier bastion de la résistance mauresque. Ses parents avaient insisté pour lui donner déjà, outre une bonne formation religieuse, les premiers éléments d'une solide éducation humaniste. Elle s'attirera les compliments de son compatriote Juan Luis Vives et d'Érasme de Rotterdam, jamais avare d'éloges pour les grands de ce monde. L'affaire du mariage prend vite une importance considérable ; la négociation est confiée à deux *caballeros* de confiance, Rodrigo González de Puebla et Juan de

Sepúlveda. Le 1er juin 1488, Sepúlveda parvient à Londres avec un projet d'alliance politique, tandis que son confrère insiste sur les avantages commerciaux de cette alliance. Au bout d'un mois de palabres, un premier accord fixe la dot de Catherine à 200 000 escudos. Ferdinand et Isabelle conviennent également d'envoyer la princesse outre-Manche à leurs propres frais, tout en lui fournissant sa garde-robe. Cette belle unanimité laisse vite place à des tracasseries infinies ; les Ibériques doutent de la bonne volonté des Anglais. Il faut permettre à Catherine de tenir son rang. Le désir de contrer l'influence française a raison de toutes les réticences ; ne présente-t-on pas Charles VIII comme le « prince des Français » et non comme le « roi de France », ce titre étant encore revendiqué par les souverains anglais ? L'année suivante, Henri VII est en mesure d'envoyer ses propres ambassadeurs sur le continent. Les négociations matrimoniales sont menées bon train côté anglais par Richard Nanfan, un ancien gouverneur des îles anglo-normandes, qui s'est retourné à temps contre Richard III. Nous connaissons l'ambassade au travers de la relation fournie à l'époque par Roger Machado ; les Anglais sont bien reçus par leurs hôtes, et en particulier par un bon évêque qui était « si vieil et avait perdu toutes ses dents, qu'à grande peine on pouvait entendre ce qu'il disait ».

L'heure espagnole

Mais s'ils ne s'entendent pas, Anglais et Espagnols semblent se comprendre, et l'on parvient, en mars 1489, au traité de Medina del Campo. On évoque l'amitié entre Ferdinand, Isabelle et Henri VII en engageant les deux parties à se prêter assistance mutuelle contre la France. Les formalités douanières doivent également être simplifiées entre les deux pays.

Une ténébreuse affaire trouble cependant cette atmosphère de détente. Un prétendant du nom de Perkin Warbeck se présente inopportunément comme le fils d'Édouard IV, avant-dernier souverain yorkiste. L'on croyait pourtant que le petit Richard avait été tué avec son frère à la tour de Londres par le très horrifique Richard III. Malheureusement, Marguerite d'York, duchesse de Bourgogne, souscrit à cette histoire abracadabrantesque. Cette fable de nourrice a pour effet de retarder le mariage de Catherine d'Aragon. Le prétendant débarque à Cork où il reçoit l'assistance des Irlandais, toujours favorables à la dynastie vaincue. Henri VII soupçonne les rois catholiques d'adopter le même point de vue, et ils parviennent à dissiper non sans effort le malentendu. Un nouvel accord intervient au début d'octobre 1497. L'on souhaite différer le mariage jusqu'au moment où Arthur aura atteint ses 14 ans.

Ferdinand et Isabelle s'impatientent et ils décident sans trop y croire de mener en parallèle une autre négociation en direction de l'Écosse. Pourquoi Catherine n'épouserait-elle pas Jacques IV ? Pedro de Ayala est chargé de cette mission délicate ; est-ce en raison de ses ascendances juives que les rois catholiques se défient désormais de Puebla ? Toujours est-il qu'ils envoient à Londres deux nouveaux ambassadeurs, Sancho de Londoño et Tomás de Matienzo. Les questions financières, que l'on croyait réglées peu auparavant, surgissent à nouveau. Henri VII s'inquiète que l'on veuille porter la maison de la reine à cinquante personnes. Ce n'est qu'en octobre 1501 que Catherine débarque enfin à Plymouth. Henri VII insiste pour voir sa future belle-fille alors même que l'étiquette espagnole s'y oppose. Le mariage est solennisé à la cathédrale St Paul de Londres le mois suivant. Au sein de l'assistance, on distingue un garçonnet de 11 ans qui danse avec grâce, le jeune duc d'York, le prince Henri, appelé un jour prochain à monter sur le trône et à épouser Catherine à son tour. Mais qui pouvait à l'époque envisager une telle chose ? Une fois encore, un mariage est utilisé pour simplifier les alliances entre les États. Oui, mais que pense Catherine de ce rôle de simple pion qu'on la contraint de jouer ? Que pense-t-elle donc quelques semaines plus tard quand on la contraint de suivre son époux à Ludlow, à la frontière de ce pays de Galles que le prince Arthur détient en apanage, comme tous les princes héritiers depuis Édouard II ? Puebla aurait préféré que la princesse de Galles reste à Londres plutôt que de commencer sa vie maritale avec Arthur. Mais son confesseur Alessandro Geraldini, convaincu que l'on ne devait pas séparer ceux que Dieu avait unis, l'entend différemment. Bien qu'ils soient encore jeunes, trop jeunes en un sens, les époux sont déjà pris par une course contre la montre insensée : il est urgent de procréer afin d'assurer un avenir toujours incertain.

Don Pedro de Ayala informe Isabelle de Castille de la situation et rapporte plusieurs entretiens avec Henri VII. Le roi d'Angleterre aurait laissé sa bru libre de suivre ou de ne pas suivre son époux, l'informant avec une cordialité feinte qu'en Angleterre « il est d'usage que les maris donnent à leurs épouses ce qu'elles veulent et que son fils en fera ainsi, pour autant que son rang et son sens de l'honneur le lui permettraient ». Cette bienveillance pateline n'arrive cependant pas à dissiper le malaise. Henri VII éprouve un intérêt immodéré pour la riche vaisselle et pour les bijoux de sa belle-fille. Le couple se rend dans les marches du pays de Galles à la veille de Noël. Il n'y restera pas longtemps puisqu'Arthur est emporté dans la tombe le dimanche de Pâques, 2 avril 1502, alors qu'il a tout juste 15 ans. Il est enterré à la cathédrale de Worcester.

Madame Arthur

Le sort paraît s'acharner sur elle. Que pense-t-elle donc, la petite Espagnole, soumise à ce nouveau coup du destin ? Sans doute pas grand-chose et la vie en Angleterre n'est guère aisée pour la jeune veuve, d'autant plus qu'Henri VII, économe, est partisan des régimes spartiates. Mal mariée à un prince tout de suite disparu, Catherine se trouve en situation précaire.

La disparition d'Arthur crée une situation inédite ; Henri VII, dont on connaît la proverbiale avarice, ne souhaite pas renvoyer l'infante en Espagne, du moins pas avec sa dot évaluée à 200 000 escudos, et il envisage une double possibilité : marier Catherine à son fils Henri, ou par défaut, l'épouser lui-même. Henri VII est d'autant plus prêt à se sacrifier qu'il vient de perdre sa femme en février 1503. Cet arrangement familial fait horreur aux Espagnols ; par contre l'union du futur Henri VIII et de Catherine paraît plus acceptable, en dépit des cinq ans qui les séparent. Toute la question est de savoir si Catherine et Arthur ont bien consommé leur mariage. Doña Elvira, la duègne chargée de veiller tout particulièrement sur la vertu de la princesse, en écartant les mauvaises fréquentations, rassure Ferdinand et Isabelle : leur fille, avant, pendant et après son union avec le prince de Galles est restée *virgo intacta*, ces choses se disent mieux dans le latin des docteurs et des ecclésiastiques qu'en langue vulgaire[2]. Arthur, piqué au vif, aurait donné une version nettement plus alerte de leur relation. « Willoughby apporte-moi une chope de bière, se serait-il exclamé un brin bravache au petit matin, car cette nuit j'ai parcouru l'Espagne. » On ne saura jamais au juste ce qu'il en est. Par contre, une chose est sûre : Henri et Catherine sont solennellement fiancés par l'évêque de Salisbury, Edmund Audley, à sa résidence londonienne de Fleet Street en juin 1503.

Il faut encore obtenir une dispense pontificale pour célébrer leur union définitive. Une telle autorisation s'impose dans un cas semblable, appelé par les anthropologues actuels « inceste du deuxième type ». Un mariage entre frère et sœur ou entre fille et père ou fils et mère, ou encore oncle et nièce ou tante et neveu aurait constitué un inceste en tant que tel, on parle en revanche d'inceste du deuxième type lorsqu'il s'agit de remariage entre un beau-frère et sa belle-sœur qui n'ont aucun rapport de consanguinité[3].

La disparition à quelques mois d'intervalle de deux papes, Alexandre VI et Pie III, d'août à octobre 1503, retarde encore le processus, qui n'est légalisé qu'en décembre par un bref de Jules II, parvenu entre les mains d'Isabelle la Catholique à la veille de sa mort, un an plus tard. Un point reste en suspens : la consommation du mariage avec Arthur, considérée comme plausible mais indémontrée et sans doute indémontrable jusqu'à aujourd'hui. De toutes les façons ces mariages arrangés présentent un autre type d'inconvénient, ils risquent d'être affectés par les échéances internationales. Or, la situation de la péninsule Ibérique change grandement avec la disparition d'Isabelle de Castille, fin novembre 1504. En août 1505, Henri VII convoque Puebla dans ses appartements privés pour lui faire toutes sortes de reproches « venimeux », comme il s'en plaint à Ferdinand d'Aragon. Henri VII accuse les Espagnols de jouer double jeu en n'encourageant pas les marchands anglais à commercer avec eux. Il mentionne également la libéralité de la princesse de Galles et les vols de métaux précieux qu'elle suscite. L'ambassadeur se défie également de Doña Elvira, chargée de veiller sur Catherine dans sa maison de Durham House, sur le Strand, la principale artère de la cité de Westminster. Dans ce contexte tendu, Catherine écrit directement une lettre désespérée à son père Ferdinand : « Haut et puissant seigneur, Jusqu'à présent je m'étais gardée de faire connaître à votre altesse l'état des affaires en ce pays-ci ; je craignais de vous ennuyer, et plus encore, je pensais que tout cela allait s'améliorer ; c'est bien le contraire qui se produit, et ma situation ici empire de jour en jour. » Elle rend Puebla responsable de cette dégradation : « Depuis que je suis en Angleterre, je n'ai pas eu le moindre maravedi, sauf la somme allouée pour ma pitance, et encore, cette somme même était insuffisante et j'ai dû contracter de nombreuses dettes à Londres, et je souffre encore plus de voir mes serviteurs et mes demoiselles d'honneur dans une telle misère qu'ils ne parviennent plus à s'habiller[4] » (2 décembre 1505). Doña Elvira, précise la princesse, est affligée de graves troubles oculaires sans parvenir à se faire traiter ; elle-même souffre de stress et craint de disparaître prématurément. Doña Elvira Manuel exaspère de plus en plus Puebla qui obtient son départ pour le continent pour raisons de santé.

En octobre 1505, Jules II délie de façon conditionnelle Catherine d'Aragon du vœu qu'elle aurait éventuellement prononcé de mener une vie d'abstinence, de jeûne et de prière. Catherine est malade en permanence ; on parle d'une fièvre tierce, non sans rapport avec ce que nous appelons le paludisme. Mais les Anglais, pragmatiques et peu soucieux des états d'âme de la petite Espagnole, mettent cela sur le compte de l'ascétisme et des excès de dévotion. Catherine est dans une position de plus en plus inconfortable dans son pays d'accueil dont elle parle encore la langue avec difficulté ; depuis Valence, en juillet 1507, le roi son père mande à Puebla de bien expliquer à Henri VII que le paiement promis souffrira encore quelque retard car il a été retenu à Naples plus longtemps que prévu. Visiblement, Henri VII s'impatiente et l'infante fait les frais de la situation. C'est à peine si elle aperçoit de façon furtive le prince Henri, alors même que tous deux résident à Richmond, dans ce palais maintenant disparu de l'ouest du Londres actuel. Catherine ne supporte plus Puebla que rejoint l'année suivante un nouvel ambassadeur, Gutierre Gómez de Fuensalida, chargé d'apporter le dernier tiers de la dot promise.

Le mariage avec Henri VIII

Une union avec ce barbon d'Henri VII paraît de plus en plus improbable au fur et à mesure que les mois passent. Catherine songe à s'enfermer dans un couvent… Henri VII meurt à temps, le 21 avril 1509, pour l'empêcher d'accomplir un geste irréversible. Une atmosphère de suspicion assez lourde pèse sur le pays ; la disparition du feu roi n'est annoncée que le 23 avril, pour permettre l'arrestation de deux de ses conseillers les plus exécrés, Richard Empson et Edmund Dudley. Ils seront exécutés sans tarder pour avoir prétendument conspiré contre le roi, mais chacun sait qu'ils sont simplement sacrifiés par le nouveau roi afin de se concilier les faveurs du pays[5]. Celui-ci convoque Fuensalida et explique qu'il ne saurait attendre plus longtemps. Le 11 juin, les jeunes gens sont solennellement unis chez les franciscains de Greenwich.

Les objectifs diplomatiques sont clairs : il s'agit de favoriser l'alliance de l'Angleterre avec l'Aragon, le Saint Empire et la Bourgogne. Le couronnement se déroule peu après, le dimanche 24 juin 1509, en l'abbaye de Westminster. Moins d'un an plus tard, *Fray* Diego Fernandez, le confesseur franciscain de la reine, informe le roi Ferdinand que sa fille a fait une fausse couche. Il présente presque ses excuses avant de préciser qu'il n'avait pas osé écrire plus tôt, afin de ne pas mettre Catherine d'Aragon dans la gêne (25 mai 1510). Les médecins eux-mêmes sont réservés ; l'incident se serait déroulé en fait le dernier jour de janvier. L'affaire est demeurée secrète, seuls le roi, deux femmes espagnoles, un docteur et le franciscain semblent avoir été mis au courant.

Mais le médecin, dont on peut penser qu'il n'est pas autorisé à examiner la parturiente de très près, a conclu faussement en voyant son ventre gonflé qu'un second bébé est encore présent dans son ventre. La tristesse laisse alors place à l'espérance et l'espérance à la certitude. Henri VIII donne à son épouse mille témoignages de son affection. Le 27 mai, Catherine écrit à son tour à son père ; elle répète qu'elle a accouché plusieurs mois plus tôt d'une petite fille mort-née. L'on devine à son ton meurtri, presque coupable, que la reine d'Angleterre est durement affectée. Elle s'en remet à Dieu en soulignant la bonté de son époux. Fin mai, don Luis Carroz, ambassadeur d'Espagne à Londres, écrit à son tour à Miguel Perez de Almazan, premier secrétaire du roi. Diego Fernandez est venu le voir pour l'informer que la reine ne semble plus attendre d'enfant mais il revient sur l'erreur de l'entourage de Catherine qui, en dépit de ses menstrues, avait maintenu contre toute vraisemblance l'illusion qu'elle allait accoucher. L'on voit clairement la pression psychologique de plus en plus intense qui entoure Catherine, mise en demeure d'accoucher à tout prix.

Le 1er janvier 1511, la reine Catherine accouche enfin d'un fils, Henri, duc de Cornouailles, mais le nourrisson ne vit que quelques semaines. Henri a tout juste eu le temps de se précipiter à Walsingham lui aussi pour baiser dévotement les gouttes de lait de la Vierge qui y sont conservées. Il n'a pas manqué non plus, en sportif qu'il est, d'organiser un gigantesque tournoi, probablement « le plus beau du règne[6] ». Mais cela n'empêche pas l'enfant de périr le 22 février. Les fausses couches et les naissances d'enfants mort-nés se succèdent, sans que l'on parvienne à une comptabilité précise. Méchantes langues, les Vénitiens colportent en juin 1515 le vilain bruit que Catherine n'est pas même jolie[7]. « Jolie », comment aurait-elle pu l'être avec son visage défait, sa taille enflée, sa santé défaillante, usée par des couches sans lendemain ? Peint de façon tardive, son portrait le plus célèbre, exposé désormais à la National Portrait Gallery, montre une dame au teint clair, gagnée par un embonpoint précoce, et les quelques brins de lavande que la reine tient dans sa main droite ne suffisent pas à conférer un air guilleret à ce visage empreint d'une gravité sourde, proche du désespoir. À la même époque Henri VIII par contre est irrésistible, drôle, inépuisable, désopilant, astucieux et charmeur ; il joue agréablement de tous les instruments de musique. Face à cette épouse qui se morfond et que la dépression gagne, il a des instincts de boute-en-train un peu noceur. Seul bonheur dans cette suite assez glauque d'avanies, la naissance d'une fille, Marie, le 18 février 1516. L'enfant sera reine à son tour mais bien évidemment personne n'envisage encore une telle possibilité. En 1518, tout semble bien fini : Catherine ne connaît plus de grossesses. Les perspectives successorales entrent dans une période de latence, trouée uniquement par quelques aventures extraconjugales sans grand relief ; Henri n'a jamais été ni un libertin, ni un don Juan, ni un Casanova, ni un étalon. Sur ce plan très intime, il est loin de mener une vie débridée et n'accumule ni les conquêtes, ni les rendez-vous galants. S'il est un joyeux drille, un peu farceur dans sa jeunesse, il ne fait pas partie de ces rois célèbres qui sèment aux quatre vents leurs bâtards. Tout juste peut-on mentionner la pétulante Elizabeth Blount, sœur de l'humaniste William Blount, ami de Didier Érasme et de Thomas More. Cette brave Bessie, dont aucun portrait ne nous est parvenu, donne au roi un fils, Henry FitzRoy, duc de Richmond (1519-1536). Pourquoi ne pas le légitimer après tout ? Cette hypothèse n'est pas retenue sérieusement à l'époque. Henri VIII se sent encore jeune et plein d'entrain, et il espère que Dieu exaucera les vœux qu'il forme pour lui-même et pour son royaume.

Oui, mais Catherine ? La reine est la grande muette du temps. Du moins sait-on peu de chose sur son appétence sexuelle. Si elles absorbent une grande partie de son temps et plus encore de son énergie, les maternités infructueuses ne sont pas le seul souci de Catherine. Elle tente de jouer un rôle actif dans les relations anglo-espagnoles en critiquant vertement les ambassadeurs du roi son père, qu'il s'agisse de Fuensalida ou de son remplaçant, don Luis Carroz. Tenaillée par son désir d'enfant, culpabilisée par ses proches, la reine remplit scrupuleusement sa mission ; elle assume le gouvernement du royaume et sa direction militaire lorsque Henri s'absente sur le continent, de juin à octobre 1513, afin de livrer bataille aux Français. Elle n'est certes pas seule à faire face ; pour l'aider, on lui procure l'assistance d'un conseil dirigé par le chancelier William Warham, l'archevêque de Cantorbéry, primat de toute l'Angleterre.

La jeune reine prend sa tâche très à cœur et elle communique en permanence avec Wolsey, le futur cardinal, pour s'enquérir de la santé du roi. En septembre 1513, on la voit pareillement féliciter Henri VIII de la victoire des armes anglaises sur les Écossais à Flodden Field[8]. Catherine se réjouit de cette défaite de l'Écosse dans laquelle elle voit prématurément l'annonce de la reconquête du royaume de France. Catherine est bien une fille de la *Reconquista* espagnole ; on lui reprochera suffisamment ses attaches culturelles ibériques, allant jusqu'à lui demander d'« oublier » ses racines. Dans un registre plus intime, elle mentionne un pèlerinage à venir auprès de Notre-Dame de Walsingham, propice à la fécondité.

L'alliance espagnole sort provisoirement renforcée par l'épreuve. En cet an de grâce 1515, tandis que la France et son nouveau roi, François Ier, s'acheminent vers Marignan et la conquête de l'Italie, Ferdinand le catholique et Henri VIII fourbissent leurs armes. Le Saint-Siège, l'Aragon, la république de Venise et les cantons suisses se coalisent activement contre la France avec l'assistance de l'empereur Maximilien et du roi d'Angleterre. L'amitié d'Henri VIII et de Ferdinand, si elle n'est pas la pièce maîtresse du dispositif militaire, incarne le consensus diplomatique de la chrétienté. Nommé opportunément cardinal le 10 septembre, Thomas Wolsey, archevêque d'York, est le grand artisan de cette entente qui trouve en Catherine son illustration la plus parfaite. On déplore un refroidissement passager des relations entre les deux puissances, en s'engageant pour l'avenir à resserrer les liens militaires et commerciaux entre l'Angleterre et l'Espagne. On prévoit l'écrasement de la France et une gigantesque croisade contre les Turcs à Jérusalem…

Tout ne repose évidemment pas sur les frêles épaules de Catherine, mais elle est un rouage dans ce dispositif. Son père meurt en janvier de l'année suivante, son petit-fils Charles, le futur Charles Quint, lui succède. Henri VIII, François Ier, Charles Quint : ce trio infernal dominera les trente années suivantes. Et pourtant, rien ne va plus entre Henri VIII et Catherine, ou du moins Henri se lasse-t-il de ses appas.

Naissance de la future reine Marie

Un retournement passager se produit en 1516 lorsque la princesse Marie vient au monde. Il ne s'agit, hélas pour l'époque, que d'une fille, mais Henri retrouve espoir : il se sent éternellement jeune et ne doute pas que Dieu exauce prochainement son rêve de descendance masculine. Tous les espoirs sont permis, et la jeune Marie Tudor est l'une des sources d'inspiration de Juan Vives lorsqu'il dédie à Catherine son *Institution de la femme chrétienne*, imprimée en 1524. Ces pages définissent un idéal féminin fait d'affabilité et de douceur, directement inspiré de la Vierge Marie. « La femme doit, lit-on dans ce texte, par discrétion de mœurs et de langage léger, caresser, complaire, adoucir le mari. Elle récitera joyeuses fables et devises ou histoire facondes pour récréer le mari las ou vexé de labeur ou débilité de son art. Louera peu, vitupérera moins et ne médira d'autrui[9]. »

Catherine se montre attentive aux choses de l'esprit ; elle parle de mieux en mieux la langue anglaise qui s'ajoute à la connaissance du castillan, du français et du latin, que comprennent couramment les élites du temps. Le sort des deux universités d'Oxford et de Cambridge ne lui est pas indifférent. On dit qu'elle aurait contribué au succès d'Érasme outre-Manche, s'attirant en retour la dédicace de son *Institution du mariage chrétien* de 1526. L'humaniste hollandais y défendait les usages antiques et maintenait que le sacrement, digne en soi de tout son respect, était apparu de façon relativement tardive dans l'histoire de l'Église qui se serait contentée de sanctifier la pratique commune. Catherine ignore sans doute encore que son propre mariage est sur le point de chavirer... « Les malheurs de la reine Catherine, observera-t-on, suivirent de près la publication du livre qu'Érasme lui dédia. » On pouvait désormais penser que le mariage n'était pas un « véritable sacrement » et qu'aucune « grâce particulière » n'était attachée à l'état conjugal[10].

Henri, lui, croyait aux sacrements catholiques, ceux dont Luther et les protestants ne voulaient plus, mais l'affaire de son divorce allait amener à repenser en profondeur les relations entre les conjoints. L'épouse dont Henri s'est définitivement lassé, cette Catherine qu'il traite de façon indigne, se révèle une femme accomplie, ouverte aux idéaux humanistes et attentive plus que tout à l'éducation de sa fille. En 1525, on arrache cependant l'enfant à sa mère en l'envoyant à Ludlow. Elle y passera quelques années jusqu'en 1528, à l'abri des tempêtes conjugales de ses parents. Dans le même temps, Catherine se rend à l'évidence qu'elle n'est désormais plus en mesure de procréer. C'est dans ces années de crise sentimentale qu'une jeune personne entre à la dérobée dans la vie d'Henri VIII, Anne Boleyn.

La « petite Boulaine »

Cette nouvelle idylle va avoir des conséquences insoupçonnées sur l'histoire européenne. Née en 1501 ou en 1507, on ne sait au juste, Anne Boleyn était le rejeton d'une famille en pleine promotion sociale, en cet âge ouvert aux opportunistes. Son père, Thomas, était le grand homme de la famille ; il avait épousé Elizabeth Howard, une fille du duc de Norfolk, et Anne pourra s'enorgueillir de descendre du moins indirectement d'Édouard Ier Plantagenêt par son père comme par sa mère. Les Boleyn appartiennent à l'origine à la haute bourgeoisie londonienne ; un aïeul, Geoffrey Boleyn, avait été membre de la prestigieuse corporation des merciers et avait occupé la fonction respectable entre toutes de *Lord Mayor*. Mais le meilleur atout de la famille semble avoir été Mary, une sœur d'Anne que le roi lui-même avait honorée de son affection, et plus encore. Le moment décisif de sa jeunesse semble avoir été sa présence à la cour de Marguerite d'Autriche, dans les Pays-Bas méridionaux.

Remarquable personnage que cette Marguerite de Habsbourg, archiduchesse d'Autriche, princesse de Bourgogne, infante d'Espagne et duchesse de Savoie. La fille de l'empereur Maximilien avait bien failli devenir reine de France, mais Charles VIII lui avait préféré Anne de Bretagne, et elle en avait conçu un fort ressentiment. Elle n'en avait pas moins croqué deux maris, successivement Juan, prince des Asturies, et Philibert de Savoie. Le poète Jean Lemaire de Belges décerne à la veuve l'étiquette de « Dame de deuil », pour souligner son refus de tout engagement matrimonial ultérieur. Mais Marguerite, restée sans enfants, n'en a pas moins veillé jalousement sur l'éducation de son neveu Charles, le futur empereur Charles Quint, et de façon certes plus discrète, elle reçoit aussi chez elle la petite Anne Boleyn dont nul ne soupçonne pour l'instant le destin fulgurant. C'est donc dans l'actuelle Belgique que la jeune Anne Boleyn apprend à maîtriser ce français raffiné que l'on parle à la cour de Bourgogne. À mi-chemin entre Bruxelles et Anvers, la future épouse d'Henri VIII acquiert en un temps record au château de Malines les compétences linguistiques et la connaissance des usages du monde qui lui seront fort utiles par la suite. Elle servira successivement Marie d'Angleterre, la jeune épouse de Louis XII, terrassé par un surcroît de sensualité à l'hiver de sa vie, et la reine Claude, femme de François Ier[11]. Bien que l'on n'en possède aucune preuve formelle, il est vraisemblable qu'Anne ait accompagné la reine de France lorsque celle-ci se rend auprès de François Ier pour le complimenter de la victoire de Marignan. Sans doute participe-t-elle également en juin 1520 aux réjouissances du camp du Drap d'or devant Calais qui permettent aux deux rois, de France et d'Angleterre, de feindre un rapprochement encore timide, en dépit de la cordialité calculée de leurs propos. L'année suivante, Anne est rappelée en Angleterre, et fait ses modestes débuts à la Cour l'année suivante lors d'un divertissement princier où elle est amenée à incarner la persévérance, aux côtés d'autres personnages figurant la beauté, l'honneur, la constance et la pitié. Le tout se déroule au palais de Wolsey, à l'emplacement du futur palais de Whitehall, au centre de la cité de Westminster.

Anne aimait la musique, la peinture, la beauté. Elle saura se montrer très attentive à l'exceptionnel talent du portraitiste allemand Hans Holbein, l'un des peintres les plus accomplis de la Renaissance dans l'Europe du Nord-Ouest. Quel meilleur parti conseiller à un roi encore jeune que cette dame en âge de procréer ? S'il couche avec la sœur, Henri VIII ne parvient pas à faire d'Anne sa maîtresse. Elle se récuse, ménage ses effets, invoque sa vertu… En fait, elle convoite le titre à ses yeux plus éclatants d'épouse et bientôt de reine.

Henri VIII n'en peut plus d'attendre, il est rongé par le désir, lui qui pourrait si facilement satisfaire ses pulsions à moindre prix. Cette fois-ci, c'est sérieux, très sérieux, presque trop sérieux, car on en vient presque à oublier Catherine, l'épouse, qui se morfond, et qui n'inspire plus que la compassion, avant de susciter l'exaspération la plus noire, la plus scandaleuse. Henri finit par haïr Catherine alors qu'il se morfond pour Anne Boleyn.

Henri VIII est amoureux, éperdument amoureux. Il brame et se lamente, comme un chevreuil en jouant sur les mots *heart* (« cœur ») et *hart* (« cervidé »). Car même quand il écrit en français à sa belle pour mieux la séduire, son esprit reste anglais : « Je ne vous écris maintenant, ma petite mignonne, que pour savoir des nouvelles de votre santé et de votre bonheur, auquel je prends autant d'intérêt qu'au mien propre, priant Dieu qu'il lui plaise de nous réunir bientôt, lui écrit-il, car je vous assure qu'il y a longtemps que j'attends ce moment, lequel, quoi qu'il en soit, n'est certainement pas éloigné. Vu l'absence de ma meilleure amie, je ne puis faire moins que de lui envoyer en mon nom une pièce de chevreuil, comme un souvenir du cœur de Henri ; prédisant que je vous servirai bientôt moi-même de régal, et plût à Dieu que ce fût dès à présent. »

Jouant les amoureux transis, Henri VIII laisse percer sa flamme. En veut-on un nouvel exemple ? « Mon petit cœur, écrit-il, cette lettre est pour vous avertir du tourment que j'ai éprouvé depuis votre départ ; car je vous assure que le temps m'a semblé plus long depuis votre départ, que ne le fait ordinairement une quinzaine. Je pense que votre bonté et la ferveur de mon amour en sont la cause ; car autrement je ne croirais point possible qu'une aussi courte absence ait pu me causer tant de chagrin. Mais maintenant que je vais vous joindre, il me semble que mes peines disparaissent à moitié, et je trouve aussi une très grande consolation à composer mon livre, qui rentre complètement dans mon affaire. Aujourd'hui même, j'y ai consacré plus de quatre heures, ce qui, outre un petit mal de tête, fait que je vous écris maintenant une lettre aussi courte ; désirant surtout le soir me trouver entre les bras de ma petite mignonne, dont j'espère baiser bientôt les jolis petits tétons[12]. »

Les circonstances s'enchaînent. En mai 1527, le cardinal Wolsey, légat du Saint-Siège et principal ministre d'Henri VIII, ainsi que le chancelier Warham, reçoivent en secret le roi d'Angleterre, venu confesser ses liens incestueux avec Catherine d'Aragon. C'est durant l'été 1527, selon le cardinal Wolsey, que Monseigneur Gramont, évêque de Tarbes, sème le doute dans l'esprit du roi sur la légitimité de son union avec Catherine. La chrétienté est alors en pleine crise : le sac de Rome par les troupes allemandes, espagnoles et italiennes de Charles Quint, revêt une valeur de châtiment divin pour la papauté. Déjà fort éprouvé, Clément VII tente de temporiser face à Henri VIII lorsque celui-ci lui demande de se prononcer sur la validité de son mariage, afin d'obtenir sa nullité.

Une union incestueuse ?

Même s'il ne faut pas confondre les relations internationales et les affaires de cœur entre Henri VIII et son épouse, le refroidissement de l'alliance avec Charles Quint, et par contrecoup la montée croissante de l'influence française n'est pas sans inquiéter Catherine d'Aragon. En avril 1527, l'Angleterre et la France signent un traité de paix, reprenant en partie un accord ratifié un an et demi auparavant[13]. Mais cette fois-ci, Henri renonce à son titre de « roi de France », l'une des causes endémiques de guerre entre les deux pays, contre un versement annuel de 50 000 écus sonnants et trébuchants, et cela jusqu'à la « fin du monde ». Parmi les négociateurs, on remarque la présence de Thomas Boleyn, le père d'Anne, ainsi que de l'évêque de Tarbes, Gabriel de Gramont, représentant de la France. Charles Quint est évidemment le grand perdant, et sa tante Catherine se lamente que l'ambassadeur de son neveu, Iñigo de Mendoza, ne parvienne même plus à lui parler en tête à tête. Henri VIII croit vraiment que son union avec Catherine n'est pas licite, et il consulte le meilleur juriste de son royaume, Thomas More, l'ami d'Érasme, le grand humaniste, auteur de l'immortelle *Utopie*. À l'automne 1527, il le prend à part dans la galerie de Hampton Court, il lui parle de ce qui est déjà la « grande affaire » de son règne. Il juge son mariage contraire au droit positif de l'Église et à la loi écrite de Dieu, comme contraire à la nature. « L'Église, déclare-t-il, ne saurait autoriser quiconque à contracter une telle alliance[14]. »

Henri VIII trouve dans la Bible deux arguments imparables selon lui ; dans le livre du Lévitique, n'est-il pas écrit : « Tu ne découvriras point la nudité de la femme de ton frère. C'est la nudité de ton frère » ? Ou encore : « Si un homme prend la femme de son frère, c'est une impureté ; il a découvert la nudité de son frère ; ils seront sans enfants »[15] ? Ils seront sans enfants : phrase lourde de sens pour Henri, et plus encore pour Catherine, devenue à son insu une réprouvée pour son époux. Catherine d'Aragon avait certes donné une fille à son époux, la petite Marie, mais cela ne comptait pas. À ses yeux, il fallait un mâle.

Le 22 janvier 1528, la France et l'Angleterre déclarent ouvertement la guerre à l'empereur. L'alliance espagnole a vécu. En mai 1529, un véritable procès s'ouvre à Londres au couvent des jacobins, ou *Blackfriars*. Catherine adopte une pose de *Pasionaria* qui impressionne tous les assistants lorsqu'elle comparaît comme son époux le 21 juin devant Wolsey et Campeggio. Henri VIII prend la parole en premier. Il a le plus grand mal à s'imposer face à une salle qui a commencé par ovationner la reine.

Chacun est bouleversé (comment ne pas l'être ?) lorsque Catherine s'agenouille en épouse soumise devant son époux, son seigneur et son maître. « Sire, je vous implore au nom de l'amour qui a pu exister entre nous, et pour l'amour de Dieu. Que justice me soit rendue. Ayez pitié d'une pauvrette, d'une étrangère née au-delà des mers. Je n'ai ni amis ni avocats impartiaux. » Et de façon pathétique : « En quoi vous ai-je offensé ? N'ai-je pas été une épouse modeste et vertueuse, toujours prête à répondre à vos désirs, sans jamais se plaindre ? » On pourrait la croire encore amoureuse quand elle laisse tomber : « Depuis vingt ans que je vous suis fidèle, j'ai porté plusieurs enfants, et qu'y puis-je si Dieu a décidé de les rappeler à lui ? »

« Lorsque je me suis donnée à vous, se souvient-elle, j'étais encore fille, que Dieu m'en soit témoin. » Avant de poursuivre : « Libre à vous de me contredire si je mens »[16]. Henri VIII, ému et impressionné, conscient en tout cas de l'effet que produit la reine sur l'assistance, tente deux fois de la relever sans y parvenir. Cette sombre histoire de pucelage revêt une importance décisive : soit Catherine a effectivement connu Arthur charnellement, et alors on peut parler d'un remariage dont on conteste d'emblée la validité, soit cette première union n'a jamais été consommée et alors l'argumentation d'Henri VIII tombe d'elle-même.

Cette déclaration éloquente produit son effet ; le roi ne peut refuser d'exaucer le vœu de la reine qui souhaite que le pape et non un simple tribunal ecclésiastique statue directement. Dès lors les implications internationales apparaissent clairement entre Henri VIII et Charles Quint, entre le roi et l'empereur, entre le mari et le neveu, qui Clément VII choisira-t-il ? L'on connaît la pensée la plus intime de la reine sur ce point : « Hélas, *my lords*, la question est-elle de savoir si je suis ou non la légitime épouse du roi ? N'ai-je pas été sa femme pendant près de vingt ans, sans que jamais l'on ne se pose la moindre question[17] ? » Qui de nos jours oserait raisonner différemment ?

Après la séance mémorable du couvent des jacobins, profondément blessée dans sa pudeur par ce déballage inélégant de sa vie la plus intime, Catherine refuse de comparaître une nouvelle fois devant cette société d'hommes, avide de détails croustillants ; on la déclare contumace en juin impliquant par là qu'elle se soustrait à la justice. La reine se montre sourde aux sollicitations du cardinal Wolsey qui tente de la faire revenir pour affronter ses juges ; le 23 juillet le tribunal est ajourné ; il ne reprendra pas ses travaux. La fin est exécrable ; Catherine dans un premier temps séjourne toujours à la Cour, pendant que son mari s'active pour faire reconnaître la nullité de son mariage, et plus encore pour rompre tout lien entre son Église nationale et l'Église de Rome. La rupture sera définitive en novembre 1534 lorsque le Parlement entérinera la suprématie royale sur l'Église d'Angleterre[18].

Mais Catherine n'est qu'un simple spectateur de ce naufrage de l'Église médiévale. Pour ajouter encore à son angoisse, on la sépare de sa fille qu'elle voit une dernière fois en juillet 1531. La fille des Rois catholiques meurt à Kimbolton, Cambridgeshire, le vendredi 7 janvier 1536, dans un monde décidément trop neuf. Au lieu de prendre le deuil, Henri VIII s'habillera ostensiblement en jaune, et se mettra une plume blanche au bonnet en apprenant la nouvelle. Les restes de Catherine reposent à l'abbaye de Peterborough.

Le sixième doigt d'Anne Boleyn

« On sait que l'Angleterre se sépara du pape parce que le roi Henri VIII fut amoureux », écrira Voltaire en 1756 dans son *Essai sur les mœurs*. Les choses sont plus complexes à y regarder de près. Combien d'idées fausses circulent encore au sujet du plus romantique des mariages royaux anglais ! Ainsi, si Henri VIII a bien rompu avec le Saint-Siège par dépit pour le pape et par amour pour Anne Boleyn, il n'a pas pour autant fondé une « nouvelle religion ». L'Église d'Angleterre est par rapport à Rome une Église schismatique ; elle ne devient que progressivement une confession rivale, dotée d'une doctrine spécifique. On se gardera de parler d'anglicanisme ou de protestantisme à une date aussi précoce ; ces termes ne prendront leur sens qu'ultérieurement. Henri VIII reste d'ailleurs foncièrement hostile à Luther, considéré par lui comme un hérétique.

Quant à Anne Boleyn, il ne faudrait pas non plus lui accorder un rôle idéologique trop marqué. Sa prodigieuse ascension est d'abord celle d'un lignage. Les Boleyn sont, comme leur nom l'indique, d'origine française ; ils se sont établis dans le Norfolk au lendemain de la conquête normande. « Boleyn » pourrait bien être l'une des prononciations anglaises de notre ville de Boulogne. Un Hélias de Bolonia se trouve en Angleterre dès le XIIe siècle. Loin d'être un coup de cœur isolé, l'offensive de charme d'Anne Boleyn s'inscrit bien dans une saga collective. Le véritable protagoniste de cette histoire est le clan Boleyn, et ses associés, les Howards, ducs de Norfolk[19]. Les mariages princiers, qui depuis le Moyen Âge présentent essentiellement des intérêts stratégiques, voire géopolitiques, prennent ici un caractère plus insulaire en s'inscrivant dans des rivalités familiales. Dans son *Histoire du schisme d'Angleterre*, naturellement défavorable aux Boleyn, l'historien catholique anglais Nicholas Sanders († 1581) brosse un portrait satanique d'Anne Boleyn, lui prêtant une difformité physique impliquant quelque débauche infernale. Anne, pour ses détracteurs, n'était-elle pas un peu sorcière ? « Elle était brune et de belle taille, précise-t-il, elle avait le visage ovale, le teint blanc, et tenant un peu des pâles couleurs : une dent mal rangée en la mâchoire supérieure, et six doigts à la main droite : une tumeur à la gorge, dont elle couvrait la difformité avec une fraise. Toutes les dames de la Cour à son imitation prirent cet ornement, quoique auparavant ce fût la mode de porter la gorge nue. Du reste Anne de Boulen étant fort bien faite, elle avait la bouche très belle, la conversation enjouée : elle jouait du luth mieux que fille de son temps : dansait avec une grâce nonpareille : inventait tous les jours de nouvelles modes, et s'habillait de si bon air, qu'elle servait de modèle à toute la Cour[20]. » Si elle a un charme évident, Anne n'est pas pour autant, aux dires de la plupart de ses historiens, « une beauté éblouissante ». On remarque surtout ses « yeux en amande » et ses « cheveux d'un noir de jais ». Sa vivacité, sa coquetterie, son caractère piquant même, doivent sans doute beaucoup à son séjour sur le continent et à l'influence française[21]. Quant à son sixième doigt, il s'agit probablement d'une malformation congénitale, soulignée à dessein pour prouver son caractère ensorceleur. Menton volontaire, pommettes saillantes, nez proéminent : ce n'est pas par sa seule plastique qu'Anne opère la conquête d'Henri. Elle est aussi intelligente et cultivée, comme l'a été avant elle sa rivale Catherine d'Aragon, autre femme de tête en un temps de renouveau qui touche largement l'éducation des filles. Entre Marguerite d'Autriche et Marguerite de Valois, la sœur de François Ier, pour ne rien dire des filles de Thomas More, l'humanisme chrétien permet un épanouissement intellectuel antérieur aux progrès de l'alphabétisation que l'on attribue unilatéralement à la Réforme protestante. On voit Anne déployer d'infinis efforts pour parvenir à une bonne maîtrise, tant orale qu'écrite de la langue française. On l'encourage, on s'extasie sur elle :

Elle savait bien chanter et danser,
Et ses propos sagement avancer,
Sonner du luth et d'autres instruments,
Pour divertir les tristes pensements[22].

Ses ascendants ne peuvent que se réjouir de l'amitié du roi. En particulier, les Howard avaient bien des choses à se faire pardonner car ils avaient défendu la dynastie des York pendant la guerre des Deux-Roses. Thomas Howard († 1524), le grand-père d'Anne Boleyn, avait combattu au côté de Richard III à la bataille de Bosworth… L'on se défiera des interprétations purement sentimentales des amours d'Henri VIII et d'Anne Boleyn. Le marché matrimonial est dominé à l'époque par les questions d'ascension sociale. Anne ne manque pas de tourner bien des têtes, entre celle d'Henry Percy, le futur comte de Northumberland, et celle du poète Thomas Wyatt.

Si elle paraît à la Cour en 1522, Anne ne suscite l'intérêt d'Henri qu'assez tardivement, vers 1526. Dans la mesure où il symbolise la rupture de l'Angleterre avec « l'évêque de Rome », ainsi que l'on appelle le pape avec insistance, ce mariage ne peut que servir les vues d'un groupe réformateur modéré que l'on qualifiera d'évangélique plus que de protestant pour l'instant. Mais il faut se garder de faire de l'épouse d'Henri VIII un esprit missionnaire ou prosélyte. Seule la propagande impériale, orchestrée par l'ambassadeur de Charles Quint, Eustache Chapuys, tente de la présenter comme luthérienne ; la seule proximité plausible la lierait au groupe de Meaux en France, à ces esprits réformistes plus que réformateurs qui s'assemblent autour de Guillaume Briçonnet ou de Lefèvre d'Étaples, traducteur de la Bible en français. Ne croyait-elle pas comme eux que l'adaptation des saintes Écritures dans les langues vulgaires donnait des remèdes salutaires à cette vie mortelle et consolation à l'âme immortelle ?

La reine de cœur

L'étoile montante éclipsera sans mal le cardinal Wolsey, devenu aux yeux de tous l'incarnation d'une première moitié du règne dominée par l'alliance espagnole et la fidélité au Saint-Siège. Il meurt disgracié et haï de tous, fin novembre 1530. L'union avec Anne Boleyn, tout en facilitant les rapports avec la France, constitue un tournant majeur sur le plan diplomatique : ce mariage reste purement insulaire, là où depuis le Moyen Âge on préconise les alliances avec les puissances continentales.

Le clan Boleyn est le grand vainqueur ; il encourage les assauts contre les privilèges du clergé auquel reste attaché le nom de Thomas Cromwell, grand-oncle du futur dictateur de la période révolutionnaire. Si Anne accepte dès 1527 d'épouser le roi, le mariage aura lieu dans la plus stricte intimité aux alentours du 25 janvier 1532. On se croirait dans un conte de fées : conçue en décembre, leur fille Élisabeth verra le jour à Greenwich neuf mois plus tard le 7 septembre 1533, veille de la Nativité de la Vierge Marie. La série des malédictions reprend cependant en août 1534, lorsqu'Anne fait une fausse couche. Quand donc viendra-t-il, ce fils tant désiré ? Les relations avec la princesse Marie sont évidemment exécrables, et le peuple reste dans le fond attaché à la reine Catherine dont il comprend mal la scandaleuse éviction. Anne Boleyn s'appuie sur plusieurs hauts personnages : outre Cromwell il faut citer Cranmer, l'archevêque de Cantorbéry ; et parmi les victimes du nouveau régime, l'évêque de Rochester, John Fischer, et naturellement Thomas More.

Les Français se réjouissent grandement pour leur part du mauvais coup administré à Charles Quint ; nos ambassadeurs Jean du Bellay et Jean de Dinteville sont évidemment de la fête. Sur le plan politique comme sur le plan religieux, l'ascendant d'Anne Boleyn renforce une ligne pro-française et anti-espagnole. La disparition de Catherine d'Aragon en janvier 1536 aurait dû faciliter encore cette évolution, en confirmant la validité de la nouvelle union. Mais c'était compter sans la malchance. Le même mois, Anne accouche d'un enfant mort-né absolument monstrueux. Cet enchaînement tragique a été longtemps dépeint comme une marque de réprobation divine, du moins pour l'opinion catholique, favorable à l'Espagne. Nicholas Sanders présente les choses ainsi, non sans une certaine ardeur polémique : « Anne Boleyn étant accouchée pour la seconde fois, ne mit au monde qu'une masse de chair informe. Le roi se trouva à ces couches. Anne affligée de l'accident qui lui était arrivé, et irritée de l'infidélité du roi, lui dit que c'était le fruit de son inconstance [...]. Le roi la pria de se consoler, et l'assura qu'à l'avenir elle n'aurait plus de sujet de se plaindre de lui. Là-dessus il se retira tout chagrin. »

C'est alors, toujours selon Sanders, qu'Anne aurait imaginé un subterfuge, en se tournant vers son frère plein de santé pour compenser les manques d'un mari défaillant. « Anne perdant l'espérance d'avoir un fils d'Henri, résolut de tenter à quelque prix que ce fût d'être la mère d'un roi, et d'ajouter cette qualité à celle de reine qu'elle portait. Afin que la chose fût plus secrète, elle trouva à propos de se servir de son frère George Boleyn. » Et sur le ton de la confidence : « On dit même qu'elle eut assez de vanité pour vouloir donner un monarque à l'Angleterre, qui du côté de son père et de sa mère, fût de la race des Boleyn : mais n'ayant tiré aucun fruit de cet inceste, elle ne garda plus de choix dans ses amours : Norris, Weston et Brereton eurent part à ses bonnes grâces ; Mark Smeaton, l'un de ses musiciens, fut même du nombre de ses favoris[23]. »

Ainsi l'obsession de l'inceste, qui a permis d'annuler en Angleterre le premier mariage d'Henri VIII, se retourne-t-elle cette fois-ci contre Anne Boleyn. Henri VIII est doublement atteint dans sa réputation d'homme par cette conspiration sans doute imaginaire ; la brouille entre Thomas Cromwell et la reine concernant l'usage des biens d'Église confisqués surinfecte cette première plaie, d'autant que désormais Henri VIII revient vers Charles Quint. Sur le plan sentimental, le roi regarde maintenant dans une autre direction ; il ne jure plus, dit-on, que par Jane Seymour. Cromwell sait qu'il est urgent de ne pas attendre ; le 30 avril 1536, on arrête Mark Smeaton qui livre le redoutable secret des amours coupables d'Anne Boleyn. La vengeance royale s'abat en mai : Norris, Weston, Brereton et Page sont incarcérés à la tour de Londres. Juridiquement, la question de l'adultère aurait dû être jugée par un tribunal ecclésiastique ; mais l'on parle ici de haute trahison ; le 19 mai, Anne meurt sur l'échafaud, non sans que l'on ait préalablement déclaré nul son mariage. Il ne reste plus désormais que son fantôme qui, selon certains témoins, hante encore une bonne douzaine de lieux chargés d'histoire, de la maison familiale du Norfolk à la tour de Londres[24]. L'essentiel est ailleurs : Henri VIII a désormais deux filles, Marie et Élisabeth, mais toutes les deux sont illégitimes aux yeux de la loi puisque le mariage de leurs mères a été dissous.

Jane Seymour et la naissance d'un prince héritier

Des bruits inquiétants commencent à se répandre, sans doute propagés par Anne Boleyn, à la veille de la tragédie. N'aurait-elle pas déclaré, sous le sceau du secret, que le roi « n'était habile de soi copuler avec femme » (*sic*), et qu'il n'avait de toutes les façons « ni vertu ni puissance »[25] ? Telle est du moins la version qui circule dans l'entourage de Charles Quint. La vertu, conformément à l'origine latine du terme, s'entend ici de la virilité. Henri VIII, déchu de sa mâle fierté, est à nouveau amoureux ; même si, murmure-t-on, l'objet de son choix n'est ni beau ni particulièrement excitant. Mais Chapuys est-il vraiment objectif lorsqu'il déclare à qui veut l'entendre qu'elle a le « teint plus pâle que clair », qu'elle est de taille moyenne et qu'elle a un certain bon sens, à défaut d'avoir vraiment de l'esprit ? Sa seule qualité, qui rachète toutes ses limites, est le respect qu'elle manifeste en présence de la princesse Marie (18 mai 1536). Née dans le Wiltshire à l'ouest de Londres, Jane était l'aînée de dix enfants. L'on ne sait pratiquement rien de son enfance, et elle ne paraît à la Cour qu'aux alentours de 1529, dans l'entourage de Catherine d'Aragon et dans celui d'Anne Boleyn. Pour ses contemporains plus illustres, « elle n'était rien et semblait ne venir de nulle part[26] ». L'ascension de son lignage n'en fut que plus éclatante. On trouve certes des Saint-Maur, ancêtres putatifs des Seymour, dans les marches du pays de Galles dès le XIIIe siècle, mais la prodigieuse promotion sociale du clan débute véritablement avec les Tudors[27].

Le mariage avec Henri VIII est mené tambour battant ; le 19 mai, au moment même du supplice d'Anne Boleyn, Cranmer émet une dispense permettant l'union de Jane et d'Henri, alors même qu'ils sont techniquement cousins au cinquième degré. Les fiançailles sont célébrées dès le lendemain et le mariage a lieu en toute simplicité le 30 mai. La peste qui se déclare à Londres amène à surseoir *sine die* au couronnement, et comme elle attend un heureux événement, la nouvelle reine a d'autres chats à fouetter que ces questions protocolaires, bien accessoires maintenant que le pays tout entier espère un héritier. Un Acte de succession passé avant même la naissance écarte les deux sœurs rivales du trône en prévoyant qu'en cas de force majeure le roi désigne lui-même son héritier par voie testamentaire. Si la famille ne peut se prévaloir d'une réussite comparable à celle du clan Boleyn, du moins dans l'immédiat, Edward Seymour est nommé vicomte Beauchamp et comte de

Hertford avant d'intégrer le conseil privé en mai 1537. Le frère de Jane accédera aux plus hautes responsabilités ; il connaîtra une chute retentissante et exemplaire une quinzaine d'années plus tard (voir chap. 5).

En ces temps d'incertitude chronique, de vie fragile et de mortalité maternelle ou infantile, rien ne dure très longtemps. Le 12 octobre 1537, l'enfant paraît : c'est un garçon immédiatement prénommé Édouard, comme le célèbre Édouard le Confesseur que l'on célèbre le lendemain, 13 octobre. La coïncidence est providentielle, mais les couches ont été épuisantes (deux jours et trois nuits). On a répandu depuis le bruit d'un accouchement par césarienne, mais rien ne le prouve. La reine s'éteint le 24 octobre après un règne d'à peine un an et demi. Henri VIII ne sait pas au juste s'il faut se réjouir ou pleurer devant cette naissance funeste. En tout cas, le roi se couvrira de noir jusqu'en février pour mieux montrer son deuil profond. Sans doute a-t-elle été la seule épouse qu'Henri VIII pût regretter : son caractère lisse, en tout cas indéchiffrable, sa discrétion, sa disparition opportune une fois son devoir de mère accompli en font une compagne idéale pour un roi dominé par son égoïsme de mâle perpétuellement contrarié.

Un roi « fort vieil et gris »

En 1537, Henri VIII n'a plus qu'une dizaine d'années à vivre. Notre ambassadeur à Londres, Charles de Marillac, note la transformation du roi après la disparition de Jane Seymour[28]. Henri VIII parvient encore à se marier trois fois, avec des bonheurs divers. Les grandes équipées du règne paraissent révolues. Henri VIII et plus encore Thomas Cromwell souhaitent mettre la couronne à l'abri des factions intérieures ou des rivalités familiales qu'ont pu incarner tour à tour le clan Boleyn ou les Seymour. Plusieurs pistes s'offrent à la réflexion des stratèges ; et d'abord, pourquoi ne pas en revenir à la carte française, si utile pour contrer Charles Quint et les Habsbourg ? Âgé d'à peine quelques mois de plus que son roi, sir Francis Bryan est l'âme damnée d'Henri VIII. Son absence de principes, son cynisme, la vulgarité de sa pensée ont fait de lui un homme indispensable, spécialiste des missions diplomatiques délicates. Henri VIII a beaucoup vieilli pour sa part ; son chapeau cache une calvitie croissante et un vilain ulcère à la jambe le fera terriblement souffrir jusqu'à son dernier souffle. Où est-il, donc le jouvenceau, le jeune premier de la chrétienté, dont on s'arrachait les faveurs ? La gravité sied mal à Henri VIII, désormais pressé de se marier une bonne fois pour toutes, après cette série d'échecs. La première possibilité est française. François Ier a une fille, Marguerite, âgée d'une quinzaine d'années. L'on peut aussi envisager un plan B en se tournant vers la Lorraine et vers la fille du duc de Guise, Marie. Déjà veuve, Marie est pourvue de formes plantureuses qui ne seraient pas pour déplaire au roi d'Angleterre. Malheureusement pour lui, c'est son rival Jacques V d'Écosse qu'épouse Marie de Guise, appelée à donner le jour à la très célèbre Marie Stuart… Les occasions se font rares ; on songe encore à Christine de Danemark, une nièce de Charles Quint, et par voie de conséquence une petite-nièce de Catherine d'Aragon. Âgée d'à peine 16 ans, la duchesse de Milan, ancienne épouse de Francesco Sforza, serait un formidable parti – pour peu que l'empereur accepte, bien évidemment. Christine de Danemark, duchesse de Milan, se montre pour sa part peu enthousiaste, déclarant à qui veut l'entendre qu'elle n'a qu'une seule tête et qu'elle tient absolument à la garder sur les épaules. Retour à la case départ : du reste, comment surmonter les empêchements qui pèseraient contre ce nouveau mariage consanguin ? Henri n'acceptait évidemment pas de demander à nouveau une dispense à un pape, et comment Charles Quint aurait-il pu tolérer l'arbitrage de l'Église d'Angleterre, considérée par lui comme schismatique ? François Ier est nettement plus accommodant ; il recommande au roi d'Angleterre d'épouser une des sœurs cadettes de Marie de Guise, Louise ou Renée.

Le choix est ardu… Renée est la plus prude, Louise accepte de poser pour Holbein, chargé de présenter le portrait des princesses disponibles à Henri VIII[29].

Henri VIII placé devant ce choix délicat d'une épouse exprime une idée saugrenue : pourquoi ne pas conduire plusieurs princesses à Calais, alors en territoire anglais, pour lui permettre de choisir ? François Ier et son entourage ne peuvent s'empêcher d'en rire et d'ironiser. L'ambassadeur de France Castillon rapporte un étrange dialogue avec Henri VIII : « Eh bien, dit Henri VIII, [François Ier] ne me mande rien des mariages ? » « Sauf votre grâce, Sire, répond Castillon, il m'en écrit. Il ne trouve pas honnête, comme je vous ai toujours dit, qu'on amène les dames à Calais. Mais envoyez quelques personnes de qui vous vous fiez qui vous en feront tel rapport que vous vous en pourrez résoudre. » « Pardieu, dit-il, je ne m'en fie de personne que de moi. C'est une chose qui me touche de trop près. Je les veux voir et hanter quelque temps, avant que de m'y arrêter. » Castillon rétorque alors : « Ne voudriez-vous point, Sire, encore monter sur toutes, l'une après l'autre, et après retenir pour votre personne celle qui irait le plus doux ? Les chevaliers de la Table ronde traitaient-ils point ainsi du temps passé les dames en ce pays ? » L'ambassadeur ajoute : « Je crois que je lui fis honte, car tout à un coup, je le fis rire et rougir ; et me semble, comme verrez par la conclusion de cette lettre, qu'il connut de cette heure que le chemin qu'il avait empris était mal courtois[30] » (12 août 1538).

La situation internationale évolue rapidement ; François Ier et Charles Quint se réconcilient durant l'été. Cette unité chrétienne voulue par le Saint-Siège contribue à l'isolement diplomatique de l'Angleterre ; l'on craint même une invasion venue du continent. Mais l'empereur et le roi de France sont trop dissemblables pour envisager sérieusement une guerre commune contre l'Angleterre. Le pays a rompu avec Rome, mais il n'est pas devenu protestant pour autant. Henri VIII est resté attaché à un certain nombre de rites catholiques et il réaffirme entre autres le dogme de la présence réelle dans l'eucharistie[31]. Il lui faut pourtant envisager pour des raisons d'équilibre géopolitique une alliance avec les luthériens du continent. La papauté n'a pas tardé à réagir à la menace que représente cette Église jugée plus schismatique qu'hérétique pour l'instant ; Paul III a finalement fulminé le 17 décembre 1538 l'excommunication d'Henri VIII, en défendant à ses sujets, sous peine d'anathème, de le reconnaître pour roi. Mais la mesure a peu d'effets, tant dans les îles Britanniques elles-mêmes qu'à l'extérieur. Nul ne souhaite, dans une Europe en proie aux divisions politiques plus encore que religieuses, s'aliéner le concours éventuel du roi d'Angleterre. Paul III se méfie tant de François Ier que de Charles Quint, susceptibles de se tourner contre lui. Sans être pour autant solidaires, les souverains n'aiment assurément pas que le Saint-Siège intervienne dans la vie des États. Le pape ajoutera même que tous les enfants nés d'unions considérées comme illicites, dont la princesse Élisabeth, sont inaptes à succéder à leur père. Redoutable pour l'avenir, cette menace reste purement virtuelle pour l'instant[32].

La princesse de Clèves

L'épisode matrimonial le plus terne marque en juillet 1540 le retour de la diplomatie européenne : épouser une princesse allemande comme Anne de Clèves permet d'espérer à terme une entente avec les puissances protestantes ou du moins protestantisantes du Saint Empire. Face à François Ier et à Charles Quint, quelle autre issue restait-il à Henri VIII que de s'allier avec les protestants d'Allemagne, regroupés sur le plan militaire dans la ligue de Smalkalde ? Thomas Cromwell est le grand artisan de cette politique, et du mariage qui le symbolise ; l'échec de cette union marquera d'ailleurs sa propre chute, et comme si la disgrâce ne pouvait suffire, son exécution. Surnommée méchamment la « jument des Flandres » pour marquer son absence d'attraits physiques, Anne de Clèves aurait difficilement pu réveiller, quand bien même elle l'eût souhaité, les ardeurs assoupies d'Henri VIII. Conservé au musée du Louvre, son portrait par Holbein montre une jeune fille sage aux traits réguliers et à l'air endormi[33]. Contrairement à Anne Boleyn, la nouvelle Anne ne maîtrise aucune langue étrangère et chante désespérément faux, mais elle sait lire et écrire et se montre experte dans les travaux d'aiguille. Née à Düsseldorf, la sœur du duc de Clèves présente surtout d'évidents atouts diplomatiques ; son duché se situe opportunément sur la route qui conduit des possessions des Habsbourg aux Pays-Bas à leurs principautés d'Italie. Sur le plan religieux, sans être protestant en tant que tel, le duc a rejeté l'autorité du pape, et se trouve donc comme Henri VIII à mi-chemin de la Réforme et de l'ancienne religion[34].

En la fourguant à un roi, et qui plus est à un roi d'Angleterre, le duc son frère fait une excellente affaire ; l'on avait déjà tenté sans succès de la marier à un héritier de Lorraine, apparemment découragé quand il en était encore temps. Quant à Holbein, merveilleux portraitiste, s'il en fut, il parvient à enflammer l'imagination d'Henri VIII, visiblement lassé des femmes trop attirantes[35]. Holbein a une immense part de responsabilités dans ce naufrage matrimonial qui est un hommage indirect à son génie artistique ; envoyé sur le continent pour en rapporter des portraits de princesses disponibles, le très talentueux Holbein a sans doute enjolivé son modèle initial – ce qui en dit long sur les risques qu'il fait courir à Henri VIII, frappé d'impuissance quand il découvre sa nouvelle épouse en chair et en os. Gilbert Burnet, dans sa célèbre *Histoire de la Réformation* rédigée au siècle suivant, décrit ainsi la situation : « Puisqu'elle ne parlait que flamand et que le roi n'entendait point cette langue, que d'ailleurs elle ne savait point chanter, qualité pour laquelle Henri avait beaucoup de passion, il ne lui restait aucun moyen de gagner le cœur de ce prince que par des charmes extérieurs. »

Il fallait boire cette coupe jusqu'à la lie, rapporte l'historien ecclésiastique écossais : « Anne de Clèves arriva en Angleterre, où Henri, impatient de la voir, alla jusqu'à Rochester sans être connu. Mais la surprise fut extrême, lors qu'il ne trouva en elle aucun des charmes, dont on lui avait parlé ; et non seulement il n'en fut point satisfait, il conçut même pour elle une aversion dont il ne put jamais se défaire. Il dit en jurant, qu'on lui avait amené "une cavale flamande", qu'il se repentait extrêmement d'avoir poussé les choses si loin ; que toutefois, il se réjouissait de ce qu'elles n'étaient pas plus avancées[36]. » Pourtant, Henri avait temporairement semblé reprendre goût à la vie en attendant sa promise. Une chronique du temps nous le présente enjoué et un peu farceur comme lors de ses jeunes années lorsqu'il décide de l'attendre incognito sur la route de Londres. La déception n'en fut que plus amère, Henri VIII rencontre sa promise alors qu'elle assiste à un combat d'ours ; souhaitant montrer ses plumes, Henri se revêt de ses plus beaux atours, mais sa culotte de velours cramoisi ne parvient pas à retenir l'attention de la princesse jusqu'à ce que le roi l'attire à lui pour l'embrasser. Elle se laisse faire avec une totale froideur. Le couple se rend alors à Greenwich, mais le faste des réceptions n'impressionne guère Anne de Clèves[37]. Lorsqu'il la croise le 5 janvier 1540, Marillac note son physique élancé, son aspect décidé et plus encore le caractère peu engageant de ses demoiselles d'honneur qu'il juge aussi mal accoutrées qu'elle. Henri, plein de préjugés, ne parvient pas à croire qu'elle soit vraiment vierge et c'est à contrecœur qu'il lui passe la bague au doigt le 6 janvier, jour de l'Épiphanie. Le dévoué Cranmer préside la cérémonie, mais les semaines passent sans que le roi ne consomme son mariage. Ses médecins, appelés en renfort, se contentent de constater cette panne sexuelle, alors même que le roi les assure, avec force détails, avoir conservé ses facultés masculines lors de ses fantasmes nocturnes. Il avoue que le corps de son épouse et ses seins tombants ne suscitent en lui aucun désir. Anne aurait même exercé sur lui un effet répulsif.

Parfaitement innocente, Anne ne semble se douter de rien, et elle écrit à sa famille qu'elle est enchantée de sa nouvelle situation ; Cromwell seul, conscient du problème, tente d'intercéder avec des mots choisis pour que la reine se montre plus aguichante. Mais qu'entend-elle de ces conseils embarrassés dans une langue qu'elle ne maîtrise pas ? Ce n'est que fin juin, finalement, qu'Anne comprend qu'on veut l'exiler à Richmond jusqu'à la fin de ses jours. Le front grave, les hommes d'Église se penchent sur cette nouvelle demande de nullité, mais comme elle ne parle pas anglais, Anne de Clèves a le plus grand mal à s'expliquer ; en juillet, un accord intervient entre les parties qui acceptent de vivre séparément comme frère et sœur. Les hommes de son Église nationale évitent à Henri VIII toute révélation embarrassante. Le mariage est déclaré nul, non pas en raison de l'impuissance d'Henri, mais parce qu'Anne de Clèves aurait été préalablement déjà promise au fils du duc de Lorraine[38]. Thomas Cromwell est exécuté peu après, sa tentative de rapprochement avec les princes allemands ayant échoué. Anne reste outre-Manche, évitant ainsi l'humiliation d'un retour parmi les siens ; elle y mène une vie chaste tout en se rendant occasionnellement à la Cour quand on l'y invite. Sans doute espère-t-elle en secret que le roi se souviendra d'elle et la rappellera auprès de lui ? La postérité n'a pas été tendre pour Anne de Clèves ; déjà l'ambassadeur de France un rien machiste se demande si elle est idiote ou si elle le fait exprès. Charles de Marillac s'avoue surpris : « Cependant, celle qui est seulement dite “Madame” de Clèves, tant s'en faut qu'elle fasse semblant d'être marrie, qu'elle fait démonstration d'être aussi joyeuse qu'elle fut oncques, échangeant tous les jours de nouveaux habillements et d'étrange façon, qui est un argument évident ou de prudence merveilleuse à dissimuler ce qu'elle en pense, ou d'une trop grande simplicité et stupidité d'oublier si aisément ce qui lui devait toucher si près du cœur[39]. »

Ce n'est que de façon relativement récente, grâce sans doute au développement des études féministes, que l'on est parvenu à consacrer une biographie réussie à celle qui, dans une situation ingrate, alors même qu'elle a été rejetée par son mari et qu'elle demeure une étrangère outre-Manche, parvient, littéralement, à garder la tête sur les épaules et à préserver un revenu décent. Il fallait pour cela un sens pratique évident, et beaucoup de doigté[40]. En sacrifiant ses ambitions d'être pleinement reine, Anne se met à l'abri et choisit de mener une vie paisible dans un monde dévoré par l'intrigue.

Catherine Howard, la reine d'une saison

Après les folles équipées continentales, après l'aventure diplomatique espagnole et le désastre allemand, Catherine Howard présente un intérêt majeur : elle est anglaise, totalement anglaise, comme sa cousine Anne Boleyn avant elle. Les deux femmes ont en commun leur amour de la musique (Catherine joue du luth et du virginal), et sans la déflorer à proprement parler, son professeur Henry Manox semble lui avoir donné le goût des flirts un peu poussés. Un autre gentleman, sir Francis Dereham, aurait poursuivi cette initiation, et déjà leur entourage les considère comme mari et femme en un temps où un simple échange de consentements, même en l'absence de témoins, est perçu comme un engagement quasi définitif. Selon le droit traditionnel de l'Église, *consensus facit nuptias*, autrement dit le consentement des époux fait le mariage. D'où la possibilité de mariages clandestins, en dehors de toute ratification par les parents ou par la société. Il suffit de prononcer les paroles « je te prends pour épouse » et « je te prends pour époux » pour qu'ait lieu un mariage *par paroles de présent.* Les choses changeront véritablement avec le concile de Trente, du moins pour le monde catholique, l'Angleterre protestante n'adoptant une mesure semblable que tardivement, au XVIIIe siècle[41]. Coupant court avec tous ces ragots, Catherine entre au service de la très chaste Anne de Clèves tandis que son amant part pour l'Irlande.

Humilié en sa chair par ses échecs et sentimentalement esseulé, Henri VIII tombe follement amoureux de Catherine au printemps 1540 ; il l'épouse au début de l'été. Contrairement aux autres épouses d'Henri VIII, Catherine Howard ne s'est pas prêtée à un portrait exécuté par un peintre. On sait peu de chose de son apparence physique, hormis ce que nous en apprend Marillac qui déclare en septembre de la même année, au connétable Anne de Montmorency : « Monseigneur, il ne se peut pour l'heure guère écrire autre chose sinon que j'ai vu à ce progrès la nouvelle reine, jeune dame de beauté médiocre mais de plus grande grâce, de stature petite et grêle, de contenance fort modeste et le visage doux et délibéré, de laquelle ce roi est tant amoureux qu'il ne sait par quelque bon traitement qu'il soit lui faire assez grande démonstration de l'affection qu'il lui porte, qui excède par ce qu'on voit toutes les caresses qu'il a faites aux autres. Elle est vêtue à la française comme toutes les autres dames de cette Cour et porte en sa devise au tour de ses armoiries : *Non autre volonté que la sienne.* »

Cette apparente soumission la rendrait aimable, et presque jolie. En fait, Catherine était l'opposé d'Anne de Clèves, et ses façons délurées qui attirent tant Henri VIII dans un premier temps fournissent l'occasion de sa chute. Catherine, comme les reines qui l'avaient précédée, est chargée tout particulièrement de procréer ; l'un des premiers traités d'obstétrique, paru en latin au début du siècle, est traduit en anglais par Richard Jones, qui lui dédie tout naturellement son travail[42]. Connu en allemand sous le nom poétique de *Rosengarten* ou « La roseraie », cet ouvrage est l'œuvre d'un apothicaire suisse, Euchaire Roesslin († 1526). Il connaît une première version française (*Des divers travaux et enfantements des femmes*), avant même d'être disponible en anglais. Remanié pendant au moins un siècle, ce livre célèbre n'eut pas l'effet bénéfique escompté dans le cas de Catherine Howard qui, alors même que l'on loue sa vertu, se prête à des scandales qui relèvent du vaudeville. Si, le 3 janvier 1541, Anne de Clèves s'agenouille devant elle pour témoigner qu'elle la reconnaît bien comme reine, les choses se compliquent au printemps. Henri se rend brièvement à Douvres au mois de mars 1541, laissant Francis Dereham, revenu d'Irlande, se vanter que la reine ne lui ménage pas ses faveurs ; un autre courtisan, Thomas Culpeper, aurait aussi entretenu une liaison avec la reine. À l'automne, Cranmer est informé des relations prémaritales de Catherine Howard, et le roi, après avoir exprimé ses doutes, se détourne de son épouse en novembre pour ne plus jamais revenir vers elle. Même sous la torture, Dereham persiste à nier avoir entretenu un commerce charnel avec la reine après son mariage avec Henri VIII, et sème le trouble au sujet de Culpeper afin de se disculper lui-même.

Se sentant trahi, Henri VIII sombre dans la dépression. Une commission siégeant à l'Hôtel de Ville de Londres condamne les deux hommes pour haute trahison. Le 10 février 1542, Catherine est amenée par bateau jusqu'à la tour de Londres ; elle passe sous le London Bridge où l'on exhibe les têtes coupées de Culpeper et de Dereham. Elle est décollée trois jours plus tard, tout en reconnaissant sa faute.

Le calme après la tempête ?

Le dernier mariage paraît le plus réussi, quoique… Catherine Parr était née en 1512 dans une famille du Westmorland au nord du pays, son père, sir Thomas († 1517), était un proche d'Henri VIII avec lequel il partageait le goût des exercices physiques ; sa mère Maud était entrée au service de la reine Catherine d'Aragon. Leur fille portera du reste le prénom de cette protectrice. Maud était une femme énergique et à la mort de son époux, elle s'occupe de l'éducation de son fils William, le futur comte d'Essex, et de ses deux filles. Elle est aidée dans sa tâche par un cousin de son mari, Cuthbert Tunstall, le futur évêque de Londres, un ami d'Érasme et de Thomas More, très attaché lui aussi aux bonnes lettres. Catherine Parr gardera toute sa vie une réelle passion pour l'étude, s'exprimant avec aisance en plusieurs langues, dont tout naturellement le latin.

Catherine Parr commence par épouser en 1529 Edward Borough († 1533), un fils de l'aristocratie du Lincolnshire. Devenue veuve, elle se remarie cinq ans plus tard avec John Neville, baron Latimer († 1543), connu pour son penchant conservateur en matière religieuse. Catherine entre dans l'entourage de la princesse Marie… C'est à ce titre qu'elle retient l'attention du roi et renonce provisoirement à épouser sir Thomas Seymour († 1549), un frère de la reine Jane qui avait ses faveurs.

Le mariage avec Henri se déroule le 12 juillet 1543 à l'oratoire de la reine d'Hampton Court, dans la plus stricte intimité. La petite cérémonie est présidée par Gardiner ; où est-il donc passé, le jeune premier d'antan, le jouteur infatigable capable de défier n'importe quel chevalier sur son cheval ? Henri VIII est gros et gras, perclus par la goutte et soumis en permanence à des maux de tête ou d'estomac, sans compter ses ulcères aux jambes et son hypertension. Quand elle ne soignera pas les maux de son époux avec dévouement, Catherine jouera le rôle de mère pour ses trois enfants : la princesse Marie, bien sûr, mais aussi les plus jeunes, le petit prince Édouard et la future reine Élisabeth, âgée d'une dizaine d'années. Catherine a 30 ans, et son air sage rassure le roi qui redoute plus que tout d'être un mari trompé. Elle est surtout, si l'on peut dire, une reine au foyer. Elle aurait d'ailleurs laissé échapper un jour qu'il eût encore mieux valu être « la maîtresse d'Henri que son épouse ». Mais ces mouvements d'humeur restent exceptionnels, et du reste, Catherine n'a pas vraiment le choix étant donné le caractère impulsif et colérique de son mari.

À cette fonction domestique, il faut adjoindre des compétences politiques assez inattendues ; au lendemain même de son mariage, Henri s'embarque pour la France où il souhaite joindre ses forces à celles de Charles Quint pour administrer une bonne leçon à François Ier ; Catherine est nommée régente et elle en profite pour appeler Élisabeth à la Cour après une période de semi-disgrâce. Il n'était pas facile d'être la fille d'Anne Boleyn, tour à tour adulée et détestée. Cette régence est-elle un galop d'essai avant la disparition probable d'Henri VIII, de plus en plus souffreteux ? Peut-on en déduire l'existence d'un testament perdu d'Henri VIII nommant son épouse comme régente au cas où il viendrait à disparaître ? On peut raisonnablement le penser[43]. Mais Catherine est trop fine pour se laisser prendre à ce jeu des supputations dans un monde admettant mal le pouvoir au féminin. Catherine a compris d'instinct que l'avenir appartient aux jeunes et, devant les incertitudes probables de la succession, elle joue la carte de la conciliation entre les deux sœurs et entre les sœurs et leur frère. L'été 1544 à Hampton Court permet à la reine de faire pleinement les preuves de son autorité. Sur le plan religieux, Catherine penche nettement en faveur du parti réformateur ; cette tendance évangélique inquiète en particulier Stephen Gardiner, l'évêque conservateur de Winchester. Le roi lui-même supporte mal cette femme raisonneuse qui se mêle de théologie, activité réservée aux hommes. Catherine serait-elle hérétique ? On n'est pas loin de le penser dans certains milieux de la Cour autour du chancelier, sir Thomas Wriothesley. Il ne s'agit pas d'opposer ici comme on l'a fait parfois des catholiques et des protestants, mais bien plutôt des conservateurs et des évangéliques. Tous appartiennent à une même Église nationale, dirigée en théorie par le roi. Autour du roi s'affrontent des tendances plus ou moins modérées, du moins sur le plan théologique. La reine Catherine Parr est la première femme écrivain à avoir publié un ouvrage portant son nom comme auteur. Du moins en Angleterre. En parcourant ces *Prayers or Meditations* de 1545, les lecteurs français songeront immanquablement à la sœur de François Ier, Marguerite de Navarre, auteur elle aussi d'un *Miroir de l'âme pécheresse*. Pour le nouvel an 1545, la princesse Élisabeth, consciente du parallèle, traduit l'ouvrage et l'offre à sa belle-mère. Du moins est-ce ainsi que l'on présente la version de l'ouvrage publiée par les soins de l'érudit John Bale trois ans plus tard. Marguerite, Catherine, Élisabeth : il y a là une filiation intellectuelle intéressante qui conforte la thèse de l'évangélisme de ces femmes, attachées à une réforme modérée de l'Église, plus proche d'Érasme de Rotterdam que de Luther, bien en deçà en tout cas de ce que sera la Réforme calviniste. Cet attachement à l'humaniste hollandais conduit la reine à commanditer une traduction anglaise des *Paraphrases* du Nouveau Testament. Nicholas Udall, chargé de l'entreprise, écrit longuement à la reine le 30 septembre 1545 pour la féliciter du soin qu'elle met à placer la lecture de la parole de Dieu au-dessus de tous les divertissements de la Cour. À une date indéfinie, le petit Édouard écrit en français à cette seconde maman : « Je vous remercie, très noble et très excellente reine, de vos lettres lesquelles vous m'envoyâtes dernièrement, non seulement pour la beauté de vos lettres, mais aussi pour l'invention des mêmes lettres[44]. » L'invention est ici un terme de rhétorique pour définir le fond, par opposition à la forme (ou *dispositio*). Grand adversaire de Cranmer et des thèses réformatrices, Gardiner tente de perdre Catherine, avec l'accord d'Henri VIII, exaspéré par ces femmes qui prétendent en savoir davantage que les hommes.

Le procès d'une hérétique célèbre est-il l'amorce d'une chasse aux mal-sentants de la foi comme l'Angleterre n'en avait pas connu depuis les lollards, ces hétérodoxes de la fin du Moyen Âge et du début des Temps modernes ? L'année 1546 marque une poussée nette dans les condamnations d'hérétiques. La fille d'un chevalier du Lincolnshire, Anne Askew, meurt sur le bûcher en juillet pour son rejet de la présence réelle dans l'eucharistie ; en dépit des raffinements de la torture qu'on lui administre, à aucun moment Anne Askew ne met en cause la reine, comme le souhaitaient ses tortionnaires. On fouille les papiers de Catherine Parr en quête de livres suspects, mais Catherine fait mine de rentrer dans le rang en flattant son mari, de plus en plus tyrannique en vieillissant ; elle fait amende honorable et reconnaît devant son seigneur et maître que « par nature » les femmes sont bien inférieures aux hommes, en particulier pour les choses de l'esprit. Elle tente de rassurer Henri VIII en lui déclarant que les épouses n'ont pas pour vocation d'enseigner à leurs époux. Henri la prend tendrement dans ses bras : « Tu as bien raison, ma mie, faisons la paix et reprenons comme par le passé. » Et le roi la couvre de bijoux à la fin de l'été 1546, tandis que l'étoile de Gardiner pâlit irrémédiablement[45]. Les choses se gâtent de nouveau dans les dernières semaines du règne ; après avoir soigné le gros homme, en proie à une phlébite, Catherine se résout à ne plus le revoir après la Noël 1546. Henri meurt le 28 janvier 1547, à 2 heures du matin. Catherine n'aura plus de rôle politique et le soin d'Édouard lui sera définitivement retiré au lendemain de son couronnement, le 31 janvier. La reine se retirera de la Cour pour s'installer dans son manoir de Chelsea ; elle se mariera secrètement à Thomas Seymour[46]. Ce dernier, resté veuf, jette brièvement son dévolu sur la princesse Élisabeth, sans doute victime de ses attouchements alors qu'elle a une quinzaine d'années… Si elle n'est pas violée pour autant, la future Reine vierge en gardera toujours un certain dégoût pour les choses de la vie.

Reste évidemment la question de la succession ; celle-ci n'avait pas cessé de hanter l'esprit d'Henri VIII, qui a fait passer successivement trois lois contradictoires pour que son pays relève le moment venu le défi d'un règne féminin.

Les actes de succession sous Henri VIII

Premier Acte de succession (25 Hen. VIII, c. 22), 1533-1534 : l'enfant d'Anne Boleyn (encore à naître) devra succéder à son père sur le trône tandis que la princesse Marie, fille de Catherine d'Aragon, est déclarée bâtarde. Tous les sujets du royaume sont appelés à reconnaître cette loi ainsi que la suprématie du roi sur l'Église.

Deuxième Acte de succession (28 Hen. VIII, c. 7), 1536 : Élisabeth fille d'Anne Boleyn est désormais déclarée bâtarde elle aussi, du fait de l'infamie de sa mère. Les deux filles sont donc exclues du trône, Henri VIII étant chargé de nommer lui-même son successeur par lettre patente ou par voie testamentaire.

Troisième Acte de succession (35 Hen. VIII, c. 1), 1543-1544 : Élisabeth et Marie sont rétablies dans la ligne de succession après le prince Édouard.

Chapitre 5

MARIE TUDOR : L'IMPOSSIBLE RETOUR AU CATHOLICISME

Un historien ecclésiastique du siècle des Lumières, l'abbé de Vertot, a remarquablement résumé la situation à la disparition d'Henri VIII : « Henri, sentant approcher sa fin, régla décisivement l'ordre de sa succession, qui avait souvent varié par l'inconstance de ses mariages. Il avait épousé six femmes, dont la plupart n'étaient sorties du trône que par une mort violente, ou par un divorce forcé. Cette polygamie successive pouvait troubler l'État après sa mort, et faire naître des guerres civiles entre ses enfants. Le Parlement, la loi vivante et suprême de l'Angleterre, lui laissa la liberté de déterminer le rang de ses héritiers. Il désigna pour son successeur le prince Édouard, qu'il avait eu de Jane de Seymour sa troisième femme[1]. »

Le court règne d'Édouard VI de 1547 à 1553 apparaît rétrospectivement comme l'un des plus masculins de l'histoire anglaise. Une fois écartées Catherine Parr et la possibilité d'une régence féminine, le sort de l'enfant roi repose entièrement sur les hommes de son entourage, à commencer par ses oncles Seymour, véritables coqs prêts à monter sur leurs ergots et à s'entre-tuer pour exercer le pouvoir. Edward Seymour, comte de Hertford, puis duc de Somerset, assume la régence du royaume, tandis que son frère le grand amiral Thomas Seymour est exécuté pour avoir comploté contre lui. Somerset est à son tour éliminé par John Dudley, comte de Warwick, devenu duc de Northumberland. Ces années troubles sont pourtant décisives sur le plan spirituel ; après les tergiversations du règne d'Henri VIII, prêt à poursuivre alternativement catholiques et réformés (une soixantaine de martyrs dans chaque camp, de 1509 à 1547), l'Angleterre devient définitivement protestante, grâce en particulier à l'influence de quelques théologiens du continent, dont l'Alsacien Martin Bucer.

Marie, la mal-aimée

Si l'on exclut l'empresse Mathilde au Moyen Âge, l'Angleterre n'a pas eu de reine régnante avant Marie Tudor au XVIe siècle. En ce sens, on peut bien dire que la fille d'Henri VIII et de Catherine d'Aragon a été la « première reine d'Angleterre », du moins la première à y exercer le pouvoir royal dans sa plénitude. La perspective d'une succession féminine est encore mal acceptée dans l'Angleterre de la Renaissance. De retour à Venise, l'ancien ambassadeur de la Sérénissime République, Bàrbaro, note en pleine période édouardienne : « Le pays est désormais soumis de droit au roi d'Angleterre, car il est l'héritier masculin le plus proche. Si tel n'était pas le cas, le trône passe aux femmes, mais comme la souveraineté ne se divise pas, la fille aînée deviendrait la seule héritière, et s'il n'y avait pas de fille, on se tournerait vers les collatéraux[2]. » L'Angleterre, dit-on souvent, ignore la loi salique. Et, poursuit-on, elle admet *ipso facto* les règnes féminins. La réalité est plus complexe[3]. Lors de l'arrivée au pouvoir de Marie et ultérieurement dans le cas de sa sœur Élisabeth, il s'agit d'abord, de façon toute pragmatique, de combler un déficit. La famille royale manquait de mâles ; en dépit d'une misogynie avouée, l'Angleterre connaît de 1559 à 1603 une cinquantaine d'années de règnes féminins. Ce n'est pas de gaieté de cœur que l'on se soumet à cette nécessité.

Marie cumulait les difficultés. La fille de Catherine d'Aragon a longtemps souffert d'un discrédit majeur dans l'histoire nationale anglaise. Partisane du catholicisme de sa mère, décidée à ramener son royaume dans le giron de la « vieille religion », Marie a renoué avec la pratique ancestrale du bûcher des hérétiques en décimant les rangs de l'*establishment* ecclésiastique de son temps. On approche des trois cents victimes, dont John Hooper, évêque de Gloucester, Nicholas Ridley, évêque de Londres, Hugh Latimer, évêque de Worcester et Thomas Cranmer, archevêque de Cantorbéry. Beaucoup de protestants fuient le royaume et s'installent provisoirement sur le continent, tant à Strasbourg qu'à Zurich. Ces pages sanglantes valent à Marie Ire le surnom de « Marie la Sanglante », *Bloody Mary*. De façon plus triviale, cette appellation en est venue au XXe siècle à désigner un cocktail à base de vodka et de tomate… Le *Livre des martyrs* de John Foxe, l'un des *best-sellers* de l'Angleterre protestante, célèbre ces héros devenus, à l'instar des premiers chrétiens, des fondateurs dont on se réclame longtemps après leur mort. La reine Marie joue un rôle nécessaire dans ce déroulement. On suit nettement dans l'historiographie victorienne l'aboutissement de cette diabolisation du papisme qui trouve dans l'hystérisation de la reine son point d'ancrage[4]. Désormais, Marie est rendue à une histoire plus soucieuse de comprendre que de condamner. Une plaque posée à Westminster Abbey en 1977 à proximité des restes de la catholique Marie Ire et de sa sœur Élisabeth émet un jugement nuancé : « Souvenez-vous devant Dieu que tous ceux qui se sont affrontés lors de la Réforme au nom de leurs convictions ont donné leur vie pour le Christ et pour la cause de la liberté de conscience. » Dans l'Angleterre d'aujourd'hui, ces affrontements religieux n'ont désormais plus de sens.

Par souci d'objectivité, l'historien n'en rouvrira pas moins le dossier, et commencera comme il se doit par parler de l'enfance de Marie. Dire de Marie qu'elle n'était pas un enfant desiré, la formule est faible. Marie fait au moins deux fois le malheur de son père, d'abord en étant une fille quand il souhaitait un héritier mâle, ensuite en prenant ostensiblement le parti de sa mère, Catherine d'Aragon, qui lui transmet également sa religion. En février 1518, à l'âge de 2 ans, elle aurait supplié l'organiste de la basilique Saint-Marc, fra Dionisio Memo, de lui jouer de son instrument, en criant de sa petite voix flûtée : « Prêtre, prêtre, prêtre. » Henri VIII aurait ri en la tenant dans ses bras, avant d'aller féliciter le musicien vénitien.

La digne fille de son père

Elle chante et elle danse, elle joue du luth, du virginal et de l'épinette : sa mère, sur les conseils de son compatriote Vives, insiste pour l'ouvrir aux choses de l'esprit, en appuyant personnellement sur l'apprentissage du latin. Bien qu'on la sépare de sa mère pendant de longs mois pour la tenir à l'écart de la Cour et de ses potins, Marie prend sans hésiter le parti de sa mère lors de l'affaire du divorce. Elle souffre au plus profond de sa chair de l'exclusion de Catherine d'Aragon, en passant par des phases de stress et d'anorexie ; nous dirions de nos jours qu'elle a tendance à somatiser tous les problèmes, et cela la poursuivra sa vie durant. Au début de 1534, lorsqu'Henri vient finalement voir sa fille à Hatfield House, au nord de Londres, Marie s'agenouille devant lui, les mains jointes… Elle aurait presque pu émouvoir le cœur tendre d'Henri VIII, mais rien n'y fait : se montrant inflexible le bouillonnant souverain la fait disparaître de sa succession. Marie, elle, résiste, elle résistera toujours, elle résistera jusqu'à la mort, physiquement malade, psychologiquement exténuée, elle ne cède pas, en bonne fille des Tudors qu'elle est.

À son insu, elle ressemble à ce père qui ne la reconnaît pas, qui la rejette et qui la renie. Qui aurait pu résister à un tel traitement sans en être affecté pour le restant de ses jours ? Lorsque sa mère meurt, le 7 janvier 1536, Marie perd son dernier soutien ; l'exécution d'Anne Boleyn en mai promet une légère amélioration de son sort ; Jane Seymour rendra visite à l'infortunée, elle retrouvera un peu du train de vie d'une princesse. La naissance d'Édouard détourne même l'attention de la Cour : Marie tient l'enfant sur les fonts baptismaux. Maintenant qu'elle accepte d'être la marraine du prince héritier, tout semble rentrer dans l'ordre. Peu importe ! En 1542, elle se sent encore la dame la plus malheureuse de la chrétienté. Qu'est-ce qu'une princesse, privée de son héritage ? N'est-elle pas totalement démonétisée sur le marché matrimonial, le seul qui compte vraiment pour une fille de roi ? La période la plus heureuse dans cette vie esseulée semble être l'ère de Catherine Parr, son ancienne dame d'honneur. Les deux femmes parlent fanfreluches et philosophie, faisant alterner la légèreté et la gravité. Marie est fort à l'aise avec l'humanisme chrétien et admet les plaisirs innocents, même si le jeune Édouard, déjà grave, réprouve son amour de la danse.

À la disparition de son père, Marie retrouve un rôle politique mineur, conformément au troisième Acte de succession qui la place juste après son frère Édouard. Elle défend alors des positions religieuses très modérées et reçoit le soutien des membres les plus conservateurs du clergé. Elle demande, comme le lui recommande Charles Quint, à être officiellement exemptée de l'Acte d'uniformité qui interdit toute participation à des cérémonies catholiques, présentées comme impies et idolâtres[5]. Elle ne manque pas d'aplomb, la petite jeune femme qui défie les autorités de son pays en juin 1549 : « *Milords*, je juge d'après les lettres que vous m'adressez [...] que vous déplorez que je sois loin d'observer les lois de sa Majesté ; je suis bien convaincue de n'avoir enfreint aucune loi, à moins qu'il ne s'agisse d'une loi que vous avez vous-mêmes inventée afin d'altérer le contenu de la religion – ce qui à mon sens ne mérite pas d'être considéré comme une loi, tant pour l'honneur du roi que pour le bien de son royaume [...] ou encore, comme me l'enseigne ma conscience, vous offensez ainsi Dieu, ce qui surpasse tout le reste[6]. »

Le conseil l'autorise officieusement à assister à la messe dans son oratoire, du moins tant que son frère est encore mineur. Faut-il rappeler que le terme « messe » désigne un rite purement catholique, centré sur la célébration eucharistique, là où la Réforme protestante insiste sur la lecture de la Bible et la prédication ? Marie, elle, n'en peut plus ; elle manque de partir en juin 1550 lorsque deux bateaux impériaux croisent au large de l'Essex, prêts à l'accueillir. Oui, mais en s'enfuyant, n'aurait-elle pas compromis définitivement toute chance de voir l'Angleterre redevenir catholique ? Par fidélité, elle décide de rester.

Édouard s'impatiente ; en dépit de son jeune âge, ses convictions protestantes s'intensifient : sa sœur, si elle est le premier de ses sujets, lui doit malgré tout obéissance. On tente d'interdire la messe, on s'en prend à ses serviteurs… Rien n'y fait ; elle a bien le caractère des Tudors : Marie ne cède jamais.

Lady Jane : la reine des neuf jours

Lorsqu'Édouard VI meurt à Greenwich le 6 juillet 1553, l'Angleterre est fermement arrimée à la Réforme. Daniele Bàrbaro avait observé, en fin diplomate, la désaffection croissante des insulaires pour Rome, devenue à leurs yeux une puissance infernale : « La détestation du pape est désormais si bien établie que nul parmi les fidèles de l'ancienne ou de la nouvelle religion ne peut supporter d'entendre mentionner son nom. » Quant aux litanies des saints, elles sont ponctuées d'un « Des tromperies et de la tyrannie de l'évêque de Rome, délivre-nous Seigneur » qui sonne comme un défi.

Entamée sous Henri VIII, confirmée sous le règne d'Édouard, la transformation religieuse peut sembler fragile, mais elle n'en est pas moins irréversible. Il y a un avant et un après. Bàrbaro a beau jeu de gloser sur l'« inconstance » des Anglais qui font une chose un jour et son contraire le lendemain. Techniquement, la princesse Marie est l'héritière la plus vraisemblable. Mais la fille de Catherine d'Aragon ne cache pas ses convictions catholiques et certains de ses adversaires tentent une manœuvre de la dernière chance en propulsant au premier rang une cousine de Marie, lady Jane Grey. Née en 1537, cette petite-nièce d'Henri VIII avait été recueillie par Catherine Parr et sa piété est reconnue par les protestants, dont Heinrich Bullinger, le successeur de Zwingli à Zurich, qui correspond avec la jeune fille. Northumberland, sentant que le pouvoir va lui échapper définitivement avec Marie Tudor, élabore un plan machiavélique en organisant le mariage de Jane avec son fils cadet, Guildford Dudley, le dimanche de la Pentecôte, 21 mai 1553, quelques semaines avant la disparition du roi Édouard. Le compte à rebours a commencé. On lui explique que l'enfant roi a eu tout juste le temps de la nommer son héritière, en contournant tant Marie que sa sœur Élisabeth, jugées illégitimes. Du moins son testament holographe prévoit que faute de progéniture mâle, la couronne devra échoir à lady Jane et à sa postérité masculine[7]. Le conseil commence par suivre les dernières volontés d'Édouard. Apprenant la mort de son frère, lady Mary écrit sans attendre au conseil privé pour lui pardonner adroitement ses égarements provisoires : « *Milords* [...], Nous sommes prête à pardonner, afin d'éviter toute effusion de sang et toute forme de vengeance [...], vous priant à titre individuel comme à titre collectif de proclamer dans notre cité de Londres et en tous lieux appropriés nos droits à la couronne et au gouvernement du royaume » (9 juillet). Les conseillers persistent et signent, récusant le même jour « les droits supposés » de Marie et défendant sa concurrente lady Jane, quitte à rappeler le divorce de son père, « Henri, de célèbre mémoire, et de lady Catherine », conformément aux « lois éternelles de Dieu, au droit de l'Église et à l'avis de meilleures universités de la chrétienté »[8]. Par hostilité envers l'Empire et par haine de l'Espagne, la France demeure attentiste, mais une succession protestante l'aurait avantagée sur le plan international.

Marie est cependant la plus forte ; elle a le peuple pour elle. Une chronique latine du début du règne insiste sur ce point. À l'inverse, ses opposants attisent une « conspiration aristocratique ». Marie précise bien « qu'à la mort de son frère Édouard VI, les droits à la couronne d'Angleterre lui reviennent selon le droit de Dieu et celui des hommes ». Implorant la « providence de Dieu », Marie est acclamée par tous. Si lady Jane est proclamée reine dans la Cité et si l'évêque de Londres Nicholas Ridley prend fait et cause pour elle, le coup d'État n'obtient aucun soutien de la population. Les ambassadeurs de Charles Quint, évidemment favorables à la reine Marie, décrivent en ces termes la situation : « Ce jourd'hui après midi [7 juillet 1553], environ les quatre heures, la cérémonie de l'entrée et réception a été faite en la Tour de cette ville, accompagnée des cérémonies accoutumées, et portait la queue de la nouvelle reine sa mère la duchesse de Suffolk, et n'y avait grand concours du peuple pour voir ledit acte ; et ledit acte fait, l'on a publié par les carrefours de ce lieu, à voix de cris, un mandement dépêché sous le grand sceau d'Angleterre, par lequel, par l'avis de la reine nouvelle, l'on a déclaré spécifiquement madite dame Marie inhabile de la couronne, et jointement la dame Élisabeth, les qualifiant de bâtardes, et telles ont été déclarées, et que madite dame Marie se pourrait allier avec étranger et par cette voie concocter en ce royaume tumulte et gouvernement étranger ; ajoutant que pour tenir la vieille religion, aussi elle pourrait introduire le papisme. Mais à ladite publication il n'y a eu personne qui ait démontré réjouissance ni qui ait crié *vive la reine !* fors le même héraut qui faisait ladite publication et quelques archers qui le suivaient. » Et l'ambassadeur impérial, Simon Renard, de préciser, à l'adresse de Charles Quint : « Ainsi Votre Majesté peut en déduire l'intention de ceux de par deçà envers madite dame Marie ; et solliciterons le plus qui nous sera possible pour avoir copie dudit mandement, dont ferons part à Votre Majesté »[9].

Jane se retrouve vite en compagnie de son père à la tour de Londres. Peu d'Anglais se rallient pour l'instant à cette cause protestante. Marie a pour l'instant le bon goût ou la sagesse, comme on veut, de ne pas poursuivre de sa vindicte la pauvre Jane ; elle invoque pour cela une clause de conscience, refusant de mettre à mort sa rivale[10]. Elle changera d'avis quelques mois plus tard. Mais pour l'instant, l'heure est à la modération.

Triomphe de Marie

L'arrivée de Marie est saluée avec faste ; des feux de joie crépitent dans la capitale. La bonne noblesse des comtés a été la première à déclarer sa fidélité envers la fille d'Henri VIII, le peuple de Londres s'associe sans hésiter. On a peine à imaginer la liesse qui parcourt la cité lorsque l'on apprend la nouvelle. Là où lady Jane Grey a lamentablement échoué, lady Mary ne pouvait que réussir ; son accession prend des allures de plébiscite populaire. L'hérédité, la loi du sang sont les plus forts. Le 3 août, la reine opère son entrée solennelle, précédée par le son martial du canon. Après tout, l'accession à la couronne de Marie est la plus conforme à l'Acte de succession de 1543-1544. Marie s'en tient dans un premier temps à des positions conciliantes ; le 12 août, elle aurait déclaré à son Conseil que « bien que sa conscience fût fixée en matière de religion, elle n'avait pas l'intention de contraindre quiconque ou de forcer les consciences[11] ».

La reine commence par suspendre les évêques et elle adopte sans attendre une proclamation prohibant toute prédication et toute publication non autorisées, vu la « diversité des opinions en matière religieuse ». La reine rappelle qu'elle est toujours restée fidèle à la foi de son enfance et qu'elle aimerait que ses sujets embrassent « en toute quiétude et en toute charité » les mêmes principes qu'elle. Prêchant la concorde elle proscrit dans ce texte encore libéral l'usage de « ces termes diaboliques, papiste ou hérétique » (château de Richmond, 18 août). La reine précise aussi sur un ton rassurant qu'en tant que femme elle se voit mal conduire une guerre[12].

La messe est rétablie en lieu et place du culte protestant. Lady Élisabeth se garde bien d'y accompagner sa grande sœur. L'ambassadeur de France, Antoine de Noailles, en informe Marie de Guise, régente d'Écosse et mère de Marie Stuart ; il se félicite chaque jour un peu plus que la reine Marie continue de rétablir, non seulement la religion, « mais encore autres choses de grande police pour la tranquillité et repos à l'advenir d'elle ». Il n'en déplore pas moins le mutisme d'Élisabeth qui n'a jamais « voulu ouïr la messe, ni accompagner la reine sa sœur jusqu'à la chapelle, quelques remontrances qu'elle ni ceux de son parlement lui en aient pu faire de sa part ; dont est à craindre qu'elle est conseillée et fortifiée de telle opinion par aucuns des grands, et qu'il se pourrait préparer par ce moyen quelque nouveau trouble[13] » (6 septembre 1553).

Pour ne laisser aucune place au hasard, on décide de procéder au couronnement le 1er octobre. Les fastes de la cérémonie rassurent les Anglais sur la légitimité de leur souveraine ; Marie renoue avec la grandeur du roi son père ; la veille de son sacre, les cloches sonnent à la volée tandis que Marie traverse Londres au son des trompettes. Son char majestueux la conduit depuis la Tour jusqu'à Westminster, vêtue d'une magnifique robe de brocard bordée d'hermine. Elle chancelle sous sa coiffe d'or et de perles qu'elle doit maintenir de sa main. Le 30 septembre 1553, Mary quitte la tour de Londres pour gagner son palais à proximité de l'abbaye de Westminster. Le matin du 1er octobre, la nouvelle reine entre dans l'église gothique du plus pur style normand où elle est accueillie par Stephen Gardiner, évêque de Winchester, en l'absence d'Edward Lee et de Thomas Cranmer, les deux archevêques d'York et de Cantorbéry, profondément hostiles à tout compromis avec le catholicisme. La reine reçoit l'onction aux épaules, à la poitrine, au front et aux tempes.

L'huile utilisée pour la cérémonie viendra du continent afin d'éviter toute contagion avec les rites hérétiques.

Le Parlement se réunit quelques jours plus tard ; après une messe solennelle du Saint-Esprit, il commence par réaffirmer la validité du mariage entre Henri VIII et sa première épouse. Cette union est, rapporte-t-on, parfaitement conforme à la loi de Dieu et à sa Parole[14]. Une dispute dans la tradition médiévale est aussi organisée au sujet de l'eucharistie à la Paul's Cross, derrière la cathédrale de Londres. Elle durera six jours. La présence réelle est devenue l'un des principaux points d'achoppement entre catholiques et protestants. Ces arguties théologiques infinies se déroulent sur un arrière-plan décisif : si Marie redevient la fille légitime d'un couple justement marié, cela implique par contrecoup que sa demi-sœur Élisabeth se retrouve en position de bâtarde.

De quelle marge de manœuvre dispose la souveraine pour rétablir le catholicisme ? Il lui faut mener un jeu très serré : c'est en utilisant les pouvoirs prohibitifs qu'Henri VIII s'est octroyés qu'elle peut le mieux combattre l'héritage paternel. La reine se sert d'abord de la « primauté et de la puissance ecclésiastique » pour interdire la chaire aux évêques et aux pasteurs protestants, quitte à les chasser ensuite des évêchés et des églises[15].

En ces temps de changements doctrinaux incessants, le problème le plus angoissant est celui de la durée : lorsqu'elle revêt la couronne, Marie a déjà 37 ans et elle n'est toujours pas mariée. Myope et de petite taille, ayant eu une jeunesse maladive, elle paraît plus âgée qu'elle ne l'est réellement. Plusieurs hommes sont appelés à la seconder dans l'exercice du pouvoir, à commencer par Stephen Gardiner, qu'elle nomme au poste de *Lord Chancellor*. Il faut lui adjoindre William Paget, un ancien conseiller du roi son père, auquel Marie a la sagesse de pardonner son soutien, très provisoire, à lady Jane Grey. Mais l'homme fort sera incontestablement le cardinal Reginald Pole, un lointain cousin pressé, peut-être même un peu trop, de défaire le travail accompli du temps d'Henri VIII et d'Édouard VI pour réformer l'Église. Marie serait presque modérée par rapport à cet exilé qui, depuis les années 1530, connaissait mieux les milieux padouans ou romains que son ingrate patrie qu'il ne retrouve qu'en novembre 1554. D'où sa réputation sans doute d'Anglais italianisé ; on connaît le proverbe : « Anglais italianisé, diable incarné[16]. » De façon parfaitement irréaliste, Pole croyait encore, contrairement à la reine, à la possibilité de restituer les biens d'Église confisqués par Henri VIII à partir de la dissolution des monastères, années 1536 et suivantes. Le cardinal est le vivant symbole du retour de l'ancienne religion[17].

Quel époux choisir ?

Espagnole par sa mère, Marie avait tout à attendre du soutien de la péninsule Ibérique, y compris sur le plan religieux. La petite-fille des rois catholiques est bien décidée à rétablir l'ancienne religion en lieu et place de cette Réforme protestante que son frère Édouard et ses conseillers n'ont pas eu le temps d'affermir. Les règnes féminins, répétons-le, ont encore des allures d'anomalies pour les Anglais du XVIe siècle. Marie Tudor n'est jamais qu'un moindre mal aux yeux de ses sujets. Marie le sait, et à 37 ans, c'est-à-dire assez tardivement pour l'époque, elle est bien décidée à convoler, ne serait-ce que pour procurer à son royaume cet héritier mâle capable de garantir le retour souhaité au catholicisme romain.

Marie jouit d'un privilège rare pour l'époque : ses parents ayant disparu, elle est maîtresse de son destin et peut épouser pratiquement qui elle souhaite. Enfin libre, enfin reine, Marie se tourne vers son cousin Charles Quint en 1554 pour lui demander conseil. Charles Quint avait l'esprit de famille et il avait plaint sa tante, Catherine d'Aragon, d'avoir un époux comme Henri VIII. Il ne peut offrir à sa fille, injustement spoliée, que ce qu'il a de plus cher au monde, son fils Philippe, appelé à devenir prochainement roi d'Espagne sous le nom de Philippe II. En dépit de la différence d'âge (Philippe a onze ans de moins que Marie), il est de loin le candidat le plus acceptable sur le marché international ; son seul rival sérieux serait, en Angleterre même, Edward Courtenay, un descendant d'Édouard IV. Mais, en fin goupil, Renard trouve dès l'automne en William Paget un allié susceptible de faire avancer la cause de Philippe auprès de la reine. Paget n'en insiste pas moins sur la nécessité pour Philippe d'apprendre la langue et les usages d'un pays dont il ne saurait, en tout état de cause, qu'être le gouverneur (5 octobre 1553)[18]. Courtenay compromet définitivement sa cause par son comportement tumultueux avec des ribaudes. La reine, un peu prude, lui reproche en particulier « d'aller souvent avec les femmes publiques et de mauvaise vie, et suivre d'autres compagnies sans regarder la gravité et rang qu'il doit tenir pour aspirer en si haut lieu ». Mécontent à la perspective d'un mariage espagnol, notre ambassadeur M. de Noailles se désole des frasques du jeune homme. « Il est si malaisé à conduire, écrit-il, qu'il ne veut croire personne, et comme celui qui a demeuré toute sa vie dans une tour, se voyant maintenant jouir d'une grande liberté, il ne se peut saouler des délices d'icelle, n'ayant aucune crainte de choses qu'on lui mette devant les yeux[19]. » L'Anglais comptait pourtant de nombreux partisans parmi les hommes les plus influents du temps, dont Stephen Gardiner.

Le prétendant avait pourtant tout pour retenir l'attention de la reine : comme Marie, il avait été victime d'Henri VIII, sa mère était restée fidèle à Catherine d'Aragon, son père avait été exécuté pour la même raison, et il avait passé quatorze ans de sa jeune vie à la Tour. Par permission spéciale, il avait pu y poursuivre ses études et lu et traduit même un ouvrage de mystique sur les bénéfices de la Croix, rédigé en italien par Benedetto Da Mantova. Condamné par l'Inquisition, qui en fait disparaître pratiquement tous les exemplaires, ce *Beneficio di Cristo* est représentatif d'un catholicisme hétérodoxe qui tente une ultime conciliation avec la Réforme en défendant la justification par la foi. La justice du Christ ne fait-elle pas de tous les chrétiens des « justes et enfants de grâce[20] » ? À quoi bon s'affronter alors ? Mais quelles que soient ces subtilités doctrinales, le cardinal Pole salue en Courtenay la « fine fleur de la noblesse insulaire[21] ». Immédiatement libéré de la Tour par la reine lorsqu'elle parvient à Londres, Courtenay est fait comte de Devon et retrouve une partie de son héritage familial. Il est encore présent au côté de la reine lors de son couronnement… Stephen Gardiner est l'un de ses plus chauds partisans, mais la très prude Marie ne l'aime pas et le soupçonne de mener une vie dissolue.

Sa décision est prise à l'automne : elle épousera un Habsbourg. Charles Quint écrit de Bruxelles à sa bonne sœur et cousine qu'il a entendu avec « très grand et singulier plaisir » l'heureux succès du couronnement « et la grande démonstration d'éjouissement » qui a parcouru l'Angleterre. Il rappelle à la reine qu'elle doit nécessairement avoir une postérité, si elle veut que son œuvre soit couronnée de succès. On ne saurait être plus explicite. Le 10 octobre 1553, Renard s'agenouille devant Marie et lui offre solennellement la main de Philippe. Il lui précise, en s'excusant presque, que l'empereur son maître aurait eu plaisir à l'épouser lui-même mais que son âge ne le lui permettait pas. Renard a conscience du caractère aléatoire de cette alliance espagnole ; il met en garde la reine contre les réactions de son peuple, dont il souligne le penchant volontairement xénophobe. Les Anglais sont une nation souvent ingouvernable et en bons « insulaires », dit-il, ils se défient du continent : « Votre Majesté sait les humeurs des Anglais et leurs volontés être fort discordantes, désireux de nouvelleté, de mutation et vindicatifs. » On ne saurait trop en vouloir à ce titre aux monarques anglais d'avoir dû se montrer tyranniques avec leurs sujets : « Les rois du passé ont été forcés de traiter en rigueur de justice et effusion de sang, par l'exécution de plusieurs du royaume, voire du sang royal, pour s'assurer et maintenir leur royaume, dont ils ont acquis le renom de tyrans et cruels. »

Pour des raisons politiques, religieuses, diplomatiques, il faut absolument que Marie épouse Philippe. Pour lui donner du cœur à l'ouvrage, on envoie à la reine d'Angleterre un splendide portrait du fils de Charles Quint, peint par l'un des plus grands peintres de ce siècle fertile en talents, le Titien. L'on met savamment Renard en garde : « Faudra bien que faites entendre à ladite dame, lui recommande-t-on, que comme la peinture est jà vieille, elle n'aura si bonne couleur que le naturel, outre ce que pour maintenant il sera plus formé et barbu que lorsque la portraiture se fit[22]. »

Ce plan impérial n'est pas vraiment surprenant ; à la veille même de la disparition d'Édouard VI, Charles Quint avait prié pour son remplacement par sa sœur Marie. Ses ambassadeurs avaient reçu des instructions très claires à ce sujet. L'empereur avait nettement déclaré son intention « d'exclure les Français » des affaires anglaise et de veiller personnellement sur les intérêts de sa « cousine », Marie Tudor, contre ceux qui voudraient la chasser de la succession « pour la voir ferme et constante » dans la sainte foi et religion catholiques. Charles Quint espère même être le premier consulté pour son avenir « comme parent proche ». Il ne manque pas non plus de mettre ses ambassadeurs en garde contre ses adversaires « qui ne voudront admettre ladite cousine à la couronne, qu'ils ne soient assurés de deux choses : l'une, qu'elle ne fera changement ni au gouvernement, ni ès choses de la religion ; l'autre, qu'elle pardonnera tous abus que pourraient avoir commis ceux qui gouvernent ». Il faudra dans ces cas, encourager Marie à faire preuve de duplicité « conservant [...] quant à soi, sa religion entière inviolablement ». Il faudra en d'autres mots ne jamais donner prise au moindre soupçon[23].

La rébellion de Wyatt

L'ambiguïté présente bien des vertus. Marie a toutes les raisons de ne pas déclarer clairement toutes ses intentions au début de son règne, la transparence offrirait pourtant quelques avantages. Le pays aurait besoin d'un message intelligible sur le plan religieux comme sur le plan international, et il ne reçoit que des informations embrouillées. L'affaire du mariage traîne en longueur… Or une union est un choix politique essentiel, surtout pour une reine dans un monde où le pouvoir est naturellement dominé par les hommes.

Le mariage espagnol inquiète et exaspère. Thomas Wyatt est l'un de ses plus ardents adversaires. Il est le fils d'un poète, proche d'Anne Boleyn, et prénommé lui aussi Thomas. Le premier Wyatt, émule de l'Italien Pétrarque, avait encouru la jalousie d'Henri VIII qui l'incarcère quelque temps ; le fils fait encore mieux que son père en étant exécuté par Marie pour un crime d'État. Comment en arrive-t-on à de tels excès ? La mort de lady Jane Grey ne suffisait-elle pas pour apaiser les oppositions ?

La rébellion orchestrée par Wyatt est généralement considérée sous l'angle politico-religieux. Mais peut-on aller plus loin et y lire un conflit entre une reine catholique et ses sujets protestants ? Ce serait prêter une cohérence doctrinale à un mouvement d'origine essentiellement aristocratique. La révolte nobiliaire, en Angleterre comme sur le continent, est même une caractéristique, quasiment anthropologique par sa rémanence, des sociétés d'Ancien Régime. L'État royal finit toujours par dompter ces énergies désordonnées en transformant les frondeurs de la veille en serviteurs du lendemain.

L'insularité a contribué à la centralisation du pouvoir. La patrie est en danger selon de nombreux insulaires ; un fort sentiment national se manifeste contre le mariage espagnol. Le 16 novembre 1553, une délégation parlementaire s'était rendue auprès de la reine. Le lendemain, Renard décrit la scène à Charles Quint, en insistant sur la forte unanimité patriotique qui lie les Lords et les Communes. Le modérateur de la Chambre basse, sir John Pollard, exprime son inquiétude, dans un discours fleuri où abondent les formes rhétoriques les plus fournies. « Qu'adviendrait-il du royaume si la reine disparaissait sans avoir de descendance ? » Cette question sempiternelle, qui rebondira lors de la période élisabéthaine, est posée avec force sous le règne de Marie. Les parlementaires expriment surtout leur réprobation devant la menace d'un mariage étranger : n'entraînerait-il pas des dépenses supplémentaires ? À terme, que faire pour éviter, dans une perspective mercantiliste, la fuite des espèces monétaires ? Des puissances mal intentionnées ne risqueraient-elles pas de faire main basse sur l'artillerie insulaire, dont on connaît l'incontestable supériorité à l'époque ? Et que dire des risques de conquête des possessions anglaises sur le continent (Calais...), pour ne rien dire de l'Écosse et de l'Irlande, qui pourraient devenir des bases arrière pour lancer des opérations contre l'Angleterre ?

On le voit, les craintes ne concernent pas prioritairement la religion ; elles sont essentiellement territoriales. Marie est furieuse que ses sujets osent lui parler sur ce ton ; elle n'accepte pas que sir John Pollard ait l'impudence de lui conseiller d'épouser l'un de ses sujets, et dans sa colère, au lieu de laisser au chancelier Stephen Gardiner le soin de répondre, comme c'est la coutume, elle prend elle-même la parole ; elle rappelle que son serment, lors de son couronnement, la contraint à toujours agir dans l'intérêt de son royaume, ajoutant qu'elle se tournerait vers Dieu pour lui demander de venir à son secours dans le choix, délicat entre tous, d'un époux. « Je ne vous permets pas, dit-elle en substance à ses interlocuteurs, de désigner à votre guise un époux acceptable pour moi ; il m'appartient de choisir un époux digne de mon lit nuptial, un homme prêt non seulement à s'unir à moi par un amour partagé, mais encore de repousser une attaque ennemie, loin de sa terre natale[24]. » La rébellion qui éclate quelques semaines plus tard rencontre l'assentiment de l'ambassadeur de France, Antoine de Noailles, jaloux comme il se doit de toute influence accrue de l'Espagne. Les révoltés souhaitent converger sur Londres en mars 1554 depuis le Kent, à l'est, le Devon, à l'ouest, et le Herefordshire et le Leicestershire, au nord de la capitale. La princesse Élisabeth, trop prudente pour s'engager vraiment, pourrait monter sur le trône à la place de sa sœur et épouser Courtenay. Renard juge ce plan insensé et il dénonce lui-même le complot au chancelier Gardiner. Pris de court, Wyatt agit sans attendre le printemps, et il occupe le port de Rochester à mi-chemin entre Londres et Cantorbéry à la fin du mois de janvier 1554. Marie trouve en elle-même des forces insoupçonnées ; le 1er février elle prononce à l'Hôtel de ville un discours historique à l'attention de ses « sujets bien-aimés ». Elle prend chacun à témoin : « Vous me connaissez, je suis votre reine et lors de mon couronnement j'ai épousé mon royaume et ses lois. Je porte toujours la bague de mes épousailles à mon doigt, et jamais ne l'enlèverai. Vous m'avez prêté serment d'obéissance et d'allégeance, et je suis l'héritière authentique de la couronne de ce royaume d'Angleterre, je demande à toute la chrétienté de s'en porter garante. »

Évoquant son père Henri VIII, Marie demande à ses sujets de condamner sans appel Wyatt présenté comme un traître. Puis elle joue avec dextérité du registre féminin pour se présenter à la fois comme mère et comme épouse : « Je vous assure en tant que prince que je suis incapable de vous dire combien une mère aime son enfant, ce je n'ai encore aucune expérience de la maternité, mais je peux puisque je suis votre dame et votre maîtresse vous dire que je vous chéris et vous aime. Et comme je vous aime ; je ne saurais croire que vous ne m'aimiez en retour, et je ne doute pas que nous ne triomphions rapidement de ces rebelles. »

Wyatt parvient jusqu'à Southwark, sur la rive gauche de la Tamise, mais les partisans de la reine tiennent le célèbre London Bridge… Wyatt mène encore quelques opérations sans éclat dans les environs de Londres avant d'être pendu et écartelé avec environ quatre-vingt-dix de ses partisans. La jeune Élisabeth est interrogée mais l'on ne retient rien contre elle. Quant à Courtenay, il est emprisonné à nouveau avant d'être envoyé un an plus tard à Bruxelles auprès de Charles Quint ; il terminera ses jours à Padoue.

La fin de cette rébellion marque un tournant dans la politique du régime ; Marie se rallie désormais sans hésiter à la conception répressive du pouvoir qui avait été celle de son père. On ne badine plus désormais avec les traîtres ou avec les opposants religieux. En février 1554, le supplice de Jane Grey, au lendemain de la reddition de Wyatt, marque avec éclat cette évolution. Lady Jane sera exécutée l'année suivante tout comme son époux, fournissant à la Réforme anglaise l'un de ses martyrs les plus éloquents. Aujourd'hui exposé à la National Gallery de Londres, le *Supplice de Jane Grey* du Français Paul Delaroche est l'un des tableaux d'histoire les plus célèbres de la période romantique. On y voit la suppliciée les yeux bandés et dans le martyrologe qu'il rédige peu après, John Foxe rapporte avec soin les dernières paroles de cette jeune protestante dont il fait l'une des premières victimes du règne. En montant sur l'échafaud, elle aurait dit au peuple qui l'entourait qu'elle reconnaissait que sa rébellion était contraire au droit et qu'elle allait mourir dans la stricte application de la loi. Elle ajoutait qu'elle s'en lavait les mains en signe d'innocence « devant Dieu et devant le bon peuple chrétien », pour ajouter qu'elle mourait en chrétienne, assurée de son salut et de son rachat par le « sang de Jésus-Christ, fils unique de Dieu ». Elle regrettait sincèrement de s'être détournée de la parole de Dieu, et acceptait son supplice, en demandant à l'assistance de l'aider de ses prières. Elle meurt, non sans s'exclamer : « Seigneur, je remets mon âme entre tes mains[25]. »

Ce récit édifiant conforte les thèses de la Réforme en réaffirmant la doctrine du salut par la foi seule. Il conforte également la légitimité du nouveau règne puisque Jane Grey confesse publiquement sa faute : Marie est bien reine désormais sans que nul ne puisse remettre en cause son titre.

La question confessionnelle

La religion reste encore au second plan durant les premières semaines du règne. Marie se présente comme une catholique, favorable à une liberté de conscience qu'elle a toujours revendiquée pour elle-même. Son image ultérieure de grande persécutrice des protestants a effacé ces aspects. Au début, il s'agit d'abord pour elle de conforter sa possession du trône avant de s'occuper de l'autel. Sans doute compte-t-on sur la contagion du modèle royal pour diffuser le catholicisme par osmose tout au long de l'échelle sociale. Si la reine va à la messe, ses sujets ne suivront-ils pas son exemple ? « On passait dans la religion de la reine comme on avait fait dans son parti ; les courtisans se firent une habitude de la suivre à la messe », notera l'abbé de Vertot. Il poursuit que la reine aurait bien souhaité que tout le royaume imite ces « conversions précipitées de la Cour ». Il ajoute cependant : « Son conseil lui représenta qu'il fallait ménager un si grand changement avec discrétion, et que la doctrine de ses États ayant été reçue dans ses États par plusieurs parlements, il ne fallait pas moins que le concours de la même puissance pour rétablir l'exercice public de la véritable religion »[26].

Comment en revenir à 1529, vingt-cinq ans en arrière, avant que ne réunisse le « parlement de la Réformation », ainsi qu'on l'appelle communément ? Ce dernier avait aidé Henri VIII à opérer sa rupture avec Rome. Marie convoque un second Parlement de son court règne au printemps 1554. La modération commence par l'emporter à la Chambre des lords, lorsque Paget s'oppose victorieusement à Gardiner qui veut pour sa part ranimer les anciennes lois contre l'hérésie. Le mariage occupe provisoirement tous les esprits.

Il faut en finir avec ces incertitudes ; en mars 1554, Marie se marie par procuration avec l'infant Philippe, représenté par Lamoral, comte d'Egmont. La cérémonie se déroule sobrement devant le Conseil au palais de Westminster et en présence du

Saint-Sacrement de l'autel. Marie, à genoux dans une attitude pénitentielle, prend le ciel à témoin : ce ne sont pas les tourments de la chair qui la poussent, mais seulement l'amour de son royaume.

Beaucoup d'Anglais ne partagent pas la foi de leur souveraine, mais ils la considèrent en termes plus politiques que religieux. Elle est l'héritière de son père, Henri VIII, même si elle ne partage pas nécessairement ses idées. Le catholicisme d'antan n'a du reste pas totalement disparu du royaume ; nous n'en voudrons pour preuve que ce Miles Huggarde ou Hogarde, fabricant de chausses et défenseur acharné du sacrement de l'autel. Ce laïc catholique compare savamment la reine Marie et Marie, la mère de Jésus. Comme la Vierge avant elle, Marie permet l'avènement du Christ, précise-t-il dans quelques feuillets imprimés[27]. Encore faut-il trouver un géniteur pour cet enfant messianique.

Philippe s'embarque à la belle saison et rencontre la reine pour la première fois à Winchester le 23 juillet. La bénédiction nuptiale intervient quarante-huit heures plus tard ; le jour de la Saint-Jacques, saint patron de l'Espagne. C'est la première fois de l'histoire anglaise qu'une reine régnante, et non pas simple consort, se marie. Philippe et Marie sont conjointement roi et reine d'Angleterre, de France, de Naples, de Jérusalem et d'Irlande, défenseurs de la foi, princes d'Espagne et de Sicile, archiducs d'Autriche, ducs de Milan, de Bourgogne et du Brabant, comtes de Habsbourg, de Flandre et du Tyrol. Le traité de mariage arraché aux Espagnols n'était pas défavorable aux intérêts anglais. L'émoi que suscitait cette alliance avait permis à Gardiner, à Rochester et à Paget d'obtenir le maximum de garanties. Ainsi, l'on prévoit que le fils aîné du couple, s'il vient au monde, héritera de l'Angleterre et des possessions de son père en Allemagne du Sud et en Bourgogne. La question la plus délicate était la situation de Charles d'Autriche, le célèbre don Carlos rendu célèbre à l'époque romantique par la pièce de Schiller et l'opéra de Verdi.

Don Carlos était le fils de Philippe mais sa mère s'était éteinte peu après sa naissance. Élevé par ses tantes, le jeune homme ne peut-il lui aussi prétendre à l'héritage de son père ? L'on prévoit donc de lui réserver l'Espagne et l'Italie, en mettant l'Angleterre hors de sa portée. Pour satisfaire les exigences anglaises, on prévoit même si don Carlos n'a pas d'héritier de transmettre ses possessions à Philippe et Marie et à leurs descendants... De plus, si Marie précède Philippe dans la tombe, l'Angleterre ne passera pas aux Espagnols. Philippe reçoit bien le droit de se faire appeler roi d'Angleterre, et non simple consort, mais il n'en a aucun des pouvoirs. Ces arrangements alambiqués montrent bien les infinies réticences insulaires face à une puissance continentale ; Marie se comporte en authentique reine Tudor, fidèle à la tradition d'indépendance nationale, qui a toujours été celle de son pays dans ses exigences matrimoniales.

Marie est tout entière dominée par sa volonté de *reconquista* spirituelle de son royaume, elle n'accorde aucune place à la volupté, pas même à ces plaisirs honnêtes que l'on goûte avec son légitime époux. Philippe aura l'occasion de s'en rendre compte par lui-même. Un membre de son entourage, Ruy Gómez de Silva, rappelle à l'occasion au fils de Charles Quint que la gratification des sens n'a pas grand-chose à espérer d'une union destinée essentiellement à conforter le royaume d'Angleterre dans la foi catholique et à préserver les Pays-Bas de l'hérésie. Il ne manque pas d'ajouter entre ses dents qu'il faut être un dieu pour « boire ce calice jusqu'à la lie[28] ». Animée par son sens ardent du devoir et l'espérance du salut, la reine n'a qu'un corps souffrant à offrir aux étreintes d'un mari qui accomplit son devoir en *caballero* résigné. La fille de Catherine ne revit-elle pas au plus intime de sa chair les tourments qui avaient été ceux de sa mère, pressée elle aussi d'enfanter ? Marie paiera très cher cette obsession : elle se croira enceinte au moins deux fois de façon sérieuse, elle mourra probablement d'un cancer des ovaires ou de l'utérus. Quelle mystérieuse sympathie lie donc les maladies du corps aux troubles de l'âme ?

À l'automne, Marie est convaincue qu'elle est enceinte. L'on célèbre un *Te Deum* à la cathédrale St Paul. Elle doit, hélas, se rendre à l'évidence de longs mois plus tard : il s'agissait d'une fausse alerte, entre son désir d'enfant et des règles très irrégulières. Pour ajouter à son malheur, Philippe rentre en Espagne en septembre 1555. C'est le moment où Charles Quint a choisi d'abdiquer son titre impérial en faveur de son jeune frère Ferdinand Ier tandis que Philippe devient pleinement roi d'Espagne sous le titre de Philippe II. D'importants changements se produisent aussi à Rome avec l'élection comme pape du Napolitain Gian Pietro Caraffa. Ce Paul IV est profondément hostile à Philippe II, comme il l'avait été précédemment à Charles Quint. Mais Philippe II n'en mènera pas moins une politique profondément catholique de répression de l'hérésie. Cette surenchère se retrouvera en Angleterre. Philippe est soigneusement informé à distance de l'évolution de la situation ; un petit groupe de conseillers reste en correspondance avec lui, même si ses capacités d'intervention demeurent très limitées outre-Manche. Il agit en particulier par l'intermédiaire de plusieurs pères dominicains, dont Pedro de Soto, Juan de Villagarcia et Bartolomé Carranza, confesseur de la reine.

Lady Elizabeth

La période a souvent pâti de sa réputation négative, nourrie par l'historiographie protestante. Marie a sans doute tué davantage que les autres souverains Tudors, en un temps plus ramassé – d'où l'impression que l'on a parfois d'une accélération de l'histoire comme lors de ces grandes purges qu'ont perpétrées les régimes totalitaires du XXe siècle. De plus, ses victimes étaient essentiellement acquises à la Réforme protestante là où le roi son père frappait indifféremment tous ses opposants… Cette hargne s'explique par la brièveté de la période : la reine tue un maximum de protestants en un temps record.

Marie sait qu'elle a relativement peu de temps pour agir et donner au royaume cet héritier qui lui permettra d'assurer définitivement la suprématie catholique. De plus, de façon certes moins avouable, elle est à part soi convaincue que sa sœur Élisabeth, sa cadette de plusieurs années, a toutes les chances de l'emporter un jour. À partir de la rébellion de Wyatt, Élisabeth est pour Marie la grande manipulatrice qu'il faut parvenir à éliminer, ou du moins à mettre hors d'état de nuire, mais sans jamais diminuer le prestige familial de la dynastie. D'où cet étrange mélange de haine et de complicité entre ces deux sœurs que tout éloigne et que tout rapproche à la fois. Avant d'être exécuté, Wyatt avait parlé ; il avait dénoncé Courtenay, bien sûr, tout comme un mystérieux personnage qualifié par lui de « seconde personne du royaume ». Chacun comprenait que ce ne pouvait qu'être la princesse Élisabeth. Certes, il tient à l'innocenter avant sa mort, mais en des termes équivoques. Élisabeth n'aurait pas été tenue au courant du projet de conspiration, mais elle ne l'aurait pas non plus totalement ignoré. Élisabeth, à demi informée, aurait-elle été semi-consentante ? Élisabeth a toujours su, elle saura toujours cultiver l'ambiguïté, qu'il s'agisse des questions religieuses ou de sa vie sentimentale. Elle s'en tire pour cette fois-ci mais reste menacée pendant tout le règne de Marie. N'est-elle pas incarcérée à la tour de Londres, le 18 mars 1554, jour des Rameaux ? Elle se serait exclamée en passant le pont-levis : « Seigneur, jamais je n'aurais pensé que je viendrais ici en tant que prisonnière ; et je vous prends tous à témoins, amis et compatriotes, que je ne viens pas ici ainsi qu'une traîtresse, mais en tant que femme, aussi loyale à sa Majesté la reine qu'oncques fut au monde, et je le maintiendrai jusqu'à la mort[29]. » Insatisfait, Charles Quint recommande une plus grande rigueur : lady Élisabeth et Courtenay doivent payer, si l'on veut user de clémence envers les autres. En mai, après deux mois d'emprisonnement, Élisabeth quitte la Tour pour le château de Woodstock, ou plutôt pour un bâtiment attenant, où elle est placée sous étroite surveillance. Ce régime carcéral ne s'adoucira qu'à l'automne. Élisabeth coud, prie, lit, médite et se prépare à son métier de reine. On songe alors à l'éloigner ; pourquoi ne pas la marier à Emmanuel-Philibert, le duc de Savoie ? L'importun vient précisément passer les fêtes de Noël ; Élisabeth n'en veut pas, elle a son caractère, les Français se réjouissent, toujours hostiles à des projets d'union matrimoniale qu'ils ne dominent pas... Élisabeth a gagné la partie, elle en gagnera beaucoup d'autres. Au printemps 1555, Élisabeth quitte enfin Woodstock pour Hampton Court. L'avenir lui appartient.

La contre-offensive catholique

Le cardinal Pole parvient en Angleterre au début de cette période d'intense répression. En plus de ses tâches pastorales ordinaires, il doit traiter le lourd dossier des transferts de biens ecclésiastiques, dont beaucoup ont fait l'objet d'appropriations laïques. Lorsqu'il arrive à Douvres le 21 novembre 1554, après une traversée éclair de trois heures depuis Calais, Reginald Pole a sans doute conscience des difficultés considérables de sa mission. Parti de Bruxelles quelques jours plus tôt avec la bénédiction de l'empereur, le cardinal avait pour mission, comme le déclare un fascicule italien du temps, le « très heureux retour du royaume d'Angleterre dans l'union catholique[30] ». Du côté de sa mère, Pole descendait des Plantagenêts ; sa famille avait été décimée par les Tudors, toujours inquiets que d'autres puissent prétendre au trône[31]. Le cardinal avait donc de bonnes raisons de vouloir en finir avec l'héritage d'Henri VIII. Deux jours après son arrivée outre-Manche, le 30 novembre 1554, jour de la Saint-André, le cardinal traverse en grande tenue la Tamise pour se rendre de Lambeth à Westminster, capitale politique du royaume. Il prononce solennellement la réconciliation de l'Angleterre et de la papauté[32].

Le Parlement rend tous ses droits à Pole, destitué depuis le règne d'Henri VIII, et le jeudi 22 novembre la reine Marie et le roi Philippe viennent en personne ratifier cet Acte permettant au cardinal d'arriver à Londres par la Tamise le jeudi suivant. Il s'installe au palais de Lambeth sur la rive gauche dans l'hôtel particulier de l'archevêque de Cantorbéry. Entre-temps, une gigantesque procession s'est déroulée à la cathédrale St Paul au son du *Te Deum*. Il faut dire que l'évêque de Londres Edmund Bonner a appris officiellement de la part du Conseil que la reine attendait un heureux événement. La contre-Réforme catholique est ainsi assurée d'une postérité.

Au Parlement, Pole est accueilli par Gardiner. « *Milords*, membres de la Chambre haute et messieurs les membres de la Chambre basse, je vous présente le révérend père Monseigneur le cardinal Pole qui nous vient tout droit du siège apostolique de Rome qu'il représente auprès de leurs majestés le roi et la reine, à la suite de l'une des affaires les plus préoccupantes qui se soit déroulée en ce royaume et dont les conséquences concernent la gloire de Dieu et notre intérêt à tous. »

Pole prend alors la parole : « *Milords*, Je m'adresse à vous et aux Communes qui, rassemblés dans ce Parlement, êtes le corps politique de ce royaume. Vous connaissez désormais la cause de ma visite qui vous a été clairement exposée par le lord chancelier. Qu'il me suffise présentement, avant d'entrer dans le détail, de présenter mes meilleurs remerciements à leurs majestés le roi et la reine, ainsi qu'à tous ceux qui ont permis à un pauvre exilé, banni de cette république d'y retrouver son rang, et à un déclassé qui n'a plus aucune place ni ici ni ailleurs de pouvoir parler et être entendu. » Après cette entrée en matière, il expose sa mission ; il s'agit de rendre au royaume son ancienne noblesse et de lui restituer sa place par rapport au « siège apostolique », non sans rappeler que la Grande-Bretagne a été la première des îles à « recevoir la lumière de la religion du Christ ».

Ces raccourcis historiques culminent dans l'évocation de la chute de Byzance en 1453 et de la Réforme du XVIe siècle mises en parallèle ; en renonçant à obéir à la papauté romaine, les orthodoxes n'ont-ils pas permis la sujétion de leurs terres aux Ottomans ? Les protestants sont bien à ce titre les nouveaux Turcs selon Reginald Pole. Le meilleur rempart contre ce déferlement de barbarie islamo-réformée est selon le cardinal le « cœur de la reine », Marie devenant la figure tutélaire de la résistance du vrai christianisme face à tous les périls. Il décrit avec fougue le combat mené par la jeune fille, vierge et sans défense, qui anime la résistance. Ce double personnage de « reine et de gouverneur » s'est uni providentiellement à un prince [Philippe], de même religion. Les Anglais sont donc conviés à les honorer tous deux pareillement en les « aimant, en les servant et en leur obéissant ».

Est aussi évoquée la grande puissance bienfaitrice de l'empereur Charles Quint qui a lutté pour la sainte cause de la vraie religion en Germanie, même si, mystérieusement, Dieu ne lui a pas permis de venir à bout de Luther. Quant au « pouvoir des clés », que le pape possède sur toutes les nations, il ne pourra pas s'exercer en Angleterre tant qu'un important travail législatif n'aura pas été accompli. Pole en est conscient. Le lendemain de la réconciliation officielle entre l'Angleterre et le Saint-Siège, les états du royaume s'assemblent à nouveau en parlement à Westminster, et agenouillés ces hommes adressent à leurs majestés Philippe et Marie leur supplication, doublée d'une très humble soumission : « Nous, Lords spirituels et temporels, et membres des Communes, représentant le corps du royaume [...], supplions vos Majestés de bien vouloir intercéder pour nous auprès du Révérend père en Dieu, le cardinal Pole, envoyé spécialement comme légat par notre très saint-père Jules III et par le siège apostolique de Rome. Nous confessons notre douleur et exprimons notre profonde repentance pour le schisme et la désobéissance de ce royaume et de l'ensemble de ses seigneuries vis-à-vis dudit siège apostolique tant dans l'adoption que dans l'application ou l'exécution des lois, des ordonnances ou des décrets contraires à la suprématie dudit siège. » Cette promesse se conclut par un gigantesque *amen*, où l'on entend plus qu'un simple repentir l'approbation de l'autorité conjointe de Philippe et de Marie, qui couvrent de leur autorité ce retour à l'ordre. Pole à son tour prononce l'absolution du royaume.

Pour les Anglais présents au Parlement ce jour-là, il est évident que Marie exerce conjointement son pouvoir avec son époux. Leurs majestés sont bien Philippe et Marie… Par contre, la version internationale de cette absolution, imprimée sans doute à Rome, fait disparaître le nom de la reine. Pour rentrer dans l'ordre commun, il faut un roi. Philippe ne manque pas de s'attribuer le principal mérite de cette évolution dans sa missive à Jules III. « Le Saint-Siège, assure-t-il, n'aura jamais de fils plus zélé que moi, ni plus désireux de préserver et d'accroître son autorité. » Entre le pape et le roi, tout est d'abord une affaire d'hommes, même si la reine a son mot à dire. Reginald Pole écrit également au souverain pontife pour signaler le rôle exemplaire qui lui revient dans cette négociation.

Stephen Gardiner ne peut évidemment pas être en reste ; il prêche à son tour à Paul's Cross, derrière la cathédrale, un sermon sur le chapitre 13 de l'épître aux Romains : « C'est l'heure de vous réveiller, car maintenant le salut est plus près de nous » (Rm 13, 11).

Dans un passage clé de son homélie, l'évêque de Winchester relativise largement le pouvoir de la reine Marie : « Notre sommeil a duré pendant ces vingt dernières années, alors même que nous étions sans chef. En effet, lorsque le roi Henri s'est permis d'être à la tête de l'Église, c'est l'Église qui n'était pas l'Église. À sa mort, le roi Édouard avait au-dessus de lui des gouverneurs et des protecteurs qui gouvernaient comme ils l'entendaient ; il ne pouvait pas être à la tête de l'Église, ou du moins il ne l'était que de façon nominale ou symbolique, et maintenant nous n'avons plus de chef, même nos deux archevêques n'y changent rien. » Et enfin, cette phrase centrale : « La reine, étant une femme, ne saurait être à la tête de l'Église[33]. »

Le temps des supplices

La référence est claire. Les Anglais sont appelés à s'éveiller eux aussi pour revenir au catholicisme. Mais leurs représentants au Parlement ne perdent pas le sens des réalités et ils doublent leur reconnaissance de la primauté romaine d'une exigence économique pressante : le maintien des biens du clergé confisqués par Henri VIII et son fils entre les mains des laïcs qui en ont fait l'acquisition. Le refus de restituer les biens spoliés sera l'un des points les plus délicats d'une tractation interminable entre l'Angleterre et le Saint-Siège, interrompue par la disparition de la reine Marie. Avec réalisme, Pole a pour sa part compris qu'il faut savoir se montrer très accommodant sur ce point. L'intransigeance de Marie se portera ailleurs. Un gigantesque martyrologe, rédigé dès le XVIe siècle, a pieusement consigné le récit de la mort édifiante de plusieurs centaines de personnes ; on réactive les lois médiévales contre les hérétiques ; l'ancien évêque de Gloucester, John Hooper, évêque de Gloucester, et plusieurs autres sont condamnés au bûcher en février 1555, ils seront suivis par plus de trois cents martyrs dont le souvenir sera pieusement consigné par John Foxe dans ses *Acts and Monuments*, sans cesse remaniés et réédités sous le règne d'Élisabeth Ire. Ces victimes sont aussi des témoins de leur foi, ils jouent un rôle comparable à celui des premiers chrétiens dans l'histoire de l'Église. La majorité de ces « hérétiques », ainsi qu'on les désigne négativement, agonise sur le bûcher dans d'affreuses souffrances, mais d'autres protestants meurent pendus ou victimes de mauvais traitements. On citera au nombre des suppliciés Hugh Latimer, l'ancien aumônier d'Édouard VI, Nicholas Ridley, l'évêque de Londres et bien entendu Thomas Cranmer, l'archevêque de Cantorbéry. Trop, c'est trop. L'horrible odeur de la chair brûlée, les agonies interminables, les lamentations des victimes, leur courage dans l'épreuve, leur foi exemplaire impressionnent. Dans l'entourage de Philippe, on finit par s'inquiéter. Le confesseur franciscain du roi, le père

Alfonso y Castro, rappelle dans un sermon prononcé le dimanche 10 février 1555 qu'il est contraire à l'Écriture de brûler quiconque pour des raisons de conscience. Mais qu'il fallait à l'inverse donner aux gens l'occasion de vivre pour pouvoir se convertir. Le plus hallucinant, c'est que parmi les pauvres hères condamnés pour hérésie, on ne compte plus les doctes et graves théologiens, les représentants du haut clergé, les hommes instruits devant lesquels quelques mois plus tôt on se prosternait pour exprimer son respect. Tous, désormais, ne sont plus que cendre, mais ces cendres revivifient la cause de la Réforme. Les saints martyrs vont permettre une refondation du protestantisme lors du règne d'Élisabeth Ire qui voit l'éclosion d'une Église d'Angleterre dotée d'une doctrine et d'une ecclésiologie originales au sein des Églises de la Réforme. Les élites du protestantisme sont durement touchées par ces mesures qui contraignent de nombreux autres à l'exil à Emden, Strasbourg, Cologne, Bâle, Francfort, Zurich et Genève, où ils subissent l'influence du protestantisme réformé, façonné par Calvin et Zwingli.

La nouvelle Jézabel

C'est précisément en marge du royaume que le personnel réformateur attend la fin des épreuves, intimement convaincu que Dieu tournera finalement sa face vers son peuple et portera un terme au « monstrueux gouvernement des femmes ». La formule est de l'Écossais John Knox qui prédit que « le jour du jugement [...] seront vaincus cette horrible et monstrueuse Jézabel d'Angleterre et tous ceux qui défendent sa monstrueuse cruauté »[34]. Son contemporain anglais Christopher Goodman est l'auteur, la même année 1558, d'un véritable brûlot politique où il est rappelé que l'Éternel n'a pas craint de châtier son peuple, dressant contre eux une « nation lointaine, nation impudente, au langage inconnu ». Pour les Anglais insulaires, ces étrangers sont évidemment les Espagnols, mais l'on peut y adjoindre d'autres papistes, en particulier les Français, d'autant plus que les troupes d'Henri II enlèvent à l'époque la bonne ville de Calais aux Anglais.

Dans son *Recueil des guerres et traités d'entre les rois de France et d'Angleterre*, Jean du Tille mentionne également la « divine prévoyance » et l'« invincible magnanimité » du souverain, parvenu grâce à Dieu à « chasser du tout les Anglais de France », par la « vertu, prudence et diligence » de François, duc de Guise, qui dirigeait les troupes. De façon prévisible, la souveraine laisse un souvenir désastreux. « La santé de la reine diminuait à vue d'œil. Elle n'avait pas été bien ménagée pendant sa prétendue grossesse, écrira le protestant Rapin de Thoyras, parce que s'étant confiée à des femmes qui ne cherchaient qu'à la flatter, elle avait négligé de consulter les médecins, qui auraient pu prévenir les suites de cet accident. » Il poursuit : « Depuis ce temps-là, elle n'eut jamais une santé ferme. Elle était naturellement mélancolique, et ce tempérament s'était fortifié par les mortifications à quoi elle avait été exposée sous les deux règnes précédents. Dans la suite, le dégoût que le roi son époux conçut pour elle, et dont elle ne pouvait que s'apercevoir, augmenta encore son chagrin. Enfin, la perte de Calais acheva de la mettre en un tel état, qu'elle ne pouvait plus souffrir la vue que d'un petit nombre de personnes. Son corps se ressentant de la disposition de son esprit, elle se sentait affaiblir tous les jours »[35]. L'ambassadeur d'Espagne, Gómez Suárez de Figueroa, comte de Feria, est l'une des dernières personnes à s'entretenir avec la reine avant sa mort. Le 14 novembre, il informe le roi d'Espagne d'un entretien très confidentiel qu'il a eu avec la future reine Élisabeth. Avec une extraordinaire maturité politique, la jeune femme tire déjà les leçons du règne de sa sœur, avant même qu'elle ne pousse son dernier soupir. Elle revient sur la question de l'alliance espagnole : Marie a perdu « l'affection du peuple en épousant un étranger ». Voilà une erreur qu'Élisabeth évitera soigneusement en restant fille.

Lorsqu'elle s'éteint, le 17 novembre 1558, Marie ne laisse derrière elle qu'un royaume vaincu et idéologiquement affaibli, en dépit d'une évidente prospérité économique. La langueur de la reine n'est pas celle du royaume. Philippe II, en apprenant la nouvelle, aurait laissé tomber un laconique : « La reine mon épouse est morte. » Avant d'ajouter : « Cela m'attriste passablement »[36]. Par quelque illusion rétrospective, on a souvent interprété ces temps de développement économique et de cynisme foncier à la lumière des troubles religieux. Un médecin français permet de nuancer ; ses considérations sur l'Angleterre n'ont pas pris une ride : « Les gens d'icelui lieu font de grande chère et aiment fort à banqueter et vous verriez force riches tavernes et les taverniers qui ont coutumièrement grosses bourses, où il y a trois ou quatre bourserons pleins d'argent. Par ce moyen pouvons considérer que le pays est fort argenteux et que les gens de métier gagnent plus en une semaine que ceux d'Allemagne ou d'Espagne en un mois. » Étienne Perlin trouve au demeurant les Anglaises fort avenantes, et il n'a qu'un seul reproche à adresser à ce peuple qu'il admire, son penchant immodéré pour les boissons fortes. En tout cas, peu sensible aux tensions religieuses, il insiste sur le matérialisme foncier des Anglais qui ne savent, nous dit-il, « à qui ils sont, ou à Dieu ou au diable »[37].

Cette Angleterre éternelle, ouverte aux talents et à l'esprit d'entreprise, permet de relativiser le poids des questions religieuses. D'Henri VIII à Édouard, de Marie à Élisabeth, les continuités l'emportent largement. Le règne glorieux d'Élisabeth Ire a eu tendance, comme l'a fort bien écrit Isabelle Fernandes, à reléguer celui de sa sœur Marie au « rang de simple parenthèse, de brève interruption dans la course de l'Angleterre vers la terre promise protestante[38] ». Ces sœurs incomparables et au destin dissemblable ont pourtant plus en commun qu'on ne l'a longtemps cru. Pour une histoire des femmes, le règne de Marie ne trouve-t-il pas son paradoxal accomplissement dans celui d'Élisabeth, de dix-sept ans et demi sa cadette ? Élisabeth Ire fournit sa forme achevée sur le plan institutionnel à ce qui n'était jusqu'alors en Angleterre qu'une chimère, la royauté au féminin.

Chapitre 6

ÉLISABETH Ire, VIERGE ET MÈRE DE SES PEUPLES

Rien n'est encore réglé en 1558 au moment où Élisabeth succède à sa sœur aînée. Les règnes féminins sont d'emblée présentés comme une épreuve. L'ambassadeur de la très catholique Espagne déclare sans ambages : « Plus j'y pense et plus je suis convaincu que tout dépendra de l'homme que cette femme aura pour époux. » Les protestants ne sont pas en reste ; Calvin tente de rattraper la « maladresse » de John Knox vis-à-vis des dames. Il écrit à William Cecil, principal ministre de la reine : « Il y a deux ans, dans une conversation privée, John Knox m'a demandé ce que je pensais du gouvernement des femmes. J'ai répondu naïvement que c'était contraire à l'ordre naturel, et que, comme l'esclavage, c'était souvent une punition liée à la chute. » Mais il tente de désamorcer ce propos blessant : « J'ai précisé qu'il arrivait qu'il y eût des femmes d'exception qui avaient été élevées par l'autorité divine soit pour permettre à Dieu par cet exemple de condamner l'inaction des hommes, ou pour lui permettre de mieux montrer sa gloire. » Théodore de Bèze, appelé à succéder à Calvin à Genève, ne cache pas sa franche réprobation. « Car, combien que le sexe féminin soit créé pour être sujet aux hommes, dont je suis induit à confesser franchement qu'il me semble que ceux-là ont plus sagement pourvu à leur état, qui ont ordonné que les femmes ne vinssent jamais à régner : il m'est avis toutefois que cela n'est pas du nombre des choses lesquelles le Seigneur a si précisément arrêtées, que si quelqu'un venait à faire autrement et renonçait à son droit, il ferait méchamment, vu que le Seigneur pour châtier la lâcheté et cœur efféminé des hommes a souvent béni telles dominations de femmes »[1].

Un règne féminin ne saurait être qu'une période de transition ; même William Cecil en vient à souhaiter « que Dieu envoie à notre maîtresse un mari, qu'il lui fasse un fils, et que nous puissions avoir une succession masculine pour la postérité[2] ». Au mieux, l'arrivée d'une nouvelle femme sur le trône apparaît comme un mal nécessaire afin de punir provisoirement les hommes. Elle est l'un de ces fléaux, pestes, tremblements de terre ou inondations, dont se sert périodiquement l'Éternel pour inciter les peuples à la conversion. Catholicisme ou protestantisme ? Au début du règne, le choix n'est pas encore nettement tranché, du moins est-ce ce qu'espèrent les Espagnols, farouches défenseurs de la foi romaine.

God save the Queen

Élisabeth entre solennellement à la tour de Londres le 28 novembre 1558, au milieu d'une foule en délire. L'amour de ses jeunes années, sir Robert Dudley, la suit à la tête de plusieurs hallebardiers. Les deux jeunes gens se connaissent depuis toujours et éprouvent sans doute un tendre sentiment l'un pour l'autre. Jusqu'où sont-ils allés ? On ne le saura jamais mais Élisabeth a toujours déclaré qu'elle souhaitait rester vierge. Elle le réaffirmera plusieurs fois au cours de son existence.

Cette virginité sera toujours une arme : en n'épousant jamais personne, en demeurant fille, Élisabeth restera indéfiniment désirable, cessible, échangeable, monnayable et négociable sur le marché matrimonial. On échafaudera toujours des unions plus ou moins improbables destinées à garantir les équilibres internationaux. Le roi d'Espagne n'est pas le dernier à se mettre sur les rangs. Philippe II, veuf de Marie, serait prêt, pour peu que le pape lui en accorde la dispense, à épouser la nouvelle reine. L'alliance anglo-espagnole en sortirait renforcée, tout comme le catholicisme d'ailleurs. Son ambassadeur, le comte de Feria, se montre très assidu auprès d'Élisabeth ; la France est moins enthousiaste, elle fait cavalier seul et sort ses atouts : la reine d'Écosse Marie Stuart épouse en 1559 le dauphin, François, fils de Henri II. Apparentée aux Tudor, aux Guise et aux Valois, Marie Stuart pourrait bien un jour réunir sur son front les trois couronnes d'Écosse, de France et d'Angleterre…

Ces visées catholiques auront pour principal effet d'arrimer l'Angleterre au camp de la Réforme protestante, une Réforme modérée, toujours réticente face aux outrances des calvinistes dont on pense qu'ils n'aiment pas les règnes féminins. Élisabeth, donc, abhorre la messe papiste, elle en souhaite une version amendée, expurgée, épurée de ses éléments idolâtres : point d'élévation, point de culte des espèces eucharistiques. L'on maintient les litanies mais en langue vulgaire ; à côté de cela, Élisabeth exige que l'on parle avec révérence de la Vierge et des saints. C'est un peu si l'on veut Vatican II avant l'heure… Attachée à la paix publique, la reine souhaite que l'on honore Dieu tout-puissant et que ses peuples soient incités à la vertu et à la piété, en évitant soigneusement les arguties et les finasseries inutiles en matière de doctrine.

Comment réconcilier définitivement la nouvelle reine avec la Réforme en cours ? Un nouvel ecclésiastique, John Aylmer, s'attelle à la tâche. « Dieu est anglais », affirme avec aplomb le futur évêque de Londres, bien décidé à monnayer chèrement l'appui que l'Église apporte au régime. Son *Havre pour abriter les bons et fidèles sujets contre les tempêtes concernant le gouvernement des femmes* n'a-t-il pas pour but avoué de corriger quelque peu l'impression désastreuse laissée par la misogynie de John Knox ? Aylmer a au moins compris que l'on a tout intérêt à se montrer aimable avec les dames, surtout lorsqu'une reine est au pouvoir.

Il rappelle en outre que Knox est écossais, et donc étranger à l'époque, et non point anglais. « Il m'est arrivé il y a peu de temps de lire un petit livre, écrit par un étranger afin de démontrer que le règne des femmes était contraire aux règles et ne pouvait être toléré dans une république [...]. J'ai pensé qu'il était nécessaire de mettre devant les yeux des hommes la fausseté de cet argument, la faiblesse des preuves, et l'absurdité de l'ensemble. » Il tente de rassurer définitivement Élisabeth Ire en précisant avec un ton un peu forcé que les femmes ont « mêmes dispositions, la même langue, les mêmes dons que les hommes ». Et enfin, de guerre lasse, il invoque un dernier argument pour couper court à toute insinuation calomnieuse : « Ce n'est pas la reine qui règne, ce sont les lois »[3].

L'accession au trône

Le couronnement de la reine se déroule le 15 janvier 1559 à l'abbaye de Westminster. Selon un rite encore en usage de nos jours, on demande symboliquement au peuple s'il reconnaît sa reine, en se tournant vers les quatre points cardinaux. Après avoir prononcé à genoux le *Notre Père* elle prête le serment (protestant) de gouverner « en conformité avec les lois de Dieu » et selon « l'Évangile vraiment professé par l'Église établie de son royaume ». Le sacre interviendra dans un deuxième temps ; la reine délaisse son manteau écarlate pour enfiler une tunique d'or et d'argent, permettant d'oindre pudiquement son corps : omoplates, poitrine, bras, mains et front de la souveraine. Puis, assise sur le trône de saint Édouard, Élisabeth reçoit le glaive, le manteau, l'anneau et le sceptre, et enfin à tour de rôle chacune des trois couronnes, d'Angleterre, d'Irlande et de France. La reine d'Angleterre n'est pas encore reine d'Écosse (il faudra attendre 1603 et la dynastie des Stuarts pour cela), en revanche elle est toujours reine de France, du moins en théorie (les fleurs de lys ne seront enlevées des armes royales britanniques qu'en 1800).

En dépit d'une tonalité unanimiste, appropriée à un tel événement patriotique, on sent percer un certain malaise théologique. L'évêque de Carlisle, Owen Oglethorpe, officie visiblement par défaut, en l'absence de l'archevêque de Cantorbéry, Reginald Pole, mort au même moment que son inspiratrice la reine Marie. Les autres ecclésiastiques se sont visiblement récusés, et Oglethorpe lui-même ne cache pas ses convictions catholiques... En bref, Élisabeth est couronnée dans une Église en pleine incertitude ; elle parviendra grâce au fidèle William Cecil à donner au pays son caractère protestant affirmé. Mais comme son père Henri VIII avant elle, elle aura aussi besoin du Parlement pour asseoir son autorité. Celui-ci s'assemble pour la première fois le mercredi 25 janvier 1559. La reine est assise au centre, entourée à sa droite des lords spirituels, archevêques et évêques, à gauche des lords temporels, présidés par le trésorier d'Angleterre, William Paulet, marquis de Winchester. Le chancelier Nicholas Bacon est assis à ses côtés. Les membres des communes, chevaliers, citoyens et bourgeois, sont alors admis en présence de la reine. Bacon prend la parole pour fixer les objectifs : passer de bonnes lois garantissant la paix de l'Église et la tranquillité du royaume, réformer les abus et mettre un terme aux malversations, garantir la prospérité. Il veillera aussi, selon les vœux de la reine, à ce que l'on renonce aux étiquettes infamantes « d'hérétiques, de schismatiques ou de papistes[4] ». Menée par les évêques, l'opposition se concentre dans la Chambre des lords.

En dépit d'une rupture fracassante avec Rome du temps d'Henri VIII, l'Église nationale ne s'est toujours pas dotée d'une doctrine distincte. Élisabeth se montre favorable à l'apaisement et permet sans attendre la communion sous les deux espèces. L'Église romaine au même moment effectue son gigantesque *aggiornamento* puisqu'un concile siège à Trente, avec de nombreuses interruptions, de 1545 à 1563. Élisabeth et ses conseillers tentent de ne pas être gagnés de vitesse, et le Parlement adopte deux lois célèbres, un Acte de suprématie, substituant l'autorité de la reine à celle du pape sur l'Église, un Acte d'uniformité, qui impose une liturgie nettement protestante au pays[5]. Cette évolution religieuse est d'autant plus nécessaire que si Élisabeth est bâtarde au lieu d'être légitime, la couronne peut échoir à une autre personne, et en particulier à sa rivale Marie Stuart, dont on n'a pas oublié qu'elle descend de Margaret Tudor, sœur d'Henri VIII.

Le nouvel Acte de suprématie reprend largement l'Acte de suprématie passé sous Henry VIII, mais contrairement à son père, la reine est désormais le « gouverneur suprême » et non plus comme précédemment la « tête suprême » de l'Église. La bonne entente entre la reine et son parlement souffre cependant une exception. Plusieurs membres des Communes s'inquiètent de la postérité de la reine, et expriment maladroitement le vœu qu'Élisabeth se marie. La reine entre dans une violente colère, comme chaque fois que l'on aborde le sujet devant elle. Elle explique qu'elle a, pour l'instant, choisi de rester libre de toute attache : « Je suis de longtemps persuadée que Dieu m'a fait naître pour penser et faire sur toutes choses celles qui appartiennent à sa gloire. C'est pourquoi j'ai choisi cette façon de vivre qui est la plus libre de souci des choses humaines. »

C'est parler en femme indépendante, mais aussi en reine : « Je me suis déjà liée à un mari, c'est le royaume d'Angleterre, et cela vous doit suffire. » Elle ajoute même : « Et ne me reprochez point également d'être sans enfants, car chacun de vous et tous les autres Anglais êtes mes enfants et mes parents. » Ce parler vrai culmine dans l'évocation furtive du trépas. La reine souhaite que sur sa tombe on puisse écrire :

Ci-gît Élisabeth, qui depuis le berceau,
Vierge a toujours vécu jusqu'à son tombeau[6].

Excommunication de la reine Élisabeth

Au début du règne, les ponts ne sont pas totalement coupés avec la papauté. Pie IV transmet ses instructions secrètes au printemps 1560. Il admoneste paternellement la reine de se joindre au concile de Trente. Un compromis avec Rome est encore possible… Mais la situation internationale pousse Élisabeth à prendre clairement parti pour le camp de la Réforme ; la France est entrée dans l'ère des guerres de Religion. En septembre 1562 est signé à Hampton Court un traité d'assistance entre les huguenots et la reine. Les protestants français doivent recevoir l'assistance de six mille hommes en échange de l'occupation anglaise du port du Havre. Élisabeth comme ses sujets n'ont jamais renoncé à l'existence d'une tête de pont sur le continent. L'annexion provisoire du port normand a pour but ultime la récupération de Calais en servant de monnaie d'échange… L'expédition anglaise s'avère décevante : arc-boutés sur Le Havre et Dieppe, les insulaires sont vite désavoués par les huguenots qui réaffirment leur attachement à leur roi Charles IX. Oubliant leurs différends confessionnels, les Français s'unissent contre l'envahisseur anglais au printemps. La force expéditionnaire est rapatriée durant l'été. Cet échec signe provisoirement la fin des engagements continentaux pour Élisabeth.

L'insularité se renforce. Afin d'exorciser la menace des guerres civiles, le pays se dote de 1563 à 1571 d'un exposé en *Trente-Huit* et finalement en *Trente-Neuf Articles*, incontestablement protestants de ton et d'inspiration, et toujours en usage à l'heure actuelle. Ainsi sont posées les bases théoriques de ce que l'on n'appelle pas encore l'anglicanisme. On y affirme l'autorité de l'Écriture, la justification par la foi, l'existence de deux sacrements, le baptême et la sainte Cène, la communion sous les deux espèces, la prédestination, l'utilisation des langues vernaculaires, le refus de l'autorité du pape… Cette religion de la reine, en tout point conforme aux idées de la souveraine, dénonce le communisme utopique et le pacifisme tout en soulignant la nécessité de la peine de mort « pour de grièves et odieuses offenses[7] ».

L'Angleterre du Nord connaît un rare déferlement de violence à la fin de l'année 1569. Une rébellion éclate, dirigée par

Thomas Percy, comte de Northumberland, et Charles Neville, comte de Westmorland. Les émeutiers ont beau protester qu'ils restent fidèles à la reine et qu'ils n'en veulent qu'à son entourage, Élisabeth est bien décidée à réprimer dans le sang cette atteinte à son autorité, d'autant plus menacée que l'on remet en cause les fondements religieux du régime. Un manifeste publié en octobre déclare :

« Nous Thomas, comte de Northumberland, et Charles, comte de Westmorland, très fidèles sujets de Sa Majesté, à tous de l'ancienne religion.

« Sachez que nous, avec plusieurs autres personnages, tant de la noblesse que d'autre qualité et condition, nous sommes par ensemble donné la foi pour la défense et avènement de ladite religion, à cause que plusieurs désordonnés et mauvais personnages qui sont autour de la reine se sont, par divers et subtils moyens, faits grands et puissants pour tenir ensevelie en ce royaume avec grand désordre la religion catholique, et chercher et procurer la destruction et ruine de la noblesse. Nous, pour ces causes, nous sommes mis et unis par ensemble, pour avec l'aide de Dieu, de la noblesse et du peuple pourvoir et remédier auxdits désordres et sinistres intentions et restaurer toutes les anciennes libertés de l'Église de Dieu et de ce royaume. À quoi nous voyons que si par nous-mêmes n'y avons égard, il y aurait trop de danger d'être réformés par les étrangers avec péril et grand dommage de l'état de cestui notre pays auquel nous sommes obligés »[8].

Le mouvement dure quelques semaines et embrase les trois comtés septentrionaux du Yorkshire, du Durham et du Northumberland. Les insurgés se présentent immanquablement comme les « bons et fidèles sujets de la reine », tout en défendant la foi catholique. Ils arborent même une bannière représentant les cinq plaies du Christ, tout comme lors de la révolte du Pèlerinage de Grâce de 1536. L'insurrection s'essouffle vite ; sa répression est impitoyable : près de quatre cent cinquante rebelles seront exécutés et pas moins de vingt-huit prêtres mis à mort. Loin d'affaiblir son image, la rébellion du Nord renforcera en fait l'ascendant de la reine, meilleur rempart contre les « traîtres, les rebelles et les ennemis papistes ». Cette exaltation patriotique alimente une suspicion croissante envers l'étranger. L'on met particulièrement en garde les catholiques. « Tout vrai chrétien et tout bon sujet anglais, déclare-t-on, doit croire et penser les choses suivantes. Premièrement, que tous les papistes, c'est-à-dire tous ceux qui croient que la doctrine du pape est la bonne, est un ennemi et un traître, envers la majesté et l'honneur de Dieu et envers les couronnes et les dignités de tous les rois et de tous les princes temporels, tout comme envers les royaumes civils, les corps politiques et les républiques. De même, chaque papiste anglais est un traître envers la reine d'Angleterre, il en veut à sa vie et souhaite la subversion de son gouvernement, en attendant un monde meilleur. »

L'Église nationale est le meilleur relais de cette propagande en faveur de la reine. Les homélies prêchent de plus en plus l'obéissance absolue au trône aux dépens des anciens liens vassaliques, suspects d'entretenir un esprit de révolte permanent. Dieu est ainsi amené à étendre ses bénédictions sur la reine et sur son peuple également appelés à professer la « religion pure et parfaite contenue dans le saint Évangile[9] ».

Le Saint-Siège ne tarde pas à réagir devant cette Église rivale qui ne manque pas de soutenir en tous lieux les tenants d'une Réforme protestante. Pie V accomplit un geste irrémédiable en fulminant sa bulle *Regnans in excelsis* au printemps 1570. Les catholiques anglais sont désormais contraints de choisir entre leur reine et le pape. Le patriotisme insulaire l'emporte comme toujours en pareil cas, mais les Anglais, restés fidèles à l'ancienne foi, sont confrontés à un dilemme insoluble. Tous les sujets de la reine sont en effet « déclarés absous du serment de fidélité, et de tout autre devoir », et ceux qui obéissent malgré tout à leur reine se voient frappés d'anathème. Pie V ne manque pas de mentionner que nombre d'hérétiques du continent bénéficient de la protection d'Élisabeth Ire, « esclave de méchanceté », et « prétendue reine d'Angleterre » qui leur reconnaît un droit d'asile en Angleterre. Non seulement Élisabeth est considérée comme bâtarde et donc indigne de monter sur le trône, mais encore elle aurait usurpé « menteusement la place du souverain chef de l'Église en Angleterre et la principale juridiction et autorité en icelle ». L'Angleterre est gagnée par l'impiété, en persécutant ceux qui font « profession et exercice de la religion catholique ». Le clergé resté fidèle à Rome est remplacé par de « méchants prêcheurs et ministres d'impiété », qui ont aboli « le sacrifice de la messe, les prières, les jeûnes, la distinction des viandes, le célibat et les cérémonies catholiques ».

La chrétienté latine semble désormais bipolaire entre un bloc catholique, théoriquement centré sur Rome, et un monde protestant qui trouve en Élisabeth une protectrice toute désignée. Heinrich Bullinger, successeur de Zwingli à Zurich, est l'un des premiers parmi les Réformateurs à entériner ce partage du monde. Sa *Réfutation de la bulle papale contre Élisabeth, reine d'Angleterre* paraît à Londres en 1571. L'« évêque de Rome », ainsi que l'on appelle couramment le pape outre-Manche, est à son tour traité d'usurpateur. On trouve en lui non pas « l'humilité du Christ, mais l'arrogance de Lucifer »[10].

Vers une alliance française ?

Le Français Charles IX épouse Élisabeth d'Autriche, fille de l'empereur Maximilien, en novembre 1570. Pendant combien de temps encore l'Angleterre pourra-t-elle rester dans son splendide isolement ? Catherine de Médicis envisagerait d'un œil favorable l'union de la reine Élisabeth et de son autre fils Henri, duc d'Anjou, futur Henri III. Cette idée a toute la faveur des Montmorency et des huguenots qui souhaitent isoler l'Espagne dans le concert des nations. Catherine de Médicis voudrait croire que la reine d'Angleterre est encore en mesure de procréer. Mais les sentiments ne se commandent pas et

Henri d'Anjou éprouve, plus que du mépris, une réelle répugnance pour cette femme plus âgée que lui de dix-sept ans qui devient pour lui, dans la langue colorée du temps, une « putain publique[11] ». Élisabeth, une femme de mauvaise vie, alors que toute sa réputation est construite à l'inverse sur l'exaltation d'une inaltérable virginité ? La tache originelle de sa bâtardise poursuit sans doute plus qu'aucun autre stigmate cette reine exemplaire... À moins qu'il ne faille entendre qu'Élisabeth mène une vie secrète et s'offre occasionnellement aux étreintes passionnées des robustes chevaliers servants qui fréquenteraient de plus en plus assidûment sa Cour et sa couche. L'« amitié du mariage », comme on dit à l'époque, ne semble guère convenir à cette femme farouchement indépendante. Son adversaire de toujours, Marie Stuart, tentera à sa façon d'élucider l'intrigue de la virginité de la reine d'Angleterre en invoquant quelque difformité physique ou quelque traumatisme de l'enfance, comme peut-être les attouchements de Thomas Seymour (voir chap. 4). Se dérobant à toute pénétration, Élisabeth trouve sans doute quelques compensations dans des caresses intimes, à en croire la reine d'Écosse qui rapporte dans ce superbe français du XVIe siècle, si approprié aux mignardises, qu'un homme aurait couché « infinies fois » avec elle « avec toute la licence et privauté qui se peut user entre mari et femme ».

Les Français ont par ailleurs une réputation de vigueur qui inquiète vaguement la reine d'Angleterre. « Ceux de la maison de France, déclare-t-elle à l'ambassadeur Monsieur de La Mothe-Fénelon, avaient bien réputation d'être bon maris à bien fort honorer leurs femmes mais à ne guère les aimer[12]. » De plus en plus jalouse, capricieuse et irascible avec les années, Élisabeth exige en retour des hommes qui l'approchent et qui la servent abnégation, douceur, tendresse, doigté et dévouement... Que croire de cette comédie sentimentale, de ce marivaudage, de ces soupirs, de ces atermoiements ? Le massacre des protestants perpétré en France lors de la Saint-Barthélemy, 24 août

1572, provoque un net refroidissement de ces ardeurs conjugales. Charles IX tente vainement de convaincre Élisabeth que ce bain de sang était une réponse à une conspiration huguenote menée par Coligny[13]. C'est une Cour en deuil qui accueille l'ambassadeur de France le mois suivant pour mieux marquer la réprobation d'Élisabeth devant la persécution des huguenots.

Élisabeth atteint ses 40 ans l'année suivante ; la perspective d'un mariage français passe provisoirement au second plan, mais la reine n'en apprécie pas moins la présence athlétique de Christopher Hatton, le meilleur danseur de la Cour. Ce dernier adresse des missives enflammées à la souveraine qui les lit apparemment sans déplaisir, sans s'arrêter sur certaines métaphores malheureuses comme lorsque son soupirant lui déclare dans une grande envolée, et au mépris de toute vraisemblance, qu'il est « à genoux sur son cœur[14] » (10 août 1573). L'amour permet tous les égarements. En retour, Élisabeth couvre son « mouton » d'affection. Pourquoi mouton, pourquoi pas « bouc » ? C'est que cette reine que l'on juge sévère affectionne dans l'intimité ces jeux de mots complices qui transforment sa Cour en bestiaire, lady Margery Norris devient « mon corbeau » du fait de son teint mat, et Edward Vere, comte d'Oxford, « le sanglier », pour des raisons qui nous échappent un peu. Ce totémisme s'étend aussi à d'autres éléments, le brave Cecil est « l'Esprit » – ce qui va bien à un helléniste distingué – et Walsingham, grand spécialiste des missions délicates et des interrogatoires musclés, « la lune ».

La reine, le singe et la grenouille

La politique hésite parfois entre la farce et la fable. Catherine de Médicis ne renonce pas à son projet d'union matrimoniale franco-anglaise. Devant le peu d'empressement mis par le duc d'Anjou, elle a une solution de rechange. Pourquoi son dernier fils, Hercule François, duc d'Alençon, ne ferait-il pas l'affaire ? Après tout, il n'a que vingt-deux ans de différence avec la reine d'Angleterre. Élisabeth flaire le piège, elle se méfie et précise dans la langue des boutiquiers, avides d'inspecter la marchandise, « qu'elle n'achèterait aucun pour mari si elle ne l'eût premièrement vu[15] ».

Peu intéressée par les charmes du duc, la reine se demande surtout si, une fois en Angleterre, (Hercule) François se préoccupera encore d'assister à la messe, cette célébration idolâtre et contraire aux lois du royaume... Faisant contre mauvaise fortune bon cœur, elle admet certes qu'il est un assez beau parti, sans avoir toutes les perfections souhaitables. Le duc d'Alençon la surprend heureusement lorsqu'il publie un manifeste, daté de Dreux le 17 septembre 1575, par lequel il se met à la tête d'un parti de « malcontents », hostiles à Henri III qui vient de succéder à Charles IX et à son entourage italien.

(Hercule) François gagne en importance avec les années ; les Pays-Bas révoltés contre l'Espagne se tournent désormais vers lui ; il reçoit à son tour l'Anjou en apanage. François d'Anjou assure les insurgés néerlandais de son affection, Élisabeth tergiverse : elle n'aime pas que des sujets se rebellent contre leur roi, mais cette neutralité affichée n'est pas exempte de sympathie pour les Hollandais dans leur lutte contre Philippe II.

C'est dans ces circonstances que l'on reparle d'un mariage avec Élisabeth qui devient pour le Français la « plus parfaite déesse des cieux ». Il envoie outre-Manche son serviteur Jean de Simier, afin de « traiter, résoudre, conclure et contracter le mariage de ladite dame reine d'Angleterre ». Simier arrive à Londres au début de l'année 1579. Avec sa passion pour les jeux de mots animaliers, Élisabeth lui donnera le surnom affectueux de « mon singe ». De Simier à *simiesque*, il n'y a qu'un pas. Le serviteur du duc d'Anjou saisit la balle au bond : « Je vous requiers et vous supplie très humblement que le singe soit toujours continué au nombre de vos bêtes[16]. » Quant au duc d'Anjou, son absence quasi totale de charme physique le fait immédiatement surnommer « la grenouille ».

Les choses paraissent bien avancées : François d'Anjou arrive incognito à Greenwich en août 1579, pour une courte visite de quinze jours. Les Anglais, naturellement francophobes à l'époque, dévorent une brochure satirique, *L'Abîme où le mariage français entraîne l'Angleterre*[17]. Son malheureux auteur est condamné à avoir la main droite coupée et pour conclure la sinistre cérémonie, il lève son chapeau de sa main restante et s'écrie *God save the Queen*. À cette époque, on avait le sens de l'honneur.

En juin 1581, on en est déjà à régler les derniers détails de la célébration du mariage ; le duc d'Anjou arrive six mois plus tard pour une nouvelle visite outre-Manche. C'est alors que se déroule une curieuse pantomime, un échange d'anneaux à caractère purement diplomatique et non pas conjugal. La scène est volontairement ambiguë. Il s'agit de noces totalement symboliques entre les royaumes, sans aucune consommation physique entre le duc d'Anjou et la reine d'Angleterre.

Au début de l'année 1582, le duc d'Anjou repart pour le continent. Il ne reverra jamais plus la reine, secrètement soulagée d'être débarrassé de cette grenouille qui meurt deux ans plus tard à Château-Thierry, alors qu'elle n'a pas 30 ans.

La forteresse assiégée

On retient généralement les aspects les plus souriants du règne d'Élisabeth, sa prospérité économique, son unanimisme patriotique, le raffinement de sa musique et de sa poésie, la verdeur de son théâtre ou encore la délicatesse des productions picturales, absorbées par les représentations maniéristes de la reine, du *Portrait au pélican* de Nicholas Hilliard ou du *Portrait au phénix* du même peintre, au fabuleux *Portrait à l'arc-en-ciel* d'Isaac Oliver. Si l'Angleterre n'est ni la Flandre ni l'Italie, une production insulaire très originale s'y développe, œuvre de miniaturistes attentifs au détail des costumes ou de l'orfèvrerie.

Loin d'être des œuvres spontanées, les images de la reine sont soigneusement codifiées dans cette société fermement contrôlée et tenue en main. L'Angleterre d'Élisabeth repose sur un régime profondément autoritaire et répressif, que l'on dirait volontiers totalitaire en d'autres temps et sous d'autres cieux. Chaque Anglais est appelé à s'impliquer personnellement dans la défense de la reine, dans un pays de plus en plus cerné par les puissances ennemies. À partir de 1581, nul n'est autorisé à aborder la délicate question de la succession au trône ; en octobre 1584 se constitue une association patriotique pour la défense de la reine. Parti du Conseil, le mouvement touche l'ensemble du pays avant de donner naissance à une loi « pour la sécurité de la reine » l'année suivante. On rappelle que « la félicité et la paix du royaume consistent, après Dieu, dans la sécurité et la préservation de Sa Majesté la reine », et l'on s'indigne que « plusieurs méchants complots et coups d'État aient été fomentés, aussi bien au-delà des mers que dans ce royaume ». L'on prévoit qu'en cas « d'invasion ou de rébellion » ou « si l'on attentait à la personne de Sa Gracieuse Majesté » pour revendiquer sa couronne, « alors par une commission scellée du grand sceau royal, les lords et les membres du conseil privé, au nombre de vingt-quatre, recevraient en vertu de cette loi l'autorité pour ouvrir une enquête »[18].

Il y a deux sujets tabous pour Élisabeth : elle ne supporte pas que l'on se mêle de sa descendance ou que l'on mentionne devant elle la question de sa succession. De plus, imaginer la mort de la reine, n'est-ce pas d'une certaine façon souhaiter celle-ci ? Depuis le Moyen Âge, l'évocation de la disparition du souverain relève de la haute trahison[19]. Or, Élisabeth sait pertinemment qu'elle est mortelle et, pourrions-nous dire, elle ne le sait que trop et craint constamment que l'on attente à ses jours. Les catholiques d'Angleterre et plus encore ceux du continent sont les premiers suspects. Dans ces mêmes années, William Cecil, devenu désormais lord Burghley, publie un ouvrage immédiatement traduit en plusieurs langues. Il s'agit de défendre le traitement souvent terrifiant réservé aux catholiques. Dans son *Exécution de justice faite en Angleterre pour maintenir la paix publique et chrétienne, contre les auteurs de sédition*, Burghley justifie par la lutte contre le terrorisme l'utilisation de mesures d'exception dans cette guerre de l'ombre où tous les coups sont permis. La persécution des papistes est uniquement politique, précise-t-il avec candeur ; si tout catholique n'est pas nécessairement un traître, il risque de le devenir en accueillant prêtres et jésuites envoyés par Rome. C'est la raison pour laquelle il recommande en annexe l'utilisation systématique de la torture afin d'obtenir des renseignements permettant de démanteler les réseaux terroristes. Il ne s'agit pas de punir la conscience errante mais de lutter efficacement contre l'internationale catholique. L'auteur rappelle au passage la « bénignité », la « clémence douce et gracieuse de Sa Majesté » face à la « malice infâme » des « malfaiteurs détestables » et des « traîtres obstinés » envoyés par Rome[20]. Environ cent cinquante membres du clergé, réguliers ou séculiers, sont exécutés pour haute trahison durant la période élisabéthaine, avec tous les raffinements de cruauté de la loi du temps : pendaison, éventration, castration… Les pères jésuites que l'on découpe en morceaux ne cèdent jamais ; ils exhortent, le plus souvent sans effet, les laïcs catholiques à les suivre dans le martyre. Mais la quasi-totalité des victimes appartiennent au clergé, interdit de séjour en Angleterre. William Allen rédige sa *Vraie, sincère et modeste défense des catholiques persécutés pour leur foi*[21]. Ces protestations restent évidemment sans effet aux yeux de la reine ; le pays s'enfonce de plus en plus dans la terreur.

L'Angleterre d'Élisabeth fait figure de contre-modèle pour le monde catholique. Une dizaine d'années plus tard, dans son *Avertissement des catholiques anglais aux catholiques français*, le ligueur Louis Dorléans s'en prend nommément à la reine. « Pour nous être soumis à une princesse hérétique, fait-il dire à ses catholiques anglais fictifs, nous voyons l'athéisme planté en Angleterre, Dieu exilé et banni de nos pays, l'Église dépouillée, détruite et violée, les temples pollués, les catholiques effrayés, les prêtres questionnés, pendus, déchirés, et bref, les gibets, les places, et les portes des villes étoffées de têtes, bras, et jambes de nos pauvres frères catholiques qu'on a pour la religion cruellement meurtris, tronqués, et mutilés, et si peu qu'il en reste faits esclaves de l'audace et arrogance des impétueux ministres de Satan qui sont les bourreaux perpétuels de leurs vies. » Le *Théâtre des cruautés des hérétiques de notre temps*, paru en 1587 en Flandre, étale en pleine page des scènes de sadisme destinées à démontrer la barbarie de ce règne féminin[22]. À ce compte-là, Élisabeth n'aurait-elle pas été aussi inhumaine que sa sœur, et ne faudrait-il pas ici aussi parler d'une reine sanglante ? Élisabeth, « la sanglante »… Pourquoi pas ?

La guerre à outrance

En juillet 1584, le prince d'Orange est assassiné à Delft. Le dirigeant incontestable des Pays-Bas dans leur lutte contre Philippe II apparaît comme une victime de la fureur des Ibériques que l'on accuse d'avoir fomenté cet attentat. Les jésuites frappant qui ils veulent, là où ils veulent, nul ne serait à l'abri de cette sauvagerie selon cette imagerie effrayante. La reine a longtemps hésité à intervenir ; elle n'aime pas le désordre et ne souffre pas que l'on se révolte contre les rois et les princes. Mais dans le cas néerlandais, elle fera une exception. Élisabeth, se sentant menacée, finit par entrer dans une guerre mondiale contre l'Espagne qui embrase l'espace atlantique tout entier. Des opérations terrestres ont lieu sur le continent européen. À la mi-août 1585, est signé au palais de Nonsuch, dans le Surrey, un traité d'assistance militaire avec les Pays-Bas. On parle de l'envoi d'une force de cinq mille fantassins et de mille cavaliers. En octobre l'on publie une *Déclaration des causes qui ont ému la reine d'Angleterre à donner secours pour la défense du peuple affligé et oppressé ès Pays-Bas*. La reine revient sur les liens très anciens qui unissent les deux rives de la mer du Nord. Les cœurs des deux peuples, écrit-elle, sont tellement unis « par le cours continuel des temps » qu'il n'a jamais été en « la puissance d'aucun » de dissoudre leur amitié. Elle revient sur la maladresse de Philippe II qui, contrairement à son père Charles Quint, n'a pas su s'adapter aux mentalités des sujets lointains auxquels il a imposé « des Espagnols pour gouverneurs [...], gens qui étaient étrangers de nation et accoutumés plutôt à la guerre qu'à gouverner paisiblement ». Élisabeth refuse avec sagesse de réduire le conflit à une affaire religieuse entre une Espagne catholique et des Pays-Bas protestants. Attentive à la situation française, infiniment commentée et analysée outre-Manche, la reine souhaite avant tout éviter les guerres de religion. Elle refuse d'entrer dans des débats théologiques sans fin. Elle s'en remet à Dieu, « juste juge, scrutateur des cœurs et consciences, et à qui rien n'est celé ». Elle le prend à témoin de la pureté de ses intentions : « Nous espérons que regardant la sincérité de notre cœur, il donnera heureux succès à nos actions desquelles une paix chrétienne puisse réussir à sa divine gloire et consolation de tous ceux qui aiment véritablement la paix, et la recherchent sincèrement »[23].

Homme de plume et d'épée, le huguenot Duplessis-Mornay consacre le rôle d'Élisabeth comme protectrice attitrée des protestants. « Il y va, écrit-il en 1585, de la gloire de ladite dame reine, premièrement, comme princesse vraiment chrétienne, et à bon escient défenderesse de la foi. » Il revient à la reine d'Angleterre de protéger la foi protestante et ses fidèles « qui sont travaillés et molestés à cause d'icelle »[24].

La « paix chrétienne », chère au cœur d'Élisabeth, souffre une exception, la guerre de course entre Anglais et Espagnols. Les règles de la civilité cessent de s'appliquer sur les mers ouvertes aux aventuriers, originaires de la *gentry* terrienne ou de la marchandise. Les opérations maritimes permettent généralement un excellent retour sur investissement. Le 14 septembre 1585, sir Francis Drake appareille depuis Plymouth en destination des Caraïbes. La reine aime ces hommes rudes, au parler vrai, à l'éloquence hachée et au teint hâlé ; elle ne manque pas du reste d'investir dans l'entreprise, suivie de nombreux nobles et bourgeois qui s'encanailleraient presque pour la séduire. C'est l'époque où les Anglais un peu pirates rêvent des mondes lointains, encore dominés par les Portugais et les Espagnols, qu'ils ont bien l'intention de supplanter un jour aux Antilles et dans les Amériques.

Au nombre des insulaires tentés par l'aventure aux Pays-Bas, on retrouve Robert Dudley, le *Sweet Robin* des vertes années, l'amour de jeunesse d'Élisabeth, devenu comte de Leicester. Ce grand personnage débarque à Flessingue en décembre, pressé d'en découdre avec les Espagnols haïs. La reine va vite prendre ombrage de la gloire qui s'abat sur son protégé. L'une des faiblesses de la monarchie féminine du temps est l'interdit implicite du commandement militaire. Une reine ne saurait, normalement, porter les armes, elle s'en remet aux hommes pour cela. Or Élisabeth en éprouve plus que du dépit, de la rage : comme elle aimerait elle aussi chevaucher à la tête des troupes et tuer quelques Espagnols au combat ! Elle se résigne donc, navrée de ne pouvoir jouer les amazones. Qu'il est beau, notre Leicester, avec ses pendentifs d'oreille et sa toque de velours ! Vaguement envieux, les bourgeois hollandais en sont tout ébahis dans leurs tenues de drap sombres ; ils n'oseraient pas se vêtir ainsi et préfèrent mitonner ces plats nourrissants, adaptés à la mauvaise saison : cochons de lait, faisans, cygnes rôtis se succèdent pour fêter l'assistance des Anglais au milieu de force libations. De Rotterdam à Delft, le bon peuple s'exclame en anglais *God save Queen Elizabeth.* Quel dommage qu'elle ne puisse pas être là pour assister à cette apothéose !

Leicester n'oublie pas au milieu de ces scènes de joie la discipline des armées, proscrivant blasphème, jeux déshonnêtes, vagabondage et ivrognerie. Le 10 janvier 1586 à La Haye, les États des Provinces-Unies offrent à Leicester le commandement en chef de tous les territoires. Élisabeth enrage ; il n'est pas question que l'un de ses sujets exerce la moindre souveraineté ; cela risque de lui donner des idées. D'un tempérament ombrageux, Élisabeth n'a jamais vraiment accepté non plus l'épouse de Leicester, Lettice Knollys. Elle refuse de lui donner l'autorisation de rejoindre son mari. À la fin de l'année 1587, Leicester résigné s'en retourne en Angleterre. Les Espagnols ne pardonnent pas aux Anglais leur présence dans les Pays-Bas septentrionaux. En s'arc-boutant sur l'actuelle Belgique, ils préparent leur terrible vengeance. Désormais cardinal, William Allen publie à Anvers son *Avis à la noblesse et au peuple d'Angleterre et d'Irlande* au printemps 1588. Dans un geste théâtral, le prélat traite la reine de « Jézabel », l'une des mauvaises femmes de l'Ancien Testament, qui défend le paganisme contre le culte du vrai Dieu. Élisabeth pareillement se présente en prophétesse pour encourager le peuple anglais à « forniquer et à manger le pain de l'idolâtrie dans des cultes schismatiques[25] ».

L'exécution de Marie Stuart

On ne saurait parler de l'une sans évoquer immanquablement l'autre. La catholique Marie Stuart est la rivale politique et plus encore l'antithèse absolue de sa cousine Élisabeth Ire. Née en 1542, morte exécutée en 1587, la fille de Jacques V est d'ascendance lorraine par sa mère Marie de Guise († 1560). Ses fiançailles puis son mariage avec le dauphin, futur François II, renforcent encore sa familiarité avec la France où elle séjourne pendant treize ans. Reine d'Écosse pratiquement depuis le jour de sa naissance, reine de France par son mariage, la petite fille de Margaret Tudor, sœur aînée d'Henri VIII, a quelques titres à faire valoir sur la couronne d'Angleterre. C'est ce qui lui sera fatal.

Les deux femmes ne se sont jamais rencontrées ; elles ne s'en détestent pas moins cordialement. Marie Stuart est jolie, du moins elle l'a été. Elle est, nous dit Simone Bertière dans une élégante formule, « reine jusqu'au bout des ongles par la naissance, par la fierté, par la beauté[26] ». Élisabeth est souvent avantagée par les peintres ou les poètes, à commencer par notre Ronsard. Visiblement, Ronsard n'avait jamais vu Élisabeth, ou s'il l'avait vue, il ne l'avait probablement pas regardée. Il se laisse aller à quelques hardiesses quand il décrit ses « yeux maintenant cruels et gracieux, tantôt bénins, tantôt audacieux[27] »...

La rivalité des deux reines s'est prêtée à une interprétation confessionnelle. Marie Stuart est devenue non sans mal une héroïne catholique, presque une sainte. Elle a réussi sa mort, atteignant un statut de quasi-martyre... La tradition protestante retiendra le courage d'Élisabeth, sa détermination face aux Espagnols, son attachement à la cause réformatrice. Le procès truqué de Marie Stuart n'en demeure pas moins un chef-d'œuvre de cynisme et de manipulation. Il n'était pas facile de condamner une reine devant un tribunal sans remettre en cause l'institution monarchique en profondeur. Élisabeth en a profondément conscience et elle tente de façon sournoise de s'exonérer elle-même de toute implication directe. Marie Stuart a d'abord été la captive de sa cousine dont elle implorait la protection. Depuis 1569, elle est maintenue en détention dans divers châteaux. Elle jouit d'un calme relatif et on lui laisse toute latitude pour entretenir une correspondance suivie avec les puissances étrangères : le roi de France, le roi d'Espagne, le pape, l'empereur reçoivent ses lettres, joliment écrites mais soigneusement espionnées par les services anglais qui savent tout le parti que l'on peut tirer de tels échanges. Au milieu de ses oiseaux et de ses chiens de compagnie, la reine d'Écosse conspire tout en s'adonnant à ces travaux d'aiguille dont on fait à l'époque le symbole même de l'activité féminine. Mais la mort tragique de Guillaume d'Orange, l'intervention aux Pays-Bas font craindre une intervention espagnole. Que faire si Marie était placée sur le trône par ses partisans ? Ne vaut-il pas mieux liquider la reine d'Écosse tant qu'il en est encore temps ?

Plutôt que de l'assassiner ou de l'empoisonner, on décide visiblement de l'incriminer dans une conspiration ; ce sera le complot Babington. Sir Francis Walsingham, chargé des missions délicates, recrute deux agents provocateurs, Gilbert Gifford et Bernard Maude, qui manipulent à leur tour deux « loups solitaires », comme nous dirions de nos jours, John Savage et John Ballard. Par ailleurs, un jeune idéaliste du nom d'Anthony Babington échafaude un plan visant à la libération de Marie Stuart et à la chute de sa cousine. La pauvrette n'en rejette pas moins la piste de l'assassinat, mais on imite son écriture pour pouvoir l'accuser le plus tranquillement, le plus posément du monde et obtenir sa condamnation à mort, après deux jours de jugement les 14 et 15 octobre 1586, à Fotheringhay Castle dans les Midlands. En tout cas, la reine d'Écosse a gagné la bataille de l'opinion, du moins aux yeux de la postérité, et notre Brantôme participe à cette mise en scène dans ses *Dames galantes.* Il nous montre la reine prenant congé de ses proches « sans larmoyer aucunement », mais en proférant une parole de consolation pour chacun tandis que ses proches écrasent une larme. Le lendemain matin, avant son exécution, elle se retire en son oratoire pour faire « ses Pâques par le moyen d'une hostie consacrée que le bon pape Pie V lui avait envoyée pour s'en servir à sa nécessité, et qu'elle avait toujours fort curieusement et saintement gardée et conservée ».

Ayant été « reine des royaumes de France et d'Écosse, de l'un par nature, de l'autre par fortune », elle réaffirme son attachement à sa religion catholique, « bonne, sainte, qu'elle n'abandonnerait jamais jusques au dernier soupir, puisqu'elle y avait été baptisée, et qu'elle ne voulait autre gloire après sa mort, sinon que l'on publiât sa fermeté par toute la France »[28].

Le 8 février 1587, date de la mort de Marie Stuart, marque un tournant dans l'histoire du monde : on savait les rois et les reines mortels, mais on ignorait qu'ils pouvaient être jugés. Élisabeth prend elle-même peur de son geste ; elle parvient avec une évidente perfidie à donner l'ordre de l'exécution puis à

L'empresse Mathilde († 1167), d'après une miniature de la fin du XIVe siècle tirée du livre d'Or de l'abbaye de Saint-Albans dans le Hertfordshire dont elle avait été l'une des bienfaitrices. Elle tient à la main une charte se rapportant à la donation de deux seigneuries aux moines bénédictins. On remarquera la prédominance de la pourpre, couleur impériale par excellence, ou symbole de colère et de passion déréglée pour caractériser ce règne féminin longtemps considéré comme une malédiction.

Cette enluminure zurichoise du début du XIVe siècle fait dialoguer de façon fictive le poète Der von Kürenberger, un célèbre ménestrel de langue allemande qui anticipe la littérature courtoise, avec la reine Aliénor d'Aquitaine († 1204), dont on connaît les liens familiaux avec les troubadours occitans.

Isabelle de France, épouse d'Édouard II, et son armée en 1326. Outre la finesse du trait, cette miniature du Maître du Wavrin, extraite des *Chroniques d'Angleterre*, témoigne d'une maîtrise admirable de la couleur en donnant à l'image une profondeur inédite, accentuée par le savant contraste des verts et des bleus (fin XVe siècle).

Catherine d'Aragon, vers 1530. L'utilisation du bleu de Prusse, inconnu auparavant, confirme que la toile a été peinte en réalité au XVIIIe siècle – ce qui montre l'intérêt constant pour la période des Tudors en Angleterre. L'embonpoint précoce, les quelques brins de lavande tenus dans la main droite confèrent au portrait l'aspect mélancolique d'un destin brisé (cf. p. 105).

Ce portrait d'Anne Boleyn montre la reine en 1534 au sommet de sa gloire. Sa beauté simple, sans apprêts excessifs, contraste avec la réputation racoleuse qu'on lui prête sur le continent ou dans les milieux hostiles à son mariage.

Ce merveilleux portrait d'Anne de Clèves illustre toutes les facettes du talent infini de Hans Holbein. Holbein était un trop grand peintre, hélas, et Henri ne pouvait que tomber amoureux d'une image aussi accomplie, quitte à regretter plus tard que la jeune femme ne parvînt pas à réveiller ses ardeurs assoupies (cf. p. 127). Méritait-elle pour autant le surnom de « jument des Flandres » dont il l'affuble ?

Catherine Parr, peinte ici vers 1545, aux environs de sa trente-troisième année, fut une épouse idéale pour un roi acariâtre et impotent. Deux veuvages successifs lui avaient appris une sage résignation, et elle fut tout à la fois une merveilleuse garde-malade et une seconde mère pour la princesse Marie, et plus encore pour la future reine Élisabeth et son jeune frère, le petit prince Édouard (cf. p. 134). Intelligente et cultivée, d'un haut degré de spiritualité, son royal époux n'a pas le temps de la faire décapiter avant sa mort et elle se marie une quatrième fois, six mois après sa disparition, avec Thomas Seymour, oncle maternel du nouveau roi Édouard VI.

Les Victoriens affectionnaient la peinture d'histoire. Cette toile peinte en 1870 par Marcus Stone *Henri VIII et Anne Boleyn observés par la reine Catherine* accumule les détails : le portrait de Catherine d'Aragon figure au mur et la reine apparaît aussi dans l'entrebâillement de la porte d'où elle surprend Anne à demi-agenouillée devant un Henri VIII dont la calvitie n'est pour une fois pas masquée par une coiffe. Le luth que sa rivale tient à la main symbolise l'harmonie, très provisoire, de ce couple amateur de musique que Wolsey, reconnaissable à sa pourpre cardinalice, surveille avec intérêt.

À vingt-huit ans, Marie Tudor a l'air sage et réservé d'une jeune femme à l'avenir incertain. On ne se doute pas, en la voyant, que son obstination et sa politique intransigeante envers les protestants lui vaudront un jour l'épithète homérique de « Marie la Sanglante » (cf. p. 141).

Élisabeth s'est prêtée à de nombreux portraits maniéristes, destinés à défendre l'autorité de la reine dans un monde dominé par la force et par l'intrigue. La défaite de l'invincible Armada espagnole est le fait d'arme le plus célèbre de la période ; la richesse de la robe, la qualité du drapé, les perles renforcent l'impression d'opulence d'un règne de plus en plus tourné vers l'expansion impériale, que figure le globe posé sur la table (cf. p. 193).

Originaire d'Anvers, Antoine Van Dyck sera, après Holbein, le plus anglais des peintres continentaux. Il a laissé plusieurs tableaux célèbres de Charles Ier et de son épouse Henriette-Marie dont cette toile de 1632 figurant les deux époux et leurs aînés, le prince Charles et la princesse Marie. Cette scène de bonheur conjugal marque véritablement l'invention de la famille royale, exploitée deux siècles plus tard par les Victoriens et leurs descendants.
Les deux chiens qui tiennent le milieu du tableau ajoutent une note humoristique très British à cet ensemble ; on admirera aussi le merveilleux rendu des étoffes (cf. p. 210).

Si elle n'avait en partage ni la grâce ni la beauté, la reine Anne est associée avant la reine Victoria avec la puissance des armes britanniques. Ses succès contre la France de Louis XIV rendent chère aux cœurs des Britanniques la dernière des Stuarts à avoir régné sur leur île. Sa vie personnelle est une longue suite de malheurs : sa brouille avec son père le catholique Jacques II, ses amours tumultueuses avec Sarah Churchill, l'une des ancêtres de sir Winston, ses grossesses infructueuses… Seul le petit William, duc de Gloucester, ici représenté en compagnie de sa mère, atteindra l'âge de onze ans (cf. p. 232).

Caroline d'Ansbach, épouse de George II, aimait la philosophie. Du moins elle en faisait étalage tentant de donner à la dynastie des Hanovre l'image de culture et de raffinement qui lui manquait tant. Ce portrait très rococo, avec ses putti, associe heureusement le ton pastel de la robe, le bleu du ciel et le vert tendre de la tenture.

George Cruickshank († 1878) est après Hogarth et Gillray l'un des caricaturistes les plus cruels qu'ait compté son pays. Cette eau-forte de 1820 stigmatise George IV au moment où l'opinion prend le parti de son épouse éconduite, Caroline de Brunswick. La couleur verte fait allusion au sac de cette couleur dans lequel le roi avait accumulé les éléments à charge contre sa femme. On remarquera aussi les deux ceintures qui évoquent des organes sexuels explicitant la légende : *Jamais sans doute on ne vit homme et femme aussi destinés par la nature à s'accoupler.*

Dans son journal personnel, Victoria laissait percer en décembre 1846 son admiration pour ce pur « chef-d'œuvre » permettant à l'Allemand Winterhalter de consacrer pour l'éternité la famille royale britannique, composée à l'époque du prince Albert, de Victoria, reconnaissable à son diadème discret, et de cinq de leurs enfants : la princesse Victoria, le prince Albert, la princesse Alice, le prince Alfred, et la princesse Héléna (cf. p. 324). La dominante rouge, les dorures, les têtes de lion des accoudoirs, l'étoile et les rubans bleus de l'ordre de la jarretière confèrent à cette scène un caractère proprement monarchique et non pas uniquement aristocratique ou bourgeois.

Royal Collection Trust. © Her Majesty Queen Elizabeth II, 2016/Bridgeman Images.

Les mains dans le cambouis pour changer un pneu… Élisabeth II, alors qu'elle est encore princesse, participe à l'effort de guerre en servant en 1945 dans le service auxiliaire territorial.

© Bridgeman Images.

Élisabeth II renoue avec son peuple le 5 septembre 1997 mettant un point final à la mini crise liée à la disparition de Lady Di. Cela lui a coûté de gros efforts, mais elle est parvenue, avec tact et élégance, à rendre hommage à la mère de ses petits-enfants…

© akg-images/picture-alliance/dpa.

transmettre la consigne inverse l'instant d'après. En un sens, on peut dire encore aujourd'hui qu'elle n'est pas responsable jusqu'au bout du décès de cette autre reine sa rivale… Elle réussit même à écrire avec une rare tartuferie à Jacques VI, fils de Marie Stuart, et futur roi d'Angleterre, qu'elle n'est pas responsable de la disparition de sa mère. On ne s'appesantira pas sur la sincérité ou la duplicité d'Élisabeth. Une chose est sûre, l'idée que les peuples puissent un jour juger les rois lui fait horreur.

La première « bataille d'Angleterre »

L'année 1588 est l'une des plus mémorables de l'histoire anglaise. L'Angleterre repousse victorieusement l'une des pires tentatives d'invasion de son histoire. Philippe II avait échafaudé plusieurs plans pour attaquer de front sa grande rivale, la reine Élisabeth. On pense dans un premier temps bien sûr à prendre appui sur les Pays-Bas espagnols, mais finalement, en mai 1588, les cent trente navires de l'Invincible Armada appareillent depuis Lisbonne. Ils représentent une force d'intervention considérable : près de trente mille hommes embarqués. L'ensemble est placé sous le commandement d'Alonso Pérez de Guzmán, duc de Medina Sidonia, qui doit recevoir le renfort à la hauteur de la Flandre du duc de Parme, Alexandre Farnèse, pacificateur de la région. Les Anglais ne disposent au départ que de deux avantages : leur redoutable artillerie embarquée et la proximité de leurs bases arrière.

Plusieurs centaines de bateaux sont engagées dans ce qui aurait dû être l'une des plus grandes batailles navales de l'histoire. Mais c'est compter sans la météorologie ; le 20 juillet, trois escadres sortent de Plymouth et attaquent l'Armada. Dans les jours qui suivent, un vent violent empêche tout mouvement coordonné de part et d'autre ; la bataille est longtemps indécise… À Tilbury, à l'embouchure de la Tamise, un contingent bivouaque, sous le commandement du comte de Leicester – qui meurt au lendemain des combats. Élisabeth aurait prononcé le 9 août son discours de loin le plus célèbre : « Peuple bien aimé [...]. Laissons la crainte aux tyrans. J'ai toujours placé mon salut et ma force, après Dieu, entre les mains de mes sujets. C'est ainsi que je me présente devant vous, non point pour ma récréation ou mon plaisir, mais parce qu'au milieu des combats et des épreuves je désire vivre et mourir parmi vous ; que mon sang et mon honneur se répandent dans la poussière pour mon Dieu, pour mon royaume et pour mon peuple ! » Et cette tirade mémorable entre toutes : « Je n'ignore pas que j'ai le corps d'une faible femme, mais je possède le cœur et les tripes d'un roi, et qui plus est d'un roi d'Angleterre, et je ne conseille ni au duc de Parme ni à aucun autre d'oser envahir mon royaume. » Élisabeth n'oublie pas non plus l'amour de sa jeunesse, le comte de Leicester dont elle souligne la fidélité : « Jamais princesse ne connut plus vaillant sujet. Je sais que par votre entente et par votre courage, je sais que par votre obéissance à votre général et votre fidélité envers moi, nous remporterons la victoire sur l'ennemi de Dieu et de mon royaume[29]. »

Peu importe que ces paroles aient été vraiment prononcées ou qu'elles soient apocryphes ; elles traduisent admirablement la tonalité guerrière des quinze dernières années du règne. Les Anglais font une fois de plus la preuve de leur courage et la Providence est avec eux ; un fort vent de sud pousse désespérément l'Armada vers le nord, empêchant tout débarquement. La tempête achève de disperser les assaillants.

L'année suivante, les Anglais décident de rendre aux Espagnols la monnaie de leur pièce en poussant jusqu'à Lisbonne afin de libérer le Portugal de la tutelle espagnole. Dans leurs bagages, ils emportent le prétendant don Antonio. L'opération est un demi-succès ou un demi-échec, comme on veut. Un jeune combattant sort grandi des affrontements auxquels il s'est joint en dépit de la défense expresse d'Élisabeth, le beau Robert Devereux, deuxième comte d'Essex. Né en novembre 1566, le comte était le fils de Walter Devereux et de Lettice Knollys, une cousine de la reine. Cette dernière avait épousé en secondes noces Robert Dudley, comte de Leicester. Essex occupera vite la place laissée vide par Leicester dans le cœur de la reine. Dans l'entourage rapproché de la reine, il est l'exact contraire de sir Robert Cecil, fils de Bughley, futur comte de Salisbury, que son physique ingrat (la reine toujours drôle le surnomme le « pygmée ») condamne aux tâches administratives. Robert Cecil n'avait pas d'autre voie de sortie pour réussi que l'intelligence. L'insolent Essex, l'impudent séducteur s'affranchit de tous les usages sous le regard complaisant de la reine dont il aurait pu être le fils, et dont il pourrait (presque) être l'amant. Il passe les bornes parfois comme lorsque, tournant le dos à la reine, il porte la main à son épée, lassé des coups que lui assène la reine. Irascible, Élisabeth a pris la mauvaise habitude avec les années de frapper ses conseillers et ses proches.

En juin 1596, Essex s'empare cette fois-ci de Cadix, au sud de la péninsule Ibérique. Un texte de propagande paru la même année invoque l'esprit de 1588 à l'appui de cette frappe préventive du territoire espagnol. « Faisons savoir à tous, déclarent Essex et le grand amiral Charles Howard, baron d'Effingham, que ladite armée qui nous est baillée en charge est par Sa Majesté ordonnée et destinée à l'encontre des grands et puissantes forces que le roi d'Espagne a déjà en main et contre les préparatifs qu'il fait de jour à autre pour les accroître et augmenter de tous côtés pour envahir les royaumes de sa dite Majesté, comme nous en sommes avertis de tous les endroits de la chrétienté, selon son premier dessein et suivant l'entreprise qu'il avait en l'an 1588[30]. »

Les dernières années du règne

Opération ponctuelle ou guerre de conquête ? Contrairement à la très prudente Élisabeth, Essex souhaite visiblement mener une guerre d'annexion, suscitant l'admiration d'une partie de ses partisans qui s'assemblent devant sa demeure sur le Strand. L'expédition des Açores, à l'été 1597, sera par contre assez décevante… Essex est provisoirement écarté en Irlande où la reine le nomme *Lord Deputy*. Il exerce depuis Dublin le pouvoir exécutif, après avoir quitté Londres au printemps 1599. La pacification de l'île n'est pas facile à obtenir ; mais il craint plus encore que la reine ne se détourne définitivement de lui. Il rentre donc en Angleterre à la fin de l'été. La reine le reçoit avec une grande simplicité qui le touche au fond du cœur ; le Conseil par contre comprend mal son retour anticipé…

La Cour et le pays sont profondément divisés entre partisans et adversaires d'Essex. Le 1er octobre, Élisabeth ordonne qu'il soit placé aux arrêts. L'opinion publique s'inquiète : le favori fait désormais figure de victime attachante. Un premier procès contre lui s'ouvre au printemps 1600. Il lui est reproché d'avoir désobéi à la reine en n'attaquant pas directement les rebelles en Ulster.

Plusieurs partisans du comte se retrouvent à la fin de l'automne 1600 à Londres. En février 1601, ils lancent un appel à la rébellion. Essex se fait longuement acclamer dans la cité de Londres, mais il est arrêté en rentrant chez lui, après une rébellion d'une douzaine d'heures. Le procès des insurgés s'ouvre alors dans Westminster Hall, la grande salle du palais de Westminster. Il meurt exécuté le 25 février 1601, mercredi des cendres. Ce destin romantique fournit l'illustration la plus parfaite de ce siècle tragique, partagé entre l'amour de la reine et la révolte aristocratique. Élisabeth ne survit que quelques mois à la disparition de son favori. Elle quitte ce monde moins de deux ans plus tard, le jeudi 24 mars 1603, veille de la fête de l'Annonciation. Elle aura régné quarante-quatre ans. Il est difficile *a posteriori* de dresser le diagnostic des causes de sa disparition. Ses contemporains soulignent la « mélancolie » de ses derniers temps[31]. La mélancolie, cette « humeur noire », n'est-elle pas la grande maladie du siècle ?

Chapitre 7

HENRIETTE-MARIE, DIGNE FILLE D'HENRI IV

Au lendemain de la disparition d'Élisabeth Ire, le fils de Marie Stuart, Jacques VI d'Écosse, devient sans problème majeur Jacques Ier d'Angleterre et prend le titre de roi de la « Grande-Bretagne » pour mieux associer ses deux royaumes. De son mariage avec Anne de Danemark, Jacques aura deux fils, Henri, trop tôt disparu, et Charles Ier, le roi martyr, qu'une révolution abattra, jugera et exécutera un froid petit matin de janvier 1649.

De leur mère Anne de Danemark († 1619), il y a relativement peu de chose à dire sinon qu'elle fut une épouse modèle procréant les enfants dont la lignée avait besoin : outre Henri et Charles, on mentionnera une princesse Élisabeth, épouse de Frédérick, le célèbre électeur palatin[1]. Naturellement pudique et discrète (on n'est pas même sûr qu'elle soit restée protestante jusqu'au bout tant sa personnalité demeure énigmatique), Anne n'a jamais occupé le devant de la scène, le roi réservant à ses amitiés viriles le premier rôle. Robert Carr, comte de Somerset, et plus encore l'exubérant George Villiers, duc de Buckingham, suscitent beaucoup plus de commentaires que la reine, qui préfère sagement défendre les arts au lieu de s'engager dans des débats politiques sans fin et sans fond. Simone Bertière a merveilleusement décrit le beau Buckingham au « corps d'athlète et à la taille élancée », l'abondante chevelure « éclairée de reflets fauves » et plus encore aux « tenues somptueuses, ruisselantes d'or et de diamants ». Ne semble-t-il pas sorti tout droit d'un roman ? Du reste Anne d'Autriche aurait eu le plus grand mal à rester vertueuse devant le galant qui lui écorche les cuisses de ses chausses, faute sans doute d'arriver à ses fins[2]...

Il faut attendre le règne suivant, celui de Charles Ier, de 1625 à 1649, pour voir une reine affirmer avec hargne et passion sa fonction. Et quelle reine ! Henriette-Marie est bien la digne fille d'Henri IV. On ne peut que l'aimer ; elle sera la plus française de toutes les reines que l'Angleterre ait comptées, du moins depuis le Moyen Âge... Elle sera aussi la dernière de nos compatriotes à occuper cette fonction. Chateaubriand présente en quelques mots ce destin d'exception : « Sixième enfant et troisième fille d'Henri IV, Henriette-Marie naquit le 25 novembre 1609, six mois avant l'assassinat de son père, et mourut vingt ans après le meurtre de son mari[3]. » On ne saurait faire plus ramassé. Pour la postérité, elle est l'épouse par excellence, celle que l'on se représente volontiers en famille, entre son mari et ses enfants.

Une enfance dévote

Née au Louvre le 25 novembre 1609, Henriette-Marie est le plus jeune des enfants d'Henri IV et de Marie de Médicis. Elle vient après Louis XIII, son frère Gaston, Christine et Élisabeth de France, futures duchesse de Savoie et reine d'Espagne, sans oublier le chétif Monsieur d'Orléans († 1611). Elle a quelques mois à peine lorsque son père est assassiné, le 14 mai 1610. Rien de notable lors de ses premières années, à part un déplacement à Bordeaux en novembre 1615 à l'occasion des mariages croisés de sa sœur Élisabeth et du futur roi d'Espagne Philippe IV et d'Anne d'Autriche et de Louis XIII. Mais c'est surtout le palais de Saint-Germain-en-Laye et plus encore ses magnifiques jardins qui marquent son enfance. Si elle apprend à danser, à chanter et à monter à cheval comme les filles de la noblesse, elle ne craint pas non plus de se produire dans des spectacles de Cour et elle en conservera un goût du théâtre qu'on lui reprochera suffisamment en Angleterre.

Elle subit surtout l'influence décisive des Carmélites. On ne sait pas très bien au départ à qui la promettre en mariage. On songe à Louis de Bourbon-Soissons, un prince du sang, petit-cousin de Louis XIII. Une fois adulte, cette tête brûlée va s'égarer dans tous les complots, en particulier contre Richelieu. Fort heureusement en un sens, une autre piste s'ouvre assez vite. L'Angleterre cherche désespérément des alliés sur le continent, mais pour un pays protestant, il est difficile de trouver un arrangement avec une princesse catholique sans remettre en cause la postérité dynastique. Un roi placé à la tête de son Église peut-il admettre un conjoint d'une autre religion que la sienne ? Et à quel prix ? Pourtant, les Anglais qui ont toujours été joueurs tentent la manœuvre en apparence la plus improbable : ils se tournent vers l'Espagne, la puissance catholique la plus intransigeante du temps. Depuis Catherine d'Aragon et Philippe II, l'alliance espagnole peut sembler bien suspecte, du moins en matière matrimoniale. De plus, la *leyenda negra*, en portant une attention exclusive à la cruauté des Hispaniques, en particulier dans le Nouveau Monde, est un réservoir inépuisable dans lequel puiser des arguments contre le mariage espagnol ; le révérend John Everard, prédicateur à St Martin-in-the-Fields, ne se prive pas de le faire publiquement du haut de sa chaire au printemps 1621 ; il est incarcéré sans attendre à la Gatehouse Prison de Westminster. Le prince de Galles et le duc de Buckingham s'embarquent donc pour le continent, et ils voyagent incognito sous deux noms d'emprunt, Thomas et John Smith. Après un bref séjour à Paris (où ils aperçoivent la petite Henriette-Marie lors d'une répétition des *Fêtes de Junon*, dans lesquelles elle figure), ils arrivent à Madrid en février 1623. Ni Philippe IV ni l'ambassadeur d'Angleterre, John Digby, comte de Bristol, n'étaient au courant de leur venue. Le roi d'Angleterre envoie personnellement à l'infante une lettre écrite en un français touchant : « Madame, La renommée de vos vertus a non seulement attiré comme un aimant mon très cher fils de vous venir de loin, mais m'a aussi rempli d'un ardent désir d'avoir l'heur de votre présence, et jouir de pouvoir embrasser une belle princesse en qualité de ma fille, consolation nonpareille. Votre très affectionné père[4]. »

Cette épopée rocambolesque vire au cauchemar lorsque l'infante Maria Anna refuse tout contact avec un hérétique… et le prince charmant et son mentor s'en retournent au pays où on les accueille dans la liesse en octobre. L'ambassadeur de France à Londres, Monsieur de Tillières, ne manque pas d'ironiser sur « ce voyage, qui paraissait plutôt entrepris pour donner sujet à un roman que représenter la conduite d'un sage prince, et où il y avait beaucoup à craindre et peu à espérer[5] » !

Vive Henri IV !

Les Français, eux, sont moins intransigeants que les Espagnols ; catholiques et réformés cohabitent depuis que l'édit de Nantes les a contraints à utiliser les armes de l'esprit dans leurs affrontements, en n'ayant plus recours que de façon exceptionnelle à l'arquebuse ou à la chevauchée. Merci Henri IV pour cette paix des braves qui a mis un terme aux guerres de Religion, même si celles-ci se rallument encore au Béarn et à La Rochelle, de 1617 à la paix d'Alès de 1629.

La France est une exception en Europe en admettant sur un même sol, et non dans des principautés séparées comme en Allemagne, des papistes et des huguenots. S'agit-il là d'une solution d'avenir pour la chrétienté, ou bien faut-il parler, une fois de plus, d'une exception française ? Henriette-Marie est un bon petit soldat ; les Carmélites ont appris à la fille de ce roi si bon les vertus de l'obéissance ; s'il faut épouser un hérétique, elle l'épousera. Mais ce ne sera pas simple : comment s'offrir aux étreintes d'un homme que l'on croit damné ? Peut-on transformer l'essai et parvenir sur le plan international au pluralisme confessionnel, étant entendu que les convertisseurs et leurs prosélytes de tout poil et de tout crin se défieront jusqu'à la fin des temps ? Des négociations assez ardues se déroulent tant en Angleterre qu'en France ou à Rome. À Londres, Antoine Coëffier, marquis d'Effiat, supplante Tillières rappelé à Paris en juin 1624. Il se rend vite compte qu'il faut passer par Buckingham puisque le « roi l'aime d'amour, lui laisse tout faire, et ne voit que par ses yeux ». À Paris, l'affaire est suivie par Henry Rich, comte de Holland, et James Hay, comte de Carlisle, tandis qu'à Rome, les intérêts français sont défendus par l'oratorien Pierre de Bérulle, l'un des meilleurs artisans du renouveau de la spiritualité française. Le pape Urbain VIII a été le parrain d'Henriette-Marie alors qu'il n'était encore que le cardinal Maffeo Barberini et il met tout son poids dans une transaction qui doit être bénéfique, pense-t-on, aux catholiques anglais. En tout cas Richelieu, qui s'affirme comme l'homme fort du régime, revendique cette réussite exemplaire dans ses *Mémoires* : « Les noces furent célébrées [par procuration] le 11 de mai 1625 sur un échafaud dressé à la porte de l'église cathédrale de Notre-Dame de Paris, tout ainsi et avec les mêmes cérémonies dont on avait usé au mariage du feu roi Henri le Grand, lors roi de Navarre, avec la reine Marguerite. » Charles de Lorraine, duc de Chevreuse, tient la place de Charles Ier le temps de la cérémonie. Enchanté de ce succès, le cardinal précise que l'heureux événement fut suivi « d'une collation et d'un feu d'artifice qui étaient dignes de la magnificence de la France[6] ».

Perspicace, Effiat ne se contente pas d'exalter le rôle de la monarchie, il a parfaitement compris que le roi d'Angleterre se trouve confronté à une menace puritaine, encore relativement indéterminée, mais dont il perçoit le caractère potentiellement républicain, voire régicide. La faction puritaine, ainsi qu'il l'écrit, n'a-t-elle pas pour but de « changer la monarchie d'Angleterre en une république » ? Effiat ne pense-t-il pas également « que les catholiques sont plus amis aux monarchies que les calvinistes » ? La suite lui donne raison, et Henriette-Marie, parce qu'elle est une femme, parce qu'elle est une étrangère, parce qu'elle est catholique, sera particulièrement exposée...

Nouvelle Esther, nouvelle Iphigénie

Henriette-Marie a reçu une mission du ciel : elle est chargée de ramener l'Angleterre dans le catholicisme. Pour les mentalités du temps, tout comme une femme (Anne Boleyn) avait su détourner l'esprit du roi en provoquant un nouveau schisme dans la chrétienté, il appartenait à une nouvelle Ève de faire rentrer les choses dans l'ordre en rétablissant la monarchie britannique et ses royaumes dans l'obéissance au pape. On lira pour s'en convaincre un texte admirable, rédigé par Bérulle et transmis par Marie de Médicis à sa fille. Daté d'Amiens le 15 juin 1625, ce mémoire résume de façon succincte et ramassée les droits et les devoirs d'une épouse chrétienne. Jacques Ier s'étant éteint quelques semaines plus tôt, il n'y a plus aucun doute possible désormais, Henriette-Marie est appelée au côté de son époux à occuper la plus haute fonction dans l'État, mais elle doit s'en acquitter en bonne catholique, soucieuse du salut de Charles Ier et de son royaume. Quand elle s'embarque quelques jours plus tard, la « petite-fille de Saint Louis » est envoyée parmi les nouveaux « Infidèles » (les protestants), au risque de sa vie. L'idée de martyre est sans cesse présente quand on évoque la vocation exceptionnelle de cette reine encore enfant : « Rendez grâce à Dieu chaque jour de ce qu'il vous a faite chrétienne et catholique, estimez ce bienfait comme il le mérite, et considérez qu'ainsi qu'il nous est acquis et communiqué par les travaux et par le sang précieux de son fils unique Jésus-Christ, notre sauveur, il doit être aussi conservé par nos peines, même au prix de notre sang s'il en est besoin[7]. »

D'âpres négociations ont présidé à ce mariage. Il s'agit bien à court terme de tolérer les catholiques en Angleterre, là où ils sont soumis à toutes sortes de mesures discriminatoires. Il est obligatoire à l'époque d'assister au culte dominical dans sa paroisse anglicane, sous peine d'apparaître comme un réfractaire (ou *récusant*) et de devoir acquitter une amende. Mais le traitement le plus dur est réservé au clergé entré clandestinement en Angleterre : depuis 1585, il risque à tout instant d'être condamné pour haute trahison et d'être exécuté dans des conditions particulièrement atroces. La reine est la première à jouir en théorie d'une totale immunité par rapport à cette loi puisqu'elle a son propre oratoire et qu'elle garde, peu de temps il est vrai, un entourage de sa religion. Le point le plus délicat demeure la question des enfants royaux dont on concède dans le contrat de mariage que jusqu'à l'âge de 13 ans ils seront élevés auprès de leur mère. 14 ans étant l'âge de la majorité monarchique, c'est parier qu'avec le temps la couronne sera confiée à un catholique.

Ce pari insensé réussit presque durant les années 1680 lorsque le catholique Jacques II parvient sur le trône. Mais c'est là une autre histoire sur laquelle nous reviendrons. Elle ne manque ni de charme, ni de repartie, la petite *Frenchie* qui débarque à Douvres un beau jour de juin 1625 après une traversée de moins de sept heures. Charles Ier s'est pudiquement arrêté à Douvres pour lui laisser le temps d'arriver avant de la rejoindre le lendemain. Une gazette à la main rapporte ses premières paroles en rencontrant le roi : « Sire, je suis venue en ce pays de Votre Majesté pour être usée et commandée de vous. » Mais en dépit de son apparente soumission, Henriette-Marie laisse percer son tempérament enjoué quand elle retrousse légèrement sa jupe pour déclarer d'un air aguichant qu'elle ne porte pas de talons pour chercher à paraître plus élancée qu'elle ne l'est : « Sire, je m'appuie sur mes pieds et l'art n'y est pour rien ; c'est bien là ma taille, ni plus grande ni plus petite »[8].

Un tempérament baroque

Henriette-Marie était absolument craquante avec son œil noir pétillant ; et comme toutes les Françaises, elle savait mettre ses charmes en valeur. Le clash était inévitable, du moins sur le plan religieux. Malgré qu'elle en ait, la reine prend très au sérieux son rôle d'émissaire officieux du catholicisme en Angleterre. Vaguement inquiets devant tant d'attraits, les oratoriens de son entourage insistent pour qu'elle observe soigneusement les jours de jeûne et d'abstinence prescrits par l'Église. Mais cette fille de 16 ans a le plus grand mal à convaincre son jeune époux, âgé d'à peine 25 ans, du bienfait de ces principes pénitentiels. Ajoutons à cela que le roi est pris entre le marteau et l'enclume : les sentiments anticatholiques s'expriment avec hargne dans le pays et au sein même du Parlement. Quant à Buckingham, selon son habitude, il joue les pompiers incendiaires en attisant et apaisant tour à tour les conflits au sein du couple. Henriette n'accepte pas d'être couronnée par un évêque anglican, perçu comme hérétique. L'évêque de Mende, Daniel de La Mothe Duplessis-Houdancourt, premier aumônier de la reine, offre apparemment ses services, mais il comprend vite qu'on ne lui a rien demandé. Henriette-Marie assistera de loin à la cérémonie sans y prendre part ; elle s'exposera ainsi à être traitée par l'opinion protestante en simple épouse de Charles Ier, sans qu'on lui reconnaisse sa pleine autorité monarchique.

En février 1626, la reine n'hésite pas à se produire à Somerset House, au côté de ses dames de compagnie dans une pastorale en français, *Les Bergeries* d'Honorat de Bueil, seigneur de Racan. Présentée quelques années plus tôt à Paris, cette œuvre assez *soft* n'avait rien de choquant en soi ; on y parlait certes d'amour, mais avec une bienséance appuyée, digne de la carte du Tendre. En appelant les cœurs « vraiment dévotieux » à destiner « leur repos à la gloire des cieux », cette pièce s'inscrivait dans la droite ligne de François de Sales et de son

Introduction à la vie dévote, l'une des œuvres majeures de la spiritualité de langue française rédigée quelques années plus tôt en 1609. « On appelle la chasteté honnêteté et la profession d'icelle honneur », avait écrit le Savoyard à l'attention de sa pénitente Philothée, celle qui « aime son Dieu ». Philothée, la dévote à laquelle le saint homme prodigue ses conseils, est aussi une figure des *Bergeries*. Elle dialogue cette fois-ci avec un autre personnage féminin, Arténice, « l'honneur de son village », dont le rôle est tenu par Henriette-Marie : « Notre règle est étroite et malaisée à suivre / Dans un désert austère, il faut mourir et vivre, confie Philothée. Et, continue-t-elle, « Prendre congé du monde et de tous ses plaisirs, / N'avoir plus rien à soi, pas même ses désirs »[9]...

En quoi cette suavité dévote et cet appel à la vertu féminine, situés délibérément dans un univers pastoral de convention, sont-ils susceptibles de choquer en Angleterre ? C'est qu'ils sont nettement tributaires de l'éducation des filles dans des couvents, qui ont disparu avec la Réforme du XVIe siècle en Angleterre ; chez Racan, l'idée de règle monastique est transposée à la vie laïque. Ce sont les religieuses (et la reine a été formée par les Carmélites, rappelons-le) qui préparent le mieux les jeunes filles à leurs futures tâches d'épouses et de mères. Le mariage implique lui aussi une forme de chasteté en limitant les étreintes à la stricte monogamie. Les puritains les plus prudes auraient-ils pu penser autrement ? Le rigorisme catholique diffère-t-il à ce point de la rigueur protestante ? Le scandale est ailleurs : les femmes peuvent-elles se produire sur une scène ? La reine peut-elle en faire autant ? Au moment même où elles exaltent l'amour le plus pur, Henriette-Marie et sa suite transgressent ce tabou de la société du temps, elles montent sur les planches.

Certes, il ne s'agit encore que d'un spectacle de Cour, réservé aux *happy few*. On devine Charles, toujours circonspect, embarrassé par cette épouse plus sensible à l'approbation de son entourage qu'aux réflexions de ses sujets. Le ton monte jusqu'au dénouement du printemps et de l'été lorsque l'on expulse sans management la suite d'Henriette-Marie. On craint avec raison que la reine n'apprenne jamais la langue de son mari si elle papote en permanence avec d'autres Français… Sans compter l'influence pernicieuse de ces catholiques qui risquent de la détourner de l'accomplissement de ses devoirs les plus sacrés afin d'exercer une pression déloyale sur le roi. Les bannis se réfugient pour un temps dans leur ambassade, à Somerset House, sur le Strand. L'évêque de Mende est le premier visé ; n'est-il pas un parent de Richelieu ? Le cardinal se serait exclamé : « Je ne vois pas, après une action de si grand mépris qu'a faite le roi d'Angleterre à la France, comment nous pourrons nous empêcher un jour de lui faire la guerre[10]. »

L'on s'achemine vers un conflit entre les deux pays ; un neveu de Monsieur de Tillières, le maréchal de Bassompierre, arrive à Londres en septembre dans une atmosphère tendue. Dans ses instructions, François de Bassompierre se voit rappeler les promesses non tenues en faveur des catholiques anglais toujours soumis à des persécutions, mais sont également évoqués les affaires maritimes et le soutien que les corsaires huguenots trouvent en Angleterre. L'accueil de Soubise, frère de Rohan, et l'un des principaux chefs de la rébellion protestante, est amèrement reproché à Charles Ier. L'ambassadeur est également chargé par Louis XIII « de voir sa sœur le plus souvent qu'il pourra pour la consoler et fortifier dans la foi et les bons sentiments qu'elle a pour la religion catholique, apostolique et romaine ». En octobre suivant, dans une lettre à l'évêque de Mende, Bassompierre doit cependant avouer son échec devant la « naturelle fierté et arrogance » de ses hôtes anglais. Il admet d'un air dépité que Charles Ier est bien « résolu à ne rétablir aucun Français auprès de la reine sa femme ». Seul le duc de Buckingham, louvoyant et divers, tente encore de jouer les intermédiaires ; mais peut-on bien se fier à lui ? « Pour ce qui est du duc de Boukinquam, écrit Bassompierre, sa courtoisie ordinaire n'est point tarie, et bien qu'il se plaigne fort de la haine que la reine de la Grande-Bretagne lui porte, du peu de bien qu'on lui veut en France, encore qu'il ait si bien servi, et de la rude lettre que la reine mère lui a écrite, il ne laisse pas de protester qu'il fera l'impossible pour nous, à quoi je n'ajoute point de foi si je ne vois premièrement les œuvres[11]. »

Buckingham, afin de désamorcer les tensions, organise un spectacle en novembre 1626 à York House. S'il se produit lui-même en montrant ses dons incontestables de danseur, l'on représente également Marie de Médicis au milieu de déités célestes, sur une mer figurant la Manche. La mer, il en est bien question dans ces années d'affrontement. L'Angleterre tente d'utiliser au maximum les difficultés de son voisin pour se remettre en selle sur le plan militaire. Entre les huguenots et la bonne noblesse, Richelieu a fort à faire. Buckingham est décidé à porter le fer au milieu de l'ennemi et pour cela il s'embarque en juin 1627, et débarque le mois suivant à Sablanceaux, à l'est de l'île de Ré. Réfugiés à Saint-Martin, les Français résistent avec courage et les assaillants rembarquent en novembre. En octobre suivant, c'est au tour de La Rochelle de capituler. Vu la rigueur du temps et l'exaltation des passions religieuses, Henriette-Marie ne s'en sort pas trop mal. Son œil noir désamorce tous les ressentiments. Il n'empêche qu'elle jouit chez ses compatriotes éplorés d'une image de victime, presque de martyre. En veut-on un exemple ? En 1628, rouerie, naïveté ou imposture, une brave fille de Limoges usurpe l'identité de la reine. On en rit encore au siècle suivant. François Gayot de Pitaval rapporte dans ses *Causes célèbres* : « Qu'on nous dise comment il est possible qu'en l'année 1628, une aventurière, une fille qui paraissait avoir de l'esprit, ait osé entreprendre de se faire passer pour Henriette de Bourbon, sœur de Louis XIII, épouse de Charles Ier roi de la Grande Bretagne. Cette fille se rend à Limoges, elle se dit sœur du roi, elle se met dans une maison religieuse. On court pour la voir, elle parle en princesse, on la sert en reine, le peuple est séduit. Louis XIII était pour lors au siège de La Rochelle, il en est informé, il envoie une commission extraordinaire au lieutenant général de Limoges pour faire le procès à cette fille. Elle est interrogée, elle fait l'histoire de la cour d'Angleterre, elle en nomme les principaux seigneurs, et les dames qui la servaient. Elle dit qu'elle s'est sauvée, parce qu'elle était persécutée à cause de la religion ; elle fait le récit de son voyage, des personnes qui étaient dans ses intérêts ; elle rapporte le temps, les lieux, les circonstances ; tout est suivi dans ses réponses. Elle soutient qu'elle est sœur du roi, elle signe dans son interrogatoire Henriette de Bourbon. Enfin on la condamne à faire amende honorable, à être fouettée par la main du bourreau et à être remise en prison jusqu'à ce qu'autrement en ait été ordonné[12]. »

Il faudra attendre l'assassinat de l'importun Buckingham en juin 1628 pour que le couple retrouve sa stabilité. Même au moment où elle paraît totalement isolée, Henriette-Marie poursuit obstinément son combat pour le catholicisme, ou plus largement en faveur de la culture continentale (comme nous dirions de nos jours). La Cour est largement ouverte en ce premier XVIIe siècle au cosmopolitisme : Français, Flamands et bien entendu Italiens prennent pied en Angleterre grâce à l'influence croisée du couple royal. En digne fille d'une Médicis, Henriette-Marie a naturellement le goût de la peinture transalpine et attire auprès d'elle Gentileschi († 1639), dont la technique n'est pas sans évoquer Le Caravage par la forme, sinon par la fureur ou le génie. Les compositions dévotes et vaguement convenues de l'art sulpicien l'emportent largement chez lui[13]. Gentileschi sera chargé entre autres de la décoration de la Maison de la reine à Greenwich. Quoi de plus étranger à l'esprit protestant du temps que ces madones, ces Annonciations et ces François d'Assise où triomphent les affirmations éclatantes de la Réforme catholique ? Henriette-Marie est une baroque par tous les pores de sa peau ; baroque, elle l'est dans ses goûts littéraires et musicaux, dans sa passion pour le théâtre, dans tout ce qu'elle aime et que le puritanisme réprouve. Cette fille de France ne se contente cependant pas de ce rôle de mécène, dans le fond assez prévisible ; un historien du Massachusetts, Malcolm Smuts, a contribué à rehausser cette image en démontrant que la reine joue un rôle politique plus actif qu'on ne l'a longtemps cru, en utilisant les contradictions internes à la société de Cour pour défendre l'alliance française contre le mirage espagnol. Pareillement, on la voit encourager les « malcontents » hostiles à Richelieu et finalement se rallier au cardinal ministre, ou encore s'aboucher occasionnellement avec certains puritains de Cour comme Henry Rich, comte de Holland. Est-ce auprès de sa compatriote Marie de Rohan, duchesse de Chevreuse, qu'Henriette-Marie a appris ce goût de l'intrigue ? La maîtresse de Holland a séjourné à plusieurs reprises outre-Manche, semant à chaque fois le trouble et la consternation[14].

La félicité de la reine

Charles s'entiche un peu plus chaque jour de son épouse ; elle lui tiendra désormais lieu de favori et de favorite, pourquoi aller chercher ailleurs ce que l'on a chez soi ? Charles sera un époux sage alors que l'on imagine toujours que les rois sont volages. Charles, oui, mais Henriette-Marie ? Elle donne au roi plusieurs beaux enfants, outre Charles, futur Charles II, né en mai 1630, Marie-Henriette, future épouse du prince d'Orange, Jacques, futur Jacques II, Henriette-Anne, future duchesse d'Orléans, tard venue en 1644… Le moins que l'on puisse dire est que grand, dégingandé, Charles II ressemble peu à son père le fluet Charles Ier. Par contre il est, vous dira-t-on, le portrait craché d'Henry Jermyn, un grand escogriffe, devenu sur le tard comte de St Albans, qui a légué son nom à une rue de la cité de Westminster aménagée par lui.

Quelles qu'aient été leurs relations exactes, Henriette-Marie et Jermyn ont entretenu un très long commerce, en dépit de la différence de leurs rangs. Un observateur florentin notera avec humour que le *bel giovane* s'est *poco a poco* insinué dans les faveurs de la dame, « qu'il a été fait chevalier, que de chevalier il est devenu amant, et que d'amant il est parvenu à être baron et majordome de la reine ». Avant de poursuivre, amusé : « homme splendide, fortuné, libéral, grand homme mais sans excès »[15].

Jermyn est présent au côté d'Henry Rich lorsque ce dernier négocie l'alliance anglaise en France et qu'elle est encore une toute jeune fille ; comme son père sir Thomas avant lui, il entre au service de Charles Ier et plus encore de la reine qui l'accueille parmi les gentlemen de sa suite dès 1627. Charles Ier tente de l'éloigner en le mariant à Eleanor Villiers, une nièce de Buckingham enceinte de ses œuvres, mais il décline cette offre empoisonnée et part disgracié pour la France d'où il revient après quelques années sur l'intercession de la reine. Les rumeurs d'une liaison s'amplifient lorsque William Davenant, protégé par Henriette-Marie, écrit sa pièce les *Amants platoniques* en 1636. L'expression « amour platonique » remonte à cette époque ; l'on n'est pas très éloigné ici de l'amour courtois. Quelle que soit la nature précise de leurs relations, milord Germain, ainsi qu'on l'appellera en France, restera pour Henriette-Marie une sorte de chevalier servant jusqu'à la mort[16]. Mais c'est évidemment le couple royal qui retient l'attention par son caractère iconique. En dépit des rumeurs, il est devenu pour la postérité la figure la plus réussie de l'amour conjugal.

L'invention de la famille royale

Dans les collections privées de l'actuelle reine d'Angleterre se trouve un merveilleux portrait de groupe connu indifféremment sous deux titres complémentaires, *La Grande Paix* ou de façon plus descriptive et moins allégorique, *Charles Ier et Henriette-Marie avec leurs deux aînés, le prince Charles et la princesse Marie.*

Peinte par Van Dyck, la toile remonte à 1632, à peu près sept ans après la mort de Jacques Ier, le mariage de Charles Ier et le couronnement du nouveau monarque. Est-ce parce que l'on connaît l'issue fatale de ce règne (la révolution anglaise, le procès et l'exécution de Charles Ier...) que cette scène de félicité domestique a déjà un parfum nostalgique de belle époque précédant les désastres ? La paix s'entend naturellement ici de la quiétude avant la tempête qui s'abat sur le royaume, elle est aussi la paix des ménages, la réconciliation finale du couple après les incompréhensions du début. Pour la postérité, Charles et son épouse donnent à voir la famille idéale ; la formule sera sans cesse reprise jusqu'au XXe siècle, avec des bonheurs divers. C'est depuis le début du XVIIe siècle que l'on demande à la monarchie de garantir l'image vertueuse et respectable du couple monogame, quels que soient les éventuels dérapages par ailleurs. Mais enfin, dans le cas de Charles Ier, on le sait, le roi n'était ni bisexuel (comme Jacques Ier) ni inconstant (comme Henri VIII) ni frivole (comme tant de continentaux). Charles Ier était chaste, et Henriette-Marie a participé à cette évolution de la conjugalité, plus aristocratique et moins bourgeoise qu'on ne croit. Les deux chiens dissipés qui occupent le milieu de la scène confèrent à l'ensemble un caractère impromptu, en adoucissant quelque peu le formalisme un peu figé des deux portraits parallèles[17]. La cellule nucléaire, prônée par ce tableau, insiste sur le rôle des enfants dans un univers affectif offert à la contemplation des sujets. Originaire de Flandre, la *conversation piece*, ainsi qu'on l'appelle en anglais ce genre pictural, présente les personnages publics sur le mode privé, en insistant sur l'intime, à l'opposé du portrait de Cour. Pourquoi donc la monarchie fait-elle appel à un tel usage en Angleterre quelques années à peine avant sa très provisoire disparition ? C'est ce mélange de force et de faiblesse, d'héroïsme chrétien et de légèreté badine qui nous frappe chez Henriette-Marie, merveilleuse incarnation de cet art de vivre et de cette insouciance affectée que les puritains récusaient. Cette antipathie religieuse se double d'une incontestable xénophobie : Henriette-Marie est française par ses goûts, par sa personnalité ; elle le revendique. Elle n'oubliera jamais qu'elle est la fille d'un grand roi, Henri IV, ni qu'elle vient d'une grande nation, la France.

L'apaisement

Henriette-Marie a toute la confiance du roi, une fois passée la brouille passagère des premières années, et elle devient à ce titre une cible commode pour les insinuations les plus irrévérencieuses. Parmi ses adversaires, le très assommant William Prynne, un folliculaire hargneux condamné deux fois de suite à avoir les oreilles coupées pour son insolence. Parce qu'elle est une femme, parce qu'elle est française, parce qu'elle importe certains de nos usages en Angleterre, Henriette-Marie constitue une cible toute désignée. Pensez un peu, elle n'hésite pas à se produire et à monter sur les planches, dans un pays où les rôles féminins sont encore tenus traditionnellement par de jeunes garçons dans les théâtres, afin sans doute de ne pas éveiller des désirs enfouis – et quitte à en susciter d'autres moins avouables.

En dépit de ces quelques contrariétés, il faut imaginer Henriette-Marie heureuse, en compagnie de son mari et de ses enfants. Le roi et la reine ne se quittent pas, et Charles ne se sépare qu'à regret d'Henriette-Marie lorsqu'il se rend en Écosse en 1633 afin de se faire couronner dans son royaume du Nord. Les deux pays, rappelons-le, restent distincts.

Henriette-Marie a renoncé aux provocations de sa jeunesse et elle exerce une influence culturelle indéniable sur la Cour. L'architecte Inigo Jones avait introduit en Angleterre un style inspiré de l'Italien Andrea Palladio ; à Greenwich, la Maison de la reine, conçue pour l'épouse de Jacques Ier, n'avait pas encore été décorée et Henriette-Marie se lance dans une opération artistique d'envergure en commandant de multiples toiles, tant à Jacob Jordaens qu'à Orazio Gentileschi. Sa mère Marie de Médicis n'avait-elle pas pareillement veillé à l'embellissement de son palais du Luxembourg, où siège de nos jours le Sénat ? De façon plus discrète qu'autrefois, une présence catholique se maintient à la Cour ; la reine assiste à la messe dans sa chapelle de St James ou à l'oratoire de Somerset House. Surfant sur l'amour du roi pour la peinture, le pape Urbain VIII envoie en Angleterre l'oratorien Gregorio Panzani, un homme de culture associant l'amour des beaux-arts et la défense du catholicisme. Ces contacts culturels, encouragés par la reine, permettent un rapprochement encore timide entre Londres et Rome. Il ne s'agit certes pas de faire de Charles un catholique honteux ou un œcuménique avant la lettre, mais la surenchère des puritains contre la reine et contre les formes esthétiques importées du continent exaspère au plus haut point ce grand collectionneur, amoureux de peinture et d'architecture. La « seconde gloire de Rome », décrite par Jean Delumeau, s'accompagne d'une vitalité esthétique qui suscite l'admiration de Charles Ier. Le peuple anglais, volontiers xénophobe, ne supporte pas ce « complot papiste ». Le Bernin a tout juste le temps de sculpter un buste de Charles Ier, maintenant disparu, que le pays entre en ébullition. Pour ne rien arranger, Marie de Médicis joue les belles-mères et s'installe au palais de St James. Nous sommes en 1638, les Écossais s'embrasent et franchissent la frontière du Nord…

La guerre civile

Le *Short Parliament* et plus encore le *Long Parliament* qui lui succède la même année 1640 s'en prennent de plus en plus aux « papistes » et à tous les crypto-catholiques, vrais ou supposés, qui seraient présents à la Cour et bénéficieraient de la bienveillante protection de la reine. L'exécution de Strafford, *Lord Lieutenant* d'Irlande, ne marque-t-elle pas en mai 1641 le début d'un processus de purge de l'entourage royal dont nul ne sait où il peut s'arrêter ? Le même mois, Henriette-Marie marie sa fille Marie-Henriette, avec le « bon petit prince » Guillaume d'Orange, un adolescent d'une dizaine d'années. Quand en novembre, une révolte éclate en Irlande et que plusieurs milliers de protestants meurent de mauvais traitements ou de leur exposition au froid et à la faim, la conspiration papiste ne fait plus aucun doute. En décembre, la célèbre pétition contre les évêques, dite « pétition des racines et des branches » parce qu'elle souhaite éradiquer littéralement le haut clergé, demande l'abolition du ministère épiscopal. Henriette-Marie est mentionnée au passage lorsque l'on prétend « que la hiérarchie d'Angleterre se soutenait par les mêmes principes que celle de Rome, et que, par cette raison, les évêques ne voulaient pas souffrir qu'on appelât le pape l'Antéchrist, et empêchaient qu'on ne priât Dieu dans l'Église, pour la conversion de la reine[18] ». Le destin de la reine était scellé ; un anticléricalisme vengeur n'épargnerait pas le sommet de l'État, soupçonné de collusion avec le catholicisme romain.

C'est parce qu'il a peur pour la reine que Charles Ier commet l'irréparable ; en janvier 1642, il entre lui-même à la Chambre des communes pour arrêter plusieurs députés impertinents. Il transgresse ainsi une convention non écrite qui veut désormais que les Communes soient inviolables. Le débat s'envenime. La reine s'enfuit, officiellement elle accompagne sa fille Marie auprès de son mari le prince d'Orange ; en fait, elle emporte avec elle des objets personnels et les bijoux de la couronne qu'elle monnaie très difficilement sur le marché d'Amsterdam. Quelques mois plus tard, en juillet 1642, la guerre éclate entre le roi et le Parlement. Henriette-Marie demeure provisoirement à La Haye.

Charles Ier s'est installé à Oxford où il tient désormais sa Cour. Apprenant que les royalistes ont réinvesti la ville d'York, véritable capitale du nord de l'Angleterre, Henriette-Marie traverse la mer et participe activement à l'effort de guerre, en se décrivant même comme « Sa Majesté généralissime » (27 juin 1643). Les membres de la Chambre des communes n'ont aucun doute à ce sujet en commençant à instruire son procès pour haute trahison (articles d'*impeachement*)...

La reine s'est mise en route à la tête d'une puissante armée, toujours accompagnée du fidèle Jermyn. La jonction avec Charles Ier s'opère dans les Midlands à la mi-juillet. Le couple reprendra sa vie commune quelques mois à peine, de l'été 1643 au printemps 1644. À Oxford, le roi occupe le merveilleux Christ Church College tandis que la reine loge au Merton College, dont la chapelle accueille ses dévotions.

Le fond du gouffre

La reine est à nouveau enceinte ; elle accouche d'une fille, Henriette, à Exeter en juin 1644. Henriette sera appelée à épouser Philippe, duc d'Orléans, et on la connaît surtout par la célèbre oraison funèbre de Bossuet, « Madame est morte, Madame se meurt »... En dépit de sa merveilleuse énergie, Henriette-Marie touche le fond ; elle a confié son histoire à Madame de Motteville qui la reproduit longuement dans ses *Mémoires*. Écrit en style indirect à la troisième personne, ce récit nous renseigne précisément sur la situation désespérée de la reine. Madame de Motteville rapporte avec une certaine fierté que la reine s'est « occupée quelques jours à se donner la peine de lui faire le récit de ses malheurs avec assez d'ordre et de netteté pour les pouvoir retenir ». Elle précise même : « J'ai écrit tous les soirs fort exactement ce qu'elle m'a conté, sans rien changer au fond de cette histoire. » Nous laissons donc la parole à Henriette-Marie, par le truchement de sa première biographe ; elle raconte son départ pour la France : « La reine d'Angleterre, que ses peuples révoltés avaient réduite dans un petit coin de son royaume pour y faire ses dernières couches, après dix-sept jours seulement fut contrainte de se sauver en France, pour éviter le malheur qu'elle avait sujet d'appréhender de la haine de ses sujets, qui étaient en guerre ouverte avec leur roi, et voulaient la prendre prisonnière, pour commencer peut-être par elle à perdre le respect qu'ils devaient avoir pour la royauté. »

Dans quel état se trouve cette reine qui regagne la France par la Bretagne, avant de rejoindre au bout de plusieurs mois la capitale ? Madame de Motteville décrit la descente aux enfers d'une « princesse, qui après avoir été la plus heureuse des femmes et la plus opulente de toutes les reines de l'Europe, avec trois couronnes qu'elle avait sur la tête », se trouve plongée dans le malheur. Gagnée par la dépression, elle ne voit pas d'autre solution pour se guérir, on le devine à mi-mot, d'une affection liée à sa dernière maternité, que d'aller prendre les eaux à Bourbon, l'actuelle ville de Bourbon-l'Archambault. La reine d'Angleterre y demeure « environ trois mois, pour tâcher de rétablir sa santé ». Elle récapitule alors les avanies qui se sont abattues sur son pauvre royaume d'Angleterre depuis Henri VIII, un temps « défenseur de la religion catholique », tant qu'il avait vécu avec la reine Catherine. Mais, ajoute-t-elle, en plaidant apparemment pour les unions fondées sur l'amour « comme ce mariage avait été fait par considération d'État, il n'avait été heureux qu'en cela ». Elle se montre nettement plus favorable pour son beau-père, feu le roi Jacques qui, en « défendant le mensonge », en conçut de l'amour « pour la vérité, et souhaita se retirer de l'erreur » en voulant « accorder les deux religions, la nôtre et la sienne ». Son fils Charles l'aurait suivie sur cette voie, en voulant commencer par la liturgie – d'où la révolte écossaise, vite étendue à l'Angleterre. Le pays souffrirait d'une maladie endémique : « La véritable religion n'étant plus dans l'Angleterre, résume la reine, plusieurs sortes d'hérésies y ont été introduites, et chacun y est hérétique à sa mode. » Quand elle aborde la guerre civile, la fille d'Henri IV insiste sur son rôle militaire. « Ayant fait une belle armée, se souvient-elle, toujours à la troisième personne, elle se mit à la tête de ses gens, et marcha droit vers le roi son mari, toujours à cheval, sans nulle délicatesse de femme, vivant avec ses soldats à peu près comme on pourrait s'imaginer qu'Alexandre vivait avec les siens. Elle mangeait avec eux à découvert au soleil, sans nulle cérémonie : elle les traitait comme ses frères, et ils l'aimaient tous uniquement. » Mais c'est en France, parmi ce peuple que son père a tellement aimé, qu'on lui fait le meilleur accueil. « Comme la mémoire du roi Henri IV est chère aux Français, elle fut toujours suivie d'une fort grande foule de peuple, qui courait après pour la voir. » Et ces quelques mots : « Elle trouva véritablement quelques remèdes à ses maux corporels en France, son pays natal, dont l'air et les eaux lui furent salutaires. » Henriette-Marie est heureuse de se retrouver en France où les « peuples » la regardent comme « sœur, fille et tante de leurs rois ».

Le malheur d'une reine

Ayant quitté Bourbon après plusieurs semaines d'un séjour réparateur, elle reçoit à Nevers la visite de son frère Gaston d'Orléans, et celle d'Anne-Geneviève de Bourbon-Condé, duchesse de Longueville, qu'elle n'a pas revus depuis sa propre enfance. Madame de Motteville décrit l'accueil qu'Anne d'Autriche réserve à Henriette-Marie à Paris à l'automne 1644, l'embrassant « avec tendresse et amitié » et lui prodiguant, comme le dit joliment la mémorialiste, « mille compliments qui ne tenaient rien du compliment ». Henriette-Marie partage dès lors son temps entre le Louvre et le château de Saint-Germain, qu'elle utilise comme « maison de campagne ». Elle reçoit aussi gracieusement une pension de dix ou douze mille écus par mois.

La reine d'Angleterre, la sémillante, la très accorte épouse de Charles Ier, a beaucoup vieilli. Elle est, selon le même témoignage, « fort défigurée par la grandeur de sa maladie et de ses malheurs », et n'a plus guère de « marques de sa beauté passée ». Certes, elle a gardé ses beaux yeux, son « teint admirable » et son « nez bien fait ». Il y a encore « dans son visage quelque chose de si agréable, qu'elle se fait aimer de tout le monde ». Mais sa maigreur et sa petite taille se sont accentuées, de telle sorte que sa bouche semble disproportionnée par rapport au reste de son corps. Madame de Motteville conclut avec une certaine malice féminine, dira Sainte-Beuve, que « sa beauté n'avait duré que l'espace du matin et l'avait quittée avant son midi ». Mais il faut corriger cette première impression, nécessairement lapidaire. De façon enlevée, sa confidente peint le beau portrait de la reine d'Angleterre : « Pour achever de la représenter telle que je l'ai vue, il faut avouer qu'elle avait infiniment de l'esprit, de cet esprit brillant qui plaît aux spectateurs. Elle était agréable dans la société, honnête, douce et facile ; vivant avec ceux qui avaient l'honneur de l'approcher sans nulle façon. Son tempérament était tourné du côté de la gaieté ; et parmi les larmes, s'il arrivait de dire quelque chose de plaisant, elle les arrêtait en quelque façon pour divertir la compagnie. La douleur quasi continuelle qui lui donnait alors beaucoup de sérieux et de mépris pour la vie la rendit à mon gré plus solide, plus sérieuse et plus estimable qu'elle ne l'aurait peut-être été si elle avait toujours eu du bonheur. Elle était naturellement libérale ; et ceux qui l'avaient vue dans sa prospérité nous assuraient qu'elle avait épuisé des trésors à faire du bien à ceux qu'elle aimait. »

Madame de Motteville, par contre, entretient une assez piètre opinion du fidèle Jermyn, le « favori » de la reine. Elle le présente comme un « assez honnête homme et d'un esprit doux », mais dans le fond « fort borné, et plus propre aux petites choses qu'aux grandes ». Elle le juge dépensier et en conclut que « cette princesse avait sans doute trop de confiance en lui », mais note avec soulagement que c'est bien la reine qui gouvernait. Apparemment, Henriette-Marie n'aurait jamais été dominée par cet homme dont la volonté est le plus souvent contraire à la sienne, et face auquel elle réagit en « maîtresse absolue »[19].

Le cœur et les tripes d'une reine

En maîtresse femme qu'elle est, Henriette-Marie n'a pas perdu pied ; elle continue à suivre la politique anglaise et prodigue ses avis éclairés à son époux. Elle lui conseille la modération, en particulier face aux presbytériens qui posent comme préalable qu'il renonce aux évêques. L'épiscopat est devenu la pomme de discorde entre les anglicans, qui lui demeurent favorables, et les autres protestants des îles Britanniques qui demandent qu'on abolisse le système monarchique au sein de l'Église. Jacques Ier n'avait-il pas déclaré, usant d'une formule célèbre, *No bishop, no King* ? S'il n'y avait plus d'évêques, y aurait-il encore des rois ?

En décembre-janvier 1644-1645, elle supplie son époux de trouver un compromis avec les presbytériens haïs, en renonçant pour l'heure à l'épiscopat. « J'apprends que les commissaires [d'Édimbourg] sont arrivés à Londres, sur quoi je n'ai rien à dire, sinon que vous preniez soin de votre honneur. Si vous faites la paix, qu'elle soit assurée, et s'il arrive autrement, que vous n'abandonniez pas ceux qui vous ont servi, de peur qu'ils ne vous abandonnent dans votre nécessité. » Voilà qui est parler en reine. Elle recommande pareillement de ménager les catholiques irlandais à l'autre bout du spectre doctrinal. Il faut temporiser sur les questions délicates : « Mon opinion est que l'article de la religion devrait être traité le dernier. Car si vous convenez d'user de rigueur envers les catholiques, ils seront découragés de vous servir, et si la paix ne se fait pas, vous ne pourrez attendre aucun secours ni des Irlandais, ni d'aucun prince catholique. Car ils croiront que vous les abandonnerez, après vous être servi d'eux. »

Peu après, elle exhorte à nouveau son mari : « Au nom de Dieu, ne vous fiez jamais à ce peuple. Si vous allez à Londres, avant que ce parlement soit séparé, ou sans une bonne Armée, vous êtes perdu. » Et elle annonce des renforts en hommes et en argent, tout en parlant en son nom propre : « Soyez persuadé que je ne ferai jamais la paix en abandonnant mes amis, ni une paix dans laquelle je ne trouve pas mon honneur et ma sûreté »[20]. La petite Française se considère bien comme l'un des belligérants ; la menace l'amène à sortir du rôle de second plan que, fussent-elles reines, l'on prête généralement aux femmes. Henriette-Marie dans l'adversité sait se montrer aussi sublime qu'Élisabeth Ire soixante ans auparavant.

Mais il n'est guère facile de mener une guerre par procuration quand on est une femme étrangère, éloignée des champs de bataille. La reine se réjouit d'accueillir son fils Charles. Le prince de Galles est un beau et grand jeune homme au teint étonnamment mat, et Henriette-Marie, en femme de son temps, essaie d'arranger son mariage. On parle de Mademoiselle de Montpensier, la fille de Gaston d'Orléans, surnommée ultérieurement la Grande Mademoiselle. On lui cédera bien volontiers la parole. « Nous nous voyions souvent, dira-t-elle d'un ton badin, parce que c'était une saison où il y avait souvent comédie au Palais-Royal. Le prince de Galles ne manquait point de s'y trouver, et de se mettre toujours auprès de moi ; quand j'allais voir la reine d'Angleterre, il me menait toujours à mon carrosse, et quelque temps qu'il fît, il ne mettait point son chapeau qu'il ne m'eût quittée ; sa civilité paraissait pour moi jusque dans les moindres choses. »

En un âge qui manie les codes vestimentaires avec art, ce jeune homme poli qui reste tête nue en présence d'une dame impressionne favorablement. Henriette-Marie, que l'on a vue si férue d'art militaire, sait aussi parler chiffons à une belle-fille potentielle. Elle vérifie elle-même la coiffure de Mademoiselle de Montpensier et veille à sa parure. Y a-t-il fête au Palais-Royal ? La reine d'Angleterre n'hésite pas trois jours entiers à accommoder sa coiffure et à garnir sa robe de diamants, puisant allègrement dans les « pierreries de la couronne » et dans les siennes propres. À la réflexion, Mademoiselle se verrait bien épouse du prince héritier et mieux encore, reine d'Angleterre. Elle s'assied sur un trône factice, monté sur la scène du théâtre, et s'y trouve étonnamment à son aise. « Le roi [Louis XIV] ni le prince de Galles ne se voulurent point mettre sur ce trône, j'y demeurai seule : de sorte que je vis à mes pieds ces deux princes, et ce qu'il y avait de princesses de la Cour. Je ne me sentis point gênée en cette place, et ceux qui m'avaient flattée lorsque j'allai au bal trouvèrent encore matière le lendemain de le faire. »

Mademoiselle, contente d'elle, ajoute négligemment qu'elle est « de race à l'occuper ». Elle note aussi un éclairant jeu d'œillades avec le prince de Galles : « Pendant que j'y étais et que le prince était à mes pieds, mon cœur le regardait du haut en bas aussi bien que mes yeux. » Elle hésite ; elle se préparait plutôt à épouser l'empereur et « dans la cour de Vienne, ajoute-t-elle modestement, l'on souhaitait fort que je fusse impératrice ». Entre un empereur et un prince de Galles peu assuré de monter un jour sur le trône, le choix était évident, et Mademoiselle conclut, de guerre lasse : « La pensée de l'empire occupait si fort mon esprit, que je ne regardais plus le prince de Galles que comme un objet de pitié »[21].

Le deuxième fils de la reine, le duc d'York, appelé également à monter un jour sur le trône, s'enfuit lui aussi dans des conditions rocambolesques pour rejoindre sa mère. On le dissuade longtemps de tenter de partir en le menaçant de la tour de Londres s'il n'obéit pas. Mais un jour, il fausse compagnie à ses gardes et se travestit en femme pour se rendre à Londres d'où il passe en Hollande par la mer, avant de descendre jusqu'à Paris. Il y est reçu par Louis XIV et sa mère qui lui témoignent l'affection que mérite « le petit-fils d'Henri IV et le fils d'un grand roi malheureux ». Deux autres enfants du couple sont restés en Angleterre, le petit duc de Gloucester son jeune frère, et une « princesse sa sœur [Élisabeth], d'environ onze ou douze ans ». Ces deux enfants recevront la bénédiction du roi leur père à la veille de son exécution.

Révolution d'Angleterre et Fronde française

Si elle a fui l'Angleterre et ses troubles, Henriette-Marie se retrouve dans une France elle aussi gagnée par une révolution. Madame de Motteville utilise une métaphore tirée de l'astrologie : « L'étoile était alors terrible contre les rois. » Elle se rend auprès de la reine d'Angleterre, effondrée par le départ de son fils parti regagner son royaume. Totalement désargentée, Henriette-Marie est abandonnée de tous, même de ses domestiques ; elle se réfugie au carmel de la rue Saint-Jacques, situé dans le quadrilatère borné par l'actuel boulevard de Port-Royal au sud, la rue du Val-de-Grâce au nord, la rue Barbusse et la rue Saint-Jacques. Pour Henriette-Marie, lasse de tant de tribulations, c'est un peu un retour aux sources, au milieu des sœurs dont les oraisons muettes ont rythmé son enfance. Que peut-on éprouver face à cette femme rendue à la solitude contemplative après une vie de gloire au milieu des têtes couronnées ? Le parlement de Paris, après le parlement de Londres, n'est-il pas entré en rébellion, même si Madame de Motteville s'empresse de corriger que le parlement de Paris est, « grâce à Dieu, bien différent de l'autre en ses intentions, et différent aussi en ses effets » ?

L'Angleterre, contrairement à la France du temps, accomplit l'irrémédiable. Elle met à mort son roi. Charles Ier ne mérite pas ce châtiment injuste ; sa vie est « exempte de tout reproche, à l'exception d'une hérésie qu'il avait reçue de ses pères, et dont il semble que son malheur était la suite, comme le péché d'Henri VIII en était la source ». Il s'en serait fallu de peu, selon Madame de Motteville, qu'il ne devienne catholique. « Il n'y a jamais rien eu de plus pitoyable que l'état où était alors cette grande famille royale d'Angleterre, constate-t-elle, elle était persécutée par ses sujets, trahie de ceux qui leur devaient tout ; et ceux dont avec justice elle devait espérer du secours étaient forcés de l'abandonner. »

Charles meurt après cet échange célèbre avec l'évêque anglican de Londres, William Juxon, venu l'assister dans ses derniers instants : « Je vais d'une couronne corruptible à l'incorruptible, où il ne peut pas y avoir de trouble, non, aucun trouble du monde. – Oui, lui dit le sieur Juxon, vous changez votre couronne temporelle à une éternelle : c'est un fort bon échange. » Mais cela ne met pas fin aux souffrances morales de son épouse qui croit, sur le témoignage d'un faux bruit, « que le roi son mari avait été amené de la prison jusque sur l'échafaud ; qu'on lui avait voulu couper la tête, mais que le peuple s'y était opposé ». Mais ce bref répit ne dure guère et on ne parvient pas à lui « déguiser son malheur plus longtemps ».

« Elle m'a souvent dit elle-même qu'elle était étonnée comment elle avait pu survivre à ce malheur », poursuit Madame de Motteville, qui insiste sur cette chute déplorable d'une reine qui ne voit plus dans l'avenir « qu'une continuelle suite de misères et d'afflictions ». Henriette-Marie, dès lors, n'est-elle pas condamnée à « un deuil perpétuel et sur sa personne et dans son cœur »[22] ? Qu'est-elle devenue, la jeune fille dont tout le monde reconnaissait naguère le perpétuel enjouement ?

Il faut une bonne semaine pour que la reine apprenne la disparition tragique de Charles Ier de la bouche de Jermyn. Elle n'a que 39 ans, mais la page est désormais tournée. Sa fille Élisabeth meurt en captivité sur l'île de Wight en septembre 1650, et l'époux de Marie, le jeune prince d'Orange, s'éteint à son tour en novembre. Certes, le nouveau roi Charles II et son frère Jacques semblent bien décidés à continuer le combat pour regagner le trône, mais Henriette-Marie, en mère aimante, craint en permanence pour leurs vies. Les milieux royalistes de l'exil sont divisés : Edward Hyde, le futur lord Clarendon, ne supporte pas Jermyn… Le succès va au succès, c'est bien connu, et Mademoiselle de Montpensier se détourne de l'idée d'un mariage avec un roi déchu ; la France et les Provinces-Unies pareillement se désintéressent de la dynastie vaincue. Mazarin se montre convaincu que l'avenir appartient à Cromwell. Henriette-Marie passe son temps au Palais-Royal et finalement, à partir de 1658, au château de Colombes. La reine mène une vie pieuse, ponctuée par ses dévotions, d'abord au carmel de la rue Saint-Jacques et de plus en plus au couvent de Chaillot ou en compagnie des sœurs de la Visitation de la rue Saint-Antoine. Cet ordre fondé par François de Sales occupait plusieurs bâtiments du quartier du Marais ; n'en subsiste plus que la chapelle, devenue l'actuel temple protestant de Sainte-Marie, rue Saint-Antoine. L'un des meilleurs biographes d'Henriette-Marie, le comte de Baillon († 1889), ne peut cacher sa réprobation envers le comportement de la reine : « On comprendra facilement, avec les sentiments religieux d'Henriette-Marie, que la conversion qui lui tînt le plus au cœur fût celle de ses propres enfants. Aussi, lorsque le jeune duc de Gloucester lui eut été rendu, s'employa-t-elle activement à faire de lui un catholique. » Il poursuit que la tâche n'était pas facile, la mémoire du jeune prince étant « trop fortement imbue des dernières recommandations de son père, pour qu'il se montrât docile aux préceptes tout opposés de la reine ». Mort en professant la religion anglicane, Charles Ier n'aurait pas supporté que ses enfants deviennent catholiques. « La reine, aigrie par cette résistance qu'elle n'avait pas supposée, poursuit Baillon, montra envers son fils une rigueur, que les biographes les plus favorables à sa cause et à elle-même ne peuvent s'empêcher de blâmer. » Et le biographe de conclure : « Lorsqu'elle vit que tous ses efforts venaient se briser contre une force de volonté bien rare à l'âge du jeune prince, elle prit le parti de le chasser du Louvre, et refusa désormais de le recevoir chez elle »[23].

Ce catholicisme affirmé effraie Charles II et le duc d'York, conscients pour l'heure que l'Angleterre n'admettra pas une dynastie papiste sur le trône. Mais Henriette-Marie, fortement affectée par la révolution, n'accepte pas cette réserve. Elle parle de confier l'éducation de son dernier fils Henri, le petit duc de Gloucester, âgé d'une quinzaine d'années, aux jésuites du collège de Clermont. L'enfant résiste, Charles II s'en mêle et l'enfant est retiré à sa mère.

Désormais, Henriette-Marie ne jouera pratiquement plus aucun rôle politique. Elle ne rentre en Angleterre qu'en 1662, deux ans après la Restauration. Elle s'installe alors à Somerset House ; la révolution n'est plus pour elle qu'un mauvais souvenir. Des problèmes de santé la contraignent à rentrer en France en 1665 ; elle s'éteint à Colombes quatre ans plus tard, au petit matin du 10 septembre 1669. Il appartenait à Bossuet de graver pour l'éternité l'un des portraits les plus admirables de cette fille de France fidèle à sa foi au milieu de l'une des plus grandes bourrasques de l'histoire universelle : « Chrétiens, que la mémoire d'une grande reine, fille, femme, mère de rois si puissants, et souveraine de trois royaumes, appelle de tous côtés à cette triste cérémonie, ce discours vous fera paraître un de ces exemples redoutables qui étalent aux yeux du monde sa vanité tout entière. Vous verrez dans une seule vie toutes les extrémités des choses humaines : la félicité sans bornes, aussi bien que les misères ; une longue et paisible jouissance d'une des plus nobles couronnes de l'univers ; tout ce que peuvent donner de plus glorieux la naissance et la grandeur accumulé sur une tête, qui ensuite est exposée à tous les outrages de la fortune ; la bonne cause d'abord suivie de bons succès, et, depuis, des retours soudains ; des changements inouïs ; la rébellion longtemps retenue, à la fin tout à fait maîtresse ; nul frein à la licence ; les lois abolies ; la majesté violée par des attentats jusques alors inconnus ; l'usurpation et la tyrannie sous le nom de liberté ; une reine fugitive, qui ne trouve aucune retraite dans trois royaumes, et à qui sa propre patrie n'est plus qu'un triste lieu d'exil ; neuf voyages sur mer entrepris par une princesse malgré les tempêtes ; l'océan étonné de se voir traversé tant de fois en des appareils si divers, et pour des causes si différentes ; un trône indignement renversé, et miraculeusement rétabli. Voilà les enseignements que Dieu donne aux rois : ainsi fait-il voir au monde le néant de ses pompes et de ses grandeurs[24]. »

Chapitre 8

LA REINE ANNE : LA DERNIÈRE DES STUARTS

Reine de 1702 à sa mort en 1714, l'arrière-petite-fille de Marie Stuart est le dernier personnage de sa famille à coiffer la couronne d'Angleterre. Quelle étrange fatalité pèse donc sur la dynastie ? Les Stuarts n'ont jamais de chance avec leurs peuples. Reprenons le fil des événements. Si Charles II, fils d'Henriette-Marie, monte finalement sur le trône lors de la Restauration de 1660, la famille connaît encore bien des déboires près de trente ans plus tard : Jacques II, frère cadet de Charles II, est à son tour chassé du pouvoir en 1688-1689, dans une révolution, plus vexante que vraiment tragique, et immédiatement qualifiée de « glorieuse ».

De la Restauration à la Glorieuse Révolution, l'Angleterre traverse pourtant une ère de prospérité économique et de renouveau intellectuel absolument unique dans son histoire. Les noms d'Isaac Newton ou de John Locke illustrent assez ce mélange d'audace tranquille et de pragmatisme qu'appréciera tant notre siècle des Lumières. Lorsqu'il accède au pouvoir en 1660, Charles II est bien décidé à rompre avec l'atmosphère pesante qui avait caractérisé la première révolution ; c'en est provisoirement fini de l'austérité puritaine, même si royalistes et anglicans ne rompent pas totalement avec l'intolérance et persécutent joyeusement les maîtres d'hier. Naguère si fiers, presbytériens et indépendants sont désormais des citoyens de seconde zone dans un royaume rassemblé autour du trône et de l'autel. Une véritable mystique Stuart tente de se mettre en place autour du souvenir de Charles Ier, le roi martyr.

Charles II n'en est pas moins ami des plaisirs et ses maîtresses ne tardent pas à défrayer la chronique. On se souviendra surtout de Barbara Villiers, de l'actrice Nell Gwyn ou de notre compatriote Louise Renée de Penancoët de Keroual, duchesse de Portsmouth, immortalisée par le peintre Pierre Mignard. Son amour immodéré de la bagatelle n'empêche pas Charles II de convoler avec une princesse, la très sérieuse Catherine de Bragance, fille de Jean IV du Portugal. Si elle n'est pas franchement belle, soulignera le roi, si elle évoque irrésistiblement une chauve-souris à ses yeux, elle permet un rapprochement utile avec le Portugal, destiné à contrer la politique expansionniste espagnole[1].

Les Stuarts (généalogie simplifiée)

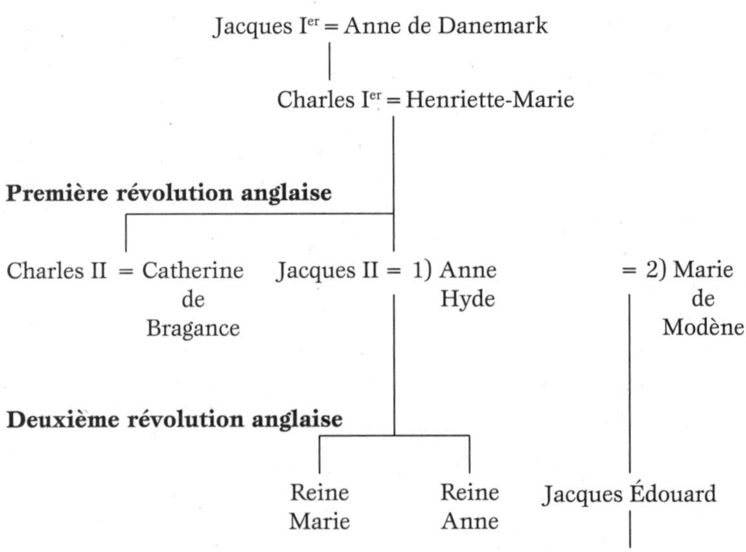

Naissance de la princesse Anne

La reine Anne est le fruit d'une passion de jeunesse entre le duc d'York et Anne Hyde, fille de lord Clarendon. Nés respectivement en 1633 et en 1637, le futur Jacques II et Anne Hyde se rencontrent au sein de l'émigration dans l'entourage parisien d'Henriette-Marie. En 1659, ils se jurent un amour éternel depuis Breda, aux Provinces-Unies. Dans l'Angleterre du temps, il y a encore là une forme valide d'union matrimoniale, en l'absence de toute consécration solennelle dans une église. Néanmoins, pour un prince du sang, cette union peut apparaître comme une mésalliance. En septembre 1660, une cérémonie officielle régularise la situation ; les calomnies commencent à circuler sur le compte d'Anne Hyde, enceinte de plusieurs mois. Le diariste Samuel Pepys rapporte le propos désabusé des contemporains en apprenant cette mésaventure : « Celui qui fait un enfant à une fille et l'épouse ensuite, lui aurait-on dit, est comme celui qui chie dans son chapeau et se l'enfonce ensuite sur la tête[2]. » Un fils, prénommé Charles en hommage au roi son oncle, naît peu après mais il meurt au bout de quelques mois ; sa sœur, notre reine Anne, ne viendra au monde que le 6 février 1665, peu avant minuit.

Sa mère Anne Hyde avait, nous dit-on, « l'air grand, la taille assez belle, peu de beauté, beaucoup d'esprit, et tant de discernement pour le mérite, que tout ce qui en a dans l'un ou l'autre sexe, est distingué chez elle ». Elle semblait même née pour revêtir la couronne. Jacques n'en accumule pas moins les aventures entre Anne Carnegie, comtesse de Southesk, Arabella Churchill, la sœur de John, le fameux « Marlbrough » de la chanson, ou encore Frances Jennings, belle-sœur du précédent[3]... Devenu veuf, le duc d'York épouse la très papiste Marie de Modène en septembre 1673. La nouvelle de sa conversion au catholicisme ne fait plus aucun doute trois ans plus tard. La partie n'est pas gagnée pour autant ; les deux filles de

Jacques II, lady Marie et lady Anne seront les adversaires les plus décidés de la religion romaine.

Née en 1662, lady Marie a reçu une formation anglicane impeccable avant d'épouser en 1677 son cousin, Guillaume d'Orange, un descendant du prince d'Orange († 1584) qui avait tant fait pour l'indépendance de son pays. L'anticatholicisme prend en ce dernier quart du XVIIe siècle un caractère fébrile ; le bruit d'une conspiration papiste provoque un déchaînement de fureur qui culmine dans de nombreuses exécutions pour haute trahison. Une vingtaine de prêtres et de religieux, dont plusieurs jésuites, sont mis à mort, d'autres meurent de mauvais traitements. Le duc d'York et son épouse Marie de Modène préfèrent demeurer en Écosse pour se mettre à couvert. La princesse Anne y séjourne en leur compagnie une dizaine de mois à partir de juillet 1681. Celle qui sera l'artisan de l'union des royaumes quelques années plus tard prend ainsi un premier contact prolongé avec son peuple septentrional.

Une crise constitutionnelle majeure, dite « crise de l'exclusion », se déroule au même moment. Deux partis s'affrontent au sein du Parlement, *Tories*, favorables à la prérogative royale, et *Whigs*, adversaires du duc d'York. Les Whigs déclarent que le royaume ne saurait être gouverné par un catholique. Peut-on légalement exclure le duc d'York de la succession ? Une telle question ne serait pas sans incidence pour ses filles, Anne et Marie.

Anne sera toute sa vie très attachée à son Église anglicane, qu'elle vénère au moins autant qu'elle exècre le papisme. « Dieu soit loué, écrira-t-elle à sa sœur, nous n'avons pas été élevées dans cette confession ; notre Église est pure et sans taches, et en tout point conforme aux principes de l'Écriture. » Pour en conclure : « Il n'y a pas de doute à avoir, l'Église d'Angleterre est la seule véritable Église »[4]. Il faut cependant marier cette grande jeune fille un peu gauche. On pense même à un cousin, George de Hanovre, un descendant allemand de Jacques Ier, qui séjourne quelques mois outre-Manche durant l'hiver 1680-1681.

Le mariage de lady Anne

La princesse est tout d'abord courtisée par John Sheffield, comte de Mulgrave. Ce fils d'un ancien conseiller d'Oliver Cromwell a servi vaillamment les Stuarts dans les combats maritimes de la Restauration. L'intérêt un peu exclusif qu'il voue à la princesse lui vaut une disgrâce provisoire au début des années 1680[5]. Cet incident de parcours renforce l'affection d'Anne pour Sarah Churchill, l'un des grands amours de sa vie. Sarah Churchill, née Jennings, vient d'épouser secrètement le futur duc de Marlborough trois ou quatre ans plus tôt. Il existera entre les deux femmes une passion dévorante qui ne manquera pas d'influer sur la politique du temps, en favorisant l'ascension de John Churchill. Jonathan Swift a des mots assez durs pour la duchesse : « C'est à elle que le duc est surtout redevable de son élévation et de sa chute. » Pour préciser : « Pendant plus de vingt ans, elle posséda sans rivale la faveur de la plus indulgente des souveraines, et jamais elle ne perdit la moindre occasion de la faire tourner à son profit. » L'auteur des *Voyages de Gulliver* poursuit sans indulgence aucune : « Elle a conservé une assez bonne réputation, relativement à l'amour et à la galanterie ; mais il régnait dans son cœur trois furies, ennemies mortelles de la tendresse, une avarice sordide, un orgueil insupportable et une fureur que rien ne pouvait modérer. » Une satire du temps, écrite en français, décrit méthodiquement « la naissance, la conduite, le caractère et les intrigues secrètes de Madame de Marlborough qui, par un génie peu commun, éleva à la plus haute fortune son époux, et la famille de ses trois gendres ». Sarah Churchill, traitée ici de « reine Zarah », aurait pratiquement détrôné la reine Anne pour occuper sa place. Ces insinuations ne restent pas sans réponse. Dans le récit en forme de plaidoyer *pro domo* qu'elle laisse à la postérité, la duchesse se lave de toutes les accusations ; elle présente son amitié pour la princesse puis pour la reine Anne comme bien antérieure à sa présentation à la Cour : « Nous jouions ensemble quand elle était enfant, et elle éprouvait une grande affection pour moi. » En tout cas, la princesse Anne préfère nettement Sarah à son chaperon, sa tante Flower, duchesse de Clarendon, qui, selon son amie de cœur, « ressemblait à une folle et pérorait comme un régent de collège ». Sarah se serait engagée pour sa part à toujours dire la vérité à sa maîtresse, estimant que la « flatterie était une trahison et une forme d'ingratitude ». Entre ces deux femmes, l'honneur aristocratique, celui des égaux, aurait remplacé le devoir et la gratitude[6]. À voir. Anne ne tarde pas à s'apercevoir que ces beaux principes présentent quelques inconvénients à leur tour, et qu'une part de flagornerie entre immanquablement dans la vie sociale, surtout avec des supérieurs.

Le couple de John et Sarah Churchill et ses relations troubles avec la reine ont de tout temps fasciné. On citera aussi ici le témoignage de l'Écossais Gilbert Burnet : « [John Churchill] avait un extérieur noble et gracieux. Élevé dès son enfance à la Cour, il en connaissait les manières mieux qu'homme du monde. Aussi était-ce toute sa science, car il était sans aucune littérature. Mais ce défaut d'instruction était corrigé en lui par un jugement solide et clair, et une présence d'esprit qui ne l'abandonnait jamais. » Quant à son épouse, « c'était une femme peu cultivée, mais d'un esprit juste et pénétrant, amie chaude et dévouée, violente et soudaine dans ses résolutions, impétueuse dans son langage. Elle passait pour vaine de sa faveur jusqu'à l'insolence, quoiqu'elle n'usât, pour la conserver, d'aucun des artifices si communs à la Cour. Étrangère à la flatterie, elle se dispensait même de l'assiduité auprès de la princesse. Elle restait beaucoup dans son intérieur, et veillait très soigneusement à l'éducation de ses enfants »[7].

La princesse Anne, même si elle se prétend l'égale de sa compagne, ne manque pas d'en revenir épisodiquement à un jeu de rôles plus conforme à la réalité du temps. Fille de roi, elle sera appelée à devenir reine à son tour. Anne épouse en juillet 1683 le prince George de Danemark, frère puîné du roi Christian IV. Ce prince a un tempérament indolent qui lui vaut les quolibets de la Cour. Charles II lui recommande pour le taquiner : « Fais de la marche avec moi, va à la chasse avec mon frère et honore ma nièce comme il se doit, et tu perdras ton embonpoint. » Le roi dit encore sur un ton moqueur : « Je l'ai testé saoul, je l'ai testé à jeun. Seigneur, rien n'y fait il est toujours aussi nul »[8]. Anne, naturellement autoritaire, aurait-elle accepté un autre mari ?

Le mariage a lieu à Londres le 28 juillet 1683, au surlendemain de la Sainte-Anne. Doté d'un sens aigu du devoir, le prince remplit régulièrement sa tâche, il sort périodiquement de sa torpeur pour honorer Anne de ses saillies, mais sans que jamais son épouse ait une descendance viable. Le temps s'écoule paisiblement, ponctué par la prière, les parties de chasse et la correspondance avec la chère lady Churchill, souvent absente de Westminster. Anne maintient un rythme soutenu, avec l'assistance du prince George : une grossesse par an pendant les dix-sept ans de leur vie commune sans compter un curieux épisode de pseudocyesis, ou grossesse nerveuse, en 1694-1695. Anne est convaincue qu'elle attend un enfant en dépit des dénégations de son médecin, le bon docteur John Radcliffe, auquel elle en voudra éternellement d'avoir eu raison. Entre les fausses couches et les enfants mort-nés, un seul échappe à l'hécatombe, William, duc de Gloucester, né à Hampton Court le 24 juillet 1689. Maladif et affligé d'hydrocéphalie, le garçonnet mourra de pneumonie à Windsor, à l'âge encore tendre de 11 ans.

Lorsque l'enfant paraît

Sa sœur Marie se trouvant sur le continent avec son époux Guillaume d'Orange, Anne paraît être au sein de la famille royale le seul représentant crédible du protestantisme. Son oncle Charles II se convertit au papisme sur son lit de mort en 1685 ; son père Jacques II qui lui succède exprime clairement son attachement au catholicisme. Le bruit circule qu'il souhaite convertir sa fille, mais Anne pratique ostensiblement sa religion anglicane et rassure sa sœur par écrit de sa fidélité à la religion de son pays. Sa correspondance se fait de plus en plus critique du roi son père et de son principal ministre, Robert Spencer, comte de Sunderland († 1702).

Anne, épuisée par ses grossesses vaines, joue désormais un rôle majeur dans l'exaspération des tensions en couvant d'un œil critique le ventre de la reine. « Pourvu qu'elle ne soit pas enceinte, celle-là, car si jamais un héritier catholique venait au monde, c'en serait fini de la succession protestante à la couronne ! » écrit-elle en substance. Dieu ne semble pas répondre aux vœux de Jacques II et de Marie de Modène, qui entament un pèlerinage à la source miraculeuse de sainte Winefride au pays de Galles, censée rendre les femmes fécondes. La prière est exaucée une fois encore et la reine est enceinte en novembre 1687, opposant le plus clair des démentis aux espérances de la princesse.

Anne croit à un subterfuge. Elle en informe sa sœur, qui en informe Guillaume d'Orange, qui en informe tout son réseau. Le 14 mars 1688, Anne écrit dans son langage codé : « Je ne puis m'empêcher de trouver bizarre le renflement du ventre de la femme de Mansell [Jacques II]. Elle est très grosse en effet, et pourtant, paraît se porter mieux qu'à l'ordinaire – ce qui est tout à fait anormal. » Elle ajoute une semaine plus tard : « Je ne doute pas que Mansell ait un fils, puisqu'il y a toutes les raisons de croire qu'il s'agit d'une grossesse simulée. » La brave Élisabeth Charlotte, princesse Palatine et épouse du duc d'Orléans, se souvient près de trente ans plus tard de l'atmosphère empoisonnée de la cour d'Angleterre à la fin du règne de Jacques II : « Quant à la reine d'Angleterre, femme de Jacques II, que nous connûmes à Saint-Germain, il est certain que, comme sa belle-fille [la princesse Anne] voulait lui soutenir qu'elle n'était pas enceinte, elle aurait dû prendre de plus grandes précautions ; j'en ai parlé moi-même à Sa Majesté [Marie de Modène] ; elle m'a dit qu'elle avait prié la princesse Anne de mettre la main sur son ventre et de sentir comme quoi l'enfant se remuait, mais que celle-ci n'avait pas voulu le faire ; la reine dit qu'elle n'avait jamais pu penser que des gens, qui chaque jour la voyaient grosse, pussent croire qu'elle n'avait pas accouché[9]. »

Le 10 juin 1688, la succession catholique paraît assurée par la naissance de Jacques Francis Édouard Stuart, héritier au trône d'Angleterre. Une lutte à mort est désormais engagée entre Marie et Anne d'une part, et leur père Jacques II et son fils, encore tout bébé, d'autre part. La trahison de la reine Anne est l'un des déclencheurs de la crise dynastique qui s'ensuit : la proximité familiale lui permet de jeter un discrédit tenace sur l'enfant, présenté dès lors soit comme l'enfant du miracle, soit comme une imposture. Inutile de dire qu'Anne trouve un prétexte pour être absente lors de l'accouchement : « Imaginez, bien chère sœur, confie-t-elle à Marie, combien je suis marrie d'avoir eu l'infortune de me trouver à mille lieues de la Cour lorsque la reine enfanta : je ne saurai en effet jamais si l'enfant est vrai ou faux. » Et perfide : « Dieu seul sait si nous avons un frère, car elle s'est bien gardée d'en fournir la moindre preuve au monde »[10].

Une légende se répand comme une traînée de poudre : un vrai-faux héritier aurait été apporté au dernier moment dans une bassinoire. La princesse Anne et le prince George, toujours bonne pâte, s'en reviennent à Londres quelques jours plus tard. La situation évolue très vite ; le prince d'Orange, qui n'attend que cela, se voit supplier de venir en Angleterre rétablir les libertés parlementaires. En d'autres temps, cela se fût appelé une invasion ; ce sera plus prosaïquement une révolution, d'autant plus « glorieuse » qu'elle a des allures sordides de coup d'État ou d'affaire de famille.

Attitude d'Anne durant l'invasion

Guillaume débarque le 5 novembre 1688 dans l'ouest du pays. Le 18, la princesse lui écrit pour l'assurer des vœux bien sincères qu'elle forme pour sa « juste entreprise ». Quelques jours plus tard, Jacques est délaissé par sa bonne noblesse, à commencer par Churchill et le prince George qui se rallient à Guillaume. Le 25 novembre, Anne prend un air emprunté pour expliquer le débat cornélien qui l'agite dans une lettre à la reine Marie de Modène : « Madame, Vous ne pouvez savoir combien je suis navrée d'apprendre que le prince [George] s'en est allé avant de pouvoir vous parler, et je souhaite laisser cette lettre pour vous adresser ainsi qu'au roi mes sentiments dévoués. » Et, faussement tragique : « Nul n'a éprouvé de telles affres, entre le devoir et l'affection que l'on doit à un père et à un mari. » Elle termine en implorant la bénédiction de Dieu sur le roi et en espérant avoir au plus vite le bonheur de le revoir.

En compagnie de sa fidèle Sarah, la princesse s'enfuit alors de Whitehall et trouve asile à Nottingham le 1er décembre. Jacques II, désespéré, quitte Londres quelques jours après ; sa fille Anne s'habille de couleur orange comme tous les partisans de Guillaume. Une convention, ainsi que l'on appelle un parlement qui n'a pas été convoqué par le roi, s'assemble en janvier 1689 et constate qu'en s'enfuyant, Jacques aurait « abdiqué » la couronne qui revient à sa fille aînée la reine Marie et à son époux Guillaume. Anne figure sur la liste en troisième place après les enfants du couple (qui reste pour l'instant stérile). Le 13 février, Guillaume et Marie acceptent solennellement la couronne d'Angleterre et d'Irlande ; ils deviennent roi et reine d'Écosse un mois plus tard. Marie n'est pas, contrairement aux autres reines qui l'ont précédée après Élisabeth Ire, épouse consort du roi ; à l'inverse, c'est elle en tant que Stuart et fille de roi qui détient la légitimité.

Toutes les publications officielles, y compris les Actes du Parlement, émanent de *William and Mary*, et non du seul William comme cela aurait été le cas si la transmission de la couronne s'était faite sans accroc. Le couronnement se déroule en avril tandis que le prince George et John Churchill sont récompensés pour leur bonne et loyale trahison en devenant respectivement duc de Cumberland et comte de Marlborough. L'amitié entre Anne et Sarah augmente de jour en jour, et pour tromper l'ennui de la Cour, les deux dames s'affublent de noms d'emprunt et jouent les bourgeoises. Dans l'intimité, Anne est désormais Mrs Morley, et Sarah, Mrs Freeman. La duchesse de Marlborough reviendra avec nostalgie sur cette familiarité passée. L'amitié suppose une forme d'égalité inconciliable avec le rang social. D'où le recours à des noms convenus dans la correspondance entre ces deux femmes[11]. *Freeman* signifie étymologiquement soit « homme libre », soit « bourgeois ». Notre Michelet, très attentif à cette intimité fusionnelle, ira jusqu'à écrire que ces deux femmes « délaissées » par un mari absent comme Marlborough ou par un mari alcoolique comme le prince de Danemark « s'épousèrent, pour ainsi dire ». Sans doute montre-t-il un peu de naïveté en attribuant pour autant à la reine un rôle féminin dans le couple et à Sarah quelque « ascendant masculin »[12]. Dans la société encore si prude du XVIIe siècle, quoi que l'on prétende, il y a des choses qu'on ne peut se dire qu'entre femmes, d'autant que les hommes brillent souvent par leur balourdise. Entre Sarah et Anne, on se fait les confidences les plus intimes, en usant parfois de mots convenus ou de litotes. La reine, perpétuellement aux aguets, note pour son amie l'arrivée de ses menstrues, devenues dans sa langue codée à elle « lady Charlotte ».

La *Glorious Revolution* a été, quelle que fût sa portée philosophique, une affaire de famille. Présidée par Jacques II, puis par son fils Jacques Édouard, une Cour rivale s'établit à Saint-Germain-en-Laye, où elle bénéficie du soutien de la France. Le roi Jacques (*Jacobus* en latin) compte de nombreux partisans, surnommés « jacobites », en Angleterre comme en Écosse et en Irlande. Anne demande à son père de lui pardonner dans une lettre datée du 1er décembre 1691[13]. Cette repentance, vraie ou simulée, répond aussi à l'exaspération croissante de la princesse devant son beau-frère Guillaume. Les milieux de l'émigration ne prennent pas nécessairement au sérieux ces protestations d'amitié... Néanmoins, beaucoup d'Anglais sont prêts à jouer double jeu et à nouer des contacts avec les exilés. Le renvoi de Marlborough en janvier suivant 1692 porte un coup fatal à Anne qui adopte le parti de sa chère Sarah et préfère encore quitter la Cour que de se séparer de sa confidente. Elle prend ses quartiers à Berkeley House dans le quartier de Piccadilly, un hôtel particulier désormais disparu. Or, comme l'a très bien noté Edward Gregg dans sa magnifique biographie de la reine Anne, « à partir de la révolution [de 1688] l'héritier du trône est devenu presque immanquablement le dirigeant nominal de l'opposition[14] ».

Les deux sœurs ne se reverront plus et Marie meurt en décembre 1694, laissant son époux face à un pays de plus en plus hostile. La vie continue pour la princesse Anne, ponctuée par les espoirs sans cesse déçus et les fausses couches ; Guillaume, isolé, tente en 1695 un ultime rapprochement avec sa belle-sœur qui reçoit les bijoux de la chère disparue et peut désormais résider au palais de St James. Anne est affligée de terribles rhumatismes qui ne la quitteront plus jusqu'à ses derniers jours et la laissent pratiquement impotente, ou du moins incapable de se mouvoir seule. Les Marlborough savent se montrer indispensables. La roue de la fortune tourne encore lorsque l'*Act of Settlement* ou Acte d'établissement de juin 1701 prévoit clairement qu'Anne succède à Guillaume et que, à la mort de cette dernière, la couronne atterrisse sur la tête d'un prince ou d'une princesse allemand(e). On parle de Sophie, électrice douairière du Hanovre et de ses ayants droit[15].

Depuis le mariage d'une fille de Jacques Ier avec l'électeur palatin en 1613, une dynastie allemande pouvait faire valoir ses droits sur le trône d'Angleterre (voir chap. 6). Les descendants allemands de Jacques Ier ne s'étaient-ils pas illustrés lors de la guerre civile des années 1640, en luttant vaillamment au côté de Charles Ier ? On se souviendra en particulier du très impétueux Rupert, toujours prompt à mener sabre au clair ses charges de cavalerie… Mais cela, c'était une autre époque. Anne déteste l'idée d'une succession allemande, comme une majorité de ses compatriotes ; elle a déjà du mal à supporter le Hollandais Guillaume d'Orange, mais un prince du Hanovre ! George Louis choisit précisément l'automne 1701 pour hasarder l'idée d'une nouvelle visite outre-Manche. Anne s'excuse de ne pouvoir le recevoir, prétextant qu'elle est encore enceinte – ce qui en l'occurrence est faux et archifaux. Alors, pourquoi ne pas regarder du côté des Stuarts du continent, qui depuis leur exil entretiennent et entretiendront longtemps encore la flamme de leurs partisans ? Jacques II meurt à la fin de l'été 1701, l'usurpateur Guillaume III le suit quelques mois plus tard dans la tombe, au printemps 1702. Après Guillaume, il y a Anne. « Guillaume est dans le tombeau, ô affliction, Anne est sur le trône, ô consolation[16] », déclare sans attendre le poète. Les Anglais se sont assez vite consolés. Oui, mais après, après Anne ? Pourquoi pas Jacques Édouard, l'enfant du miracle, celui dont la naissance a provoqué à son insu une révolution ?

Le cœur vraiment anglais de la reine

Le règne d'Anne sera l'un des plus glorieux. C'est au palais de Kensington, et plus encore dans ses jardins et dans la charmante orangerie qu'elle y a fait construire que l'on retrouvera le mieux sa présence. Le contraste avec son beau-frère est saisissant : Anne sera totalement anglaise dans ses goûts, dans ses aspirations et dans ses amitiés là où Guillaume d'Orange demeure un continental, assez hermétique à sa nouvelle patrie. Peu à l'aise en Angleterre, ennemi du débraillé et des palabres,

Guillaume III est dans sa fibre même un Hollandais prédestiné ; froid et cassant, il a le goût des armes et sa culture calviniste assez stricte lui aura conféré, plus encore que l'amour de la réussite, la passion d'entreprendre. Il n'aime pas Marlborough mais il a compris qu'il est le meilleur général de son temps. Il l'envoie aux Pays-Bas négocier une alliance contre la France de Louis XIV et son petit-fils, Philippe V. L'empereur Léopold Ier se joint à la coalition qui va mener la vie dure aux Français. Cette guerre de Succession d'Espagne et la paix d'Utrecht qui s'ensuit marquent, de 1701 à 1714, l'apogée de la puissance anglaise. C'est sous la reine Anne que l'Angleterre se hisse à la première place dans le monde, distançant toutes les puissances rivales.

Son beau-frère Guillaume disparu, la reine Anne s'adresse au Parlement le 11 mars 1702. Elle déclare, suivant le conseil de son oncle Lawrence Hyde, comte de Rochester : « Je sais que mon cœur est totalement anglais. » Pourrait-on imaginer meilleur éloge funèbre de son prédécesseur que ces quelques paroles faussement innocentes ? Car si le cœur de la reine est « vraiment anglais », cela implique que celui de son prédécesseur, auquel on reprochait de plus en plus ses racines hollandaises, ne l'était pas. Ou encore que la reine Anne risquait de ne jamais avoir de successeur qui puisse dire également : « J'ai le cœur anglais. » Alors qu'elle n'était encore que princesse, Anne avait toujours eu un fort sentiment de supériorité par rapport à son beau-frère. Sa légitimité ne tenait pas à quelque accord parlementaire : c'était la voix du sang qui parlait à travers elle.

Cette accession au pouvoir marque aussi l'ascension prévisible du comte et de la comtesse de Marlborough, élevés au bout de quelques mois à peine au rang de duc et duchesse. Capitaine général du royaume et ambassadeur extraordinaire auprès des Pays-Bas, Marlborough est bien le personnage le plus en vue du royaume. Le couronnement de la reine Anne a lieu le jour de la Saint-Georges, 23 avril 1702. Fervente anglicane, la reine est assurée du soutien du parti tory, de plus en plus surnommé « parti de l'Église [établie] » ; les Tories les plus ardents souhaitent purger totalement le pays des Whigs sans y parvenir. Marlborough résiste dans le cas de l'armée à toutes les pressions. Il s'oppose au comte de Rochester, décidé lui à en découdre avec ses adversaires politiques. Le premier Parlement du règne, qui s'assemble en octobre 1702, compte une majorité de Tories. La « junte », ainsi que l'on appelle un groupe d'aristocrates Whigs ambitieux et décidés, n'en est pas moins déterminée à éclipser un jour les Tories[17]. Oui, mais que pense la reine ? Anne est mal à l'aise. Le torchon brûle entre Mrs Morley et Mrs Freeman. La duchesse de Marlborough s'inquiète du poids excessif des Tories les plus extrêmes qu'elle identifie aux jacobites. Anne tente de la modérer à son tour… En novembre 1703, Anne prêche la « paix et l'union » à son parlement, mais c'est peine perdue. Nettement majoritaires aux Communes, les Tories se déchaînent contre les dissidents protestants, alliés de toujours du parti Whig. Les Tories dénoncent la « conformité occasionnelle » de leurs compatriotes qui participent au culte dans l'Église anglicane, quitte à se joindre régulièrement à d'autres assemblées, en particulier presbytériennes ou indépendantes. La reine hésite, son époux à la Chambre des lords refuse de voter pour la mesure discriminatoire. En bon luthérien, ce prince danois est conduit à penser qu'il y a plusieurs façons d'être protestant et que le monopole ecclésiastique anglican doit souffrir quelques exceptions. Le *bill* contre la conformité occasionnelle est battu. Les Tories sont furieux et particulièrement dépités par la modération de la reine dont ils prisaient l'attachement sans faille à son Église. Ils découvrent un nouveau slogan mobilisateur : « L'Église (anglicane) est en danger. » La reine fait assaut de bonté envers le clergé pour assurer chacun de son attachement : elle crée un fonds spécial pour venir en aide aux pasteurs nécessiteux, le *Queen Anne's Bounty*.

Prêts à mener la politique du pire, son oncle Rochester et les Tories outrés (ainsi qu'on les appelle) parlent d'inviter l'électrice Sophie à résider en Angleterre. Anne est évidemment furieuse à la perspective d'avoir en permanence en face d'elle son successeur potentiel… L'Écosse elle-même montre des velléités d'indépendance grandissantes face à l'Angleterre en agitant de plus en plus clairement la menace jacobite. Il s'en serait fallu de presque rien pour que les Stuarts du continent se convertissent au protestantisme et deviennent les seuls successeurs crédibles. La reine comme son entourage souhaitent ardemment parvenir à un royaume uni d'Angleterre et d'Écosse, qui arrime définitivement le royaume du Nord à celui du Sud.

Une reine du juste milieu ?

Les victoires militaires de Marlborough renforcent le pouvoir de la couronne. Les Français souffrent en août 1704 l'une de leurs pires défaites, non loin du village de Blenheim sur le Danube. Si le duc de Marlborough gagne au champ d'honneur, Sarah perd elle du terrain auprès de la reine. Acquise désormais aux thèses whigs, Sarah dénonce les Tories ; Anne refuse obstinément de continuer à discuter avec elle. Par tempérament comme par sens du devoir, la reine Anne reste, comme la reine Élisabeth avant elle, attachée à une grande tradition conservatrice qui traite indifféremment tous les partis comme des factions, susceptibles d'affaiblir l'unité nationale à laquelle elle croit, envers et contre tout. Son amour de l'Église établie, son sens de l'autorité monarchique, son attachement à la prérogative royale font d'elle incontestablement une Tory. Pour Sarah, à l'inverse, les principes de la Glorieuse Révolution de 1688 ne seront jamais aussi bien assurés que sous un ministère whig[18]. Néanmoins, de plus en plus lasse des partis politiques et de leurs manœuvres, Anne émet un jugement plein de bon sens sur les excès des uns et des autres. « Je pense toujours la même chose des Whigs et des Tories ; je connais leurs principes aux uns et aux autres, et quand je suis convaincue d'une chose, nul ne saurait me faire changer d'avis. » Et ces paroles pleines de bon sens, même si elles avoisinent le lieu commun : « Il y a des bons et des méchants dans les deux camps »[19].

La reine Anne a une tête politique, quoi qu'on en dise, et elle analyse assez finement les conflits de son temps pour déplorer que la passion l'emporte souvent sur la raison. Bien que la distance se creuse irrésistiblement avec sa chère Sarah, Anne demeure la reine et elle accorde à Marlborough le terrain où il pourra construire son magnifique palais de Blenheim. Étonnant édifice que ce château, l'un des seuls en Angleterre susceptibles de rivaliser avec Versailles, quoiqu'à une plus petite échelle : trois hectares de toits, trois cents pièces, un parc de mille quatre cents hectares[20]...

L'invention du Royaume-Uni

Le deuxième Parlement du règne, élu en 1705, marque le triomphe des modérés, conformément à la volonté royale d'ouverture au centre. Robert Harley, le duc de Marlborough et Sidney Godolphin sont très représentatifs de ces Tories mesurés qui rejettent les excès des deux camps. Mais les outrances verbales ne tardent guère à empoisonner une vie publique saturée par les passions partisanes. Désireuse de tempérer les excès, la reine joue encore un rôle politique important. Comme elle n'a hélas pas eu de descendance, le règlement de la succession figure parmi les priorités de la nouvelle assemblée. La reine est présente en novembre lorsque l'on aborde la question à la Chambre des lords. Faisant contre mauvaise fortune bon cœur, la reine envoie dans le Hanovre le Whig Charles Montagu, comte de Halifax, afin de resserrer les liens avec la dynastie appelée à lui succéder un jour.

Une autre tâche attend la reine : l'union des royaumes. Avec l'aval des deux parlements d'Édimbourg et de Westminster, la reine nomme en février 1706 une trentaine de commissaires écossais auxquels s'adjoignent une trentaine de commissaires anglais. En juillet, on présente solennellement le traité à la reine à St James. La France subit à l'époque de sérieux revers militaires : la victoire anglaise de Ramillies, non loin de Waterloo, au sud-est de Bruxelles, la progression décisive des Savoyards en Italie, conduisent Louis XIV à entamer des négociations avec les Hollandais. Les Anglais s'offusquent au cri de *No peace without Spain*, « Aucune paix sans l'Espagne ».

La défaveur d'une reine

Parmi les familles les plus célèbres de l'aristocratie anglaise, comment ne pas citer les Spencer, qui remonteraient, peut-être, à une branche cadette de ces Despenser, père et fils, qui avaient défrayé la chronique sous Édouard II ? Nous avons déjà rencontré Robert Spencer, second comte de Sunderland, lord Président du Conseil, sous Jacques II. Son fils Charles Spencer, comte de Sunderland († 1722), est à l'origine d'une crise de régime sous la reine Anne. Il comptera parmi ses descendants, outre sir Winston Churchill, lady Diana Spencer, cette Lady Di dont nous reparlerons en temps et en heure.

En mars 1706, la reine ratifie un Acte de régence qui prévoit qu'au moment de sa mort, les conseillers appellent sans attendre sur le trône la personnalité la plus proche dans l'ordre de succession. Deux ans plus tard, une nouvelle loi sur la succession renforcera cette mesure. Les Whigs se sentent vainqueurs ; ils exigent de la reine la nomination de Sunderland comme secrétaire d'État. Or Anne éprouve une profonde antipathie pour cet esprit fort, suspect de républicanisme. De plus, Sunderland a lui-même épousé Anne Churchill, fille de la « chère Mrs Freeman »... Contrairement au duc de Marlborough, visiblement mal à l'aise, la duchesse souhaite la promotion de son gendre. Godolphin se prête à la manœuvre et la reine fond en larmes à la fin de l'été 1706, se sentant abandonnée de tous. Les choses ne seront plus jamais comme avant entre Mrs Morley et Mrs Freeman.

La rupture avec Sarah

Durant ces échanges passionnés, presque passionnels parfois, la reine sort de sa réserve et s'exprime avec une étonnante sincérité, fin août-début septembre, après avoir cédé au vertige de l'introspection. On découvre une femme émouvante lorsqu'elle exprime sa fidélité à un idéal quasi élisabéthain de gouvernement au-dessus des partis et des factions. « Je crois, écrit-elle à Godolphin, que l'on doit toujours parler franchement à ses amis. » Pour ajouter que parfois hélas on en arrive à de fâcheuses extrémités avec eux. Étrangement pusillanime, elle s'excuse presque de dire la vérité. « J'éprouve de tels tourments que je ne puis plus me taire et que je puis pas non plus me cacher les choses à moi-même. » Mais elle demeure ferme sur les principes : « Je suis d'opinion que de faire d'un homme de parti [Sunderland] un secrétaire d'État, quand un grand nombre de ses amis sont déjà aux affaires, reviendrait à me jeter pieds et poings liés à la merci d'un parti en particulier [les Whigs], ce qui est précisément ce que je veux éviter. »

Sur le plan sentimental, la reine tente d'oublier Sarah Churchill en compagnie d'une nouvelle confidente, Abigail Hill, une pauvre fille sortie tout droit d'un roman de Defoe. On songe à *Moll Flanders* ou à *Roxanne*, ces chefs-d'œuvre d'une littérature picaresque qui décrit les relations entre les sexes et plus encore les questions d'argent avec une totale crudité ; Abigail était la fille d'un négociant londonien ruiné par ses mauvaises affaires ; elle avait dû pour survivre entrer au service d'une famille du Kent, avant d'être recueillie par charité par sa cousine Sarah Churchill. Mais elle est aussi de surcroît la cousine de Robert Harley, qu'elle défend tout particulièrement auprès de la reine. Elle devient la pire des opposantes de sa bienfaitrice initiale, la duchesse de Marlborough, qu'elle éclipse définitivement dans le cœur de la reine en 1707. Comme elle n'avait en partage ni la richesse, ni la beauté, ni les aménités de l'esprit, Abigail doit à l'amitié de la reine d'avoir épousé cette année-là un gentleman de la maison de la reine, Samuel Masham, un brave officier de carrière, trop heureux d'empocher les 2 000 livres de dot que la reine réservera à sa favorite.

La ratification de l'Acte d'union avec l'Écosse qui intervient officiellement en mars 1707 irrite les Tories les plus déterminés qui déplorent que le presbytérianisme et non point l'anglicanisme soit la religion établie dans le royaume du Nord ; un grand culte d'action de grâces est néanmoins célébré à la cathédrale St Paul le 1er mai. La reine se rend en carrosse sur place, entourée par la bonne noblesse des deux nations. Elle est accueillie à Temple Bar, la porte qui marque l'entrée ouest de la cité, par le *Lord Mayor* et les échevins dans une atmosphère de liesse encore accentuée par plusieurs salves de canon, rapporte la *London Gazette*. La reine sort renforcée de ces longues négociations et elle résiste aux pressions de Marlborough.

Le parlement whig de 1708

La France a une botte secrète : la cour de Saint-Germain, rivale de Westminster. Le prétendant « Jacques III », demi-frère de la reine Anne, menace à tout instant d'intervenir en s'appuyant sur le loyalisme, vrai ou supposé, d'une partie des Anglais, des Écossais et des Irlandais. Les deux chambres du Parlement se déclarent résolues à défendre la reine contre le « prétendu » prince de Galles. L'on proclame sans attendre que les partisans du prétendant sont des « traîtres et des rebelles ». La reine elle-même se sent piégée par les Whigs et elle adopte un ton martial pour défendre les acquis de la [Glorieuse] Révolution [de 1688] et placer sa royale personne et la « succession protestante sous la protection éclairée du Parlement ». Elle complimente les deux chambres pour leur « zèle » et leur « affection » et dénonce les menées d'un « prétendant papiste, élevé dans les principes du gouvernement arbitraire ». La reine a visiblement peur des Whigs et elle tient à ménager l'opinion publique.

Ses relations avec la duchesse de Marlborough se sont considérablement détériorées depuis que Sarah a pris congé de sa maîtresse. « Lord Marlborough se rendant en Hollande, lui écrit-elle, Votre Majesté ne saurait être surprise ou déçue d'apprendre que je quitte la ville, convaincue, comme tant d'autres, que rien ne saurait lui déplaire davantage que ma présence constante à ses côtés. » Elle poursuit que bien entendu lord Marlborough reste lui à son service, puisqu'il ne saurait renoncer à son commandement (31 mars 1708).

La reine Anne se sent de plus en plus délaissée par son entourage ; le duc de Marlborough, depuis le continent, suit très bien l'évolution de la situation anglaise ; il informe la reine pour lui ouvrir les yeux sur la déroute des Tories : « En ce qui concerne l'Angleterre, je suis convaincu que l'on veut faire accroire à Votre Majesté que les Tories auront dans ce prochain parlement une majorité aux Communes. Je prie Votre Majesté de considérer tant qu'il en est encore temps qu'après l'aide que le prétendant a reçue de la France, la plupart des Tories sont suspectés d'avoir participé à cette tentative ou du moins de l'avoir encouragée[21] » (Gand, 9 mai 1708).

L'identification des Tories et des jacobites sera l'un des grands ressorts de la propagande whig pendant des décennies. Bien qu'aucun débarquement n'ait eu lieu en Écosse, les Whigs sauront jouer habilement sur ce tableau. Majoritaires aux Communes, les Whigs risquent d'imposer leur politique au pays. La reine s'inquiète devant le triomphe de la junte qu'elle déteste plus que tout. Elle se tourne vers Marlborough qui lui apparaît comme un dernier recours. Mais Godolphin comme le duc sont résignés : il faut gouverner avec les Whigs, d'autant plus que les Hollandais menacent d'entamer une négociation séparée avec la France s'ils sentent la moindre faille dans la détermination de leurs alliés anglais...

Anne regarde avec sympathie du côté de Harley, mais ce dernier ne peut rien pour elle, du moins pour l'instant. Marlborough continue sa progression sur le terrain et remporte au début de l'été la bataille d'Audenarde, qui ouvre la voie vers Lille et vers la France. Auréolé de ce nouveau succès, Marlborough prêche la modération : que la reine oublie ses rancunes passées contre la junte et contre les Whigs ! Le temps est à l'unanimité nationale et à la réjouissance devant cette nouvelle marque de la faveur du Très-Haut. Mais comment convaincre Anne, en fille fidèle de son Église, que Dieu protège ce grand mécréant de Sunderland ? Pourquoi donc Dieu serait-il du côté des Whigs ?

Marlborough s'entête, s'empêtre, s'inquiète, s'impatiente ; tout comme Godolphin, il menace de démissionner devant l'intransigeance de la souveraine, restée sourde à ses appels à la concorde et à la conciliation. Anne est formelle : les cinq lords de la junte se comportent en tyrans. Jalouse, Sarah Churchill met directement en cause les mœurs de la reine en révélant son homosexualité. *La Duchesse rivale* est un livret homophobe et sans esprit rédigé par Arthur Maynwaring, le secrétaire particulier de la duchesse. L'ouvrage assez grossier se présente comme un dialogue fictif entre Madame de Maintenon, l'épouse honnie de Louis XIV, et une Madame M*** dans laquelle on reconnaîtra sans mal Abigail Masham. La favorite de la reine y déclare sans ambages son amour immodéré pour son propre sexe. Madame de Maintenon s'inquiète alors : « Est-ce que ce vice féminin, le plus détestable qui soit, règne chez vous comme chez nous en France, où tant de nos jeunes filles sont ainsi débauchées dans leurs couvents, de telle façon que la plupart des gens de qualité ne veulent plus désormais confier l'éducation de leurs filles à de telles personnes[22] ? »

Cela, la reine ne saurait l'admettre ; cet été 1708 est l'un des pires de son règne. Le 19 août elle se rend en carrosse à la cathédrale St Paul en compagnie de Sarah Churchill pour rendre grâce à Dieu pour la bataille d'Audenarde ; les deux femmes ont une altercation pendant le trajet. La reine ne supporte plus l'insolence de son ancienne amie, mais elle a besoin plus que jamais de Marlborough sur le plan militaire. Un nouveau malheur s'abat alors ; la reddition de Lille assiégée en octobre est obscurcie par la maladie du prince George qui s'éteint le 23 octobre, à l'âge de 56 ans. Déjà éprouvée sur le plan sentimental, la reine Anne est terriblement affectée par cette disparition ; elle veille le prince jusqu'au bout et reste prostrée en sa présence de longues minutes après son décès. Pouvait-on soupçonner une telle affection entre le Danois taciturne et la reine Anne ?

Le raz-de-marée tory de 1710

La reine Anne ne fait pas uniquement de la figuration ; sur le plan politique elle exerce toujours une influence déterminante. Par sa sensibilité, par ses attaches religieuses, par son idéologie stuartiste, elle demeure plus proche des Tories que des Whigs, ces républicains mécréants selon leurs adversaires. Une terrible fièvre s'est emparée du pays depuis qu'un prédicateur, Henry Sacheverell, a déclaré en chaire à la cathédrale St Paul que le pays, et plus encore son Église établie, étaient menacés par des traîtres, ou plus précisément par des « faux frères ». Ce sermon du 5 novembre 1709, date anniversaire du débarquement de Guillaume d'Orange, ne ménage ni les Whigs ni les acquis de la Glorieuse Révolution. Anne n'aime pas ce ton passionné, mais elle désapprouve plus encore les excès des Whigs et souhaite que l'ecclésiastique ne soit pas trop durement sanctionné pour avoir dit trop haut ce que beaucoup pensaient tout bas.

La popularité de la souveraine s'accroît ; les Tories, dont beaucoup ne font pas mystère de leurs sympathies jacobites, se précipitent à Kensington. Sarah Churchill sent le vent tourner, et elle demande à son ancienne amie de l'écouter une dernière fois, mais en vain. Une ultime rencontre orageuse entre les deux femmes a enfin lieu le jeudi saint, 6 avril 1710. Mrs Morley et Mrs Freeman ne se reverront jamais plus, du moins en ce monde.

L'opinion se lasse de plus en plus de la guerre et les Tories remportent les élections à une écrasante majorité (plus de cent cinquante voix d'écart aux Communes). Henry St John, lord Bolingbroke, a laissé un compte rendu virulent de cette arrivée au pouvoir : « Durant l'été de 1710, la reine fut engagée à changer son parlement et son ministère. » Avant de préciser : « La véritable cause originaire fut son mécontentement des mauvais procédés qu'elle eut à essuyer personnellement dans sa vie privée. » Ce résumé est totalement exact et montre l'enchevêtrement qui continue à exister entre la faveur royale et la haute politique à l'époque de la reine Anne. Lorsqu'il s'agit de décrire les agissements des Tories, l'ancien ministre se montre sans concession pour son propre camp[23]. Anne est devenue de plus en plus l'otage des Whigs comme des Tories. Au nombre des partisans des Tories, on enregistre la plume acérée de Jonathan Swift. Mais si la reine éprouve visiblement de la sympathie pour ce camp, on ne saurait toujours pas voir en elle un esprit partisan. L'esprit national prévaut tandis qu'on s'achemine vers la paix avec la France.

La paix d'Utrecht et le règlement de la succession

Dans la mémoire whig, la paix d'Utrecht restera « une honteuse paix, qui rendit vaines toutes les conquêtes de

Marlborough[24] ». On pourra répondre à l'inverse qu'en se gardant d'écraser totalement la France tout en assurant sa prééminence internationale, l'Angleterre avait en vue un équilibre européen qui fait honneur à la modération de la reine Anne et de ses principaux ministres tories. La souveraine est de plus en plus affaiblie par des crises de goutte qui la laissent pratiquement impotente ; depuis Windsor elle n'en suit pas moins avec beaucoup d'attention les discussions. Des négociations secrètes avec la France, dirigées par Harley, prévoient de laisser Philippe V sur le trône espagnol en accordant à l'Angleterre des avantages commerciaux sur l'Atlantique. Les alliés hollandais étaient les grands perdants, tout comme leurs alliés whigs, qui font courir le bruit que l'on s'achemine vers une paix prématurée.

En cet automne 1711, Marlborough est sommé par la reine de défendre le projet ; devant son refus, la souveraine le destitue de son commandement en chef ; faisant preuve d'autorité, confrontée à l'érosion de la majorité tory au Parlement, Anne crée douze nouveaux lords, dont Samuel Masham, époux de sa favorite. La conférence d'Utrecht s'ouvre enfin en janvier 1712 ; au printemps, la reine menace de signer une paix séparée avec la France, mais la brouille entre Harley, devenu désormais lord Oxford, et son allié St John éclate au grand jour. En juin, St John est nommé à la Chambre des lords mais il déplorera toujours de se voir conférer uniquement un titre de vicomte. Le nouveau vicomte Bolingbroke se rend alors à Paris durant l'été et la reine est choquée d'apprendre qu'il se trouve à l'opéra en même temps que le prétendant Stuart. Oxford et Bolingbroke s'affrontent quelques mois plus tard en pleine réunion du cabinet.

La paix paraît imminente lorsqu'en novembre Philippe V renonce définitivement à ses droits sur le trône de France. Le traité d'Utrecht est ratifié quelques mois plus tard, en mars-avril 1713 par le Royaume-Uni, la France, l'Espagne et la Hollande. Quant au prétendant Stuart, il est exilé en Lorraine

– d'où il espère bien pouvoir revenir dès que possible. La dernière sortie publique de la reine a lieu à l'occasion de l'action de grâces du 5 juillet 1713 à St Paul. Aux élections qui s'ensuivent, les Tories bénéficient d'une majorité encore plus large qu'auparavant. L'état de santé de la souveraine est de plus en plus préoccupant au moment des fêtes de Noël. L'un des plus ardents négociateurs du côté français est François Gaultier, l'un de ces abbés de Cour que compte la société d'Ancien Régime. Titulaire de bénéfices ecclésiastiques dans les diocèses de Bourges et d'Avranches, l'ecclésiastique se distingue par son excellente connaissance de l'anglais, qui le signale aux yeux de Bolingbroke, vite devenu le principal artisan du côté britannique de la négociation. Ce partisan de la *Realpolitik* avait plus d'une corde à son arc, et non content de rouler les Whigs dans la farine, il mène aussi une autre intrigue visant à permettre le retour des Stuarts sur le trône à la mort de la reine Anne, que l'on sait peu enthousiaste devant la succession hanovrienne. L'entourage tory de la souveraine entrevoit clairement la possibilité d'une restauration des Stuarts après la mort d'Anne. Cette dernière ne pouvait du reste pas ignorer totalement ce projet jacobite. L'argument de la légitimité dynastique ne joue pas seul : on met en main du prétendant Jacques Édouard un marché simple : que l'arrière-petit-fils d'Henri IV accepte, en bon politique comme l'aurait fait son bisaïeul, de prendre la religion de son peuple, et qu'il se fasse protestant. L'abbé Gaultier lui explique qu'il suffit de « dissimuler sa religion (s'il y tient) ou de la changer entièrement » pour professer celle établie par la loi. Mais Jacques Édouard refuse ce marché. Visiblement, si Paris valait bien une messe, Londres ne vaut pas un culte, pas même un service anglican. L'abbé n'en insiste pas moins sur les avantages incontestables qu'aurait cette candidature sur celle de George de Hanovre : « Souvenez-vous, lui dit-il, que vous êtes né anglais et que par conséquent vous avez un grand avantage sur votre compétiteur qui est allemand et qui ignore parfaitement la langue anglaise[25]. »

Les alliés anglo-hollandais ont des intérêts contradictoires lors du règlement de la Succession d'Espagne ; la reine Anne ne saurait l'ignorer. Le jacobitisme continuera à se manifester pendant toute la première moitié du XVIIIe siècle avec la complicité plus ou moins ouverte, plus ou moins tacite, de nombre de Tories. Un retour des Stuarts, craint plus que tout par les Whigs, demeure une issue très plausible durant les dernières années du règne de la reine Anne.

Une figure impériale…

La reine s'éteint le 1er août 1714. Quatorze ans plus tôt, pratiquement jour pour jour (30 juillet 1700), la reine avait perdu son fils. La reine Anne fut universellement regrettée par ses sujets, convaincus depuis la première heure qu'elle avait le cœur anglais…

Le bilan du règne n'est pas aisé à établir pour autant ; ces années ne constituent pas une simple parenthèse dans une évolution irréversible, linéaire et inéluctable vers une monarchie parlementaire. La reine est le dernier souverain anglais à avoir utilisé son droit de veto en 1707[26]. On la voit aussi créer en un seul jour de l'hiver 1711-1712 douze nouveaux pairs pour assurer au sein de la Chambre des lords une majorité tory au gouvernement. Par la gloire militaire, le règne renoue en partie avec la grandeur élisabéthaine ; pourtant, l'histoire n'a pas été tendre envers cette reine souvent reléguée au second plan. De façon assez injuste, on parle plus volontiers du règne de la reine Anne que de la reine elle-même. Pourtant la reine a su, pour la dernière fois dans l'histoire britannique, utiliser une tradition thaumaturgique admirablement analysée par Marc Bloch. Quelques mois à peine avant sa mort, la reine Anne accomplit encore un geste guérisseur « en touchant les écrouelles », comme le font également les rois de France, afin de guérir cette affection tuberculeuse des ganglions. Parce qu'elle revendique encore un pouvoir thaumaturgique que Guillaume III ou ses successeurs n'ont pas en partage, la reine Anne est la dernière illustration avant longtemps de la puissance sacrée des rois[27]. Sa statue figure à Londres devant la cathédrale St Paul, entourée de quatre personnages qui représentent respectivement la Grande-Bretagne, l'Irlande, la France et l'Amérique du Nord. On ne saurait rêver meilleure illustration d'un premier rêve impérial qui trouvera sa consécration avec la reine Victoria un siècle et demi plus tard.

Chapitre 9

LA PHILOSOPHIE FAITE REINE : CAROLINE D'ANSBACH

On se souvient de la remarque célèbre de Platon au livre V la *République* lorsqu'il envisage que « les philosophes soient rois », ou par défaut, que « les rois deviennent philosophes ». L'Angleterre de l'*Enlightenment* offre une intéressante variation sur ce thème en permettant à une reine et donc à une femme d'accéder à cette double consécration politique et littéraire.

Deux reines Caroline ont laissé un souvenir impérissable outre-Manche. La première, Caroline d'Ansbach, est l'épouse de George II, une princesse allemande fort attachée au triomphe de la philosophie ; la seconde, Caroline de Brunswick, n'a jamais été officiellement reine, bien qu'elle ait revendiqué le titre, en se présentant en 1820 comme l'épouse de George IV, injustement écartée du trône par un mari despotique. Ce sont bien deux facettes du destin princier qui apparaissent ici à la jonction des Temps modernes et de la période contemporaine : la reine femme de culture, la reine objet de scandale…

Une dynastie étrangère

Caroline d'Ansbach vit à l'une des périodes les plus tendues de l'histoire britannique. La véritable charnière entre les XVIIe et XVIIIe siècles se situe en 1713-1714, de la paix d'Utrecht à la disparition de la reine Anne. Succédant aux Stuarts, les premiers Hanovre ont longtemps figuré en demi-teinte dans un roman national épris d'unanimité patriotique. Le tory Bolingbroke les traitera sans aménité de « voyageurs allemands », comme pour mieux insister sur la distance insurmontable qui les éloignera toujours de leurs sujets[1]. George Ier comme son fils George II pâtissent encore de leur image étrangère. C'est à une femme, la princesse puis la reine Caroline, que revient principalement le mérite d'avoir imposé une image positive de la dynastie.

Les Hanovre sont d'emblée très impopulaires. En 1715, des émeutes urbaines ont lieu à Birmingham, Bristol et Norwich. Un débarquement sans lendemain se produit à Peterhead en Écosse à la veille de Noël. Le chevalier de Saint-Georges, ainsi qu'on l'appelle en France, le prétendant Jacques Édouard, demi-frère de la reine Anne et fils de Jacques II, a beau se présenter comme l'héritier légitime au trône, il n'en doit pas moins rembarquer au bout de quelques semaines. Ces événements sont connus en abrégé comme les années 1715, *the '15*. La rébellion la plus grave, celle de 1745, appelée *the '45*, éclatera en Écosse et sera réprimée dans le sang trente ans plus tard.

La dynastie des Hanovre surmontera tous les obstacles, en dépit d'une absence quasi totale de rayonnement personnel ; une partie des Tories, qualifiée de « lunatiques », les *whimsicals*, s'est ralliée à elle. Mais l'ensemble des Tories, fidèles à leurs vieilles habitudes, décrètent que l'« Église (anglicane) est en danger », les Whigs, eux, dénoncent comme à l'accoutumée un complot papiste, aussi imaginaire que par le passé. L'*Act of Settlement* avait pour but d'empêcher à tout prix le retour des Stuarts du continent et celui du catholicisme. Mais il ne pouvait pas être question de s'en prendre pour autant au principe de l'hérédité ; les Hanovre étaient une branche cadette, remontant au mariage de la fille de Jacques Ier avec Frédérick V, électeur palatin. Mais cela paraissait bien loin désormais et il fallait absolument acclimater cette dynastie étrangère en lui donnant une image plus souriante pour les Anglais. Le mérite en revient essentiellement à Caroline, nettement plus habile à ce jeu que son beau-père George Ier ou son époux, George II.

Dans cette communication politique, Caroline succède en fait à l'électrice Sophie qui, depuis l'Allemagne, avait amorcé une première campagne de rapprochement à destination des milieux éclairés. Petite-fille de Jacques Ier, la douairière avait épousé Ernest Auguste de Brunswick-Lunebourg en 1658. Le Hanovre était une principauté dynamique à l'époque, et plusieurs insulaires s'étaient jetés avec effusion aux pieds de l'électrice, dont le philosophe irlandais John Toland, un esprit fort qui avait déclaré que le christianisme n'avait rien de mystérieux. Cet auteur caustique à ses heures se montre un excellent propagandiste du Hanovre et de la Prusse au moment où une succession allemande paraît inévitable. En Angleterre même l'opinion était divisée ; si le parti whig ne cachait pas sa joie à la perspective d'une telle succession protestante, les Tories se montraient dans l'ensemble plus réticents. Toland est l'un des premiers philosophes continentaux à avoir façonné l'image éclairée des monarchies d'outre-Rhin, présentées comme ouvertes et tolérantes[2].

Les Tories demeurent sur leurs gardes ; en juin 1714, la disparition à l'âge de 83 ans de l'électrice Sophie ne simplifie pas les choses. Sophie était pourtant inépuisable et jouissait d'une santé éclatante ; quelques heures à peine avant sa mort, comme l'aurait dit Monsieur de La Palisse, elle vivait encore et elle arpentait les magnifiques jardins royaux qu'elle avait conçus à Herrenhausen, dans l'actuel land de Basse-Saxe. Elle précède de deux mois la reine Anne dans la tombe. Si elle n'a jamais séjourné en Angleterre, l'électrice avait reçu plusieurs visiteurs d'outre-Manche pour préparer la transition pacifique entre les deux dynasties.

Le double décès de l'électrice Sophie et de la reine Anne amène comme prévu George Ier sur le trône. Une proclamation précise les choses sans attendre[3]. L'électrice avait une aura incontestable, tel n'est pas le cas de son successeur. La dynastie manque considérablement de panache désormais. Les Hanovre ont besoin de figures féminines susceptibles de faciliter leur ancrage. Ce gros rustre de George Ier a encore aggravé la situation en incarcérant pour le restant de ses jours Sophie Dorothée, mère de son fils George Auguste, le futur George II[4]. Une autre Allemande, Caroline d'Ansbach, parviendra à tenir son rôle de *first lady*, son mari avouant avec un fort accent germanique qu'il ne s'intéresse ni à la peinture ni à la poésie… C'est donc son épouse qui exercera un rôle culturel que son beau-père comme son époux peinent à tenir. George II est longtemps resté pour les Anglais un roi impénétrable et difficile à percer à jour : écrivant peu, se confiant encore moins, il communique mal avec ses sujets, laissant ce rôle à Caroline. Naturalisé en 1705, devenu duc de Cambridge l'année suivante, George ne sera pleinement prince de Galles, l'équivalent du dauphin chez nous, qu'en 1714. Les jacobites sont impitoyables avec cette « chose que l'on appelle le prince de Galles », comme le déclare l'un de leurs partisans qui accuse au passage Caroline des pires turpitudes, en la présentant comme l'amante de son frère[5]. Le philosophe Leibniz, le tout premier, exhorte Caroline à tenir un rôle souriant dans un monde terne et gris : « Je ne doute point, Madame, que vous ne soyez d'un grand secours au roi et au prince pour gagner les cœurs et pour les tenir », lui écrit-il dans ce français qui est la langue des savants et celle des princes au XVIIIe siècle. Avant d'ajouter ce commentaire : « On a besoin de cela en Angleterre autant qu'en un autre lieu du monde »[6] (janvier 1715).

Une jeunesse allemande

Caroline de Brandebourg-Ansbach avait connu une existence agitée. Née le 1er mars 1683 au palais d'Ansbach, à l'ouest de Nuremberg, Caroline était la fille du margrave Jean Frédérick et de son épouse Éléonore de Saxe-Eisenach. Les accidents de la vie, la morbidité de son milieu familial la familiarisent avec les plus grandes familles princières allemandes, du Hanovre à la Saxe et au Brandebourg. Que de deuils ! À la mort de son père, pour commencer, elle suit sa mère en Saxe, tout d'abord à Eisenach, ville natale de Jean-Sébastien Bach, puis dans la magnifique cité de Dresde sur les bords de l'Elbe. Sa mère s'y remarie avec le prince électeur de Saxe. Bigame de tempérament, Jean George IV de Saxe impose à son épouse (et à sa bru) la présence constante d'une maîtresse à ses côtés. À la disparition de sa mère, Caroline s'en retourne à Ansbach, avant de se fixer à Lützenburg, désormais Charlottenburg, dans le Berlin actuel. L'orpheline y est confiée cette fois-ci à l'électeur de Brandebourg, Frédérick Ier de Hohenzollern, et à sa seconde épouse, Sophie Charlotte de Hanovre, fille de l'électrice Sophie. Ces deux Sophie, dont le prénom signifie opportunément la « sagesse » en grec, ont une influence décisive sur son éducation. C'est le moment où l'électeur de Brandebourg, conscient de son importance, se présente de plus en plus comme un roi. L'on parle encore modestement du roi « en Prusse » et pas encore du roi de Prusse. Rivalisant déjà avec Vienne, Berlin est en passe de devenir l'une des capitales du monde intellectuel européen, grâce entre autres à l'afflux de nombreux huguenots, attirés par le climat de tolérance et de liberté économique qu'encourage la puissance montante. La jeune Caroline est comme toutes les princesses d'Ancien Régime l'objet de tractations serrées : on parle de la marier à Vienne à l'archiduc Charles, concurrent direct de Philippe V pour le trône d'Espagne, et futur empereur, quitte à la voir changer de religion pour devenir catholique. Le père Ferdinand Orban de la compagnie de Jésus est chargé sans succès de l'amener à renoncer aux erreurs de Luther. Avec son bon sens appuyé, la princesse Palatine tirera la leçon de cette affaire sans suite : « Si l'archiduc avait vu le beau corps de la princesse d'Ansbach, il se serait peut-être fait luthérien plutôt qu'elle catholique, car de telles visions sont souvent fort éloquentes et vous convainquent plus aisément qu'un colloque avec un père jésuite[7]. »

Caroline puisera dans cet épisode de jeunesse un attachement indéfectible à la religion protestante, fort utile pour une reine d'Angleterre. Gilbert Burnet le note avec soulagement : la « pieuse fermeté » de la princesse lui a permis d'être récompensée en cette vie, sans attendre la félicité à venir, en s'assurant une couronne, celle de la Grande-Bretagne, nettement supérieure à cette couronne impériale qu'elle aurait obtenu pour prix de sa trahison[8]. Sur ces entrefaites, alors qu'elle séjourne à Triesdorf, à côté d'Ansbach, pendant la belle saison de 1705, Caroline reçoit la visite d'un jeune homme plein d'avenir, George Auguste de Hanovre. Le futur George II remarque sans attendre cette jeune fille charmante, et le mariage suit sans tarder. Plusieurs beaux enfants viables naîtront de cette union : Frédérick Louis, futur prince de Galles, et trois filles prénommées Anne, Amélie et Caroline Élisabeth.

Lorsque l'électrice Sophie s'effondre dans ses bras à l'été 1714, la princesse Caroline ne saurait ignorer qu'une page se tourne, tant dans l'histoire de la Grande-Bretagne que dans celle de l'Europe. La mort attendue de la reine Anne conforte cette attente. Le beau-père de Caroline, l'électeur de Hanovre, est immédiatement proclamé à Londres « roi de Grande-Bretagne, France et Irlande ». En apprenant la nouvelle à Osnabrück, George Louis trouve un peu minable son simple titre d'électeur et décide unilatéralement d'être roi du Hanovre… Que pense Caroline en apprenant cette série de nouvelles ? Sa vie à elle aussi va changer radicalement et elle le sait.

George Ier, un roi sans charisme

Son beau-père George Ier part sans attendre pour son nouveau royaume, en compagnie de son fils George Auguste. Il débarque à Greenwich en septembre, avant de gagner le palais de St James à Londres. Caroline arrive plus modestement à Margate et n'est véritablement accueillie que lorsque son époux vient à sa rencontre à Rochester. Comme il faut bien lui faire une petite place, on prête à Caroline les vertus de la reine Marie, épouse de Guillaume III (*Flying Post or, the Post-Master*, 12 octobre 1714).

Le jour du couronnement est marqué par plusieurs manifestations d'hostilité. Le roi se tourne vers les Whigs, majoritaires dans le nouveau Parlement, qui utilisent la manière forte en suspendant en particulier l'*habeas corpus*, ce dernier rempart des Anglais contre la tyrannie et les arrestations arbitraires. L'*habeas corpus* ne garantit-il pas à toute personne arrêtée le droit d'un jugement impartial ? Mais c'en était trop pour des Whigs haineux, décidés à purger le pays et l'administration des Tories, présentés comme de dangereux conspirateurs. Pareillement, le parlement whig se pérennise en portant sa durée à sept ans maximum, et non plus à trois ans comme précédemment[9]. L'alliance entre la couronne et l'oligarchie whig sera le pilier du nouveau régime.

George Ier a beau ne pas être un très grand politique, il a la rancune tenace, et il s'intéresse de très près à la chose militaire, convaincu que les jacobites vont tenter un soulèvement. Pour sa part, Caroline n'arrive en Grande-Bretagne qu'à l'automne, après avoir laissé derrière elle à contrecœur son fils Frédérick Louis, censé veiller sur le Hanovre. La famille des Hanovre a longtemps pâti d'une image négative. On dira à sa décharge que les « George », comme on les appelle familièrement, ne se sont pas toujours entendus avec leurs proches ou avec leurs épouses. Lorsque George Louis de Hanovre arrive en Angleterre en septembre 1714, il mène officiellement une vie de garçon. En fait d'épouses, George Ier n'amène dans ses bagages en Angleterre que sa maîtresse, la très filiforme Mélusine de Schulenburg, et la très adipeuse Sophie de Kielmansegg, une demi-sœur soupçonnée à tort d'avoir entretenu avec le roi une relation que la morale réprouve. Entre cette girafe et cette éléphante, comme le bon peuple les surnomme sans tarder, George Ier devait se sentir tout petit. Comme toutes les maîtresses parvenues, Mélusine ne manquait pas d'ambition ; après avoir reçu plusieurs titres en Irlande, elle se voit conférer le duché de Kendal. La duchesse a donné plusieurs enfants au roi son presque époux : Anna Luise Sophie, Petronilla Melusina, et enfin Margaret Gertrude. Son physique élancé lui vaut plusieurs surnoms : l'épouvantail, le grand échalas ou enfin l'oie, dans un registre animalier. Cette succession ne fait pas l'unanimité en Grande-Bretagne où les partisans des Stuarts demeurent nombreux, sans pour autant parvenir à déstabiliser durablement le nouveau régime. On rappellera aussi que la principauté du Hanovre et l'Angleterre demeurent évidemment distincts. S'il existe à partir de 1707 un royaume uni d'Angleterre et d'Écosse, l'on ne saurait étendre ce royaume uni au Hanovre, puisqu'il n'y a jamais eu fusion, mais un lien purement personnel entre le roi d'Angleterre et sa principauté familiale.

« Cette diablesse, Madame la princesse… »

S'il ne parle pas anglais, George Ier s'exprime avec aisance en notre langue. Il est même presque aimable lorsqu'il dresse le portrait de son fils : « Il est fougueux mais il a de l'honneur. » Le français au XVIIIe siècle est bien la langue de la civilité.

L'atmosphère est néanmoins très tendue au sein de la famille des Hanovre : George Auguste déteste son père, qu'il rend responsable de l'infortune de sa mère. Sans doute nourrit-il même le dessein secret, à la disparition de son père, de l'installer comme reine mère en Angleterre… George Auguste n'est pas pour autant un personnage très attachant, du moins aux yeux de la Palatine. La brave Liselotte plaint Caroline d'avoir fait un si mauvais mariage, avec un homme tout juste bon à jouer les « petits marquis » dans une comédie de Molière.

S'ils se gaussent de la crédulité de leurs peuples, les Hanovre, précise Horace Walpole, fils du célèbre Robert Walpole, le premier *Prime Minister* de l'histoire anglaise, ont « une foi implicite » dans les vampires, ces créatures imaginaires assoiffées de sang[10]. L'anecdote, si elle est difficilement vérifiable, montre le caractère sombre de cette famille royale, peu intégrée à l'origine dans son milieu insulaire. On ajoutera que, sur le plan diplomatique, les Hanovre n'ont jamais admis le traité d'Utrecht avec la France.

Caroline tient son rôle en recevant deux fois par semaine et en tenant plusieurs bals durant l'hiver[11]. Durant l'été 1715, ulcéré par son fils, George Ier lui écrit en français : « C'est le monde renversé quand le fils veut prescrire au père quel pouvoir il doit lui donner ; ce n'est pas non plus un motif pour mettre le destin de mes ministres et autres serviteurs à la merci de votre modération [arbitrage]. » Avant de conclure : « Je souhaite [...] que vous vous mettiez en état de mériter mon amitié. »

Caroline, elle, a toujours gardé son franc parler et sa charmante candeur comme lorsqu'elle ne craint pas de reprocher au roi sa paresse... Tandis que sir Robert Walpole réclame la tête des lords impliqués dans la conspiration jacobite, Caroline se signale par sa clémence envers les partisans des Stuarts vaincus, elle prêche la modération. Elle intercède victorieusement pour Robert Dalzell, comte de Carnwath, condamné à mort pour sa participation à la rébellion en Écosse. « Quelle misère, fait-elle valoir, il a une tête bien faite, et il n'a pas trente ans ! Il a été éduqué à Oxford, comme ses actions le démontrent assez[12]. »

Caroline s'implique également dans la vie de l'Église établie. Elle a encouragé la nomination de William Wake au poste d'archevêque de Cantorbéry en décembre 1715. Wake est favorable à un premier œcuménisme en direction de l'ensemble des Églises protestantes, bien sûr, comme de certains catholiques du continent, en particulier parmi les gallicans. Caroline tentera également d'apaiser les anglicans en insistant sur le caractère protestant du luthéranisme professé par le roi. Leibniz appuie cette analyse en fournissant quelques précisions d'un air embarrassé sur l'intercommunion entre anglicans, luthériens (adeptes de la confession d'Augsbourg) et calvinistes réformés sur le mode genevois : « Puisque le roi a jugé (comme la chose est ainsi en effet) que l'Église anglicane n'est point différente dans le fond avec les Églises de la confession d'Augsbourg, lesquelles sont pourtant différentes de celles où la doctrine et la discipline de Genève est reçue, il me semble qu'en cela le roi a de quoi donner contentement aux bons Tories, et les faire cesser de craindre Genève autant et plus que Rome[13]. »

Pour Caroline, cette union avec un Hanovre est un retour aux sources puisqu'elle a été en partie élevée par la reine Sophie Charlotte, tante de George Auguste. Ces milieux princiers du siècle des Lumières accueillaient des femmes en leur sein. Elle se montre là encore fidèle à l'exemple de la vieille électrice Sophie de Hanovre ; l'on aborde tous les sujets dans ces cénacles : religion, physique, politique se prêtent à des échanges passionnés. Caroline se reconnaît un prédécesseur dans la reine Élisabeth Ire dont elle loue la formation. Elle a d'autant plus de mérite à le faire que son éducation a été perturbée par les aléas de l'existence et que ni son orthographe, ni sa syntaxe ne seront jamais parfaites. En partie autodidacte, elle regrettera en son âge adulte de ne pas avoir appris l'anglais dès l'enfance, ajoutant qu'elle parvient sans mal à le lire, mais qu'elle est moins à l'aise pour le parler. Si le latin et le français faisaient partie d'une éducation aristocratique en Allemagne, la connaissance de l'anglais était encore peu fréquente à l'époque. Selon un témoignage, elle aurait confié plus tard combien il lui était difficile de parler anglais, bien qu'elle le comprît parfaitement et qu'elle fût en mesure de lire le journal[14].

Les préjugés nationaux n'épargnent pas les milieux aristocratiques ou princiers. Au printemps 1716, la très plantureuse Johanna Sophia, comtesse de Bückeburg, rend visite à la princesse Caroline et a un échange glacé avec son entourage ; elle annonce froidement que les femmes anglaises n'ont jamais les « dehors des dames de qualité, qu'elles ont la mine basse et timide, l'air humble et craintif, tandis que les étrangères, portant beau et la poitrine en avant, se donnent une tournure majestueuse et respirent la noblesse ». « Madame, lui répond son interlocutrice, c'est notre naissance, ce sont nos titres qui font notre qualité. Pour nous montrer telles, nous n'avons pas, Dieu merci, à étaler nos appas »[15].

Les choses de l'esprit

En juillet 1716, après avoir pris congé de sa belle-fille (qui lui recommande d'un ton prévenant de prendre grand soin de sa santé), George Ier rentre provisoirement dans ses États héréditaires. Le roi d'Angleterre ne retournera pas moins de sept fois dans sa (première ?) patrie durant son règne, de 1714 à sa mort en 1727. Il laisse la voie libre à son fils et à son épouse. Enfin seuls, ils en profitent pour soigner leur popularité auprès des Anglais. George Ier refuse obstinément de donner à son fils le titre de régent, qui aurait pu convenir en pareil cas ; George Auguste doit se contenter d'assumer la garde du royaume et d'être le lieutenant de son père. Le prince et la princesse commencent par s'installer pour l'été dans les appartements de la reine Anne au palais de Hampton Court, cette bâtisse remontant au temps des Tudors, réaménagée à la fin du siècle précédent. Les réceptions se succèdent jusqu'en octobre, dans ces lieux enchanteurs en amont de Londres, sur les bords de la Tamise.

Cette vie mondaine n'est qu'une apparence, et sir Robert Walpole voit clairement fin juillet que le prince et la princesse ont l'intention de mener un jeu politique serré et de créer leur propre parti, ou du moins d'animer leur lobby à l'intérieur du Parlement[16]. À l'extérieur rien ne transpire de ce projet. George Auguste et Caroline dînent chaque jour en public ; sans atteindre les fastes de Versailles, ce cérémonial régalien renforce la légitimité des Hanovre, tout comme la correspondance assidue que Caroline entretient avec la duchesse d'Orléans, cette princesse Palatine, amenée elle aussi à vivre hors de son Allemagne natale. Curieuse de science comme de théologie, Caroline accueille également le révérend Samuel Clarke, l'un de ces ecclésiastiques rationalistes qui réconcilient la physique newtonienne et la révélation chrétienne. Recteur de l'église St James, Piccadilly, Clarke entame une controverse avec Leibniz sur la nature du temps et de l'espace. Caroline est enchantée par ces échanges savants entre les plus grands esprits du temps. Chesterfield notera son amour immodéré des hommes de science dont elle quémanderait la caution intellectuelle, « en conversant avec eux et en s'extasiant de disputes métaphysiques auxquelles ni elle ni eux n'entendaient rien[17] ».

Même s'il entre une part incontestable d'affectation dans ce jeu savant, sa correspondance en français avec Leibniz témoigne d'un réel intérêt pour le développement de la philosophie des Lumières, encore à ses débuts. On découvre à lire leurs échanges un Leibniz surprenant, à la fois grave et léger, dans ses propos impromptus. Ainsi, au sujet du purgatoire, ce dogme catholique que le protestantisme réprouve, il écrit avec une pointe coquine : « Qu'est-ce qui empêche que dans certaines âmes heureuses ce purgatoire ne soit un plaisir ? » Il développe, avec une légère cuistrerie : « Les Grecs et les Romains se servaient tous les jours de leurs bains qui avaient beaucoup d'agrément. Après cela ils se faisaient frotter avec de l'huile. Si quelque bel ange vous rendait un office pareil, Madame, en seriez-vous fâchée ? » Caroline se livre elle aussi ; elle avoue qu'elle aime le poète Alexander Pope mais qu'elle s'ennuie à la lecture de John Locke, dont elle ne « goûte nullement la philosophie ». Elle éprouve un intérêt coupable pour les Jésuites et leur casuistique : « Il me semble que ce qu'ils croient de la grâce est plus raisonnable et plus convenable à Dieu. » Injustement traité par Voltaire, qui prend pour cible dans son

Candide le traité de *Théodicée*, souvent réduit à ce simple adage que *tout va pour le mieux dans le meilleur des mondes*, Leibniz était un personnage considérable, *Kolossal* pourrions-nous dire, attaché à promouvoir l'union des chrétiens et à pourfendre les armes françaises, appelant Louis XIV à la croisade contre les Turcs d'Égypte afin de le détourner de ses projets continentaux aux dépens du Saint Empire. Le grand homme a conscience que le vent de l'histoire a tourné avec l'arrivée sur le trône britannique d'une dynastie allemande. Il tentera, sans y parvenir, de remplacer Isaac Newton, devenu pour ses compatriotes l'archétype même de la perfection de la science et de la politique britanniques. Leibniz prend directement à témoin la princesse Caroline des imperfections de la gravitation universelle défendue par le savant anglais. Une controverse savante s'engage ; méprisant pour l'Allemand, sir Isaac demande à son disciple Samuel Clarke de lui répondre. Leibniz commence par écrire à Caroline que « M. Newton et ses sectateurs ont [...] une fort plaisante opinion de l'ouvrage de Dieu. Selon eux, Dieu a besoin de remonter de temps en temps sa montre, autrement elle cesserait d'agir. Il n'a pas eu assez de vue pour en faire un mouvement perpétuel ».

Ce débat savant, dont les implications théologiques apparaissent clairement (Dieu est-il vraiment tout-puissant ou se contente-t-il de remontrer la mécanique du monde comme s'il était une vulgaire horloge ?) a d'importantes conséquences nationales et internationales. On voit clairement un philosophe du continent remettre en cause l'avancée, manifeste au XVIIIe siècle, de la science anglaise. Dans cette controverse savante, Caroline est nécessairement partagée entre son pays d'adoption et son ancienne patrie... Elle tente de réconcilier Leibniz et Newton, sans y parvenir apparemment : « Tout piqué que vous me paraissez être contre [Newton], écrit-elle à Leibniz, permettez-moi que je vous dise que cet homme a une véritable envie de rechercher la vérité et se conforme le plus qu'il lui semble à la raison. Je vous prie d'employer votre temps plus utilement que de disputer ensemble, et le moins qu'on en parlera, le mieux cela se fera »[18].

Fin octobre, Caroline accouche d'un enfant mort-né ; le récit nous a été transmis par lady Cowper, sa femme de chambre. L'incident se produit peu après le retour de la Cour à Westminster fin octobre, après le fabuleux été passé à Hampton Court. Le prince et la princesse de Galles arrivent par le fleuve à Westminster dans la journée du 28 octobre 1716. Le temps est absolument magnifique, et quelques jours plus tard, le 4 novembre, le travail commence. Le conseil est immédiatement convoqué et une sage-femme allemande assiste la princesse, tout en émettant les plus grandes inquiétudes. Un médecin écossais, sir David Hamilton, est également présent et offre ses services. L'obstétrique, dit-il, est son point fort ; mais il a également lutté vaillamment contre les crises de goutte qui ont empoisonné les derniers jours de la reine Anne. En bref, il est une sorte de médecin de famille… Ses distinctions sont impressionnantes : membre du Royal College of Physicians, membre de la Royal Society, il a des opinions whigs très affirmées, encore renforcées par son attachement au *dissent*, ainsi que l'on appelle le protestantisme non anglican. Caroline précisément n'a cependant aucune confiance en lui et préfère les services d'une sage-femme de son pays qui apparemment reste sourde à tout ce que lui disent ces Anglais dont elle n'entend pas la langue… Le Conseil s'affole et dépêche la comtesse de Bückeburg pour convaincre la reine de confier son accouchement à Hamilton ; rien n'y fait. La matrone ne supporte plus l'entourage anglais de la princesse qui l'accable de ses conseils, voire de ses menaces. George Auguste menace de jeter par la fenêtre tous les importuns… L'enfant est déjà mort lorsqu'on l'extrait du ventre de sa mère[19].

L'incident le plus grave de la période semble être les coups de feu tirés en direction du prince de Galles et de son épouse en plein théâtre de Drury Lane le 6 décembre 1716. L'on donnait ce soir-là une tragédie de Nicholas Rowe, *Tamerlan*, bien oubliée depuis. Le responsable de cet attentat est un certain M. Freeman, un gentleman du Surrey, passablement déséquilibré sans doute. Journaliste et homme de théâtre, Richard Steele relate la scène dans une lettre à son épouse écrite douze jours plus tard. Il rapporte qu'un *gentleman* en tenue de cheval s'est présenté au théâtre et a tiré sur un soldat qui s'opposait à son passage. Le prince de Galles est longuement acclamé par le public et il prend un air d'indifférence affectée qui séduit particulièrement le public[20].

La mésentente avec le roi

Le couple met à profit l'absence de George Ier pour soigner son image ; pour sa part, Caroline joue les dévotes et suit avec componction les rites de l'Église d'Angleterre. L'année suivante les relations entre le père et le fils se tendent à nouveau : en novembre, au palais de St James, Caroline donne le jour à un fils, George William, devant un public choisi composé de l'archevêque de Cantorbéry, de nombreuses dames de la Cour et de l'inévitable David Hamilton. La liesse semble unanime, mais peu après, à l'occasion du baptême, le désaccord éclate au grand jour. Le prince de Galles reçoit l'ordre de quitter le palais sans emmener ses enfants. La dureté apparente de cette double injonction connaîtra quelques aménagements lorsque Caroline multipliera les visites à ses enfants, mais la réconciliation entre George Ier et le prince ne mettra pas un terme à cette séparation entre le couple et sa descendance.

George Ier tient à livrer sans attendre à l'opinion sa version des faits. Le caractère scandaleux de cette haine familiale, sa mesquinerie souvent poussée jusqu'à l'abjection, expliquent que George Ier ait pris les devants en chargeant le publiciste Joseph Addison de rédiger une lettre circulaire en français destinée à désamorcer les rumeurs. Publié dans la *Gazette d'Amsterdam*, ce texte confère à la mésentente entre le roi et le jeune couple une tournure internationale.

« Sa Majesté ayant été informée qu'on fait courir plusieurs bruits, la plupart mal fondés, de ce qui s'est passé dernièrement dans la famille royale, m'a ordonné de vous en envoyer la relation ci-incluse », commence par déclarer le journaliste. Il poursuit : « Aussitôt que le jeune prince fut né, le roi se fit informer de ce qu'on avait accoutumé d'observer en pareil cas dans ce royaume, par rapport à la cérémonie de baptême ; et ayant vu par les registres que lorsque c'était un garçon, et que le roi en était le parrain, il avait accoutumé de désigner pour second parrain un des principaux seigneurs de la Cour, et le plus souvent le lord Chambellan, il nomma pour cette fonction le duc de Newcastle, qui est revêtu de cette charge ; nommant en même temps pour marraine la duchesse de St Albans, première dame d'honneur de Madame la princesse. Cependant, Son Altesse Royale le prince de Galles en conçut un tel chagrin, que jeudi dernier, après la solennité du baptême finie, ne se trouvant plus maître de son ressentiment, il s'approcha du duc de Newcastle, et lui dit des injures très fortes, dans la supposition qu'il avait brigué cet honneur contre son gré. »

Thomas Pelham Holles, premier duc de Newcastle, appartient à cette génération d'hommes politiques whigs protégés par Walpole. Apparemment, le couple princier n'a que mépris pour ce personnage soutenu par George Ier ; il lui aurait préféré Ernest Auguste de Hanovre, frère du roi, nommé tout récemment duc d'York. Le roi demande à son fils une lettre d'excuse ; ce dernier s'exécute et recommence plusieurs fois sa missive jusqu'au moment où son père la juge satisfaisante : « J'ai reçu avec la soumission que je dois les ordres que V. Majesté a envoyés de demeurer dans mon appartement, jusqu'à ce que V. Majesté m'a fait savoir ses volontés ultérieures » (11 décembre 1717).

« J'espère que Votre Majesté aura la bonté de m'excuser, si dans l'état où je me trouvais, quand je pris la liberté d'écrire à Votre Majesté, j'ai omis de lui dire, que je ne témoignerais aucun ressentiment contre le duc de Newcastle, sur ce qui s'est passé ; et je prends cette occasion d'en assurer Votre Majesté, étant avec un très profond respect » (12 décembre).

« Je viens d'obéir aux ordres de Votre Majesté, en quittant St James. La princesse m'accompagne, et nos domestiques sortent du palais avec nous avec toute l'expédition possible. Je suis, etc., Sire, de Votre Majesté, le très humble et très obéissant fils et serviteur » (13 décembre)[21].

L'un des plus proches conseillers de George Ier, Andreas Gottlieb von Bernstorff, recommande au roi la plus grande fermeté avec le prince de Galles. On exige sa totale soumission en lui ordonnant « de ne prendre personne à son service qu'avec l'agrément du roi, et de n'avoir pas dans sa famille des personnes désagréables à Sa Majesté ». Ou encore « de n'avoir aucune correspondance avec ceux que le roi lui fera déclarer lui être désagréables », tout en traitant avec « bienséance les ministres et serviteurs du roi ». Le prince répond vertement au modérateur de la Chambre des communes, Spencer Compton, qui lui transmet ces injonctions en janvier 1718. Il lui fait remarquer que « quant au premier article il ne prétendait pas de prendre personne à son service, sans auparavant en avoir informé le roi ; et que si Sa Majesté avait quelque bonne objection contre telles ou telles personnes, il en nommerait quelques autres. Mais que Son Altesse Royale ne voulait en aucune manière admettre les simples objections exprimées dans ce premier article, nommément que tel et tel est désagréable au roi ». Il ajoutait qu'il n'avait jamais entretenu aucune correspondance avec personne, qui ne fût bien affectionné au roi et à sa famille, et ne voudra jamais en entretenir avec d'autres. Mais que le mot désagréable était si général qu'il ne savait pas comment il devait l'entendre. Il ajoutait également « qu'il avait toujours traité avec bienséance les ministres et serviteurs du roi, excepté ceux qui avaient offensé Son Altesse Royale dans des points si délicats, comme tout le monde sait »[22].

En 1719, George Ier repart pour le Hanovre à la belle saison pour y prendre les eaux, mais cette fois-ci, il souhaite priver son fils et sa belle-fille de tout rôle protocolaire, pour l'attribuer à leurs trois filles. À son retour en novembre, George Ier ouvre le Parlement et la princesse Caroline en profite pour le féliciter pour son retour, en donnant en apparence des gages d'attachement au moins formels à son beau-père. Robert Walpole a désormais compris qu'il faut s'entendre avec la princesse, et leur alliance marquera les beaux jours du régime. Walpole est d'autant plus puissant que prend fin le « schisme whig », ainsi qu'on l'appelle communément, qui l'avait opposé à Charles James Spencer, comte de Sunderland, et à James Stanhope. Ce Sunderland, honni de la reine Anne, avait déjà défrayé la chronique ; successivement lord Président du Conseil de 1717 à 1719, et premier lord du Trésor de 1718 à 1721, il fait désormais de l'ombre à Walpole, tout comme Stanhope que sa fine connaissance des affaires étrangères rend indispensable auprès du roi. Sunderland et Stanhope s'opposent de plus en plus bruyamment à Walpole et à son beau-frère Charles Townshend qui eux-mêmes prennent appui sur ces grands exclus du pouvoir que sont les Tories et le prince de Galles en personne[23].

Walpole, l'homme indispensable

La guerre du père et du fils, à laquelle la princesse Caroline est si intimement associée, se répercute ainsi au niveau gouvernemental ; Walpole trouvera naturellement chez le prince et la princesse de Galles la confiance que le roi lui refuse encore. Il saura ainsi se hisser à la première place. Walpole et son épouse, la très extravagante Catherine Shorter, fréquentent assidûment désormais la résidence londonienne du couple princier à Leicester House. Walpole négocie directement avec Caroline les conditions d'une réconciliation avec le roi. Lady Cowper, dame de compagnie de la princesse, évoque cette situation pour l'année 1720. Apparemment Walpole prépare désormais l'avenir, ou du moins son avenir, en sachant se rendre indispensable auprès du prince et de la princesse. Le prince est « gouverné par la princesse, la princesse est gouvernée par Walpole[24] », précise lady Cowper d'une jolie formule. L'on ne saurait en déduire que Caroline n'a pas une forte personnalité ni qu'elle se désintéresse des affaires de l'État. Pour l'heure, elle insiste surtout sur un point : elle veut s'occuper désormais elle-même de l'éducation de ses enfants.

George Ier ne veut pas entendre raison au départ, mais le père et le fils ont accumulé les dettes, et Walpole utilise ce moyen de pression pour les amener à trouver un terrain d'entente. On prête à Caroline, éplorée, cette phrase pathétique : « Depuis l'heure de ma naissance, je n'ai pas passé une seule journée sans souffrir[25]. » La réconciliation solennelle se déroule le 23 avril 1720, jour de la Saint-Georges, mais le prince et la princesse éplorés sont surtout absorbés par les ennuis de santé de leur fille Anne qui souffre de la petite vérole. On remarque le lendemain la longue audience que George Ier accorde à Caroline à St James, comme pour mieux marquer l'entente retrouvée.

En juin, George Ier repart pour le Hanovre, mais l'apparente quiétude familiale n'empêche pas l'une des pires crises de confiance de se manifester en arrière-plan, nous voulons parler de la bulle boursière des mers du Sud, ou en anglais de la *South Sea Bubble*. La Compagnie des mers du Sud (*South Sea Company*) s'était vu confier dix ans plus tôt un monopole sur le commerce avec les colonies espagnoles outre-Atlantique. La princesse Caroline, confiante dans l'avis de Walpole, investit elle-même dans l'entreprise, quitte à regretter son geste[26]. Walpole, lui, sera parvenu à se dégager à temps en vendant ses actions au plus haut. Stanhope s'écroule, terrassé par une crise d'apoplexie. Lorsque le krach se produit, Robert Walpole n'en parvient pas moins à rétablir la confiance dans le pays, ajoutant encore à sa réputation d'adresse politique. Il devient désormais et pour les vingt ans qui suivent le principal homme du régime.

Les enfants de George II et de la reine Caroline

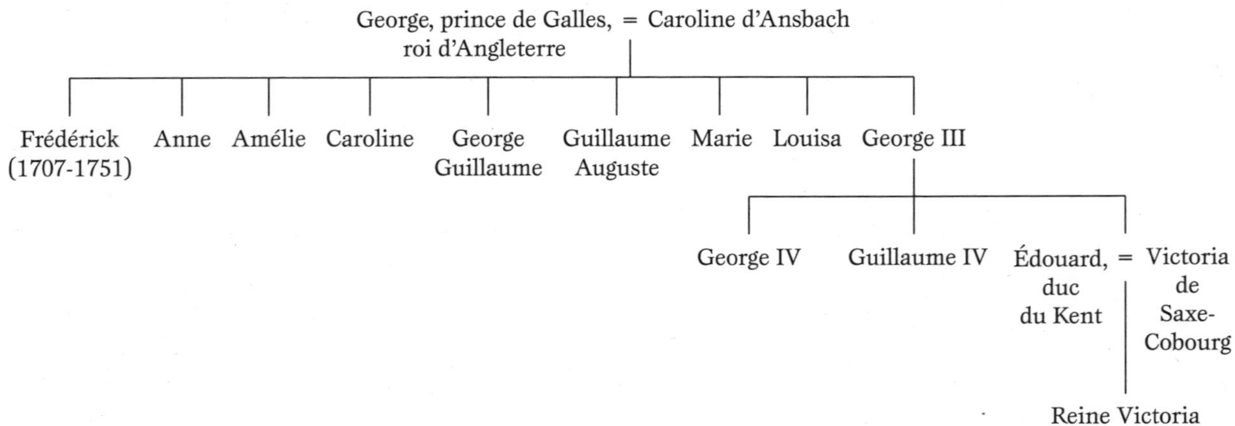

En octobre 1723, lors d'un nouveau séjour dans le Hanovre, George Ier rend visite à sa fille Sophia Dorothea de Hanovre, épouse du roi de Prusse Frédérick Guillaume Ier. La sœur du prince de Galles souhaite rapprocher davantage les deux couronnes d'Angleterre et de Prusse par un beau mariage princier, en mariant le prince Frédérick et la princesse Wilhelmina de Prusse, mais en vain. La princesse Caroline connaît à peine ce grand fils, Friedrich Ludwig, élevé intégralement dans le Hanovre où il représente son grand-père George Ier, en compagnie de son oncle Ernest Augustus, évêque d'Osnabrück. Comme il est susceptible un jour de régner en Angleterre, le jeune homme est confié à un précepteur chargé de lui apprendre la langue de Shakespeare. Les relations avec sa mère Caroline n'en seront pas moins exécrables. Visiblement Caroline et George préfèrent nettement leur second fils Guillaume Auguste, qui présente en plus l'avantage d'être né sur le sol britannique en 1721. Quant au mariage prussien, programmé au départ en 1727, il n'aura tout simplement jamais lieu. Le couple princier se préoccupe visiblement de la santé de sa progéniture ; Caroline, en femme des Lumières, encourage le développement de la médecine préventive, ne serait-ce qu'en acceptant que ses enfants soient vaccinés – ce qui est radicalement nouveau pour l'époque. Amélie et Élisabeth sont inoculées, Frédérick l'est à son tour dès les années 1720.

La popularité du prince et de la princesse ne faiblit apparemment pas après leur réconciliation avec George Ier. Leur hôtel particulier de Leicester House, à proximité de l'actuel Leicester Square au centre de Londres, ne désemplit pas, en particulier chaque année lors des fêtes de l'anniversaire de Caroline le 1er mars (11 mars selon le calendrier grégorien en usage sur le continent). En 1724, la société patriotique des anciens Bretons, *Ancient Britons*, organise une gigantesque réception à Leicester House où elle est rejointe par les deux archevêques d'York et de Cantorbéry, partis de Whitehall ; la plupart des ambassades, dont celle du Maroc, sont également représentées, et les quarante et une salves d'artillerie permettent à chacun de calculer mentalement l'âge de la princesse. En 1725, toutes les rues de la cité de Londres et de la cité de Westminster sont illuminées… En 1726, les embouteillages sont tels que beaucoup de gens de qualité ne parviennent même pas à s'approcher du couple princier. En 1727, à Gibraltar, la garnison et la flotte envoient force mitraille en direction de l'Espagne pour célébrer à leur façon la princesse Caroline.

Le dernier voyage de George Ier

À la belle saison 1727, George Ier s'embarque sans retour à Greenwich pour ses possessions du Hanovre. Il a toujours en tête le mariage du prince Frédérick avec la princesse Wilhelmina. Détesté par sa mère et haï par son père, le prince de Galles par un étrange atavisme sera l'un des opposants les plus constants de George II, tout comme George II avant lui s'est opposé à George Ier. George Ier meurt d'une attaque cérébrale au moment où il arrive à Osnabrück au mois de juin. Walpole, apprenant la nouvelle, se précipite pour l'annoncer au nouveau roi qui le reçoit fraîchement en s'exclamant qu'il s'agit sans doute d'une plaisanterie. Les obsèques ont lieu quelques mois plus tard à Herrenhausen, en présence d'Ernest Auguste, duc d'York et prince-évêque d'Osnabrück, frère cadet du défunt.

George II et son épouse Caroline brillent par leur absence mais nul n'ignore leur ressentiment par rapport au feu roi. George Ier est mort et vraiment mort, même si peu le regrettent, à l'exception sans doute de la duchesse de Kendal, sa presque épouse. Faut-il y voir un geste charitable ou bien une manœuvre diplomatique ? La reine Caroline lui envoie à Wolfenbüttel où elle réside une lettre aussi courtoise qu'habile :

« Kensington, le 25 juin 1727. J'ai commencé par penser à vous, ma chère duchesse, dans le deuil qui nous éprouve. Je sais votre dévouement et votre affection pour le feu roi, et je m'enquiers de votre santé. Seule votre soumission de toujours à la volonté divine peut vous être de quelque secours devant une telle perte. Je regrette de ne pouvoir vous exprimer tout mon attachement ni vous assurer de toutes mes inquiétudes pour votre santé, mais je ne saurais y parvenir. Je ne parviens pas non plus à vous dire combien je suis moi-même bouleversée. » Et cette phrase totalement ahurissante quand on songe aux différends entre le père et le fils : « J'avais l'honneur de connaître le feu roi, et vous savez que l'on ne pouvait le connaître sans l'aimer. Vous n'ignorez pas non plus les immenses services qu'il a rendus au roi [George II] »[27].

Cet assaut d'amabilités s'explique sans doute par la disparition voulue du testament de George Ier. Avant de mourir, le roi d'Angleterre avait prévu un dernier pied de nez à son fils. Il avait rédigé des dernières volontés qui auraient bouleversé la succession, en séparant plus clairement encore l'électorat de Hanovre du Royaume-Uni de Grande-Bretagne, en les dotant de cours distinctes. « Il est à craindre qu'aussi longtemps que des successeurs masculins régneront sur la Grande-Bretagne nos territoires de l'électorat et du reste de l'Allemagne ne soient perpétuellement annexés et rendus dépendants de la couronne Britannique. Cela nuirait à nos territoires et à nos descendants à la tête de l'électorat. Aussi ne saurait-il y avoir de meilleur remède qu'une séparation des deux gouvernements au sein même de notre dynastie[28]. » Par un reste de patriotisme allemand, George Ier craint trop que le Hanovre ne soit traité à son tour par les Anglais comme l'Irlande et l'Écosse l'avaient été auparavant. Pour éviter ce risque, il tente par son testament de déshériter partiellement George II en l'empêchant de mettre la main sur le Hanovre. Le premier George était toujours prêt à quelque coup fourré contre son fils. Mais à malin, malin et demi. Et dans un geste théâtral, sans même se donner le soin de la décacheter, George II aurait empoché, avant de la faire disparaître, l'enveloppe que lui transmet en main propre l'archevêque de Cantorbéry, William Wake, ébahi par tant d'audace.

La haine entre les pères et les fils était une constante chez les Hanovre. Deux copies n'en continuent pas moins de circuler, l'une confiée à l'empereur Charles VI à Vienne, l'autre déposée outre-Rhin auprès de Louis Rodolphe, duc de Wolfenbüttel[29]. Ce dernier se serait débarrassé de ce document compromettant en le vendant à l'intéressé... On imagine sans peine le scandale qu'aurait pu causer la duchesse de Kendal en dévoilant cette affaire depuis l'Allemagne où elle se trouve encore à ce moment-là.

Des négociations s'engagent immédiatement sur le montant de la liste civile, destinée à rétribuer le monarque, et la nouvelle reine. Caroline n'est pas la moins intransigeante ; le 11 octobre 1727, lors du couronnement de George II et de Caroline, on entend pour la première fois une création désormais célèbre de Haendel, *Zadok the Priest*, qui évoque la royauté biblique.

Caroline et Walpole

En théorie Caroline devrait jouer le rôle politique limité d'une reine consort ; en pratique elle exerce sa vie durant une influence décisive. Si elle épaule efficacement Walpole, on peut dire de la même manière que le premier ministre lui apporte un soutien constant. Cette image d'une reine manipulatrice et d'un ministre accommodant a été largement diffusée par l'un des premiers, à vrai dire l'un de seuls mémorialistes du règne, le baron John Hervey, dont la bisexualité est à l'époque un objet de scandale.

Seuls les esprits « superficiels » et les « courtisans », écrit en substance Hervey, croient que pour s'assurer de l'esprit du roi il faut s'entendre avec sa maîtresse Mrs Howard. Walpole est plus avisé et il comprend que la reine Caroline règne sur l'esprit du roi. La petite princesse allemande s'est muée en reine : « Dès que le prince devint roi, le monde entier s'aperçut que la volonté de la reine était le ressort de tous les mouvements de la Cour, et bien que Sa Majesté déclarât en permanence que la reine ne se mêlait pas des affaires, personne ne pouvait le croire ni même prétendre le croire puisque chacun pouvait juger que non seulement la reine se mêlait des affaires, mais qu'elle dirigeait directement tout ce qui les concernait aussi bien sur le plan international qu'à l'intérieur. » En un mot, son pouvoir était « illimité et inégalé ».

Le maintien de Walpole est selon Hervey la marque la plus tangible de cette influence. On aurait fait mine d'oublier que le ministre, dans un moment de colère, avait traité celle qui n'était encore que la princesse de Galles de *fat bitch* ou « grosse chienne ». Avec de l'argent, tout s'oublie et George II lui-même aurait vaincu sa réticence initiale face à Walpole en voyant combien la couronne avait à gagner grâce à sa gestion serrée des Communes. Walpole dès qu'il abordait ces questions de liste civile avait un esprit clair, et le roi et la reine lui savaient gré de maintenir leur revenu à un niveau élevé. Toujours selon Hervey, Walpole offre encore une autre garantie : il s'est tellement enrichi précédemment qu'il n'a plus besoin d'être corrompu, contrairement à ses rivaux potentiels qui seraient amenés à s'enrichir d'abord pour servir ensuite leur pays. La reine aurait donc eu un effet modérateur sur le roi en lui apprenant à tempérer son antipathie naturelle pour le ministre par la considération de ses intérêts[30].

Est-ce l'effet des sages conseils de Caroline, comme on commence à le susurrer ? La disparition du premier des Hanovre n'aura pas débouché sur un changement notable de la vie publique, tout au plus George II esquisse-t-il une politique d'ouverture limitée en direction des Tories, dont certains par exemple deviennent juges de paix. Mais cela reste modeste et les Whigs tiennent toujours le haut du pavé, grâce en particulier à l'ascendant incontestable de sir Robert Walpole. Le 3 juin 1727, huit jours avant le décès de George Ier, un titre londonien s'était pourtant fait menaçant pour le premier ministre : « Il est bien rare qu'un même homme d'État puisse servir deux princes successifs », avait-on pu lire. Le 17 juin, l'hebdomadaire enfonce le clou : « J'ai souvent envisagé d'élaborer un projet qui permette la préservation de tous ceux qui sont ou qui sont susceptibles de devenir les favoris des princes... » (*Applebee's Original Weekly Journal*). Tout le monde a compris que les jours de Walpole sont comptés... à moins que l'habile homme ne se rétablisse en utilisant les faveurs du nouveau roi et plus encore de la nouvelle reine. C'est précisément ce qui advient.

On s'attend à ce que Spencer Compton, l'ancien trésorier du prince de Galles, succède à Walpole. La protection de la reine Caroline s'avère déterminante, et c'est Walpole qui gagne la partie. Même le cardinal Fleury, ministre de Louis XV, s'en réjouit : Walpole incarne la stabilité, la continuité. Les Whigs emportent triomphalement les élections parlementaires qui marquent l'accession du nouveau roi, creusant encore l'écart avec les Tories. Il a le sens des affaires et la banque d'Angleterre comme les grandes compagnies maritimes plébiscitent ce pragmatique dont le programme tient en trois mots : « Je ne suis ni un saint, ni un spartiate, ni un réformateur. » On le dit vénal, on l'accuse de régner par la corruption, l'*Opéra des gueux* présente les hommes politiques comme des malfrats. Les Anglais rient, ils ont toujours ri de bon cœur. Bolingbroke s'exténue en voulant abattre Walpole, mais le ministre est plus fort que celui qu'il qualifie d'antiministre...

Walpole possède un don rare : en bon alchimiste de la vie publique, il parvient à tout transformer en or. La couronne obtient évidemment une rallonge budgétaire de sa liste civile. Caroline se voit offrir par le ministre 100 000 livres par an là où son rival Compton ne lui en offre que 60 000. Le roi accepte modestement une augmentation qui le ferait passer de 700 000 à 900 000 livres. Le calcul est simple à faire. Le couple peut désormais quitter Leicester House pour s'installer à St James. Le roi et la reine y dînent en public tous les dimanches, et pour peu que l'on paie à l'entrée, on peut assister à la cérémonie ; l'attention royale se porte désormais sur le palais de Kensington, dont on visite les jardins, là encore moyennant l'achat d'un ticket d'entrée. La monarchie anglaise est un spectacle à l'époque, elle est surtout un spectacle payant. La reine Caroline, au fur et à mesure qu'elle avance en âge, se révèle une redoutable épouse. Avec le soutien de Walpole, la reine règne et gouverne effectivement le pays. La plupart des décisions importantes seraient prises, selon une biographie récente, pour ces deux personnages, assez malins pour faire accroire à George II qu'il exerçait sa pleine autorité[31].

Avec un rythme quasi militaire, le roi se lève à cinq heures et répartit son temps entre ses affaires, ses plaisirs et ses exercices ; les soirées sont passées à jouer aux cartes ou en galante compagnie. Sa maîtresse en titre, Henrietta Howard, comtesse de Suffolk, entretient une autre liaison avec lord Bathurst ? Peu importe, on a les idées larges chez les Hanovre, et Caroline, bonne fille, souhaite le maintien de la comtesse de Suffolk à son poste stratégique, de crainte qu'une autre femme, plus autoritaire ou plus ambitieuse, ne lui succède. D'une intelligence vive, paraît-il, Henrietta présente un autre avantage appréciable pour George II : elle est sourde comme un pot – ce qui limite d'autant les commérages et les on-dit. La vie s'écoule ainsi paisiblement pour le couple royal. Le français de Cour ou l'allemand familial sont tout naturellement les langues de la conversation courante.

L'historien J. H. Plumb a magnifiquement résumé les relations au sein du couple. « S'il aimait quelqu'un, écrit-il, George II aimait sa femme Caroline, bien que le mot *amour* ne soit peut-être pas celui qui s'impose pour décrire une singulière nécessité. » Et il poursuit que Caroline exerçait un charmant empire sur son mari, à l'aide de son teint clair et de sa poitrine avantageuse, mise délicatement en valeur. Sûre d'elle-même, Caroline connaissait ses attraits, et les « infidélités de son mari l'irritaient sans jamais la désespérer »[32]. Avec une vanité masculine assez naïve, le roi exhibait fièrement sa virilité en honorant tous les jours, aux coups de 9 heures, Mrs Howard de ses visites avec une ponctualité d'horloge, toute germanique. Grâce à sa surdité providentielle, Henrietta n'écoute jamais son amant, soudainement loquace en sa présence. En retour, George II n'entend qu'une seule femme, son épouse. Caroline aime passionnément le pouvoir, quitte à l'exercer toujours en sourdine, à la façon de Robert Walpole, dont l'ascendant personnel sur le couple royal ne fait que croître avec les années.

Une malédiction familiale

L'opposition politique à Walpole n'est pas moins considérable : Bolingbroke anime une campagne incessante, grâce en particulier à son journal *The Craftsman*, sorte de *Canard enchaîné* du temps. Le mot *craft* a un sens double : il est l'équivalent du mot « métier » ; il décrit aussi les arcanes ou les intrigues de la politique qu'il s'agit de dénoncer. Tous les éconduits, anciens chefs tories comme Bolingbroke, ou Whigs d'opposition comme William Pulteney, se retrouvent dans un mouvement patriote, ainsi qu'il se désigne lui-même, qui cherche dans le prince Frédérick un prince idéal, capable de mettre un terme au régime des partis. Les désaccords politiques recoupent ici les brouilles familiales.

Un grand malheur empoisonne les relations au sein de la famille régnante, nous voulons parler des brouilles incessantes entre parents et enfants qui caractérisent les Hanovre à un degré inégalé. Frédérick, le prince de Galles, a pris le parti de son grand-père George Ier durant son enfance ; il n'en démord pas en son âge adulte. Frédérick est isolé ; ses parents lui préfèrent nettement son frère William, duc de Cumberland. Frédérick, qui ne supporte pas non plus Walpole, s'acoquine avec Bolingbroke…

Fuyant cette atmosphère délétère, Caroline et son époux se rabattent sur leur palais de Richmond. Le poète Alexander Pope avait lancé la mode du style rocaille en construisant une grotte artificielle dans sa résidence campagnarde de Twickenham, à l'ouest de Londres. La Tamise seule sépare Twickenham de Richmond, et il n'est pas étonnant que la reine Caroline ait à son tour placé son ermitage dans ce site privilégié. Cette fiction pastorale est immédiatement relayée par un livret confié à l'éditeur-imprimeur Edmund Curll, l'un des artisans de cette bohême littéraire traitée sans ménagement par Pope. Mais qu'il ait eu ou non du talent, Curll a du moins servi habilement la propagande des Hanovre en présentant la reine Caroline comme une femme illustre. Les jardins de Richmond se dotent à leur tour d'une grotte, mais celle-ci est dédiée à Merlin l'Enchanteur, l'une des figures emblématiques de l'histoire insulaire. Les lieux sont d'emblée qualifiés de « gothiques ». La référence à un Moyen Âge de convention est ici associée à la célébration des grandes figures du siècle des Lumières : les bustes de Newton et de Locke côtoient celui du bon Docteur Clarke, l'homme d'Église que Caroline appréciait. L'ensemble inclut des stances à la reine dont on chante les louanges en insistant sur ses connaissances et son goût prononcé pour les sciences. Dans la tradition curiale allemande, savoir et pouvoir sont de plus en plus intimement liés[33]. Les « prophéties de Merlin » sur lesquelles se termine l'ouvrage puisent dans un répertoire unanimiste destiné à unir les Bretons, les Saxons et leurs descendants, habitants de la Grande-Bretagne. On verra dans cette grotte de Merlin une main tendue au prince Frédérick dont l'hôtel de Carlton House est à l'époque le lieu de rencontre d'un parti patriote, regroupant Tories et Whigs d'opposition ou *Country Whigs*, ainsi qu'on les appelle[34].

Mais il est déjà trop tard et aucune réconciliation cette fois-ci ne parviendra à guérir la haine du fils contre ses parents. Caroline jamais ne pardonnera à Frédérick.

Mort, où est ton aiguillon ?

Caroline s'est taillé une réputation de femme de tête et de mécène, capable de dialoguer aussi bien avec les grands esprits de son temps qu'avec les artistes. Bien qu'elle ait reçu au départ une éducation assez médiocre, du moins pour une princesse, elle a su par sa seule présence encourager le développement de la philosophie, comme le feront chez nous la marquise du Châtelet ou la marquise de Pompadour.

Le règne de cette femme admirable et méritante fut de courte durée. Elle disparaît au bout de dix ans en 1737 après avoir longtemps caché des souffrances, liées à un cancer probable de l'utérus. Son fils le prince Frédérick se voit interdire l'accès au chevet de sa mère : « Croit-il que j'aurai la bêtise de le laisser venir me voir pour avoir le plaisir de me voir pousser mon dernier souffle ? » laisse-t-elle tomber sans retenue. « Veut-il avoir le plaisir de me savoir morte cinq minutes avant que tout Pall Mall [la grande artère aristocratique de Westminster] ne soit au courant[35] ? »

C'est sur ce cri de haine insensé que se termine l'existence de la plus philosophique des reines que l'Angleterre ait comptées. L'on tente une opération le samedi 12 novembre, mais en l'absence de toute prophylaxie sérieuse, la gangrène s'installe. Caroline meurt dans la nuit du 20 après avoir demandé à son entourage de prier pour elle. Walpole est éploré, et il craint plus que tout pour sa carrière : quelle sera la prochaine femme qui exercera son empire sur le roi ? En fait, Walpole n'avait rien à craindre. La perte est irréparable pour George II qui ne pourra jamais remplacer Caroline.

Cette disparition constitue également un coup fâcheux pour la dynastie. George II ne bénéficiera jamais d'un ascendant comparable à celui de son épouse. Reprenant un verset célèbre de la première épître de Paul aux Corinthiens, « Ô mort, où est ton aiguillon ? », on placarde sur la bourse de Londres le

24 décembre ce commentaire ironique : « Pourquoi emporter la reine et nous laisser le roi[36] ? » Parmi les panégyristes de la défunte, on notera le témoignage du révérend Alured Clarke qui insiste sur la simplicité apostolique de sa vie, et son respect de ce qu'il appelle déjà, d'une formule encore peu usitée, les « droits de l'homme », *the rights of mankind*. Mais c'est incontestablement Voltaire dans ses *Lettres philosophiques*, publiées en 1734, qui confère à la reine Caroline son caractère universel : « Il faut avouer que, titres et couronnes à part, cette princesse est née pour encourager tous les arts et pour faire du bien aux hommes ; c'est un philosophe aimable sur le trône ; elle n'a jamais perdu ni une occasion de s'instruire, ni une occasion d'exercer sa générosité[37]. »

Chapitre 10

UNE ÉPOUSE POUR GEORGE IV : LA REINE EST (AUSSI) UNE FEMME

La seconde moitié du XVIIIe siècle est assez glauque, du moins pour quiconque s'intéresse aux règnes féminins. Charlotte de Mecklembourg-Strelitz, épouse de George III, a élevé quinze enfants, mais elle ne semble pas avoir exercé la moindre influence politique sur son temps, en dépit des crises du règne. Le Whig Edmund Burke n'en ressent pas moins le besoin de mettre en garde contre la reine. Avec les années, elle se cantonne modestement dans une fonction de garde-malade ; elle porte des soins constants à son époux dans le pavillon hollandais de Kew, à côté de ces merveilleux jardins, les Kew Gardens, où les Londoniens se pressent à la belle saison. Son seul dérivatif semble avoir été l'amour de la musique ou de la peinture. Elle ne manque pas non plus de participer à plusieurs œuvres philanthropiques, quitte à accumuler des dettes qui ne seront épongées après sa mort que grâce à la vente aux enchères de sa bibliothèque. Le règne de la reine Anne, l'action intellectuelle de la reine Caroline paraissent bien loin désormais. Après avoir publié une étude sur les abeilles, le polygraphe Robert Huish applique ses talents d'entomologiste à l'histoire récente de la famille royale britannique au moment précis où Victoria arrive sur le trône. En cette année 1837, il tente un rapide bilan teinté de germanophobie du demi-siècle écoulé. La reine Charlotte n'est pas épargnée. Des mœurs des insectes à la royauté, il n'y a qu'un pas pour un observateur désabusé de cette première moitié du XIXe siècle. Il en résulte un cinglant portrait de l'épouse de George III à laquelle on reproche en substance de ne pas être tout à fait anglaise et d'être restée profondément allemande. « Bien qu'elle se montrât exemplaire dans l'accomplissement des tâches domestiques, la reine Charlotte se comportait de façon volontiers anti-anglaise dans la vie. Elle n'avait pas appris à se conformer aux mœurs du peuple anglais, et elle risquait parfois d'offenser tout le monde en continuant à reproduire obstinément les cérémonies rigides et guindées des Cours allemandes au lieu de la liberté de ton et de manière qui caractérise le caractère anglais. »

On comprend à mi-mot que ses enfants ont été mal élevés[1]. Pourtant ces années assez sombres entre la perte des colonies américaines, l'agitation parlementaire, la « folie » du roi George III et la réception de la Révolution française voient se renforcer une nouvelle entité sur l'échiquier politique, la famille royale. Ce moment de crise aiguë fut aussi celui d'une apothéose pour une mystique monarchique retrouvée au milieu de l'adversité. La famille royale, avec ses tracas, ses bouderies, ses incompréhensions, ses mariages princiers est largement liée à l'affirmation d'une opinion publique relayée par la presse. C'est au moment où l'on commence à jouer le *God save the King* dans tous les théâtres que la famille du roi prend une valeur iconique. La monarchie britannique a su habilement jouer sur le double registre de la familiarité bonhomme et de la gloire ostentatoire du cérémonial civique ou patriotique. Pour répondre au défi posé par la révolution française et ses manifestations festives, le pays utilise un vocabulaire de plus en plus religieux pour célébrer ses institutions, à mi-chemin entre la Grande Charte de 1215 et l'Évangile de Jésus-Christ, promu citoyen d'honneur de cette nouvelle patrie.

Mrs Fitzherbert vs Caroline de Brunswick

Né en 1762, George de Hanovre est l'aîné des quinze enfants que George III avait eus avec la reine Charlotte. L'on raconte que la reine Charlotte aurait trouvé le prince de Galles ivre mort, complètement affalé sous la table, tandis que le duc d'York s'exclamait : « Voilà, mère, l'espoir de la famille. » L'intérêt marqué du jeune prince pour les femmes et les boissons fortes défraie la chronique et l'on ne compte plus les maîtresses de celui qui fréquente assidûment le Whig Charles James Fox, que son père abomine. George III se montre peu enclin à apprécier par ailleurs les talents d'imitateur de son fils et son goût des frasques, plus appropriés pour un bateleur que pour un futur roi. Beau comme un cœur, le prince de Galles aménage avec un goût raffiné sa demeure de Carlton House, sur Pall Mall, la grande artère aristocratique de la cité de Westminster. Entre autres extravagances, il épouse sans autorisation Maria Fitzherbert, née Smythe, une veuve plus âgée et de surcroît papiste. Mrs Fitzherbert avait déjà convolé deux fois précédemment, avec un Mr Édouard Weld, riche propriétaire foncier qui ne lui avait rien laissé à sa disparition, et avec Thomas Fitzherbert, qui lui avait au moins légué sa maison dans le quartier résidentiel de Mayfair dans la cité de Westminster. Il fallait y ajouter 1 000 livres de rente. Originaires au départ du Nord de l'Angleterre, fixés dans le Shropshire, les Smythe s'enorgueillissaient de leur attachement à Charles Ier durant la guerre civile. Leurs armes portaient cette devise : *Regi semper fidelis*. Toujours fidèles au roi et à la religion de leurs pères, ils appartenaient à cette *gentry*, à cette noblesse seconde, suffisamment aisée pour payer les amendes que lui valait son éloignement du culte établi. Sans doute partisans des Stuarts exilés sur le continent, ces jacobites avaient acquis au fil des ans une longue habitude de la résistance passive qui les éloignait de tous les excès. Ils savaient comment ne rien sacrifier de leurs convictions tout en s'enracinant dans la durée.

Il est paradoxal qu'une dame issue d'un tel milieu ait pu s'amouracher d'un rejeton de la famille des Hanovre, mais comme chacun sait depuis Pascal, « le cœur a ses raisons que la raison ne connaît point ». Le grand peintre du temps, sir Joshua Reynolds, a laissé un portrait de cette Maria Anne Fitzherbert († 1837), actuellement exposé à la National Portrait Gallery – ce qui est au moins une forme de consécration pour une épouse déchue. Cette union était-elle valide ? Non, à en croire l'Acte de 1772 sur les mariages des membres de la famille royale qui prescrivait l'accord préalable du souverain pour « tous les descendants du roi George II », selon une formule alambiquée[2]. Autrement dit, le prince de Galles n'avait pas le droit de convoler avec Mrs Fitzherbert ; de plus l'*Act of Settlement* de 1701 prévoyait « que toute personne qui était alors ou est devenue par la suite réconciliée avec l'Église de Rome, ou communierait selon le rite de l'Église de Rome, ou prétendrait être de confession papiste, ou épouserait un papiste, devrait être exclue et être pour toujours incapable d'hériter, de posséder ou de jouir de la couronne et du gouvernement de ce royaume, de celui d'Irlande, et des territoires qui en dépendent ». Ajoutons que selon les termes d'un autre Acte, adopté en 1753 celui-là, l'échange des paroles de consentement devait se dérouler devant un *clergyman* utilisant la liturgie du *Book of Common Prayer*, après la publication des bans dans les paroisses respectives des futurs époux. Or, ce mariage-ci avait été célébré au domicile de Mrs Fitzherbert par un pasteur anglican, le révérend Robert Burt dont on a prétendu faussement qu'il purgeait à l'époque une peine de prison. Cette législation draconienne a fait l'objet d'une révision… en 2013 (voir p. 373).

Criblé de dettes, assailli par son père qui lui reprochait également ses mauvaises fréquentations politiques et ses amitiés whigs, l'outragé quitta Carlton House et alla vivre avec sa

Mrs Fitzherbert à Brighton. Il allait y bâtir au bout de quelques années un célèbre pavillon, dans un style exotique influencé par l'Inde. La santé de George III se détériorait ; il souffrait d'une maladie sanguine assez rare, connue sous le nom de porphyrie. Celle-ci provoque des troubles neuropsychiatriques ; devant les accès de démence du roi George III, le fils prodigue est amené à assumer la régence du royaume en 1789. La réputation du prince est alors au plus bas ; il abandonne Mrs Fitzherbert et retombe dans le vagabondage sexuel de sa prime jeunesse tout en songeant à se marier afin de se rendre plus acceptable. Le pape seul tourna une oreille attentive vers Mrs Fitzherbert et lui prêta le confort spirituel qu'il pouvait lui accorder. Tout juste élu sur le siège de saint Pierre, Pie VII décréta en 1800 que le mariage de Mrs Fitzherbert et du prince de Galles était canoniquement valide et demanda au régent de faire amende honorable – ce qu'il s'empressa évidemment de ne pas faire. Un pape ne pouvait plus grand-chose en Angleterre ; du moins Mrs Fitzherbert avait-elle sa conscience pour elle. La malheureuse victime de ce choix est la princesse Caroline, une cousine, fille du duc de Brunswick. « Harris, de grâce, donnez-moi un verre de brandy », aurait dit le prince de Galles en apercevant sa promise pour la première fois. Mais tous les chagrins ne sont malheureusement pas solubles dans l'alcool. Excellent diplomate, James Harris, premier comte de Malmesbury, avait été envoyé sur le continent en 1793 pour consolider l'alliance avec les princes allemands contre la France révolutionnaire. Il en avait ramené la pauvre Caroline de Brunswick-Wolfenbüttel (1768-1821), traitée avec la plus cynique des désinvoltures par le prince. Sur le plan diplomatique au moins, Caroline offrait de sérieuses garanties ; elle était la troisième fille de Charles de Brunswick († 1806) et de son épouse Augusta de Hanovre. Ce Brunswick était l'auteur présumé du célèbre manifeste de 1792, dit *Manifeste de Brunswick*, qui avait enflammé la France révolutionnaire en menaçant Paris d'une « exécution militaire » et d'une « subversion totale ». Peu importe que le duc n'en ait pas été l'auteur ; l'Angleterre se coalisait nettement par cette union princière avec la contre-révolution.

Le mariage se déroule dans la chapelle royale du palais de St James, en avril 1795. On raconte que, désespéré, le régent aurait sombré le soir même dans une torpeur éthylique. Familier des champs de course et des bordels, le régent pourrait-il un jour s'amender et se transformer en bon époux et en honnête père de famille ? Ces misères passées n'empêchent pas une petite Charlotte de venir au monde, exactement neuf mois plus tard, au sein de ce couple désuni. Au lendemain même de cette naissance, le prince écrit d'ailleurs à Mrs Fitzherbert pour lui demander de reprendre une vie commune. Il rédige même un testament holographe, resté évidemment sans suite, dans lequel il lègue ses biens à Mrs Fitzherbert, non sans avoir supplié l'Éternel : « Vers Toi, Dieu compatissant et tout-puissant, je tourne humblement mes ferventes et dévotes prières, pour te dévoiler le plus profond de mon âme avant que mes yeux se ferment à jamais. Devant mon créateur et devant le monde entier, je souhaite dire la vérité et rendre justice aux autres comme à moi-même. Autrement, quand je serai devant ton grand tribunal, comment pourrais-je attendre cette compassion et cette justice que tous les chrétiens ont appris à espérer ? »

Mrs Fitzherbert ne semble pas avoir eu d'enfants de sa liaison avec le prince. Par contre elle s'attache considérablement à une petite Mary Seymour, surnommée Minney, pour lequel le prince éprouve également une immense affection. Le couple se reforme de façon éphémère au tournant du siècle. On fait courir le bruit que la princesse Caroline vit dans le péché dans sa résidence de Blackheath, à côté de Greenwich, au sud-est de Londres. Le régent est obligé d'ouvrir une enquête quand on prétend que Caroline aurait accouché d'un fils lors d'un séjour à Lille. Le régent semble dominé par sa nouvelle maîtresse, Isabella Anne Seymour-Conway, marquise de Hertford († 1834) ; son épouse Caroline trouve refuge en Italie, en Grèce, en Turquie, en Égypte, accompagnée par l'*Itinéraire de Paris à*

Jérusalem de Chateaubriand qui vient de paraître en 1811. L'on racontera plus tard que contrairement à certaines allégations mensongères, la princesse anglaise aurait résisté vaillamment aux assauts de Murat, roi de Naples sous Napoléon, « sans contredit le plus bel homme et le plus galant cavalier de son royaume ».

En Angleterre, les relations entre le régent et le roi son père demeureront détestables jusqu'au bout ; Carlton House est une sorte de siège officieux de l'opposition à George III et à ses ministres. Le prince ne devient véritablement régent en titre qu'en février 1811. Sa fille Charlotte n'aura pas de descendance de son mariage avec Léopold de Saxe-Cobourg, futur roi des Belges. Les Wettin de Saxe-Cobourg étaient une vieille famille princière allemande dont les origines se perdaient dans un passé lointain. Léopold avait d'excellents états de service dans l'armée russe où il avait vaillamment combattu Napoléon auquel il ne pardonne pas d'avoir eu l'indélicatesse d'envahir le Saxe-Cobourg. « Froid et distant, réfléchi dans ses paroles et prudent dans ses actions », comme le décrit avec son humour impeccable Lytton Strachey, passé maître dans l'art de la biographie irrévérencieuse, Léopold a le plus grand mal à apprivoiser une épouse « sauvage, impétueuse, et généreuse de tempérament » dont il désapprouve les mauvaises manières[3]. En novembre 1817, elle meurt en couches à Claremont House dans le Surrey. Elle n'a que 21 ans ; le régent est trop effondré pour se rendre aux funérailles de sa fille, tout comme sa femme la princesse Caroline, restée sur le continent. Le décès de l'unique fille du régent précipite les choses. Il n'y a plus de véritable héritier à la couronne désormais ; le vieux George III que sa maladie chronique tient éloigné des hommes se morfond dans son palais de Windsor sur l'avenir incertain de la famille des Hanovre. Le régent a déjà une épouse (en théorie), Caroline de Brunswick disparue dans la nature… Faute de mieux, les princes de la famille les plus alertes sont invités à renoncer à leurs vies de joyeux célibataires, à abandonner leurs maîtresses et à convoler avec de vigoureuses princesses importées d'Allemagne, ce réservoir inépuisable d'héritières aristocratiques protestantes susceptibles d'engendrer un héritier, de sexe mâle de préférence.

Les mariages princiers de 1818

Une crise dynastique a éclaté. Le Parlement même s'en est ému. Ratifié une quarantaine d'années auparavant, un *Royal Marriages Act* ou Acte sur les mariages royaux avait à moyen terme des effets particulièrement désastreux. Cette loi de 1772 prescrivait que tout mariage princier contracté sans autorisation royale serait frappé de nullité. Tous les princes du sang cessèrent dès lors de procréer, du moins au sein d'unions reconnues et validées par la couronne et par l'Église établie. On a calculé depuis que, si George III a cinquante-six petits-enfants quelques années avant sa mort, aucun n'est légitime, et aucun ne peut donc occuper le trône ! Techniquement, les bâtards sont exclus de la succession ; il faut que les futurs rois ou reines soient issus d'unions légitimes. Or, l'on redoute plus que tout la vacance du trône et l'on encourage les enfants de George III à convoler sans attendre. Cette course matrimoniale serait presque comique si elle ne remettait pas en cause la stabilité du trône[4]. Quel est l'ordre de succession à l'époque ? Le régent vient en *pole position*, suivi du duc d'York, Frédérick Auguste. Celui-ci a fait un mariage désastreux avec Frédéricka Charlotte de Prusse, dont il ne partage pas toujours la passion pour nos amis les bêtes (chiens, perroquets, singes), mais ils vivent séparés. Si l'on apprécie le sens militaire de ce commandant en chef des forces armées, on apprécie moins sa maîtresse, Mrs Clarke, compromise dans un trafic dans l'attribution des hauts grades, en tendant même avec doigté de parler d'influence plus que de corruption. Cela s'appelle en anglais un *understatement*, ou si l'on veut une litote dans notre langue[5]. Le caricaturiste George Cruickshank représente de sa plume acérée des officiers frais et en bonne santé qui jouent à saute-mouton sur des vétérans blessés au combat pour assurer leur promotion, tout en lançant une bourse bien garnie à une charmante créature féminine dans laquelle on reconnaîtra sans mal Mary Anne Clarke, née Thompson. Et pourtant, on aurait donné le bon Dieu sans confession à la jeune femme. Avec ses membres délicats, son merveilleux teint clair et ses admirables yeux bleus, Mrs Clarke avait même tenté de faire chanter le duc mais, outre Cruickshank, James Gillray, l'un des dessinateurs les plus caustiques du temps, avait eu raison de sa réputation. Sa gravure de 1809, *Pandore ouvre sa boîte*, montre de braves gentlemen se bouchant le nez devant l'odeur nauséabonde des scandales.

Vient ensuite, en dernier rang dans l'ordre de succession prévisible, Guillaume, duc de Clarence... Oui, mais après ? Après le duc de Clarence, l'avenir semble bien bouché ; que dire d'Ernest, duc de Cumberland, futur roi du Hanovre, dont le fils ne naît qu'en 1819 ? Son œil torve, son caractère vindicatif et ses propos franchement réactionnaires ont contribué à sa réputation exécrable... Ou encore du très asthmatique Auguste, duc de Sussex, dont le mariage avec lady Cecilia Underwood n'a pas été validé par son père ? Que penser d'Adolphus, duc de Cambridge, encore sans descendance à l'époque ? Tout cela demeure bien ténébreux tandis que George III, frappé par la démence, s'avance inexorablement vers la mort. Il faut faire des enfants, reproduire l'espèce royale, avec des compagnes adéquates ou des conjoints masculins acceptables dans le cas des princesses. Encore le samedi 7 février 1818, le *Morning Post* se lamente : « Ni le duc de Clarence ni le duc de Kent ne manifestent pour l'heure la moindre intention d'embrasser l'état matrimonial ».

La première à répondre à l'appel est la princesse Élisabeth qui, malgré ses 48 printemps, est encore prête à accomplir son devoir, convaincue à part soi qu'elle ne risque plus grand-chose. Brave fille au demeurant, elle épouse le 7 avril 1818 Frédérick VI, landgrave de Hesse-Hombourg. Le bon peuple, toujours prêt à un jeu de mots xénophobe, ne perd pas un instant et qualifie les deux tourtereaux de *humbugs* ou charlatans. On se déchaîne contre le landgrave. Le gros homme parle un anglais tellement désopilant que la reine Charlotte même, alors qu'elle a déjà un pied dans la tombe, est gagnée par un irrésistible fou rire lors de la cérémonie solennelle du mariage.

Le régent avise officiellement la Chambre des lords de ces heureux développements. Le 13 avril, il envoie un message « de la part de Sa Majesté » pour préciser que des traités de mariage sont en voie de signature « entre le duc de Clarence et la princesse de Saxe-Meiningen, fille aînée du défunt George, duc de Saxe-Meiningen († 1803), comme entre Son Altesse Royale le duc de Cambridge et la princesse de Hesse, fille puînée du Landgrave Frédérick, et nièce de l'électeur de Hesse ». Il rappelle aussitôt la terrible perte qu'a représenté pour la nation la disparition de la princesse Charlotte, dernière descendante de son altesse, et ne doute pas que la Chambre des communes pourvoie financièrement à l'entretien décent des frères de son altesse [le duc de Kent et le duc de Clarence], prêts à contracter mariage avec le consentement de la couronne. Le même vœu s'applique également à la Chambre des lords appelée elle aussi à soutenir par tous les moyens ce beau projet croisé.

Élisabeth est suivie par son frère Guillaume, duc de Clarence, qui prend ses précautions en épousant dès juillet Adélaïde de Saxe-Meiningen, une héritière de Thuringe, appelée à devenir un jour la reine Adélaïde. Nouvel accès d'hilarité des Britanniques quelques semaines plus tard lorsque le duc de Cambridge épouse la princesse de Hesse-Cassel. On s'esclaffe en reprenant une ancienne plaisanterie : *More Humbugs, Or Another Attack on John Bull's Purse* (on traduira : « Encore des charlatans : nouvelle attaque contre le porte-monnaie de John Bull »). Mais pourquoi donc ces continentaux s'en prennent-ils obstinément à l'argent des Britanniques ? Le personnage de

John Bull, créé au début du siècle précédent pour personnifier les Anglais, connaît ici son réemploi comique dans ces saillies germanophobes qui fournissent un exutoire commode à une époque dominée par les alliances avec les dynasties allemandes. Le comte de Liverpool propose à la Chambre des lords d'améliorer significativement le revenu du duc de Clarence et celui du duc de Cambridge en leur accordant une rallonge respectivement de 19 500 livres et de 12 000 livres par an. Le duc de Kent se voit offrir une mesure équivalente s'il se marie, tout comme le duc de Cumberland. La Chambre des communes réagit différemment ; lord Castlereagh se montre globalement favorable, mais le représentant du faubourg de Southwark, sur la rive gauche de la Tamise, s'indigne de cette nouvelle dépense somptuaire. L'on rappelle par ailleurs les dettes déjà contractées par le duc de Clarence, entre 50 000 et 60 000 livres. La motion est rejetée et Castlereagh indigné s'inquiète pour le duc de Clarence. D'autres rappelleront également que la famille royale disposait déjà de biens colossaux et qu'elle pouvait puiser dans sa fortune pour répondre à ses besoins matrimoniaux. Quant à Wilberforce, le courageux militant de la lutte contre l'esclavage, il condamne avec vigueur le *Royal Marriages Act* qui empêche l'« auguste » famille royale, selon ses propres termes, d'accéder au bonheur et condamne ses membres à l'immoralité. Quelques mois plus tard, le 13 juillet 1818, se déroule un double mariage princier. Outre le duc de Clarence et la princesse Adélaïde, le duc et la duchesse de Kent échangent leurs consentements selon le rite anglican. Édouard, duc de Kent, et Victoria de Saxe-Cobourg-Saalfeld avaient déjà fait bénir leur union par l'Église luthérienne au palais Ehrenbourg de Cobourg, quelques mois plus tôt. Pourquoi les princes diffèrent-ils tant l'annonce de leurs mariages ? Afin de faire monter les enchères, en demandant toujours plus au Parlement. Le *Times*, singulièrement caustique à l'époque, remarque le jeu de « deux princesses allemandes », Adélaïde de Saxe-Meiningen et

Victoria de Saxe-Cobourg, décidées à obtenir toujours davantage (14 avril 1818).

Un arrangement financier intervient entre la princesse Adélaïde et le duc de Clarence, fin juin, à la veille du départ de celle-ci pour l'Angleterre. Sa dot de 20 000 florins doit rapporter 5 % d'intérêts tant qu'elle n'a pas d'enfant. On y ajoutera 5 000 florins quand elle aura procréé ; l'État de Saxe-Meiningen lui assure également 6 000 florins par an pour ses menus frais. Le duc s'engage pour sa part à payer pour sa maisonnée ; et au cas où il disparaîtrait, sa veuve se voit promettre 6 000 florins par an.

Le 20 juin, Adélaïde se met en route en compagnie de sa mère Louise Éléonore, duchesse de Saxe-Meiningen, et de deux gentilshommes, assistés de leurs épouses. En dix jours on arrive à Calais où attend le yacht royal britannique. L'arrivée à Deal, au nord de Douvres, donne lieu à force acclamations. Le 4 juillet à Londres, Adélaïde est reçue, non pas dans l'un des palais royaux, mais à l'hôtel *Grillon*, dans le quartier résidentiel de Mayfair au centre de Londres, sur le site actuel du *Connaught Hotel*. Le duc de Clarence qui déteste les formalités se contente d'envoyer son fils aîné George FitzClarence, nommé plus tard comte de Munster, pour tenir compagnie à sa future belle-mère. Diplomatiquement, cet écart montre clairement que le duc entend recomposer sa famille, et avant même de voir Adélaïde, il laisse le soin au régent de se présenter, avant d'arriver lui-même pour une brève entrevue protocolaire. Cette absence d'empressement marque assez le caractère convenu de ce mariage, réduit à une simple transaction mondaine, du moins dans un premier temps. On ne saura jamais ce qu'éprouvent Adélaïde ou le duc de Clarence, mais cela importe peu à l'époque. S'enchaînent ensuite un certain nombre de visites protocolaires au duc de Cambridge et à la reine Charlotte. Dans l'ensemble le peuple réagit peu à ces mariages princiers dont on dénonce volontiers à l'inverse le caractère somptuaire.

Gros, gras et dodu, arborant d'énormes favoris noirs, fort de sa formation allemande, fier de ses missions sans gloire à Gibraltar, aux Antilles et au Canada, adepte inconditionnel de la discipline des armées et plus redouté qu'aimé de ses hommes, Édouard Auguste, duc de Kent, aimait l'ail et le tabac. Les mauvaises langues soufflent qu'il a rarement combattu, se contentant de rabrouer ses hommes sans raison. Ce frère cadet du régent délaisse sa maîtresse française Thérèse Bernardine, comtesse de Montgenet, plus connue sous le nom de Mme de Saint-Laurent, pour vaquer en soldat à la reproduction de l'espèce avec Victoria de Saxe-Cobourg, épousée pour l'occasion. Le lit nuptial succède au champ d'honneur. « Je me marie, déclare ce fier patriote, pour répondre à l'appel de ma famille et de mon pays », faisant le don de sa personne à l'Angleterre. Née le 24 mai 1819, la future reine Victoria sera l'heureux fruit de ce retour à la vertu. Quant au duc, passé maître des discours d'après repas (on lui prête des opinions très avancées pour son temps, frôlant le socialisme utopique de Robert Owen), il disparaît moins d'un an plus tard, en janvier 1820. Nous reparlerons plus avant du règne mémorable de Victoria.

Le procès de la reine Caroline

Après l'affaire Mary Anne Clarke, que vaut-il mieux ? Une épouse ou une maîtresse ? Pour un roi, la réponse n'est pas assurée. George III meurt le 29 janvier 1820 ; le régent lui succède tout naturellement sous le titre de George IV. On ne pensait plus à elle, mais son épouse, Caroline de Brunswick, s'invite à son tour pour participer à la fête. Caroline avait bien failli ne jamais devenir reine, et quand elle crut atteindre ce but, ce fut pour donner lieu à l'un des pires scandales qui aient jamais affecté la monarchie de mémoire insulaire. Au printemps 1820, Caroline débarque à Douvres et entame sa marche sur Londres. Ses partisans crient : *No Queen, no King.*

Passés maîtres dans l'art de l'ellipse et de la litote, les braves Anglais veulent dire par-là que s'il n'y avait par de reine, il ne pouvait pas non plus y avoir de roi. George IV n'apprécie pas non plus qu'on le traite de « Néron », jusque sous ses fenêtres à Carlton House. Caroline s'entête ; elle exige même que son nom figure dans la liturgie du *Book of Common Prayer* et que l'on prie pour la reine et pour le roi. Le 5 juin 1820, Charles Jenkinson, comte de Liverpool, transmet un message du roi à la Chambre des lords. Le lord *Chancellor*, Henry Brougham, en fait la lecture sans tarder. Sa Majesté se sent tenue, dit-elle, de transmettre certains documents relatifs à l'inconduite de la reine, en priant la Chambre de leur accorder toute l'attention requise. George IV ne cache pas qu'il aurait souhaité ne pas en arriver à ces extrémités, mais qu'il ne voit pas d'autre solution, vu l'insistance mise par la reine à revenir en Angleterre. Il souhaite seulement que « l'honneur et la dignité de la couronne[6] » soient préservés du scandale. Robert Stewart, vicomte Castlereagh, accomplit la même démarche auprès de la Chambre des communes où il siège puisque son titre de noblesse irlandais, dit « non représentatif », ne lui permet pas de s'asseoir à la Chambre haute. Le lendemain, la reine saisit à son tour la Chambre des communes pour préciser qu'elle est revenue au pays afin d'échapper aux « agents secrets » qui la poursuivaient sur le continent.

Le procès proprement dit commence au mois d'août. Il se déroule à la Chambre des lords, appelée à se prononcer sur un *bill* (ou projet de loi) aboutissant à l'annulation du mariage. On en fait des gorges chaudes, y compris en France où la monarchie britannique a toujours déchaîné les passions de ce que l'on n'appelle pas encore la « presse *people* ». Mais s'il n'y a guère de paparazzi, les détails les plus croustillants s'étalent déjà au grand jour. L'on se passionne pour la reine affligée, comme dans ces *Voyages de Sa Majesté la reine d'Angleterre et du baron Pergami, son chambellan, en Allemagne, en Italie, en Grèce, en Sicile, à Tunis, à Jaffa, à Jérusalem, à Constantinople, etc.*

publié peu après. L'auteur, le Grec Tarmini Almertè, s'adresse ainsi à son frère Thomasi : « Pendant plusieurs jours que tu as été honoré de la bienveillance de cette illustre reine, tu as pu apprécier les rares qualités de son esprit et la bonté de son cœur. Tu n'as pas oublié sans doute avec quelle aménité elle reçut nos bons parents, et avec quelle obligeance elle accueillait les plaintes des malheureux. » Il enchaîne : « Te rappelles-tu ce vieillard d'Athènes qui se traînait sur son passage pour la considérer de plus près ? *Tarmini,* me dit-elle, *aidez ce brave homme, soutenez-le* puis en s'avançant vers lui : *Êtes-vous heureux, bon vicillard* lui dit-elle ? – *Oui, puisque je contemple une princesse qui a fait cesser l'infortune dans ma patrie* »[7].

Depuis le Moyen Âge, l'image de la bonne reine insistait sur la charité envers les pauvres et les malheureux ; mais en ce début du XIXe siècle, l'indépendance de la Grèce, encore sous domination ottomane, excitait les imaginations romantiques. Le célèbre lord Byron figure parmi les figures héroïques de la révolution des Hellènes contre les Ottomans.

La reine prend l'opinion à témoin dans une lettre imprimée, datée du 7 août 1820. « Vous ne m'avez laissé que mon innocence, écrivait-elle à son royal époux, et vous voudriez maintenant, par une parodie de justice, me priver même de cela. Le poison et le poignard valent mieux et sont moins cruels à tout prendre que des témoins subornés et de tribunaux injustes, tout comme la vie ne supporte point le déshonneur. Si ma vie pouvait satisfaire Votre Majesté, j'accepterais bien volontiers pourvu que vous me permettiez de reposer dans la tombe auprès de mon enfant [la princesse Charlotte † 1817] ; mais puisque vous voulez me faire disparaître en me privant aussi de mon honneur, je résisterai vaillamment tant que Dieu m'en donnera la force[8]. »

Les délibérations s'ouvrent à la Chambre des lords le 17 août ; le mardi 3 octobre, à 9 heures du matin, Henry Brougham présente une plaidoirie en faveur de la reine. L'Écossais était un humaniste et un fin lettré, encore qu'on lui ait reproché parfois avec une certaine cuistrerie son « ignorance encyclopédique ». Cette réprobation proviendrait d'une traduction de Démosthène qui aurait provoqué l'hilarité des hellénistes de son temps. Faute de séduire les lettrés, Brougham donna son nom à un cabriolet tiré par un seul cheval. Il fut aussi, entre autres mérites, l'un des premiers adeptes britanniques de Cannes où il termina ses jours sous notre Second Empire. Ce réformateur libéral était toujours prêt à défendre une juste cause, qu'il s'agît comme ici du sort d'une reine outragée ou de celui des esclaves. Son opposition à George IV tenait aussi à des raisons politiques moins avouables ; il reprochait au souverain qui avait bien changé depuis sa jeunesse marquée par l'influence de Fox son antipathie prononcée envers le parti whig. Quoi qu'il en soit, sa défense de la reine humiliée ne manque pas de grandeur, et c'est devant une Chambre des lords anormalement vide que lord Brougham prononce son discours d'une voix faible mais ferme, convaincu qu'il est de « l'innocence de son illustre cliente ». Il sait parfaitement, assure-t-il, que l'opinion publique a déjà tranché en faveur de la reine. Il concède certes à la partie adverse que « sa Majesté avait quitté son pays pour l'Italie et que loin de l'Angleterre elle avait fréquenté des étrangers, socialement inférieurs aux personnages qu'elle connaissait en Angleterre ».

L'affaire du divorce s'est transformée en procès de la reine ; dans son courrier des lecteurs, le *Times* du vendredi 1er septembre donne la parole à un « laïc », ainsi qu'il se décrit lui-même, qui déclare avec assurance que quiconque adhère aux principes du Nouveau Testament ne saurait condamner la reine. L'invocation de la loi divine permet de justifier ce point de vue. Quelques jours plus tard, l'on prend fait et cause pour Caroline et l'on s'inquiète de cette atteinte, non pas aux droits de l'homme, mais à la « loi divine » comme l'écrit un intervenant qui signe « Clericus » (25 novembre 1820). D'accusée qu'elle était initialement la pauvre reine était devenue victime, grâce à l'action efficace de Brougham et de la presse. Le bon peuple a toujours eu besoin de s'apitoyer sur le malheur des princesses ;

le XIXe siècle eut sa reine Caroline comme la fin du XXe siècle eut sa Lady Di. Le *bill* n'obtient finalement aux Lords qu'une très étroite majorité. Sachant que les Communes s'opposeront immanquablement, on décide de retirer le projet de loi. La reine retourne même de plus en plus la situation à son avantage en apparaissant comme une femme bafouée. George IV est sans doute le plus caricaturé de tous les monarques anglais, ou du moins, si l'on inclut le temps de la régence, le personnage qui s'est prêté aux sarcasmes les plus virulents. Cette causticité se retrouve par exemple dans le dessin de William Heath en juillet 1820, surnommé *Public Opinion*. On y voit une balance, symbole de la justice ; le plateau de droite est occupé par Caroline tandis qu'à gauche du spectateur le roi aidé de tous ses partisans ne parvient pas à redresser l'équilibre. Visiblement, l'opinion est appelée à défendre la presque reine qui en impose plus que le souverain. Une autre gravure de la même époque situe la scène à l'époque des Tudors : Caroline est présentée comme une nouvelle Catherine d'Aragon, Henri VIII, plus boursouflé que nature, est évidemment un nouvel Henri VIII… On rouvre le dossier du divorce d'Henri VIII et de Catherine d'Aragon, sans en tirer nécessairement des conséquences bien nettes. Le procès de Caroline en instruit subrepticement un autre en sous-main : le roi George est condamné par une opinion publique qui s'érige en tribunal. Cette histoire de femme conduit en réalité à s'interroger sur les ressorts mêmes de la masculinité[9]. Pour les plus conservateurs, c'est le monde à l'envers.

N'est-on pas à la veille d'une révolution ? Certains progressistes même s'en inquiètent. Lord Grey, qui dirige l'opposition whig à la Chambre des lords, évoque l'ombre menaçante d'une révolution jacobine, « encore plus sanglante que celle que la France a connue ». Percy B. Shelley, le célèbre poète romantique, publie dans le style antique son *Œdipe tyrannique ou Pied-Gonflé le tyran*. Tout le monde reconnaît au passage une allusion peu charitable à la famille régnante et à sa propension à souffrir de la goutte, qui provoque de terribles souffrances en particulier à l'extrémité des membres inférieurs. Le « tyran de Thèbes » est clairement une allégorie de George IV, mais l'auteur se permet de placer en exergue cette phrase menaçante : « Il faut choisir entre les réformes et la guerre civile[10]. » Quant aux Anglais, ils ne sont guère mieux traités et sont dépeints comme des porcs affamés. Cette histoire de tyran mythomane annonce par la virulence quelque théâtre de l'absurde, centré sur une préfiguration du roi Ubu d'Alfred Jarry. La reine Caroline, victime de George IV, apparaît sous les traits de Iona Taurina, un personnage taurin cette fois-ci qui évoque en un sens le John Bull auquel les Anglais ne manquent pas de s'identifier. Le peuple de pourceaux est ainsi appelé à se ressaisir et à secouer le joug de la tyrannie. La diffusion du livre est interrompue en raison de son caractère séditieux. Peu importe, le roi est la proie de tous les caricaturistes qui exercent leur verve à ses dépens. Peut-on régner au milieu du discrédit ? George IV prend la menace tellement au sérieux que l'on évoque la possibilité d'un départ du roi pour ses possessions du Hanovre. Fort heureusement, les fastes du sacre effacent cette mauvaise impression et une Caroline hurlante et vociférante se voit refuser l'accès à Westminster Abbey ; elle meurt déconsidérée quelques semaines après, le 7 août 1821. Deux ans plus tard William Hazlitt, remarquable essayiste en son temps, prend la pleine mesure de la crise que la nation a traversée dans un très bel article d'une revue littéraire : le « procès de la reine », insiste-t-il, a porté le coup de grâce à tous ceux qui croyaient encore en « l'opinion et en l'esprit public ». Il explique : « C'était la première fois à ma connaissance que l'on pouvait parler d'un sentiment authentiquement populaire. Il s'enracinait dans le cœur même de la nation, il s'empara de tous les foyers, de tous les cottages du royaume ; hommes, femmes et enfants en furent affectés également comme si cela les concernait personnellement. »

La vie quotidienne même en est affectée : l'on oublie ses plaisirs, on se met à table sans entrain ; on ne parle plus que de la reine et dans les villages les plus isolés, on attend avec impatience l'arrivée du *Times* pour en savoir plus sur le feuilleton royal. Rétrospectivement, Hazlitt s'interroge encore : qu'est-ce qui motivait ses compatriotes ? « Était-ce l'amour de la vérité, de la justice ou de liberté ? En aucun cas. Le cas était, au mieux, douteux et elle ne perdait qu'un privilège qui lui était propre. Mais elle était la reine, elle était une femme, et une épine dans le pied du roi. »

La reine était une femme : on voit clairement ici s'esquisser un tournant. L'humanité de la reine importe davantage que ses privilèges. Et devant l'échec de la reine Caroline qui ne parvient pas à faire valoir ses droits et que tout le monde oublie désormais on s'exclame : « Quelle scène dérisoire au regard de l'histoire » (*Literary Examiner*, 15 novembre 1823).

La fin d'un monde

La révolution n'a pas eu lieu. Ni en 1789 ni en 1820, et ajouterons-nous, ni en 1830 et ni en 1848, l'Angleterre n'a connu de changement de régime. Les scandales matrimoniaux ont sans doute largement contribué au discrédit du règne de George IV, mais ils n'ont pas pour autant déstabilisé durablement le pays ou ses institutions. Le *Great Reform Act* de 1832, en élargissant la base électorale, marque la victoire du libéralisme politique. Mais c'est une autre époque ; George IV s'est éteint entre-temps le 26 juin 1830, au château de Windsor. À la veille de la disparition de ce roi qui l'avait tant fait souffrir, Mrs Fitzherbert tente une dernière fois de ranimer cet amour de jeunesse. « *Sir*, lui écrit-elle, j'ai longtemps différé cette lettre, de crainte que votre Majesté ne me trouve gênante ou envahissante après tant d'années de silence assourdissant, mais mon inquiétude concernant Votre Majesté m'amène à renoncer aux scrupules qui m'habitent, et j'espère que Votre Majesté me croira sincère quand je lui dirai combien j'ai été inquiète d'apprendre votre indisposition. D'après les dernières nouvelles, la santé de Votre Majesté s'améliore de jour en jour, et personne ne saurait se réjouir autant que moi d'apprendre votre convalescence. Je prie Dieu qu'il vous garde et vous permette de jouir de tout le bonheur possible[11]. »

George IV ne répond évidemment pas à cette lettre. Il disparaît sans donner à son (ancienne ?) épouse la moindre marque d'affection. La suite est plus délectable. Guillaume IV accède au trône le 26 juin 1830. Une évolution favorable se produit ; loin des crispations du règne précédent, Guillaume donne une image apaisée de sa fonction. Plutôt bonhomme, heureux de vivre, et plus encore satisfait d'être roi, il inaugure un nouveau style, et le duc de Wellington, premier ministre à l'époque, compare cette évolution à un authentique changement de dynastie. Allait-on rompre avec l'atmosphère de démence sénile ou de folie douce attachée aux règnes de George III et de George IV ? Le nouveau souverain, Guillaume IV, et son épouse Adélaïde entretiennent même avec Mrs Fitzherbert des relations distinguées, voire cordiales. Ils lui restituent en particulier, comme l'enseignent les bonnes manières, les portraits d'elle qu'ils retrouvent dans les affaires du disparu. Les portraits, tous les portraits ? Non, un médaillon serti d'or et coiffé d'un diamant manque à l'appel. On cherche, on recherche encore… C'est là qu'intervient le témoignage troublant d'Arthur Wellesley, duc de Wellington. Le vainqueur de Waterloo rapporte qu'après le décès du roi, il s'est retrouvé seul face au cadavre, et que, pendant à son cou, il a vu nettement le portrait de Mrs Fitzherbert. Étonnant témoignage d'une bien paradoxale fidélité ; ce roi noceur a emporté dans sa tombe l'image d'un amour de jeunesse. Catholique et roturière, Mrs Fitzherbert aurait-elle été le seul vrai amour dans la vie de ce réprouvé ? Le mystère reste entier.

Chapitre 11

LA REINE VICTORIA

Née au palais de Kensington le 24 mai 1819, la princesse Victoria est la seule fille légitime d'Édouard, duc de Kent. Sa mère, Marie Louise Victoria de Saxe-Cobourg-Saalfeld, est apparentée à tout le gotha des familles princières allemandes. Elle a eu deux enfants d'un premier mariage avec le prince Charles de Leiningen ou Linange († 1814), dans l'actuel land allemand de Rhénanie-Palatinat : Charles Frédérick Guillaume († 1856) et la princesse Anna Féodora († 1872). En plus de ce demi-frère et de cette demi-sœur allemands, Victoria compte aussi parmi ses oncles, Ernest, duc de Saxe-Cobourg et Gotha, ainsi que le futur roi des Belges, Léopold Ier († 1865), gendre de George IV. La diversification internationale a toujours été un élément de succès en matière dynastique ou financière. Victoria est bien née, elle est surtout bien encadrée sur le plan généalogique. Grâce à elle, l'Angleterre s'attirera une réputation d'équilibre en évitant les conflits, ou du moins en atténuant leurs risques, par des stratégies purement familiales. Tout n'est pas rose pour autant ; le régent son oncle (il ne sera roi qu'en janvier 1820, quelques mois plus tard) s'offusque que l'on veuille baptiser l'enfant Victoria (comme sa mère), Georgiana (pour faire écho aux George), Alexandrina (comme le tsar Alexandre Ier, son parrain), ou encore Charlotte Augusta (comme ses tantes). Avec une modestie qui l'honore, le futur George IV ne saurait souffrir que son nom précède celui du tsar, mais avec orgueil, il n'accepte pas non plus qu'il le suive. Il faut attendre le moment solennel de la cérémonie, le 24 juin, dans la salle de la Coupole, du palais de Kensington, pour que, après avoir rejeté le prénom Élisabeth, l'on opte finalement pour Alexandrina Victoria.

La vie de famille ?

Alexandrina Victoria n'a pas eu une enfance heureuse. Savait-on que l'enfant serait un jour l'une des reines les plus admirées, les plus en vue de la planète ? Le duc de Kent et son épouse en ont sans doute le pressentiment. Trop tôt disparu le 23 janvier 1820, quelques jours à peine avant son père George III, le duc prend soin de fuir ses créanciers tout en mettant son épouse et sa fille à l'abri de l'influence pernicieuse de la Cour. Ils s'installent à Sidmouth dans le Devon et résident à Woolbrook Cottage, une charmante maison du début du XVIIIe siècle à laquelle on a ajouté avec les décennies un faux air médiéval : créneaux et fenêtres en ogives sont ici purement postiches. Le faux gothique est appelé à devenir par la suite quasi un art officiel. Cette élégante demeure a été depuis transformée en un hôtel où les nostalgiques peuvent venir séjourner. Il aura le temps avant de disparaître de confier Alexandrina Victoria à la garde de sa mère, bien décidée à donner à leur fille une éducation conforme à son rang. Veuve pour la seconde fois, la duchesse de Kent a conscience de demeurer une étrangère aux yeux des Anglais. Cette grande femme brune à l'œil noir et à l'allure élancée se place donc sous la dépendance de son intendant, sir John Conroy, *baronet*, l'ancien écuyer du duc. La petite Victoria manque d'amis de son âge auprès de qui s'épancher ; elle souffre visiblement de solitude et la compagnie de Conroy lui est de plus en plus déplaisante. On voit passer quelques ombres autour d'elle ; tout d'abord, sa demi-sœur Féodora Leiningen, de douze ans son aînée. Mais Féodora quitte l'Angleterre après avoir épousé le prince Ernest

Christian Charles de Hohenlohe-Langenburg en 1828. Il y a aussi l'oncle Léopold, le malheureux époux de Charlotte, fille de George IV. Léopold sera l'une des rares figures paternelles que connaisse l'enfant ; devenue adulte, Victoria aura toujours besoin de l'avis de gentlemen plus âgés, prêts à la comprendre et à prodiguer leurs conseils.

Léopold ? Oui, mais Léopold a sa vie, tant publique que privée ; à Londres, le veuf inconsolable s'est amouraché d'une actrice allemande originaire de Heidelberg, Caroline Bauer, qui lui fait furieusement penser à la chère disparue. Pendant quelques mois le couple file un parfait amour avant que l'actrice ne décide de rentrer à Berlin en 1829. Mais surtout, Léopold se voit proposer le trône de Grèce, qu'il refuse, et le poste de roi des Belges – qui va l'occuper à plein temps. Victoria aime cet oncle distingué, qui « parle comme un livre » et l'instruit sur tout. Mais malheureusement, il doit gagner sa nouvelle patrie et épouser Louise, une fille de notre Louis-Philippe.

Conroy ne présente pas autant d'intérêt ; il est trop réfrigérant pour susciter la moindre affection filiale. Né au pays de Galles, bien que d'ascendance irlandaise, Conroy a tout d'abord suivi la carrière des armes avant de se voir placé dans ce rôle de pédagogue qui lui vaut généralement l'antipathie des historiens. Conroy a-t-il été l'amant de la duchesse ? Wellington le répète, on le croit sans aucune preuve à l'époque. Victoria aurait-elle pu être sa fille ? C'est plus qu'improbable. Le torchon brûle entre la future reine et Conroy ; George IV n'aime évidemment pas non plus cette jeune pimbêche, dont il pense qu'elle va un jour occuper le trône, tout comme il ne supporte pas sa mère, de plus en plus désargentée. En 1825 le Parlement décide enfin de fournir à l'héritière potentielle de quoi survivre. D'ailleurs qui dit que le duc de Clarence n'est pas à même de produire un héritier qui barrerait la route à Victoria ? Ou que la demi-sœur de Victoria, Féodora, ne sera pas à même d'épouser elle-même George IV ? Victoria toute sa vie détestera cette époque obscure. Dès qu'elle atteint sa majorité, elle décide de se passer des services de Conroy – ce qui n'empêche pas ce dernier de rester auprès de la duchesse de Kent.

Le système Kensington

On parle de *Kensington system* pour caractériser les règles assez strictes auxquelles l'enfant doit se plier. La formule est utilisée rétrospectivement par Conroy, en juillet 1837, pour décrire la stratégie éducative utilisée par la duchesse de Kent et lui-même pour préparer Victoria à devenir « l'espoir de la nation », la « reine du peuple »[1]. Menée avec une logique toute militaire, la formation de Victoria doit lui permettre de servir son pays avec conscience et efficacité, quitte à rompre radicalement avec les exemples déplorables présentés par ses oncles, George ou Guillaume, dont les règnes paraissent bien chaotiques au regard du succès ultérieur de l'âge victorien. Il s'agit, dans l'esprit de Conroy et de la duchesse, de protéger au maximum la jeune fille des miasmes de la Cour. Les contacts avec ses oncles sont réduits au maximum ; Victoria se souviendra sa vie durant de sa visite à Windsor et du moment où le roi George IV, la prenant par la main, lui dit cette phrase anodine : « Donne-moi ta menotte[2]. » C'est dans le charmant palais de Kensington que Victoria passe ses années d'enfance et d'adolescence. Cette résidence royale, où logent désormais le prince William, duc de Cambridge, son épouse Kate Middleton et leurs enfants, remonte au tout début du XVIIe siècle, alors que Kensington n'était encore qu'un village à l'ouest de Londres. L'hôtel particulier des origines a été considérablement remanié par Guillaume et Marie, mais après la mort de George II, en octobre 1760, il perd sa fonction royale. Lorsque le duc de Kent, père de Victoria, entre dans les lieux, ils ont considérablement besoin d'être remaniés… La princesse Victoria naît donc dans un palais considéré comme relativement modeste pour son temps. C'est encore un peu, en ce début du XIXe siècle une maison de campagne, à l'écart de la pollution urbaine.

Victoria a souffert à la fois de solitude en l'absence d'autres enfants et de la présence quasi permanente, pour ne pas dire obsessionnelle, de sa mère. Féodora, de douze ans son aînée, est nettement trop âgée pour se mêler à ses jeux. Elle a tout juste droit à la compagnie de Victoria et Elizabeth Jane, les filles de Conroy qu'elle exècre. La duchesse de Kent, soucieuse de l'innocence de sa fille, veille jalousement à ses fréquentations et lui interdit tout contact avec les enfants illégitimes procréés par son oncle le duc de Clarence. Si l'on enlève les bâtards, il ne reste plus grand monde dans l'entourage familial de la princesse, et Victoria esseulée se console en compagnie de ses innombrables poupées et de ses petits chiens. Peu familière avec les quelques enfants qu'elle aperçoit malgré tout, elle montre un souci hautain de l'étiquette. L'on rapporte un de ses mots d'enfant : « Ne touchez pas à ces jouets, ils m'appartiennent », aurait-elle dit à lady Jane Allice, une fillette de son âge. Avant de poursuivre, imperturbable : « Je peux vous appeler Jane, mais vous ne devez pas m'appeler Victoria »[3].

La solitude de la jeune Victoria est évidemment toute relative : plusieurs adultes l'entourent et veillent sur ses moindres pas, dont sa mère bien évidemment, dont elle partage la chambre durant son enfance et son adolescence, la nourrice, la bonne Mrs Brock, la baronne Spaeth, la dame de compagnie de sa mère, et Louise Lehzen, la gouvernante de sa sœur Féodora. Cette fille d'un pasteur du Hanovre exerce une forte influence sur Victoria, en lui apprenant à résister au couple infernal de sa mère et de Conroy. Sa formation religieuse est assurée par le révérend George Davys ; le futur évêque de Peterborough lui apprend également à lire, à écrire et à compter. Parmi ses lectures on notera l'importance des œuvres de Mrs Trimmer, sorte d'ancêtre de la comtesse de Ségur, auteur de cette littérature pour enfants sages qui mêle l'édification chrétienne et la connaissance de la nature. Son livre sur les rouges-gorges enseigne, au prix d'un certain anthropomorphisme, les vertus conjugales et le souci déjà très écologique de l'environnement. On y ajoutera l'histoire, la géographie, l'histoire naturelle, l'apprentissage du français et de l'allemand (qu'elle parlera très naturellement durant toute sa vie mais que sa mère lui interdit de pratiquer devant elle). Quand on y aura adjoint le piano, le chant, la danse et le dessin, on ne pourra qu'en conclure que Victoria reçoit l'éducation idéale d'une jeune fille de son temps. Avec les années, Victoria a le droit de se rendre à l'opéra ; elle se passionne pour le *bel canto* : Bellini, Donizetti, et Rossini. Elle réserve son admiration toute particulière pour Luigi Lablache, un baryton-basse, qu'elle prend à son service pour recevoir des leçons de chant.

Victoria ne craint pas de s'affirmer de plus en plus. L'opération Kensington montre sa vraie nature lorsque, pendant qu'elle est alitée par une terrible angine à Ramsgate à l'automne 1835, Conroy tente de lui arracher sa signature sur un document le nommant son secrétaire particulier au moment de son accession au trône. La duchesse appuie cette demande en mêlant la menace au chantage, mais Victoria résiste. Son oncle Léopold vient à son secours. « Comment, s'indigne-t-il, Conroy a-t-il pu croire qu'il allait réduire Victoria à une forme de captivité ? » C'était compter sans l'oncle Léopold. Le roi des Belges aurait pris Conroy à part pour avoir une explication un peu franche avec lui. « Si à la suite de votre folie, la moindre des choses arrivait à la princesse, ce serait la fin de toutes vos espérances », lui dit-il, entre hommes. « Et si la princesse vit et succède au roi [Guillaume IV], elle vous détestera. » Il conseille donc à Conroy ébahi une sage modération dans son attitude et ses propos[4].

Albert…

L'oncle Léopold est bien une sorte de père de substitution pour Victoria, qui s'enhardit à son contact et prend progressivement son autonomie par rapport à son éducation de recluse. Elle admire profondément cet homme posé et réfléchi, qu'elle appelle en italien dans un élan d'affection *mio secondo padre*, et éprouve une sympathie compréhensible pour la Belgique qui à une échelle plus modeste lui permet de réfléchir au Royaume-Uni. Depuis sa révolution de 1830, qui lui a permis de rompre les amarres avec la Hollande, le pays est devenu une monarchie constitutionnelle prospère, dominée par sa bourgeoisie d'affaires. La future reine confie à son journal intime : « On l'écoute parler sur quelque sujet que ce soit comme on lit un livre instructif. Il fait l'admiration de tous et on le considère comme le plus grand homme politique vivant de nos jours. » Elle poursuit : « Mon oncle me dit que la Belgique est un modèle d'organisation, de travail et de prospérité ; sa situation financière est la plus parfaite que l'on puisse imaginer. Mon oncle est tellement aimé et révéré de ses sujets qu'il doit se sentir payé en retour du soin qu'il prend. Il est à la fois doux, distingué et prévenant, tout en restant ferme et intelligent »[5] (septembre 1836).

L'autre oncle de Victoria, le roi George, suscite en revanche moins d'affection, non point du reste que la jeune fille éprouve pour lui la moindre antipathie mais la férule maternelle lui interdit visiblement toute manifestation personnelle en dehors des invitations officielles. Et même alors, rien n'est évident ; Victoria n'assistera pas au couronnement de Guillaume IV en juillet 1831. Par contre, Guillaume IV et la reine Adélaïde apprécient leur nièce, contrairement à sa mère la duchesse de Kent et, aucune de leurs deux filles n'ayant survécu, ils ne sauraient ignorer que Victoria est la plus susceptible de porter un jour la couronne.

Au printemps 1836, Victoria va avoir 17 ans. Il est temps de penser à la suite pour une jeune femme de son rang. Or les princes protestants ne sont pas légion ; l'Europe du Sud est d'emblée exclue, et, si l'on ne retient pas l'option d'un mariage avec un prince orthodoxe, peut-être désirable en soi mais plus difficile dans les faits, il ne reste que trois possibilités : la Scandinavie, la Hollande ou bien entendu l'Allemagne, réservoir inépuisable d'alliances dynastiques... Le roi Guillaume IV penche pour les Pays-Bas, la duchesse de Kent (et sa fille...) regardent du côté de l'Allemagne dont la langue et la culture leur sont totalement familières. Une invitation est lancée aux deux frères de Saxe-Cobourg, Albert et Ernest qui débarquent en Grande-Bretagne un beau jour de mai 1836 ; Guillaume IV est furieux et il invite à la même période le Hollandais Alexandre d'Orange.

L'oncle Léopold est de la partie ; le roi des Belges favorise la famille des Saxe-Cobourg à laquelle il appartient. Il ne cache pas sa stupéfaction devant l'attitude de Guillaume IV. Les deux hommes ne peuvent pas se souffrir ; Léopold, qui ne boit que de l'eau, est considéré par le roi d'Angleterre comme un bien triste convive. « Je suis des plus surpris, écrit sans ménagement le roi des Belges à sa nièce, par le comportement de votre vieil oncle le roi. » Il poursuit plus bas : « Maintenant que l'esclavage est aboli même dans les colonies britanniques, je ne comprends pas comment vous pourriez être la seule petite esclave blanche d'Angleterre » (13 mai 1836). L'abolition de l'esclavage remontait à 1833 dans l'Empire, mais la formule peut paraître bien excessive pour décrire la vie quotidienne de Victoria qui, que cela plaise ou non à Guillaume IV, reçoit ses deux cousins allemands. Elle trouve Albert « vraiment très beau ». Il sera l'homme de sa vie. Son frère ne soulève qu'un intérêt poli : « il a une bonne nature et respire la franchise et l'intelligence »[6] (23 mai 1836). Même lady Conroy, née Elizabeth Fisher, met la main à la pâte pour que les jeunes princes soient reçus avec toute la courtoisie possible. Elle organise chez elle une soirée musicale à laquelle elle invite les meilleurs chanteurs, comme pour mieux séduire Victoria. Visiblement, tout est mis en œuvre pour contrer la volonté royale de promouvoir une alliance matrimoniale avec les Pays-Bas... Il ne faut pas presser les choses pour autant. Au sortir du vert paradis de l'enfance,

Victoria préfère se donner le temps de la réflexion plutôt que de céder à un coup de foudre. Dans deux ou trois ans, on verra mieux si cette amitié encore adolescente débouche sur un mariage. L'oncle Léopold se fait fort d'expliquer à Albert la situation lorsque ce dernier, esseulé et languissant, vient le visiter à Bruxelles.

Ce charmant marivaudage suscite le sourire ; l'on connaît son issue heureuse. L'harmonie est loin de prévaloir par ailleurs ; la mésentente entre la duchesse de Kent et George IV s'est durablement installée. On rapportera ici la scène épouvantable d'août 1836. George IV avait invité la duchesse de Kent à Windsor le 12 août pour célébrer l'anniversaire de la reine Adélaïde le lendemain. Il était entendu que comme il était lui-même né huit jours plus tard, le 21 août, on pourrait associer les deux fêtes familiales. Prétextant qu'elle était elle-même née dans la même période, la duchesse de Kent se récusa et proposa de ne venir que la journée du 20. Guillaume IV entre dans une violente colère, et le 20 août, ayant annulé le dîner initialement prévu, il se rend au palais de Kensington, décidé à en découdre. Il constate par lui-même que la duchesse s'est approprié des appartements qui ne lui étaient pas destinés.

Quand il arrive à Windsor à 10 heures du soir, il se précipite vers la princesse Victoria, arrivée avant lui, lui prend les deux mains avec tendresse pour déclarer tout haut qu'il regrette de la voir si peu. Il s'incline alors devant la duchesse sa mère pour déplorer qu'elle ait désobéi à ses ordres formels en s'installant partout où elle le voulait à Kensington. Le lendemain à table, au moment des libations, le roi prend la parole pour déclarer : « Je m'en remets à Dieu s'il accepte de me prêter vie pendant neuf mois supplémentaires, cela permettra d'éviter une régence au moment de ma mort. J'aurai ainsi la satisfaction de céder le pouvoir royal à cette jeune femme, [indiquant la princesse Victoria] l'héritière présomptive du trône. Et non entre les mains de la personne qui se trouve à côté de moi [la duchesse de Kent]. » Il s'enhardit encore : « Je n'hésite pas à dire que j'ai été en permanence insulté et injurié par cette personne, mais je n'admettrai plus le moindre écart. Je déplore, entre autres, que cette jeune femme ait été éloignée de ma Cour, et dissuadée de venir me tenir compagnie comme elle aurait dû le faire, mais cela ne se produira plus. Je montrerai bien qui est le roi et je ferai respecter mon autorité, et j'exige à l'avenir que la princesse vienne régulièrement à la Cour comme elle doit le faire. »

Guillaume IV se montre affectueux et paternel avec Victoria tout en poursuivant sa mère de sa vindicte. Victoria éclate en sanglots, la duchesse ne dit mot mais elle se prépare à prendre congé lorsqu'on l'en empêche, la contraignant à rester jusqu'au lendemain[7]. On imagine la situation : Victoria, en petite souris, se sent gênée et aimerait disparaître. Elle retiendra cependant la leçon en manifestant son indépendance totale vis-à-vis de sa mère. En dépit de l'antipathie naturelle qui existe entre ses deux oncles, le roi Léopold et le roi George, Victoria tente de maintenir l'équilibre. Le 15 juin 1837, elle écrit dans son journal : « Les nouvelles de la santé du roi sont alarmantes et j'ai dû annuler pratiquement toutes mes leçons, à l'exception de celles que me donne le doyen [le révérend George Davys]. » Elle enchaîne avec naturel : « Mes cours de chant me manquent, mais cela ne va pas durer, et le devoir et la correction passent avant le plaisir. » Puis elle reprend la plume à une heure moins dix : « Je viens d'entendre que le docteur pense que le roi n'en a plus que pour 48 heures. Pauvre homme, il a toujours été bon avec moi et il a toujours voulu mon bien ; j'en éprouve de la gratitude pour lui et je me souviendrai éternellement de sa bonté. Il était surprenant, très surprenant et un peu étrange, mais il n'a pas toujours été compris »[8].

L'accession au trône

Les fêtes marquant la majorité de la princesse s'achèvent à peine que déjà l'on annonce la mort de Guillaume IV à 2 heures du matin, le mardi 20 juin 1837. Victoria dort encore du sommeil du juste lorsque l'archevêque de Cantorbéry, William Howley, se rend à Kensington aux petites heures de l'aube. Lord Conyngham qui l'accompagne s'agenouille devant la nouvelle reine et lui baise la main. Le message est clair : Victoria comprend que son oncle s'est éteint et qu'elle est la reine désormais. Le premier ministre arrive à son tour à 9 heures. William Lamb, vicomte Melbourne, est alors âgé de 58 ans ; il est très représentatif de cette oligarchie whig a laquelle la fortune a toujours souri. François Guizot le rencontre à l'époque ; il le dépeint en quelques formules bien frappées : « Lord Melbourne, le moins radical des Whigs, impartial par bon sens et par indifférence, épicurien judicieux, égoïste avec agrément, gai avec froideur, et mêlant une autorité naturelle à une insouciance qu'il prenait plaisir à afficher. » Avant de préciser : « Il avait inspiré à la jeune reine autant de goût que de confiance ; il l'amusait en la conseillant, et il avait avec elle une liberté affectueuse qui ressemblait presque à un sentiment paternel »[9].

Comme le dit Lytton Strachey, non sans ironie à l'égard de la pudibonderie affichée de l'ère victorienne et de son sens de la famille, il doit « tout à sa naissance », mais sa naissance est « honteuse ». Chacun sait à l'époque qu'il est le fils de lord Egremont, l'amant de sa mère, et non pas de son père présumé, et que sa propre épouse Caroline a entretenu avec le poète Byron un commerce qui n'était pas uniquement celui des esprits. La liberté des mœurs n'est décidément ni un progrès récent, ni une invention de notre siècle. L'époque victorienne allait pousser jusqu'à son paroxysme cette hypocrisie faite de conventions bourgeoises et de protestations puritaines, de moralisme affiché et d'excès sournois. Melbourne a une grande qualité : il aime les chiens, et les chiens de Victoria le lui rendent bien. Melbourne sera pour Victoria son « premier » premier ministre. Homme de paradoxe, toujours selon Strachey, « aristocrate de tempérament, conservateur de conviction, il était arrivé au pouvoir comme dirigeant du parti populaire, le parti du changement[10] ». Par tradition familiale, comme son père en tout cas, la jeune Victoria est plutôt favorable aux Whigs ; elle changera avec les années et le très habile et bien charmant Disraeli la convertira définitivement aux valeurs du conservatisme tory. Le conseil privé s'assemble le même jour à 11 heures à Kensington dans une salle du premier étage que l'on visite aujourd'hui ; la reine lit le discours que son premier ministre lui a préparé : elle remercie sa mère pour son éducation et dit son attachement pour son pays. Cette petite femme gracile et gracieuse (l'embonpoint viendra plus tard), toute de noir vêtue, brille tout de suite par son assurance tranquille qui impressionne même lord Wellington, le vainqueur de Waterloo. C'est au palais de St James qu'emportée par l'émotion elle est proclamée reine, au milieu des *vivats* de la foule. En pleine cathédrale St Paul, le révérend Sydney Smith appelle de ses vœux une « reine patriote » – la formule audacieuse de roi patriote avait été lancée au siècle précédent par Bolingbroke. Sorte de Bossuet du pauvre, le bon ecclésiastique recommande à la reine de renoncer à la « frivolité » de son âge pour se consacrer à ses devoirs et songer à l'édification des classes laborieuses[11]. Frivole, Victoria ne l'a jamais été, et ne le sera jamais, sans que les admonitions du clergé y soient pour grand-chose. Lord John Russell décrira en termes choisis les espoirs que le royaume place dans sa souveraine : « Nous avons eu peu de règnes glorieux sous une reine. Élisabeth et Anne nous ont conduits vers de grandes victoires. Formons le vœu désormais que le règne actuel sera illustre pour la paix qui régnera et que nous aurons une Élisabeth mais sans tyrannie et une Anne, mais sans ses faiblesses[12]. »

Victoria, nouvelle Élisabeth, Victoria, nouvelle reine Anne ? Rien de tout cela bien évidemment, mais par la gloire, Victoria éclipsera toutes ses devancières en dirigeant l'empire le plus vaste du monde. Pourtant le règne s'ouvre sur une restriction territoriale : le droit salien ne permet pas à Victoria d'être, comme ses prédécesseurs, souveraine du Hanovre. Cela ne fera pas une grande différence pour elle. Devenu royaume et non plus simple électorat par la grâce du congrès de Vienne en 1814, le Hanovre passe à un oncle, Ernest, duc de Cumberland. Portant beau, en dépit d'une cicatrice à la face, le sexagénaire dont l'amour de la cavalerie était légendaire parvient à mener son royaume sans encombre jusqu'à sa mort, échappant même à la révolution de 1848 qui frappe de plein fouet tant d'États allemands.

Victoria profite des circonstances pour s'émanciper définitivement de sa mère (dont elle avait partagé la chambre jusque-là) et renvoyer John Conroy (déçu de ne pas même recevoir une pairie en Irlande). Le meilleur confident de la reine désormais, du moins pour les affaires d'État, ce sera son premier ministre lord Melbourne qui lui sert également de secrétaire. Il faut lui adjoindre Christian Friedrich, baron de Stockmar, un fidèle serviteur des Saxe-Cobourg, recommandé par l'oncle Léopold. D'ascendance suédoise, Stockmar attise souvent de façon involontaire la suspicion des Britanniques qui craignent qu'il ne comprenne pas toujours la subtilité de leurs institutions, en conseillant à la reine d'intervenir trop directement dans les affaires. Melbourne parvient à apaiser ces craintes. La duchesse de Kent en revanche est totalement exclue et on lui fait clairement comprendre qu'elle a beau être la mère de la reine, cela ne lui permet pas de jouer les reines mères pour autant. Elle ne manque pas de s'en plaindre à qui veut l'entendre, déclarant « qu'il n'y a plus d'avenir pour elle, qu'elle n'est plus rien ». Victoria, elle, est rayonnante[13]. En juillet, la reine quitte pour toujours Kensington et s'installe à Buckingham Palace, un palais construit initialement pour

George IV, mais qu'elle est la première à occuper vraiment. On y donnera au milieu de l'été un splendide concert de chant permettant à Luigi Lablache de se produire au milieu des cantatrices Giulia Grisi, soprane, et Emma Albertazzi, contralto. L'orchestre est placé sous la baguette du Napolitain Michele Costa. Victoria souffre de l'atmosphère de deuil et, n'y tenant plus, elle reprend au même moment ses leçons de *bel canto*.

Couronnement de la reine

Selon l'usage, des élections parlementaires suivent à l'époque la mort d'un roi. Elles se déroulent à l'été et marquent une nouvelle victoire des Whigs aux dépens des Tories, que de plus en plus on appelle les conservateurs. Le Tory John Wilson Croker s'inquiète dans la presse de l'influence de l'entourage exclusivement whig de la reine. Dans ses « Perspectives sur le nouveau règne », il écrit avec une pointe d'ironie : « Bien que nous ne doutions pas de la fidélité de lord Melbourne pour les intérêts essentiels de Sa Majesté, le pays a bien des raisons de se plaindre et d'être inquiet. » Et le journaliste conservateur de mentionner la coloration uniquement whig des dames de compagnie de la reine (*Quarterly Review*, juillet 1837). Cette tempête dans une tasse de thé rebondira quelques mois plus tard lorsque la jeune lady Flora Hastings, une dame de l'entourage de la duchesse de Kent, présente tous les signes d'une grossesse indésirable. Avec toute l'hypocrisie du temps, on parle déjà de l'immoralité de la Cour, lorsque finalement la pauvre femme meurt d'une tumeur au foie.

Seul le couronnement, ce moment de ferveur patriotique, ramène un peu d'unanimité dans le pays. Nous sommes le 28 juin 1838, et Victoria est reine depuis un peu plus d'un an. Le souvenir de Waterloo est encore dans toutes les mémoires et une Grande-Bretagne prospère fête comme il se doit sa puissance politique, économique et industrielle. L'abbaye de

Westminster est décorée pour l'occasion de pourpre et d'or ; on estime à plus de quatre cent mille le nombre de visiteurs venus à Londres pour l'occasion. À 10 heures, la reine quitte le palais de Buckingham par le nord et descend de Constitution Hill par Piccadilly, St James's Street et Trafalgar Square, où la statue récente de l'amiral Nelson rappelle le souvenir, heureux pour les Anglais et moins heureux pour les Français, de la bataille de Trafalgar. À quoi donc pense le maréchal Soult, ce vétéran des guerres napoléoniennes reconverti en serviteur des Bourbons puis de Louis-Philippe dont il est ici l'ambassadeur extraordinaire ? L'accueil en Angleterre de cet homme qui pouvait dire *J'étais à Austerlitz* est absolument triomphal ; les *Vive Soult* fusent de partout tandis qu'il joint son magnifique carrosse au défilé. La *Quarterly Review*, encore elle !, se réjouit que les Anglais se montrent beaux joueurs en accueillant l'ancien ennemi que les Français, avec leur absence de tact, envoient chez eux. Dans son numéro de juin, le périodique revient avec *fair-play* sur les batailles auxquels le maréchal s'est trouvé mêlé. Soult n'est pas le seul étranger à participer à la fête, il faut aussi compter avec le duc Ernest de Saxe-Cobourg et Gotha, l'oncle de la reine et son futur beau-père. Tout ce beau monde arrive à l'abbaye à 11 h 30 ; la reine est entourée de huit dames de compagnie, toutes de blanc vêtues, et ajoutant à cette atmosphère presque irréelle, le soleil darde l'un de ses rayons sur la tête de la reine au moment précis où elle reçoit la couronne. La duchesse de Kent ne peut retenir une larme, sans que l'on sache au juste si elle pleure sur sa fille ou sur elle-même. Mais le récit le plus impitoyable est celui qu'a laissé Harriet Martineau, sociologue et pionnière avant l'heure du féminisme. « J'étais au couronnement, raconte-t-elle, sans avoir vraiment voulu venir mais convaincue que ce serait le seul couronnement auquel je pourrais jamais assister durant ma vie. » Elle profite du moment de la communion pour observer en ethnologue l'assistance compassée en compagnie de quelques camarades incrédules comme elle. La reine lui semble encore plus menue que d'habitude au milieu du frou-frou de sa traîne. Elle s'exclame : « Quelle journée magnifique ; je suis contente d'avoir pu y assister. » Avant de conclure que tout cela a développé en elle le sentiment que la « monarchie avait en Angleterre un aspect irréel ». Elle précise : « En dépit de tout ce que l'on dit et chante, la souveraine demeure un gouvernant purement nominal. » Elle juge le déploiement des fastes royaux blasphématoire et barbare, avec sa théologie « pharaonique » et son absurde confusion entre Dieu et la reine. « Dieu ne serait que le roi des rois et le seigneur des seigneurs. » En un mot, tout lui semble bien archaïque dans cette cérémonie qui serait plus adaptée pour le couronnement de Salomon que pour rendre grâce « au Dieu du XIXe siècle dans le monde occidental ».

Archaïque, la monarchie victorienne ? En est-on bien sûr ? En tout cas, elle a bien fonctionné sur le plan politique ou symbolique. Au moment précis où Victoria s'assoit sur le trône, Robert Huish défend le caractère archétypal de cette succession féminine. « La plus grande fierté d'un Britannique, écrit-il, est sa constitution ; elle lui donne des droits et lui garantit des privilèges dont ne jouissent pas les sujets des autres pays ; il est ainsi au sommet de la vie civilisée. » Avant de préciser : « La monarchie héréditaire est le premier principe de cette constitution, et le consentement unanime du peuple, qui ressort d'un usage long et immémorial, a confié indifféremment le pouvoir exécutif du gouvernement anglais à un roi ou à une reine, car le sexe importe peu. » Il poursuit que la monarchie anglaise n'était évidemment pas élective, quoi qu'en disent les républicains « qui ont coupé le cou de Charles Ier ». Il évoque encore ces règnes féminins du passé, celui de Marie Tudor et celui d'Élisabeth Ire. Huish souligne aussi que dans des cas exceptionnels, comme lors de la Glorieuse Révolution de 1688, le Parlement peut bouleverser l'ordre de la succession héréditaire, mis en péril par le comportement d'un roi si celui-ci se révèle être un « idiot » (nous dirions un simple d'esprit) ou un

« fou »[14]. Évidemment toute la question demeure de savoir comment décréter qu'un prince relève de ces catégories médicales…

Le bonheur d'être reine

Le soir même du couronnement, Victoria confie à son journal : « Je ne saurais dire combien je me sens fière d'être la reine d'une telle nation[15]. » Combien de temps cet état de grâce pourra-t-il durer ? L'entourage whig de la reine, la présence constante de lord Melbourne suscitent la jalousie du parti conservateur, regroupé autour de son dirigeant sir Robert Peel. Victoria n'a toujours pas oublié le bel Albert ; l'oncle Léopold jouera à nouveau les anges gardiens. Lors d'un séjour à Windsor en septembre 1839, il convainc la reine de recevoir le mois suivant le prince Albert et son aîné Ernest, qui est là pour faire de la figuration. Le 15 octobre, Victoria demande à parler à Albert et lui déclare sa flamme et sa volonté de l'épouser. Le geste est inédit ; en théorie, ce n'est pas à une jeune fille de formuler une demande en mariage. Oui, mais cette jeune fille est une reine, et elle s'est définitivement émancipée de sa mère. Et surtout, elle aime son Albert ; il n'est pas si fréquent que les alliances dynastiques reposent sur des mariages d'amour. Le bon Melbourne est un peu inquiet de voir sa reine convoler avec un homme aussi jeune (né en août 1819, il a quelques mois de moins que Victoria), mais il ne ménage pas ses compliments en apprenant la chose. Sir Robert Peel les compare à Roméo et Juliette… On évoque pareillement le prince George de Danemark, l'époux de la reine Anne. Mais Victoria ne supporte pas la comparaison, il faut le dire assez désavantageuse pour Albert. Le Parlement exprime son inquiétude à l'annonce du mariage ; à la Chambre des lords, Wellington, encore auréolé de sa victoire passée sur Napoléon, demande à être rassuré : en bon luthérien, Albert acceptera-t-il vraiment, comme il l'a déjà fait savoir, de prendre la sainte cène selon le rite anglican ? On redoute également ses idées libérales...

Albert aura du mal à se faire admettre au côté de la reine, mais il y parviendra, en jouant la carte de la modernité dans un pays d'un extraordinaire dynamisme économique. En janvier 1840, Albert obtient sa naturalisation et le mariage s'ensuit le 10 février dans la chapelle du palais de St James. C'est la victoire de l'oncle Léopold, et d'une certaine façon de la maison de Saxe-Cobourg sur la dynastie rivale des princes d'Orange. La Belgique a gagné face à la Hollande[16]. La suite est prévisible ; on a envie de dire, comme dans les contes, ils se marièrent et eurent beaucoup d'enfants, neuf pour être précis, cinq filles et quatre garçons.

Les enfants de Victoria et Albert

Victoria (née en 1840), future impératrice d'Allemagne.
Albert Édouard (né en 1841), futur Édouard VII.
Alice (née en 1843), future grande-duchesse de Hesse.
Alfred (né en 1844), épouse la grande-duchesse Maria Alexandrovna de Russie.
Héléna (née en 1846), épouse Christian de Schleswig-Holstein.
Louise (née en 1848), future duchesse d'Argyll.
Arthur (né en 1850), épouse Louise Marguerite de Prusse.
Léopold (né en 1853), épouse la princesse de Waldeck et Pyrmont.
Béatrice (née en 1857), épouse Henri de Battenberg.

Contrairement à d'autres femmes et parmi elles à tant de reines d'autrefois, Victoria ne semble pas avoir fait de fausses couches et ses enfants atteignent tous l'âge adulte – ce qui est assez exceptionnel pour l'époque. On se souvient un siècle et demi avant du calvaire qu'avait été la vie de la reine Anne ! La famille royale est un modèle d'affection conjugale et de vertu bourgeoise (si ce mot a un sens) ; elle prend une valeur d'exemple pour les contemporains. Le prince Albert ne manque pas une occasion de partager les jeux de ses enfants. Si le sapin de Noël est un usage allemand importé un demi-siècle plus tôt par la reine Charlotte, épouse de George III, il se diffuse à l'époque victorienne. Victoria et Albert forment un couple épanoui et heureux. Certes, la réalité est toujours plus complexe que ces images reçues. Victoria a ses « nerfs », voire ses crises « d'hystérie » comme le lui reproche son époux. Épuisée par ses couches, appréhendant les douleurs de l'enfantement, elle ne craint pas d'avoir recours occasionnellement au chloroforme, à une époque où quelques moralistes sentencieux rappellent encore qu'« il faut accoucher dans la douleur ». Ce dolorisme a toujours été profondément étranger à Victoria qui est sur ce plan un esprit résolument moderne. Contemporaine de Darwin, Victoria rattache clairement l'humanité à ses origines animales ; elle est fascinée par Jenny, un orang-outan femelle qu'elle voit au zoo de Regent's Park, tout en éprouvant une certaine répulsion pour ces singes qui ressemblent terriblement aux hommes. Elle avoue également son manque d'intérêt pour les nourrissons « qui agitent leurs petites jambes comme des grenouilles[17] ». Là où Albert se révèle un papa poule, Victoria marque son désintérêt, du moins pour les tout-petits. Elle exprime aussi son rejet de l'allaitement maternel, pourtant recommandé par la médecine de son temps. Faut-il également invoquer quelque atavisme Hanovre pour remarquer qu'elle s'entend mal avec le prince de Galles, futur Édouard VII, qu'elle rabroue sans cesse[18] ?

La reine n'est pas pour autant un esprit fort. Pour un Français passionné par la politique et par les mouvements d'idées, l'entourage immédiat de la reine ne brille pas par son audace argumentative. Ambassadeur à Londres en 1840, Guizot s'enthousiasme pour les grandes figures de la politique, whigs ou tories qu'il rencontre, qu'il s'agisse de Melbourne dans le premier cas ou de Wellington et de lord Aberdeen dans le second. Mais il ne peut cacher le caractère vaguement soporifique de réceptions protocolaires à Buckingham Palace. « Le jeudi 5 mars, se souviendra-t-il, je dînai pour la première fois chez la reine. Ni pendant le dîner, ni dans le salon après le dîner, la conversation ne fut animée et intéressante ; tout sujet politique en était écarté ; nous étions assis autour d'une table ronde, devant la reine établie sur un canapé ; deux ou trois de ses dames essayaient de travailler à je ne sais plus quels ouvrages ; le prince Albert jouait aux échecs ; nous soutenions assez péniblement, lady Palmerston et moi, un entretien languissant[19]. » L'ennui a longtemps été, il l'est encore parfois en Angleterre, une forme de bienséance. Guizot est également témoin d'une scène charmante un soir de printemps : « Tout était froid, chanteurs et spectateurs. Pas de vrai goût pour la musique, pas d'intelligence dans le choix des morceaux. Ils se sont fait chanter là de grandes scènes dramatiques qui ont besoin du théâtre, du mouvement de la scène, du concours passionné du public. C'était très froid, un plaisir de convention. La reine y prenait un intérêt plus vif que la plupart de ses hôtes. Le prince Albert dormait. Elle le regardait dormir, moitié en souriant, moitié avec impatience. Elle le poussait du coude. Il se réveillait, et, à peine réveillé, il applaudissait de la tête au morceau du moment. Puis il se rendormait en applaudissant et la reine recommençait[20]. »

Albert somnole, ou plus précisément, il ronge son frein quand il se sent exclu de tout pouvoir politique par la constitution même, mais il se rattrape par l'influence qu'il exerce sur son épouse et par son rôle assumé de *pater familias*. Passionné de tout, amateur d'art et de technique, « son altesse royale le prince époux », ainsi que l'appelle Mme De Witt, fille de François Guizot, ne craint pas de remettre en cause les effets parfois désastreux du marché sur les productions esthétiques. « Notre temps, déclare-t-il, a de grands désavantages lorsqu'on le compare à l'époque où l'on peignait des Madones dans la retraite des couvents. » Il explique, critiquant le goût (ou plutôt le mauvais goût) des bourgeois : « Les œuvres d'art, publiquement exposées et mises en vente, deviennent des denrées commerciales, et suivent en cette qualité les lois déraisonnables du marché et de la mode, qui exercent une influence tyrannique sur le patronage du public et jusque sur le goût des particuliers[21]. » Victoria et Albert ont également en commun leur passion pour la musique de Félix Mendelssohn Bartholdy, qui leur offre une réduction pour piano à quatre mains de sa *Symphonie écossaise*.

Au milieu du XIXe siècle, les premières photos permettent de transmettre des images de Victoria, d'Albert et de leurs enfants. Les traits des différents membres de la famille royale sont désormais familiers au plus grand nombre. Le peintre Edwin Landseer a pareillement contribué à diffuser l'image du couple, mettant à profit ses connaissances de peintre animalier pour dresser un portrait très intime de Victoria, Albert et leur première fille, en compagnie de plusieurs chiens d'une étonnante vivacité[22]. Cette intrusion du regard public a eu pour contrepartie un besoin compréhensible d'éloignement ; le palais de Buckingham et le château de Windsor ne permettent pas toujours l'intimité nécessaire à la vie familiale ; Victoria et Albert leur adjoignent le château de Balmoral à la hauteur d'Aberdeen en Écosse et Osborne House, sur l'île de Wight, dont les plans sont dressés par le prince. C'est là que, par une mémorable journée de juillet, Victoria s'initie aux bains de mer grâce à une cabine fermée dont elle s'extrait avec pudeur pour goûter aux joies aquatiques. Balmoral offre d'autres attraits. Le château est un ancien manoir écossais refondu par le couple. Il faut imaginer une Victoria romantique attentive à la beauté sauvage ; ses talents d'aquarelliste montrent une réelle aptitude à capter le pittoresque d'un lac ou d'une montagne. Lectrice fidèle de Walter Scott, la reine éprouve une tendresse particulière pour les Highlands et pour leurs habitants avec lesquels elle entretient des relations d'une grande simplicité que la rigidité de l'étiquette rend impossibles en Angleterre. L'on va en Écosse par le train tout naturellement pour faire honneur à ce moyen de transport, encore révolutionnaire au début du règne.

Les premiers ministres du début du règne

La chute de Melbourne au début de l'été 1841 est prévisible ; les conservateurs dirigés par Robert Peel arrivent au pouvoir, privant Victoria de son cher Melbourne avec lequel elle a établi d'excellentes relations de travail. Des entretiens confidentiels entre les deux hommes permettent d'arriver à un accord sur l'entourage immédiat de la reine qui se sépare d'une partie de ses dames de compagnie, trop marquées par leur orientation whig. Contrairement aux usages, la reine Victoria continuera malgré tout à entretenir une correspondance suivie avec le cher Melbourne. Le baron de Stockmar n'a pourtant pas manqué de prodiguer ses conseils à la reine en lui rappelant qu'elle n'avait, selon ses propres termes, « qu'un rôle délibératif ». Dans le mémoire qu'il prépare à l'attention de la reine, l'Allemand prend bien soin de préciser, à l'aide d'une litote, qu'il n'est pas convaincu que la reine puisse tenir ce rôle comme il convient mais que la seule solution pour elle serait de se montrer totalement franche avec les hommes qui étaient ses ministres désormais. Il ajoute que la reine se doit de réfléchir à la politique de ses ministres avant, « après mûre considération », d'émettre un avis. Il s'agit de soutenir en public les ministres et d'endosser leurs décisions[23]. Visiblement, Victoria a le plus grand mal à admettre ces principes jusqu'au bout et elle continue pendant une bonne année à entretenir avec Melbourne des relations officieuses.

L'influence d'Albert s'accroît avec les années ; il devient prince consort en 1857, quatre ans seulement avant sa disparition. Mais entre ses grossesses et son éducation traditionnelle, Victoria s'en remet souvent à l'autorité masculine, et Albert joue dans les coulisses un rôle plus important que celui que la constitution lui accorde officiellement. Cette évolution est déjà perceptible au lendemain de la chute de Melbourne. L'amour d'Albert a mis au second plan l'amitié qu'elle éprouve pour ses ministres. Lorsqu'elle relit dans son journal un passage dithyrambique consacré naguère à lord Melbourne, elle corrige en marge : « Je ne puis manquer de remarquer combien mon bonheur était artificiel à l'époque, ni de préciser que mon époux bien-aimé et mon bonheur actuel sont des bénédictions qu'aucune combinaison politique, qu'aucun revers de fortune ne sauraient altérer. » Ses relations cordiales avec Melbourne n'étaient, après tout, que bien superficielles. « Maintenant, s'exclame-t-elle, je connais le vrai bonheur »[24].

D'après Albert, la monarchie doit encore assumer une fonction politique, mais en se tenant soigneusement au-dessus des partis et de ce que nous appellerions la « politique politicienne ». Très hostile au départ à Peel, la reine s'accoutume à lui et elle regrette même son départ en 1845. Son premier souci vise l'équilibre du pays. Avec Albert, elle travaille les différents dossiers qui lui sont transmis, mais privilégie visiblement les affaires internationales sur les questions économiques ou sociales : le mouvement chartiste, la fin du protectionnisme agraire, attaché à l'abolition des lois sur les blés, retiennent peu son attention. Lord Melbourne lui avait appris à se méfier de Dickens ou de la littérature engagée, dépeignant la misère. « Je n'aime pas ces choses-là, lui avait-il enseigné, je n'aime pas qu'on les dépeigne[25]. » Cette stratégie du contournement, ce rejet du réalisme, cette occultation de la misère marquent durablement Victoria qui délègue à Albert ou à ses ministres le souci des réalités économiques et sociales. Ajoutons à son crédit qu'Albert a clairement une vision européenne et qu'il souhaite multiplier les contacts avec l'Allemagne et la France. Le mariage de l'oncle Léopold avec Louise d'Orléans, fille de Louis-Philippe, facilite encore le rapprochement avec l'ennemi d'autrefois. Victoria et Albert rendent visite à la famille royale française au château d'Eu, non loin du Tréport en Normandie, à l'été 1843. Louis-Philippe franchit le Channel l'année suivante, tout comme le Kronprinz de Prusse et le tsar Nicolas Ier. Les liens entre les différentes familles régnantes s'accroissent considérablement durant ces années. Seul Henry Temple, vicomte Palmerston, s'inquiète en sous-main ; secrétaire aux Affaires étrangères, et finalement premier ministre libéral à partir de 1855, Palmerston apprécie mal les objectifs dynastiques de la couronne.

L'Exposition universelle de 1851

Le 1er mai 1851, la reine Victoria inaugure en grande pompe la première Exposition universelle de Londres. L'annonce en avait été faite deux ans plus tôt par le prince Albert ; l'architecte du Crystal Palace, Joseph Paxton, est le type même du *self-made-man* dont s'enorgueillit l'Angleterre du temps. La Grande-Bretagne, première nation industrielle, au « double sens de l'antériorité et de la supériorité », comme l'a écrit excellemment François Crouzet, est à l'époque victorienne la « seule puissance vraiment mondiale », la « seule superpuissance ». L'on n'entrera pas ici dans un livre avant tout consacré aux reines sur le détail de la révolution industrielle, « complexe d'innovations technologiques » et de transformations importantes de la finance, des transports ou de l'habitat[26]. Il est évident que la gloire de Victoria doit beaucoup plus au dynamisme de ses sujets qu'à ses mérites intrinsèques. Avec le prince Albert, et souvent grâce à lui, la monarchie britannique a su participer à un mouvement économique et esthétique qui fait de la Grande-Bretagne la première puissance mondiale au XIXe siècle.

La reine attribue sans hésiter le principal mérite de l'Exposition à son cher Albert. Ce jour, écrit-elle à l'oncle Léopold, « a été le plus grand de notre histoire ». Pour ajouter le « nom de mon bien-aimé Albert est à jamais immortalisé par ce grand projet, qui lui doit tout, et mon pays démontre qu'il en est digne. Le triomphe est considérable ». L'exposition de Hyde Park durera six mois, et attirera six millions de visiteurs. Les profits seront réinvestis dans l'achat d'un terrain dans South

Kensington où l'on envisage de créer un musée national, qui deviendra à la fin du XIXe siècle l'actuel Victoria and Albert Museum, qui demeure l'une des réalisations les plus fascinantes de la période.

Les deux noms de Victoria et Albert sont ainsi liés pour l'éternité, d'autant plus que Victoria n'aime pas nécessairement son rôle de reine régnante. Ou du moins regrette-t-elle de ne pas être plus modestement reine consort, l'épouse d'un roi. *A contrario* de tous les arguments féministes actuels, la reine a une conception assez traditionnelle du rôle des hommes et des femmes. « Albert devient un homme d'affaires effrayant », écrit-elle à l'oncle Léopold, « je trouve que cela le rend moins affable et plus tracassier. Cela m'attriste car je ne peux pas en faire autant, bien que je m'intéresse en général à la politique européenne, mais je suis chaque jour plus convaincue que nous autres femmes, si nous voulons remplir notre mission en étant féminines et aimables ou en nous préoccupant de notre foyer ne devrions pas régner, du moins est-ce à contrecœur que j'assume ces responsabilités ». Et, pleine de lassitude : « Qu'y faire hélas ? Chacun ne doit-il pas remplir ses obligations, quel que soit son rang »[27] (12 février 1852).

Au nombre des personnalités étrangères qui admirent la réussite anglaise, il convient évidemment de citer Napoléon III. Des visites croisées ont lieu en 1855, l'empereur se rend à Londres au printemps, la reine d'Angleterre à Paris à la fin du mois d'août. Victoria sensible au charme du Français lui trouve un air très allemand – ce qui est évidemment un compliment de sa part. Quant à l'empereur, toujours galant avec les dames, on l'aurait entendu susurrer à l'adresse de Victoria : « Comme tu es belle[28] », avant de l'entraîner dans une valse que l'on devine langoureuse. L'on dit même que Victoria, pourtant peu habituée à ce type de compliments dans son pays, n'aurait pas tenu grief à l'empereur de cet écart de langage, excusable chez un étranger, et plus encore chez un

Français. Nos compatriotes ont toujours eu une réputation galante outre-Manche.

La décennie, si bien commencée, est cependant endeuillée par deux séries d'événements, la guerre de Crimée et la révolte des cipayes en Inde. Mettant aux prises de 1853 à 1856 l'Empire russe à la coalition formée par l'Empire ottoman, la France, le Royaume-Uni et la Sardaigne, le conflit de Crimée amène Napoléon III à resserrer considérablement les liens avec la Grande-Bretagne. Victoria suit les diverses opérations avec un mélange d'anxiété et de fierté patriotique. Elle écrit à l'oncle Léopold, au moment du siège de Sébastopol, défendu héroïquement par les Russes avant de tomber finalement devant les assauts alliés : « Nous sommes comme tout le pays complètement absorbée par la Crimée. Nous avons reçu un compte rendu exhaustif, fort intéressant de la splendide bataille de l'Alma [20 septembre 1854] », qui a été décisive, même si, hélas, beaucoup de sang a coulé. Nous avons subi de lourdes pertes ; beaucoup d'hommes sont tombés, d'autres sont blessés, mais mes nobles troupes se sont conduites avec un courage et un renoncement qui réchauffe le cœur. Les Russes pensaient pouvoir tenir trois semaines ; leurs pertes ont été considérables, et toute la garnison de Sébastopol a été anéantie » (13 octobre 1854). À la fin de la guerre, la reine envoie à Florence Nightingale, qui s'est illustrée dans l'assistance aux blessés, une broche accompagnée d'une lettre très personnelle de ton, où elle évoque la « dévotion chrétienne » de cette héroïne humanitaire. Avec un sens très féminin de la complicité, elle souligne aussi le service rendu par Florence Nightingale à son sexe.

Le ton change avec la révolte des cipayes, véritable guerre coloniale qui embrase le subcontinent indien en 1857. Les cipayes sont des soldats autochtones servant dans l'infanterie et leur mutinerie contre la Compagnie des Indes orientales amène la couronne à placer directement l'Inde sous son mandat – alors qu'elle relevait de cette compagnie commerciale.

Victoria oppose cette guerre « sans gloire et sans honneur[29] » aux combats de Crimée, où les femmes et les enfants étaient relativement épargnés, écrira-t-elle. Le secrétaire aux Affaires étrangères, George Villiers, comte de Clarendon, décrit le fonctionnement de la monarchie sous le règne de Victoria et Albert. Devenu en pratique un rouage essentiel, le prince consort exerce désormais une forme de souveraineté. « Il est roi, même s'il agit au nom de la reine. Toutes ses idées et tous ses points de vue sont ceux d'un souverain constitutionnel et il en accomplit la tâche en donnant sa visibilité à la couronne visible et en exécutant ce qui relève en propre du souverain[30]. »

Veuve pour l'éternité

Hélas, en un sens, ce pouvoir bicéphale ne dure pas très longtemps. L'année 1861 s'engage assez mal ; la fille de la reine Victoria, appelée elle aussi Victoria ou Vicky en abrégé, perd son beau-père, Fréderick Guillaume de Prusse, le 1er janvier. La duchesse de Kent meurt à son tour le 16 mars. La reine est curieusement affectée par le décès de cette mère qu'elle croyait ne pas aimer. Le pire survient en décembre : le prince Albert traîne une mauvaise affection que l'on prend pour un coup de froid et qui l'emporte en quelques jours. On parle à mots couverts de typhoïde, mais en l'absence d'autopsie, l'on ne saurait écarter d'autres hypothèses, dont celle d'un cancer. Il meurt le 14 décembre, après des scènes pathétiques durant lesquelles Victoria lui déclare en allemand, *Es ist kleines Frauchen*, « C'est moi, ta petite épouse ». C'est le tournant du règne, du moins sur le plan personnel ; Victoria sera jusqu'à son dernier souffle une veuve en noir, épouse inconsolable du disparu qui, par sa seule présence, a tant fait pour son règne. François Guizot salue en Victoria la force d'un amour conjugal qui ne s'arrête pas avec la disparition de l'être cher. « La Reine Victoria, commente-t-il, a éprouvé le besoin de faire connaître, honorer et aimer partout l'homme qu'elle a tant aimé et honoré elle-même. Dans son deuil, elle a trouvé quelque douceur à faire mettre en lumière toutes les qualités, tous les mérites de celui qui lui avait si complètement donné son cœur et sa vie. Elle a voulu que le monde sût, autant que le monde peut savoir ce secret des âmes, tout ce qu'avait été pour elle le trésor qu'elle a perdu. Digne d'admiration et de respect dans toutes les conditions humaines, cette tendresse fidèle, active et ambitieuse pour une mémoire chérie est encore plus touchante sur le trône, et le plus beau titre aujourd'hui pour le prince Albert, c'est de l'avoir inspirée. »

Ou encore : il a été, pendant vingt et un ans, le premier sujet et le premier conseiller de la reine Victoria, « son intime et seul secrétaire, associé sans bruit à toutes ses délibérations, à toutes ses résolutions, habile à l'éclairer et à la seconder dans ses rapports avec son ministère sans gêner ni offusquer le ministère lui-même, exerçant à côté du trône une judicieuse et salutaire influence sans jamais dépasser son rôle ni porter atteinte aux conditions du régime constitutionnel ». Conseiller éclairé, époux modèle, père dévoué, Albert « a vécu avec la reine sa femme dans la plus tendre intimité, assidûment occupé, de concert avec elle, de l'éducation de leurs enfants, unissant à la sérénité du caractère et au charme de l'affection une juste mesure d'autorité conjugale et paternelle, remplissant et animant la vie de ceux qui l'entouraient comme la sienne propre, et donnant au sein de sa royale famille autant de bonheur qu'il en recevait »[31].

L'impératrice des Indes

Victoria inconsolable accumule statues et monuments à la mémoire du cher disparu, qu'il s'agisse du mausolée de Frogmore, à côté du château de Windsor, où elle reposera à son tour pour l'éternité, ou de l'Albert Memorial inauguré en

1872 dans Hyde Park. La douleur est telle que l'on émet des doutes sur la santé mentale de la reine, d'autant plus qu'elle affectionne de plus en plus un Écossais des Highlands qui répond au nom de John Brown. Habillé de son éternel kilt, le palefrenier un peu rustaud éprouve en retour pour la reine une forme de passion exclusive et jalouse, qui suscite bien des commentaires ; ne va-t-on pas jusqu'à appeler la reine Mrs Brown ? Et le traiter, lui, d'étalon de la reine ? Comme l'écrit un ouvrage récent : on en vient à souhaiter pour Victoria que cela soit vrai[32]. En tout cas, John Brown réconcilie la reine avec le thé, la boisson nationale des Britanniques à l'époque, en y ajoutant subrepticement une goutte de whisky[33]. L'hypothèse d'un mariage morganatique refait périodiquement surface… Après sa mort en 1883, Victoria dresse sa statue à Balmoral mais la déploration funèbre n'atteint jamais, on s'en doute, les mêmes sommets que pour Albert.

Dans l'entourage masculin de la reine, il faut accorder une place d'honneur à l'extraordinaire Benjamin Disraeli. Romancier et homme de lettres, théoricien conservateur de l'unité nationale (ce que l'on appelle en anglais la *one-country tradition*), Disraeli sait magnifiquement parler à cette dame dont il sera, dans la tradition courtoise, remise au goût du jour par le style troubadour, le chevalier servant. Devenue pour son serviteur la « fée » par excellence (la formule remonte au poète Spenser durant la période élisabéthaine), la reine en tout cas ne résiste pas aux éloges appuyés de ce ministre séducteur qui étale son adulation « à la truelle », comme il le dit lui-même. Elle commence par être vaguement surprise par cet homme aimable, dont la méthode tenait en une formule simple : « Ne jamais dire non, ne jamais contredire, oublier parfois[34]. » Pétri d'humanisme, Benjamin ne manque pas dans sa jeunesse de s'indigner de la dureté de la stratification sociale en Angleterre ; il dénonce avec vigueur l'existence de classes sociales dont il prêche la réconciliation dans une nation emportée par son destin impérial. Victoria lui fournira précisément la figure de proue qui couronnera son projet. La reine ne devient-elle pas opportunément impératrice des Indes à sa demande en 1877 ? L'autre chance de Disraeli, c'est d'avoir eu pour adversaire le libéral Gladstone. Glacial et glaçant, le deuxième grand homme politique du temps est sec comme un coup de trique et ennuyeux comme la pluie. Disraeli est plein d'humour, il fait rire la reine, il la charme par ses courbettes appuyées. Depuis la disparition de sa propre épouse en 1872, elle est devenue la femme qu'il honore de ses pensées et qui lui accorde en retour son amitié. Gladstone, pour sa part, est profondément moral et ennuyeux ; il est l'archétype des valeurs victoriennes de sérieux et de persévérance.

William Ewart Gladstone a pour principal atout sa longévité. Il est premier ministre quatre fois de 1868 à 1874, de 1880 à 1885, de février à juillet 1886, et à nouveau de 1892 à 1894. Comme tant d'autres hommes politiques anglais, cet obstiné est un transfuge : il fait ses premières armes avec les Tories les plus intransigeants avant de se retrouver aux côtés d'anciens Whigs dans le nouveau parti libéral. Cet irréductible aurait-il été un opportuniste ? Son éloquence de meeting dont il ne se départit jamais, pas même lors de rencontres en tête à tête avec la reine, exaspère Victoria. Poussant la déférence jusqu'aux limites de l'obséquiosité, il irrite Victoria, mal à l'aise dans ce rôle d'icône institutionnelle, objet d'une dévotion rigide qui ne laisse place à aucune fantaisie là où le souple Disraeli savait si habilement combiner respect et complicité. Gladstone semble croire à ses idées tout en étant en pratique d'un redoutable pragmatisme. Le réformateur en lui défend l'autonomie irlandaise mais le nostalgique soutient les États du Sud contre les États du Nord lors de la guerre de Sécession… Disraeli est premier ministre deux fois, en 1868 et de 1874 à 1880 ; cela lui suffit pour fonder une tradition, celle d'un conservatisme impérial attaché à l'union de toutes les composantes de la nation et soucieux de l'intégration de la classe ouvrière. Cet « homme de droite » a incontestablement des accents de « gauche », pourrions-nous dire en utilisant une typologie qui a davantage cours en France qu'en Grande-Bretagne. Pour la reine Victoria, que souhaiter de plus parfait que cette réconciliation nationale autour du trône ? En août 1876, Disraeli est anobli pour services rendus et devient comte de Beaconsfield. Hélas, aurait-il dit un jour à la reine, je ne saurais être votre « grand vizir », je suis tout au plus votre « premier ministre »[35].

L'âge des impérialismes

En devenant impératrice, Victoria se contente de suivre la voie ouverte par Napoléon III, empereur des Français à partir de 1852, ou son rival Guillaume Ier, empereur d'Allemagne à partir de 1871. La Russie, elle, a évidemment son tsar, Alexandre II, empereur depuis 1855. Face à ces empires essentiellement continentaux, le propre de l'Empire britannique est son caractère colonial appuyé ; l'Angleterre est bien une thalassocratie, et dans son expansion maritime elle se heurte tant avec la France qu'avec l'Allemagne qui la concurrence durement sur le plan économique.

Victoria participe largement à cette odyssée impériale ; la guerre est devenue permanente. En 1879, les troupes de Sa Gracieuse Majesté se heurtent de plein front aux Zoulous. Le prince impérial Louis Napoléon Bonaparte meurt dans ces affrontements alors qu'il combat du côté anglais. Au même moment la guerre fait rage en Afghanistan… Victoria sort de plus en plus fréquemment de sa réserve ; elle dénonce les erreurs de son gouvernement durant la guerre anglo-égyptienne lorsque le général Charles George Gordon, surnommé Gordon Pacha, est tué à Khartoum en janvier 1885. La reine tient Gladstone pour responsable de cet échec et elle le fait savoir en envoyant en clair des télégrammes aux différentes administrations.

Victoria prend très au sérieux son rôle colonial, et faute de se déplacer dans cet immense empire (tout au plus se rend-elle en Irlande en 1849, en 1851, en 1861 et une dernière fois en 1900), elle prend à son service deux Indiens, prêchant par l'exemple une forme paternaliste de bienveillance envers les Indigènes. Elle s'entiche même de son Abdul Karim, qu'elle charge de lui enseigner l'hindoustani, au grand dam d'une partie de son entourage qui redoute l'influence de cet indigène sur une reine vieillissante. La reine garde en réalité sa capacité de jugement et d'analyse : elle est clairement dreyfusarde et considère le capitaine injustement condamné comme un martyr[36].

La fin du règne correspond cependant à une brusque montée des tensions entre les puissances occidentales, emportées par une volonté de puissance décuplée par le succès économique, financier et industriel. Le dépeçage de l'Afrique dans les trente ou quarante ans qui précèdent la guerre de 1914-1918 s'accompagne d'un nationalisme de plus en plus agressif en Allemagne, en Grande-Bretagne ou en France, sans oublier les États-Unis qui croient également en leur mission civilisatrice. La conférence de Berlin, de novembre 1884 à février 1885, tente de mettre un peu d'ordre dans cette concurrence effrénée.

L'interdiction de l'esclavage et de la traite permet de faire passer la pilule. Le traité qui résulte de la conférence n'aboutit pas directement à un partage du continent africain, il définit des « zones d'influence » et se contente de poser des principes généraux : les futures colonies ne reposeront pas uniquement sur des accords avec les populations indigènes, mais elles supposeront une occupation effective du terrain. La guerre des Boers de 1899 à 1902 sera l'une des conséquences directes de ce principe. En dépit de sa santé chancelante (la reine meurt avant la fin des hostilités), Victoria ne manque pas une occasion de montrer sa solidarité avec l'armée.

Cette sale guerre marque l'entrée dans le XXe siècle ; la barbarie se dote de moyens techniques de plus en plus performants :

utilisation de tranchées, camps de concentration… Les Boers sont une population d'origine européenne, parlant une langue proche du néerlandais, l'afrikaans. Installés depuis plusieurs siècles, ces descendants de marchands néerlandais et de huguenots constituent une population de cultivateurs brutalement frappée de plein fouet par la puissance impériale britannique qui les repousse dans un premier temps avant de les dominer totalement dans un second. Durant l'été 1899, Victoria passe en revue les troupes depuis sa chaise roulante et rend visite aux blessés. « Nous ne nous intéressons pas aux possibilités de défaite, elles n'existent pas[37] », s'indigne-t-elle dans les moments les plus sombres.

La fin d'une époque

Victoria meurt pratiquement avec le siècle, le 22 janvier 1901, à Osborne House. À six heures et demie du soir le règne le plus prestigieux de l'histoire anglaise prend fin. Victoria est dans sa quatre-vingt-deuxième année, et elle a régné soixante-quatre ans. Dans sa tombe elle emporte selon ses dernières volontés le portrait funèbre de son cher Albert. On y ajoutera subrepticement celui de John Brown ainsi qu'une mèche de ses cheveux. Très vite la postérité s'empare de ce destin exceptionnel : le terme « victorien » devient synonyme de prude, pudibond ou hypocrite. Mais derrière ces apparences, quelle admirable réussite économique, sociale, littéraire et philosophique !

On croyait même la paix advenue : la reine n'était-elle pas la grand-mère de l'Europe ? L'Allemagne comme la Russie n'étaient-elles pas gouvernées par ses petits-enfants, Guillaume II et Nicolas II ? Il fallut vite déchanter : la guerre qui éclate en 1914 apporte le plus cinglant des démentis à ce bel optimisme. En 1917, joignant l'injure à la provocation, les Allemands jetèrent leurs bombardiers lourds sur l'Angleterre ; ils les avaient appelés par bravade les Gotha. Cela fut fatal à une dynastie dont nul n'ignorait qu'elle était de Saxe-Cobourg et Gotha... George V, petit-fils de Victoria, prit la sage décision de changer le nom de Saxe-Cobourg et Gotha en Windsor (proclamation royale du 7 juillet 1917). Ainsi passe la gloire du monde !

Chapitre 12

ÉLISABETH II OU LE BEL AUJOURD'HUI

Son personnage nous est familier : la reine d'Angleterre est, de toutes les personnalités qui hantent notre actualité depuis les années 1950, l'une des plus robustes, l'une des plus inusables, l'une des plus indémodables. Comment expliquer le charme discret de la reine d'Angleterre ? Face au déferlement de la vulgarité contemporaine, ses tenues frappent depuis toujours par leur sage retenue et leur bienséance. Non, la reine n'est décidément pas ce que l'on dénomme dans notre langue contemporaine un *people*. On admirera son sens discret de ce que l'on appelle désormais en français le *glamour*. *Paris Match* titrait en octobre 2014 sur « Les improbables chapeaux d'Élisabeth », pour souligner avec raison la passion de la reine « pour les couvre-chefs ». Du rose dragée au fuchsia, du bleu myosotis au bleu canard ou au bleu marine, sans oublier le beige et le noir, ornés de fleurs ou de plumes, ils s'harmonisent toujours sobrement avec la tenue de la reine. Jamais depuis Élisabeth Ire souveraine ne s'était prêtée en Angleterre à une telle profusion vestimentaire. La royauté au féminin doit impérativement s'incarner dans des étoffes ou des parures destinées à associer distance et proximité, familiarité et retenue.

Élisabeth face à son destin

Hier encore, un journaliste bien connu, inlassable commentateur des événements princiers, dédiait à cette reine singulière et inimitable un livre de photos, mêlant chronologie et progression thématique. Cette interrogation sur le « destin d'une reine » témoigne de l'extraordinaire professionnalisme de la souveraine qui a su, au rythme des saisons, endosser plusieurs fonctions complémentaires, de l'enfant espiègle des années 1930 à la jeune fille arborant l'uniforme du service auxiliaire du territoire face à la menace nazie. Elle a tout été : femme, épouse, souveraine, mère enfin. Avec constance et fidélité, elle a incarné mieux qu'aucune autre personnalité le service de son pays, l'un des plus vastes du monde si l'on prend en compte les territoires qui en ont dépendu ou qui en dépendent encore, de façon certes de plus en plus symbolique. Dans son étude de la constitution anglaise (c'est lui qui emploie cet adjectif plutôt que le mot « britannique »), l'analyste victorien Walter Bagehot déclarait que la vie publique reposait sur deux piliers qu'il appelait *the efficient* et *the dignified parts.* L'on pourrait traduire maladroitement « les parties opératoires » et « les parties symboliques », ou encore, comme on le fait au XIXe siècle avec une certaine lourdeur, « les parties efficientes » et « les parties imposantes »[1]. Mais la dignité royale, calque du latin *dignitas*, dépasse par son ampleur la simple gravité ; elle se confond avec l'ascendant ou le prestige. Cela, la monarchie britannique l'a parfaitement compris et c'est la raison pour laquelle elle est encore là, avec ses rites, ses rituels et son étiquette qui ont franchi les siècles.

La meilleure biographie d'Élisabeth II en anglais est celle qu'a donnée Elizabeth Longford, il y a une trentaine d'années, en suppléant le travail archivistique, difficile pour un personnage aussi contemporain, par d'innombrables témoignages oraux. Éclairage essentiel, mais nécessairement indirect dans la mesure où, avec un panache et une distinction qui font cruellement défaut à tant d'hommes d'État, Élisabeth II refuse obstinément de se laisser interviewer. Elle a été heureusement traduite sous le titre *Élisabeth II. La couronne et la famille*, Paris/Montréal, 1984. On consultera aussi Sarah Bradford. On y ajoutera de façon plus récente le beau livre de Joanny Moulin, ayant pour sous-titre *Une reine dans l'histoire*. Une reine, écrit-il, ne « choisit pas son destin : son devoir est de l'accepter ». En dépit des apparences, la biographie d'Élisabeth II n'est pas un sujet facile ; le personnage est beaucoup trop lisse, et osons le mot, distingué pour se laisser surprendre. La reine elle-même « ne donne jamais d'entretiens », n'exprime jamais « ses opinions personnelles en public, sauf sur les sujets les plus anodins ». D'où la difficulté de recueillir des « propos inédits » ou encore des « révélations ». Tout est prévu, prévisible, orchestré, programmé… à l'exception des rares moments de crise comme lors de la mort de la princesse Diana. Et encore, dans ces circonstances exceptionnelles, la reine trouve le ton juste, se domine, ne laisse presque rien paraître[2]…

Le plus long règne de l'histoire anglaise

Le plus long règne de l'histoire anglaise commence le 6 février 1952. Par la longévité, Élisabeth surpasse la reine Victoria. Une autre jeune femme pleine d'avenir, Margaret Thatcher, avait salué dès le départ ce nouveau règne féminin en intitulant un article : « Femmes, réveillez-vous », avec la notation évangélique de ce mot « réveil », appelant à un total renouvellement intérieur. Un ouvrage récent commente cependant que ni l'une ni l'autre de ces deux femmes n'a vraiment œuvré pour l'émancipation de la femme en tant que telle et ne saurait être présentée comme une « icône » du féminisme, tout en ajoutant que Mrs Thatcher seule a fait l'objet de plaisanteries sexistes qui ont toujours épargné la reine[3].

La reine était née par césarienne le 21 avril 1926 ; elle est la fille d'Élisabeth Bowes-Lyon et de son époux Albert, fils cadet du roi George V. Sa mère est issue d'une vieille famille de l'aristocratie écossaise, les comtes de Strathmore et Kinghorne. Le père de la jeune Élisabeth avait épousé Élisabeth Bowes-Lyon en 1923 et le couple avait eu deux filles, Élisabeth et Margaret, sa cadette.

Une ténébreuse affaire a présidé à la destinée de la reine actuelle ; rien ne la prédestinait au départ à monter sur le trône. Son père Albert, né en 1895, était un arrière-petit-fils de la reine Victoria, et on lui avait tout naturellement donné le prénom de l'époux chéri de l'impératrice des Indes. Tout semblait réglé comme du papier à musique. La couronne devait tout naturellement échoir au frère aîné d'Albert, Édouard, prince de Galles, né en 1894.

Svelte et élégant, un brin noceur, le prince Édouard était connu dans sa famille sous son dernier prénom, David, mais pour son peuple il devint tout naturellement en 1936 le roi Édouard VIII à la disparition de son père George V. Rien d'anormal dans cet enchaînement.

Comme tous les séducteurs, dit-on, Édouard était beau parleur, Albert, beaucoup moins, ou plus précisément, Albert était affecté d'un bégaiement pathologique, tout à fait insensé pour un homme dans sa situation. Un très beau film, *Le Discours d'un roi*, a été consacré à cette histoire il y a quelques années. La première scène permet d'assister aux efforts désespérés du prince lorsqu'il doit prononcer en 1925 le discours de clôture de l'Exposition impériale dans le stade de Wembley. Les efforts héroïques du prince pour vaincre son handicap sont d'autant plus méritants que c'est lui, finalement, qui montera durablement sur le trône après l'abdication d'Édouard VIII. Une histoire de femme, évidemment. Cette fois-ci Édouard est amoureux d'une Américaine, dont le nom flaire bon la roture : Wallis Simpson, née Bessie Wallis Warfield. Mrs Simpson accumule les handicaps : elle est américaine, elle est l'épouse de

Mr Simpson (après un premier divorce), elle entretient des sympathies avec le régime national-socialiste dont on n'a certes pas encore mis à jour toutes les turpitudes à l'époque. Le flirt un peu poussé avec Joachim von Ribbentrop qui envoie délicatement à la dame de ses pensées (et peut-être plus…) un bouquet d'œillets par jour n'a pas fini de semer le doute… Une photo volée publiée en juillet 2015 par la presse à scandales montre Édouard apprenant en 1933 le salut nazi à sa nièce Élisabeth âgée de 6 ans. Avec un mauvais goût consommé on lit en titre : « Their Royal Heilnesses » (*The Sun*, 18 juillet 2015). Ce jeu de mots absurde sur *Heil Hitler* et *Royal Highness* (leurs majestés) dit assez la médiocrité qui s'est installée dans une certaine presse outre-Manche. Rétrospectivement, et sans faire d'Édouard VIII un chantre du nazisme, on ne peut que se réjouir de sa démission (appelons-la ainsi). Le père d'Élisabeth succède à son frère lors de l'abdication de ce dernier en 1936. Albert devient roi, quitte à changer son prénom, jugé trop germanique, pour prendre le titre de George VI. Ce règne né du hasard sera pourtant l'un des plus mémorables du XXe siècle en raison du rôle éminent joué par le roi et son épouse lors de la Seconde Guerre mondiale. On se souvient du courage admirable des populations civiles face aux bombardements allemandes. La reine Élisabeth, mère de l'actuelle souveraine, refuse alors de se séparer de ses filles pour les mettre à l'abri au Canada ; avec le roi son époux, ils choisissent de rester au milieu de leur peuple, qui n'oubliera jamais. Ils demeurent de longs mois à Windsor à l'ouest de Londres. Il ne faut pas croire que les Britanniques aiment d'instinct leurs rois et leurs reines, ni que la monarchie est uniquement un legs du passé. Les souverains du XVIIIe siècle, à partir de George Ier, avaient eu beaucoup de mal à séduire les Anglais ; George IV avait été le plus catastrophique de la dynastie ; les choses s'inversent avec Victoria tandis que l'épreuve des deux guerres mondiales permet au XXe siècle à la monarchie britannique de participer activement à la réactivation d'un sentiment patriotique dont on mesure la vigueur lors de chaque affrontement international.

Élisabeth est déjà là alors qu'elle n'est encore qu'une adolescente, à la voix frêle et pourtant assurée ; en compagnie de sa jeune sœur Margaret elle fait preuve d'un engagement auprès de son peuple qui ne s'est jamais démenti. En 1940, la princesse prononce un premier discours à la BBC à l'âge de 14 ans. Elle exhorte sobrement les autres enfants à soutenir les vaillants soldats des forces armées sur mer, sur terre et dans les airs. Tous participent au même sacrifice pour la patrie. Winston Churchill dit en substance la même chose avec sa voix rauque, entre deux bouffées de cigare. La jeune Élisabeth s'investit activement dans la défense de son pays, à une place qui est la sienne, en servant dans le service auxiliaire territorial en 1945. Elle y apprend à conduire et à réparer les véhicules. On sait déjà que la princesse peut être appelée un jour à régner ; en tout cas, elle en a l'étoffe…

À peine la guerre terminée, Élisabeth accompagne ses parents en Afrique ; elle prononce une allocution pour ses 21 ans dans laquelle elle s'engage à servir son peuple et la grande famille impériale. Elle tiendra parole.

La princesse épouse en 1947 le prince Philippe de Grèce et de Danemark. Les deux cousins s'étaient déjà rencontrés durant les années 1930, et l'on dit pour la petite histoire qu'Élisabeth serait tombée amoureuse de Philippe à 13 ans à peine en juillet 1939 lors d'une rencontre au collège naval de Dartmouth. En tout cas, et sans sombrer dans la romance, cette union heurte certains préjugés : le fils du prince André de Grèce et de la princesse Alice de Battenberg a servi dans la Royal Navy durant la guerre, mais on lui reproche néanmoins ses origines étrangères. L'admirable reine mère, décédée en mars 2002, n'est pas la moins rosse dans son opposition à celui qu'elle considère au départ comme un Hun, cette désignation ethnique douteuse n'ayant qu'un rapport lointain avec le personnage d'Attila. Les « Huns », pour les correspondants de guerre britanniques en 1914, ce sont les Allemands, ceux qu'un Français de la même époque aurait qualifiés de « Boches », de « Chleuhs », de « Fritz » et un peu plus tard de « Fridolins ». Or si Philippe était allemand, la famille royale britannique l'était également, au moins par son ascendance depuis les Hanovre. Pour se conformer aux usages, Philippe renonce à la religion orthodoxe au profit de l'anglicanisme et devient le lieutenant Philippe Mountbatten, reprenant le patronyme légèrement anglicisé de sa mère (Mountbatten est une traduction-adaptation de Battenberg), avant d'être fait duc d'Édimbourg. La reine mère assagie, devenue la *queen Mum* des Anglais, a eu le temps de pardonner au mari de sa fille tout le mal qu'elle avait pu dire de lui auparavant. Philippe n'était-il pas devenu un parfait gentleman aux yeux de la vieille dame digne qui en avait vu bien d'autres lors de sa longue existence ? Parmi les choses qui fâchent malgré tout, le duc aurait beaucoup regretté initialement de ne pas pouvoir transmettre son nom de famille à ses enfants, la famille demeurant obstinément Windsor depuis la Première Guerre mondiale. Je suis le seul homme du pays, se serait-il plaint en 1952 « à ne pas pouvoir transmettre son nom à ses enfants ». Pour ajouter avec un humour un peu coincé : « Je suis une espèce d'amibe »[4]. Ce n'est plus tout à fait le cas désormais[5]. Le couple a eu quatre enfants : Charles, prince de Galles (né en 1948), Anne, princesse royale (née en 1950), Andrew, duc d'York (né en 1960), et Edward, comte de Wessex (né en 1964).

L'accession au trône

La vie réelle n'est pas un conte de fées, même si le beau prince épouse la princesse Élisabeth à Westminster Abbey, le 20 novembre 1947. Évidemment, ni les parents allemands du duc, ni l'ancien roi Édouard VIII, devenu duc de Windsor, ne sont invités à la noce dans une Angleterre encore très marquée par la guerre. Un premier enfant, le prince Charles, vient au monde douze mois plus tard, le 14 novembre 1948. Sa sœur Anne suit deux ans après, tandis que le couple occupe Clarence House, un bâtiment mitoyen du palais de St James. Le duc d'Édimbourg est souvent pris à l'époque par ses responsabilités au sein de la Royal Navy qui le contraignent à rester à Malte une partie du temps.

Les choses s'accélèrent au début des années 1950. Le roi George VI souffre d'un cancer du fumeur qui l'empêche en janvier 1952 de se rendre comme prévu avec son épouse en Australie et en Nouvelle-Zélande. Leur fille et le duc d'Édimbourg les remplacent pour apprendre la mort du roi le 6 février alors qu'ils se trouvent au Kenya. Élisabeth est désormais reine ; elle n'a pas encore 25 ans mais a très tôt appris son métier d'héritière puis de reine, et elle fait preuve d'un parfait professionnalisme qui ne se démentira à aucun moment par la suite.

Cela ne veut pas dire que la communication de la souveraine se limite à quelques banalités conventionnelles ou à la lecture de discours de rentrée parlementaire, rédigés par son premier ministre. La partie la plus personnelle de ses allocutions est réservée au temps de Noël[6]. On lira dans cet esprit le texte radiodiffusé de 1952, quelques mois après la disparition de George VI : « Tous les Noëls, au même moment, mon regretté père s'adressait à son peuple, partout dans le monde. Je fais la même chose aujourd'hui puisque vous êtes mon peuple à votre tour. Je vous parle de mon foyer où je passe Noël en famille, et j'espère que vos enfants se réjouissent aujourd'hui tous comme les miens puisque c'est aujourd'hui la fête de tous les enfants pour faire honneur à l'enfant né à Bethléem il y a près de deux mille ans. »

La notation religieuse est explicite mais elle s'accompagne de considérations plus profanes. Il s'agit de célébrer tous les enfants. Puis vient la référence aux pays lointains où beaucoup de Britanniques servent leur patrie, parfois loin de leurs familles. Sont ensuite évoqués le Commonwealth et l'empire, et les Britanniques sont exhortés à conserver cet « esprit d'aventure » qui a animé leurs ancêtres. La reine évoque enfin son couronnement prochain en insistant à nouveau sur le caractère mondial de l'événement. Elle appelle enfin ses auditeurs, quelle que soit leur religion, à prier Dieu de lui accorder la sagesse et la force qui lui permettent de le servir ainsi que son peuple, durant tous les jours de sa vie.

Le couronnement de la reine, le 2 juin 1953, a un rayonnement absolument inédit, grâce en particulier à la BBC qui couvre l'événement à l'aide de ce media en plein développement à l'époque, la télévision. On peut encore regarder sur YouTube ou acheter en DVD la retransmission de cette impressionnante cérémonie. Élisabeth est couronnée reine du Royaume-Uni mais également du Canada, d'Australie, de Nouvelle-Zélande, de l'Union d'Afrique du Sud, du Pakistan et de Ceylan, l'actuel Sri Lanka. La confection des vêtements avait été confiée à Norman Hartnell, l'un des grands couturiers du temps. L'on adoptera pour la reine une robe de soie blanche, brodée de végétaux emblématiques de ses pays du Commonwealth : rose anglaise, chardon d'Écosse, poireau du pays de Galles, trèfle irlandais, feuille d'érable canadienne, etc. Le couronnement proprement dit se déroule conformément aux traditions : la reine arrive en carrosse à l'abbaye de Westminster après avoir franchi une foule de plusieurs millions de spectateurs, parmi lesquels on reconnaît les forces armées et des femmes représentant les différents pays du Commonwealth. Dans l'abbaye, on compte plusieurs milliers de visiteurs soigneusement choisis. La reine est précédée par la couronne de saint Édouard, qui évoque la mémoire d'Édouard le Confesseur, ce roi saxon du XIe siècle, à la veille de la conquête normande. Élisabeth est accueillie à l'entrée ouest par l'archevêque de Cantorbéry, Geoffrey Fisher, et différents évêques. Le chœur entonne le psaume 122 : « Je suis dans la joie quand on me dit : Allons à la maison de l'Éternel ! » L'allusion est claire : l'Angleterre est la nouvelle Jérusalem vers laquelle le roi ou la reine tendent leurs pas. La musique avait été composée au début du siècle par Hubert Parry pour le couronnement d'Édouard VII.

Puis la reine s'arrête devant le trône du roi Édouard, érigé en mémoire du saint roi au XIIIe siècle, avant que, se tournant vers les quatre points cardinaux, l'archevêque ne prononce ces paroles rituelles qui rappellent le caractère électif de la couronne : « *Sirs*, je présente devant vous la reine Élisabeth, votre reine incontestée. Vous êtes tous invités à lui prêter hommage et à la servir. Que dites-vous ? » La foule enchaîne : *God save Queen Elizabeth*. La reine leur fait la révérence pour toute réponse. Puis vient la prestation de serment.

Le texte remonte en substance à la Glorieuse Révolution de 1688 et à une loi dont l'anticatholicisme militant a été atténué au début du XXe siècle pour ne choquer personne (1 William & Mary, c. 6). Après s'être engagée à « gouverner les peuples de Grande-Bretagne et d'Irlande du Nord, du Canada, de l'Australie, de Nouvelle-Zélande, de l'Union sud-africaine, de Pakistan et de Ceylan selon leurs lois et coutumes respectives », après avoir réaffirmé son attachement au droit, à la justice et à la miséricorde, la reine a ajouté, à la demande de l'archevêque, qu'elle sera prête à « défendre la loi de Dieu et la profession de l'Évangile » ainsi que la « religion protestante réformée, établie par la loi ». Puis elle a posé la main sur la Bible pour confirmer son serment. Le modérateur de l'Église presbytérienne d'Écosse, James Pitt-Watson, s'est approché d'elle à son tour et lui a tendu à son tour la Bible en déclarant : « Voici la sagesse, voici la loi royale. Ce sont ici les oracles vivants de Dieu. »

S'ensuit l'onction de la reine avec les saintes huiles, moment trop sacré pour être filmé. Au moment où elle reçoit la couronne, les assistants s'écrient trois fois *God save the Queen*. Puis vient le moment de l'hommage vassalique, ce vieux rite qui remonte au Moyen Âge. Après les deux archevêques, représentant l'ensemble des lords spirituels, le mari de la reine est le premier à prêter son serment d'allégeance, puis c'est le tour du prince Henri, duc de Gloucester, oncle de la reine, et de son cousin le prince Édouard, duc de Kent, suivis par les barons. Après avoir communié, la reine récite le *Notre Père* avec l'ensemble de l'assistance. Coiffée de la couronne impériale, tenant en main son sceptre et son orbe, la reine se dirige vers la sortie de l'abbaye, tandis que la foule entonne un vibrant *God Save the Queen*. Arrivée à Buckingham Palace, la reine est longuement acclamée sur son balcon.

La tentation est grande, en ce début des années 1950, d'invoquer la gloire élisabéthaine. L'Angleterre va-t-elle connaître un nouvel âge d'or ? Rétrospectivement il est tentant d'opposer le règne d'Élisabeth Ier et celui de sa distante réplique Élisabeth II. Ou du moins, s'il y a un retour à l'âge élisabéthain, ce n'est pas au sens où on l'entend. « La Grande-Bretagne d'Élisabeth II redevient ce qu'elle était au XVIe siècle, une île au large de l'Europe, une puissance moyenne exerçant une influence locale. » Le Royaume-Uni désormais serait condamné à choisir entre une Europe héritière du Saint Empire et l'empire américain. On n'avait rien vu de tel, ajoutent les auteurs d'un ouvrage de synthèse à l'usage des classes terminales, depuis qu'en 1534 Henri VIII avait coupé les ponts avec Rome[7]. Ce serait la fin de la souveraineté nationale, le retour à une *Britannia* antique, province d'une Union européenne dominée par l'Allemagne.

Des années 1950 aux premières années du XXIe siècle, durant le règne d'Élisabeth, l'Angleterre serait allée de la grandeur impériale passée à l'euroscepticisme le plus affirmé. Le miroir tendu par la période élisabéthaine au temps présent trouve chez Benjamin Britten son illustration musicale. L'œuvre se donne pour but avoué de promouvoir un opéra authentiquement anglais ; elle se fonde sur un livre du sulfureux Lytton Strachey, l'un des enfants terribles des lettres anglaise, auteur d'une biographie pleine d'esprit de ces deux monstres sacrés qu'ont été Élisabeth et le comte d'Essex. On pouvait craindre le pire lors de la création de *Gloriana* un jour de juin 1953 à Covent Garden. Beaucoup n'avaient pas pardonné à Britten son homosexualité affichée et plus encore son pacifisme affirmé qui lui avait permis d'obtenir un statut d'objecteur de conscience une dizaine d'années auparavant. Cela n'enlevait rien au génie de Britten ; le sujet de l'opéra était-il judicieux pour une œuvre de circonstance ? La reine de *Gloriana* est au sommet de la puissance mais elle est « vieillie, enlaidie, capricieuse et vindicative[8] », tout en se prêtant aux caresses d'un jeune amant. On est loin ici des espoirs qu'aurait dû engendrer le nouveau règne. Prévu à l'origine pour parachever le consensus patriotique du couronnement, l'opéra laisse une impression mitigée à l'époque et ne recueille que des applaudissements polis. Ce malaise mettra des années à se dissiper ; il faudra attendre 1963 pour que *Gloriana* soit à nouveau produit en version de concert, et trois ans plus tard pour que l'opéra soit repris par l'opéra national anglais au Sadlers' Wells à Londres.

Le Commonwealth et la décolonisation

En digne fille d'Albion, Élisabeth II a toujours aimé l'océan, sans connaître apparemment ce mal de mer qui n'épargne pas les plus aguerris. Pour un peuple gyrovague, quel meilleur symbole que le yacht royal, le *Britannia*, désarmé à contrecœur en 1997, après avoir vogué sur toutes les mers du globe depuis son lancement en 1953 ? La Grande-Bretagne a été amenée comme la France, et à plus vaste échelle encore, à entériner un puissant mouvement de décolonisation qui coïncide globalement avec la seconde moitié du XXe siècle. La reine Élisabeth a accompagné cette évolution, en préservant l'unité du Commonwealth qui affiche de plus en plus sa diversité, tant politique que culturelle. Il est bien révolu, le temps du « fardeau de l'homme blanc » que chantait Kipling en 1899, mais il existe un monde anglophone, couvrant aussi bien les États-Unis d'Amérique que les anciennes colonies ou dépendances britanniques. Si le Commonwealth ne comptait que huit États membres en 1952, il y en a désormais cinquante-trois du fait de la décolonisation. Sur le plan politique, culturel et militaire, au moment où l'Europe s'interroge elle-même sur son avenir, il y a fort à parier que, de Londres à Washington ou à Hong Kong, une puissante zone d'influence continuera à exister.

Lorsqu'elle est encore une toute jeune fille, la princesse Élisabeth voit se dessiner les nouveaux contours de la carte du monde. Dès 1954, elle adresse son discours de Noël depuis Auckland en Nouvelle-Zélande, alors qu'elle poursuit un voyage de six mois à travers le monde. Elle revient sur les espérances qui s'attachent à son début de règne. « Je veux montrer, dit-elle, que la couronne n'est pas uniquement le symbole abstrait de notre unité mais un lien personnel et vivant entre vous et moi. » Elle poursuit, sur un ton dubitatif : « Quelques-uns ont exprimé le souhait que mon règne marque l'entrée dans une nouvelle ère élisabéthaine. Sincèrement je me sens totalement différente de mon grand prédécesseur Tudor, qui n'avait ni mari ni enfants en partage, qui gouvernait en despote et qui n'a jamais été capable de quitter son île. »

Gloriana n'était décidément pas un modèle. Mais la nouvelle reine prend également ses distances par rapport à la conception victorienne de l'empire ; elle se réjouit de l'existence d'un Commonwealth, dont la fondation officielle remonte à l'entre-deux-guerres. « Plus je parcours le monde, déclare la reine, et plus je suis impressionnée par les réalisations et les opportunités qui s'attachent à notre Commonwealth [...]. Nous sommes loin désormais des empires d'hier. Cette nouveauté repose sur les plus nobles qualités de l'homme : l'amitié, la loyauté et l'aspiration à la paix et à la liberté. Je vous le dis aujourd'hui depuis la Nouvelle-Zélande au moment où nous célébrons la naissance du Prince de paix, qui a prêché la fraternité entre les hommes. »

Chronologie du Commonwealth

1931 : statut de Westminster reconnaissant la souveraineté des dominions (Australie, Canada, Nouvelle-Zélande, Irlande, Afrique du Sud...).
1947 : indépendance de l'Inde.
1948 : la République d'Irlande quitte le Commonwealth.
1956 : crise de Suez : échec diplomatique de l'opération militaire franco-britannique en Égypte.
1957 : indépendance du Ghana.
1960 : indépendance du Nigeria.
1961 : la République d'Afrique du Sud se retire du Commonwealth.
1962 : indépendance de l'Ouganda.
1963 : indépendance du Kenya.
1965 : partition de la Rhodésie.
1968 : le Royaume-Uni retire ses troupes à l'est de Suez.
1982 : guerre des Falklands.
1994 : l'Afrique du Sud renonce à l'apartheid et réintègre le Commonwealth.
1997 : retour de Hong Kong à la Chine.

La déroute de Suez en 1956 est sans doute l'une des épreuves les plus dures que traverse le monde occidental de l'après-guerre. Les aspects militaires et diplomatiques de la crise se doublent outre-Manche d'une incertitude institutionnelle dans laquelle la reine s'implique très personnellement. Loin de se contenter « d'inaugurer les chrysanthèmes », selon l'expression du général de Gaulle, Élisabeth II accompagne efficacement son pays dans les moments de tension. En juillet 1956, le président égyptien Gamal Abdel Nasser annonce la nationalisation du canal. Le président Eisenhower souhaite un compromis mais les Britanniques et les Français interviennent militairement avec l'aide d'Israël. Les Américains tiennent à se démarquer des anciennes puissances coloniales et utilisent tous les moyens de pression à leur disposition, y compris sur le plan économique, en jouant contre la livre sterling. Les belligérants sont contraints d'accepter un cessezle-feu sous contrôle des Nations Unies. Accablé de toutes parts, le premier ministre britannique, Anthony Eden, présente sa démission dès janvier 1957. Churchill seul protège sa retraite de « l'artillerie vétuste, mais toujours dévastatrice » de son éloquence – comme l'écrit François Kersaudy. « Notre parti [conservateur] comme d'ailleurs notre pays tout entier, a envers lui une dette de gratitude[9]. » La situation est inédite ; il appartient à la reine, en l'absence d'élections législatives, d'appeler une personnalité susceptible de former un nouveau gouvernement. Après avoir consulté diverses personnes, dont bien évidemment sir Winston et le marquis de Salisbury, un lointain descendant de William Cecil, ministre d'Élisabeth Ire, son attention se porte sur Harold Macmillan. Encore né sous le règne de Victoria, l'homme politique conservateur vient d'une famille qui s'est illustrée dans l'édition. La maison est toujours l'une des plus dynamiques du Royaume-Uni. « Supermac », ainsi qu'on le surnomme finalement, prononce en février 1960 un célèbre discours sur le « vent du changement » où il prend acte depuis Le Cap, en Afrique du Sud, du caractère irréversible de la décolonisation. Les liens entre la reine et son premier ministre sont particulièrement cordiaux, et la conférence du Commonwealth au printemps 1960 montre l'acuité d'analyse de Macmillan. Le Commonwealth ne se limite pas aux anciennes colonies, peuplées majoritairement d'Européens de souche, il faut faire leur place aux nations autochtones, ce que l'on dénomme le « New » Commonwealth. La crédibilité du Royaume-Uni, de son premier ministre comme de sa reine, sont à ce prix. Aucune des nations accédant à l'indépendance ne saurait être gouvernée par une minorité européenne. Cette règle majoritaire (*majority rule*) s'impose dans les esprits. Le premier ministre de Malaisie Abdul Rahman s'oppose vigoureusement à l'apartheid en Afrique du Sud et avec le soutien du Pakistan, de l'Inde et du Ghana, il exige que le Commonwealth prenne clairement position sur ce point. Macmillan temporise, mais la rupture est profonde. Dans son discours de Noël, Élisabeth II revient sur les malheurs du temps et sur « l'atmosphère de tension et d'incertitude qui pèse sur le monde ». Constatant que par leur gravité les questions posées dépassent les bonnes volontés individuelles, elle dit son attachement aux valeurs civilisatrices du progrès. Elle se félicite de l'indépendance du Nigeria et appelle à la coopération entre les pays du Commonwealth pour aider au développement de l'économie. Succédant à Macmillan comme premier ministre, sir Alec Douglas-Home jouit d'un réel privilège : il est un ami d'enfance de la reine mère. Il a aussi en commun avec la reine Élisabeth l'amour des chevaux.

Au moment où une bonne partie de l'Afrique anglophone aussi bien que francophone accède à l'indépendance, une rébellion blanche s'installe en Rhodésie, l'actuel Zimbabwe. Le pays se présente comme toujours loyal envers la couronne, et la reine essaiera jusqu'au bout de trouver une réponse politique à la crise. « Seul guerrier parmi les politiciens, seul politicien parmi les guerriers », sir Winston Churchill meurt le 24 janvier 1965 ; le vieux lion a droit à des obsèques nationales[10]. Parmi les chefs d'État et les sommités qui se faufilent, on trouve Ian Smith, le dirigeant rhodésien, dont tout le monde se détourne, un peu gêné. Apprenant son séjour, la reine lui envoie son écuyer pour le rencontrer. La reine souhaite que des négociations s'engagent entre Smith et le premier ministre de l'époque, le travailliste Harold Wilson. Fin octobre, Harold Wilson s'envole pour la Rhodésie ; il est porteur d'une lettre manuscrite de la reine dans laquelle Ian Smith lit de façon erronée une approbation voilée. Pourtant les choses sont claires : « J'ai suivi les discussions récentes entre le gouvernement britannique et le vôtre, déclare la souveraine, et je me réjouis de savoir que M. Wilson doit vous rencontrer. J'espère sincèrement que vos discussions permettront de trouver une solution aux difficultés actuelles. Je me souviens avec émotion de ma propre visite en Rhodésie. Je vous prie de croire à mes vœux bien sincères pour vous et pour mes peuples dans votre pays dont le bien et le bonheur me tiennent à cœur. » Le pluriel du mot « peuple » est éclairant : la Rhodésie compte plusieurs nations et il n'est plus question de tolérer qu'une seule d'entre elles (les Blancs, pour faire vite) impose sa volonté à toutes les autres composantes. Ian Smith, lui, pense au singulier : le peuple de Rhodésie, c'est-à-dire ses partisans. Il donne lecture du texte de la reine lors d'un banquet civique le 26 octobre, le présentant comme « un message merveilleux de sa gracieuse Majesté ». Puis évoquant la résistance à Hitler et citant Shakespeare, il réaffirme sa détermination d'aller jusqu'au bout. La reine avait-elle été ambiguë, comme le sont si souvent les gens distingués, ou bien n'était-ce pas plutôt lui, Ian Smith, qui ne voulait rien entendre ?

Le lendemain, Smith répond à la reine. « Je suis tout à fait conscient du grand honneur que vous m'avez fait en m'envoyant votre lettre du 24 octobre, et le peuple de ce pays est conscient lui aussi de cet honneur. J'ai eu le privilège de me faire votre intermédiaire pour assurer le peuple de vos bons vœux [...]. Je veux assurer Votre Majesté que votre gouvernement de Rhodésie fera tout ce qui est en son pouvoir pour trouver une solution aux difficultés actuelles. » Et, ajoute-t-il, le « peuple rhodésien éprouve une affection particulière pour Votre Majesté et pour Sa Majesté la reine mère, ainsi que pour l'ensemble de la famille royale. Soyez assurée que cela demeurera »[11].

Le mois suivant, tous les espoirs s'effondrent. La Rhodésie déclare unilatéralement son indépendance, quitte à rompre tout lien avec la monarchie en devenant république en 1970. Le communiqué officiel daté du 11 novembre 1965 est une pâle réplique de la Déclaration d'indépendance américaine de 1776, rédigée par Jefferson. Mais l'esprit en est radicalement différent puisqu'il ne s'agit pas ici de promouvoir, même symboliquement, une quelconque égalité entre les hommes[12]. Profondément monarchique de ton, ce texte rappelle la loyauté envers la couronne du peuple de Rhodésie... Mais à quoi sert ce prétexte quand on contredit expressément l'autorité de la reine ?

La Grande-Bretagne et la Communauté européenne

Après le vaste monde et son empire planétaire, à la taille des cinq continents, de l'Atlantique au Pacifique, l'Europe a toujours correspondu pour les Britanniques à un rétrécissement des perspectives. Les Anglais comme leur souveraine aiment l'air du large. La potion est d'autant plus amère dans les années 1960 que la solidarité née de la guerre entre Harold Macmillan et le général de Gaulle trouve dans les deux veto successifs de la France son plus cruel démenti. La Grande-Bretagne en sort provisoirement humiliée[13]. La décennie suivante permet une résolution des tensions, grâce en particulier au premier ministre conservateur Edward Heath et au président Pompidou. Maîtrisant un capital symbolique considérable, la reine participe elle aussi à cette évolution. Elle a accompli plusieurs visites officielles en France, en 1957, en 1972, en 1992, en 2004 ou en 2014, à l'occasion des commémorations du débarquement en Normandie. La reine n'oublie pas l'Europe au milieu de tous ses déplacements en terre lointaine, et la perspective d'une entrée dans le Marché commun la conduit à programmer un déplacement à Berlin et dans le Hanovre au printemps 1965. Après tout, les racines de sa famille ne sont-elles pas allemandes ? Ce qui a longtemps été une source d'inquiétude, en particulier lors des deux guerres mondiales, peut à nouveau devenir un motif de satisfaction.

Chronologie de l'Union européenne

1957 : signature des traités de Rome créant la Communauté économique européenne et la Communauté européenne de l'énergie atomique (Allemagne fédérale, Belgique, France, Italie, Luxembourg et Pays-Bas).
1960 : création de l'Association européenne de libre-échange (Autriche, Danemark, Norvège, Portugal, Suède, Suisse et Royaume-Uni).
1961 : construction du mur de Berlin.
1963 : premier veto du général de Gaulle à l'adhésion britannique.
1965 : visite de la reine en Allemagne fédérale.
1967 : second veto du général de Gaulle à l'adhésion britannique.
1973 : entrée de l'Irlande et du Royaume-Uni dans la communauté.
1975 : référendum britannique en faveur du maintien dans la communauté.
1979 : sommet européen de Dublin, Margaret Thatcher renégocie la participation financière de son pays (*I want my money back*).
1986 : les douze États membres signent l'Acte unique européen qui élargit les compétences de la communauté à la politique étrangère.
1989 : chute du mur de Berlin.
1990 : dissolution de l'URSS.
1993 : entrée en vigueur du traité de Maastricht. La Communauté économique européenne devient Communauté européenne.
2009 : entrée en vigueur du traité de Lisbonne instituant l'Union européenne.

Le magazine *Der Spiegel* salue la « visite du siècle » dans son numéro du 19 mai 1965. On y apprend, par l'intermédiaire de son secrétaire particulier, que depuis des mois Sa Majesté a contemplé une carte de l'Allemagne dans son cabinet de travail. L'article continue que « l'histoire et le hasard » confèrent à ce séjour un caractère exceptionnel. Les superlatifs pleuvent : Élisabeth est la « femme la plus riche du monde » et la « reine de Grande-Bretagne qui a le plus voyagé ». Elle coûte aussi le plus cher à recevoir : 500 000 Deutsche Mark. Le journaliste plaisante en citant son confrère du *Daily Mirror* en un mélange savoureux d'anglais et d'allemand : *It's the Queen – wunderbar!* Et le magazine allemand de rappeler que la dernière visite d'un souverain anglais remonte à… 1909 et au roi Édouard VII. Le duc d'Édimbourg, dont chacun connaît les racines germaniques proches, aurait joué un rôle important dans cette décision inédite visant à « réchauffer les relations entre l'Angleterre et la République fédérale ». Citant une gazette zurichoise, *Die Weltwoche*, le *Spiegel* va jusqu'à écrire, héroïsant l'époux de la reine, que ce prince de « sang allemand » aurait mené un combat difficile contre toutes les « intrigues de la Cour et des politiciens », soupçonnés d'avoir tout fait pour éviter que leur reine ne « foule le sol germanique ». Et l'on rappelle fort à propos que les Mountbatten étaient à l'origine des Battenberg… Ou encore que les propres sœurs de Philippe n'avaient pas pu assister au mariage parce qu'elles avaient elles-mêmes épousé des personnalités en vue outre-Rhin durant la guerre[14]. Le journaliste évoque aussi les propos diffamatoires qu'a dû essuyer le grand-père maternel de Philippe, Louis, prince de Battenberg. Le grand amiral aurait été victime de propos germanophobes en 1914, tout comme son fils le comte de Mountbatten auquel on aurait conseillé de rentrer chez lui et d'attendre l'après-guerre pour se faire couronner roi en Allemagne… Ce lord Mountbatten, oncle du duc d'Édimbourg, aura été le dernier vice-roi des Indes, à la veille de l'indépendance. Sa détermination durant la guerre lui vaut l'estime particulière de Winston Churchill. Nous reviendrons plus bas sur sa fin tragique.

En ces années 1960, il convient bien d'oublier le passé et d'engager l'Allemagne et l'Angleterre vers une entente fondée sur le sentiment, comme le dit encore le *Spiegel*, tout en déplorant que les films de guerre présentent immanquablement les Allemands comme des sadiques ou des idiots. Le magnat de la presse lord Beaverbrook est pris nommément à partie pour le rôle que jouent encore les journaux populaires dans le rejet xénophobe de l'Allemagne vingt ans après la guerre… Il s'agit bien de se trouver des alliées dans la famille royale britannique, le prince Philippe étant le plus souvent invoqué. La reine Élisabeth aurait pour sa part mentionné avec tact que son époux et elle-même étaient issus de l'union de Victoria et du prince Albert de Saxe-Cobourg. Mais la Première Guerre mondiale avait bien eu raison de l'illusion que des mariages princiers pouvaient garantir la paix en Europe. Et pourtant, à l'usage des Allemands qui reçoivent la reine, le *Spiegel* résume ces pages d'histoire commune que notre livre a développées : le rôle de la fille de Jacques Ier, le règne de la reine Anne, la succession des Hanovre. Tout cela se conclut par une jolie formule : « Victoria et Albert souhaitaient que l'Allemagne et l'Angleterre s'allient, oui, mais il n'y avait qu'un seul problème, c'est que l'Allemagne n'existait pas[15]. » L'on ne saurait qu'en déduire qu'en ces années 1960 où l'Allemagne existe à nouveau, l'Europe constitue pour la monarchie britannique un formidable terrain d'investissement économique et symbolique.

De Gaulle s'oppose, il s'oppose deux fois magistralement à l'entrée de la Grande-Bretagne dans ce que l'on n'appelle encore que le Marché commun. Mais Pompidou qui lui succède cède enfin ; l'entrée est programmée pour janvier 1973. Le Noël précédent, Élisabeth prononce encore l'un de ses discours pleins de tact visant à rassurer, non seulement ses sujets anglais, mais plus encore les cousins du Commonwealth qui savent bien qu'une nouvelle page se tourne.

La reine profite de ses vingt-cinq ans de mariage pour glisser quelques formules admirables de délicatesse une fois encore sur « la tolérance et la compréhension qui doivent exister au sein d'un couple ». Mais elle extrapole et étend ces vertus domestiques aux relations entre les hommes et entre les peuples. Puis elle ajoute : « Je m'adresse aujourd'hui à tous les peuples du Commonwealth. Cette organisation absolument unique nous offre d'infinies possibilités de coopération ; grâce à sa structure informelle nous avons établi un réseau entre des peuples de races et de confessions différentes, devenus pour certains d'entre eux des États indépendants et souverains. » Elle répond par avance à l'objection qu'on allait lui faire : « Les nouveaux liens que nous tissons avec l'Europe ne remplaceront pas ceux qui existent au sein du Commonwealth. » Oui, mais tout le monde n'est pas rassuré pour autant. Élisabeth II aura toujours à cœur de défendre cette double appartenance de l'Angleterre à l'Europe et à l'ensemble plus vaste du monde anglophone. N'est-ce pas dans cet esprit qu'elle se rend à l'été 1976 aux cérémonies marquant aux États-Unis le bicentenaire de la déclaration d'Indépendance américaine ?

La reine et ses premiers ministres

Élisabeth II a eu l'avantage, elle le répète à l'envi, d'avoir comme premier « premier ministre » sir Winston Churchill encore auréolé de la victoire sur l'Allemagne nazie. Les entretiens hebdomadaires entre la reine et son premier ministre sont un rituel bien éprouvé et leur caractère confidentiel est le secret de leur réussite et de l'harmonie, au moins de façade, qui doit prévaloir dans une monarchie constitutionnelle. En une soixantaine d'années de règne, la reine a connu douze premiers ministres successifs, huit conservateurs et quatre travaillistes. Les liens avec les travaillistes Harold Wilson (premier ministre de 1964 à 1970 puis à nouveau de 1974 à 1976) ou encore James Callaghan (de 1976 à 1979) ont été empreints de cordialité, même si la reine, quelque attentionnée qu'elle soit, ne donne jamais son amitié. La fonction prime sur toute considération personnelle, l'intérêt du pays l'emporte sur les questions partisanes. Élisabeth, dans l'une de ses rares confidences sur son métier de reine, a eu l'occasion d'expliquer l'idée qu'elle se fait de ses relations avec ses premiers ministres, toutes tendances politiques confondues : « Ils se confient, ils me disent ce qui se passe et, en cas de problème, ils me le font savoir, et il arrive que l'on puisse les aider. Ils savent qu'ils peuvent se montrer impartiaux, en quelque sorte. » Et cette expression imagée : « On aime penser à soi comme à une sorte d'éponge. Parfois l'on peut donner son point de vue. »

Élisabeth sait se montrer proche, familière du moins dans son vocabulaire. Elle est à sa façon modeste, pleine d'un certain bon sens. Elle parle ici en termes quasi impersonnels, elle se compare à une éponge… On rapporte que Mrs Thatcher, ayant vu lors d'un pique-nique la reine ne pas dédaigner de participer à la vaisselle, lui aurait offert à son retour des gants de plastique. De 1979, date de la victoire des conservateurs aux élections, à sa chute en 1990, Margaret Thatcher a suscité tour à tour l'admiration, l'exaspération voire la haine de ses concitoyens. Elle a définitivement vaincu le mouvement syndical avant qu'un autre premier ministre, travailliste celui-là, Tony Blair ne lui porte l'estocade. On imagine mal ce qu'était la puissance des *trade unions* anglais encore au début des années 1970 ; le parti travailliste était alors pour beaucoup un simple relais de ce monde syndical. Tout change avec les années Thatcher qui assurent définitivement la victoire du capitalisme financier sur le monde de plus en plus archaïsant de l'industrie. Si Londres est encore une place internationale pour la banque mondiale, on le doit en partie aux mesures prises par la très inflexible dame de Fer, l'*Iron Lady* qui a trouvé dans le néolibéralisme prôné par le président Reagan à la même époque sa contrepartie internationale. La ville de Londres a été saisie au même moment par une fièvre architecturale qui a inquiété le prince de Galles. Ce mélange de dynamisme et de rigueur, de profusion et de restriction, a été durement vécu par les milieux populaires.

La monarchie est un excellent baromètre. L'état d'esprit du pays finit toujours par lui parvenir. Les relations entre la reine et Mrs Thatcher sont parmi les plus tendues ; âgée de quelques mois de plus que la souveraine, Maggie ne manque pas de qualités, elle a ces vertus de persévérance et d'opiniâtreté qui ont tant fait pour la gloire de l'empire. Son caractère petit-bourgeois accentué est un hymne vibrant à une « nation de boutiquiers », comme l'appelait Napoléon, qui a su accumuler patiemment sou à sou les moyens de sa splendeur. Aucun mot français ne saurait traduire ce mot anglais *thrift* qui la caractérise. Qui, hormis quelques anglicistes chevronnés, se hasarderait même à le prononcer ? *Thrift*, c'est le sens de l'épargne et celui de l'effort qui seuls garantissent la prospérité. Quand on y ajoute le *self help* des victoriens, cette volonté hautaine de dépendre de soi et d'agir, au sens où l'on dit « Aide-toi, le ciel t'aidera », on obtient une image assez fidèle de Maggie la tenace, de Maggie la menace, capable de se hausser, elle, la fille d'épicier méthodiste, au premier rang d'un parti conservateur naguère encore dominé par son patriciat. Mrs Thatcher, devenue sur le tard la baronne Thatcher de Kesteven, n'appartient pas par la naissance ni par l'éducation à cet *establishment* immédiatement repérable par son accent, par ses manières, par sa nonchalance. On a même dit récemment que la reine s'était laissée aller à imiter la diction très « années 1950 » du premier ministre[16]. Elle appartient à l'Angleterre d'en bas, laborieuse et économe, plus soucieuse d'acquérir que de jouir vraiment. Le journaliste du *Monde* a bien vu tout cela, le ton, « à la fois autoritaire et doucereux » du ministre, sa « propension à imiter les aristocrates en s'asseyant sur les bords du canapé, les mains croisées sur les genoux », sa désagréable habitude d'être « toujours en avance » et son « utilisation de la première personne du pluriel, privilège royal s'il en est »[17]. Osera-t-on pour autant invoquer quelque « rivalité féminine » entre les deux femmes ? Rien n'est moins sûr. La reine a certes su imposer un style vestimentaire qui impressionne son ministre adepte comme la souveraine du brushing gonflant, des tailleurs aux lignes strictes, des colliers de perles. Le sac à main cesse chez elles d'être un accessoire, il est la marque même de la distinction au féminin. Chacune assume sa fonction à une place qui est la sienne ; Mrs Thatcher est une bête publique, Élisabeth II doit se garder de descendre dans l'arène politique, elle est là pour garantir le consensus, les équilibres fondamentaux de la nation. L'austérité économique de la première, son manque absolu de souplesse ou de compassion l'effarouchent lorsqu'elle reçoit d'innombrables lettres de femmes de mineurs qui lui demandent d'intercéder lors de la grande grève de 1984-1985. Mrs Thatcher respecte et honore sa souveraine, elle se confond en courbettes et en révérences devant Élisabeth, mais est-ce qu'elle l'écoute vraiment, ou bien ne reste-t-elle pas sourde jusqu'à l'autisme ? Le 20 juillet 1986, le *Sunday Times* lance un scoop, évidemment démenti par Buckingham. La reine et son ministre ont des désaccords persistants, en particulier sur la question de l'Afrique du Sud. Élisabeth II défend les positions de son Commonwealth, elle est favorable à des sanctions contre le régime d'apartheid… Margaret Thatcher y est hostile[18]. On n'a pas fini de gloser sur les différends entre les deux femmes ; Élisabeth II n'en a pas moins fait preuve d'une rare équanimité en se rendant en personne aux obsèques de lady Thatcher en avril 2013 à la cathédrale St Paul. Le monarque ne va généralement pas aux enterrements ; elle n'aura dérogé que deux fois à ce principe, la première occasion lui en étant offerte par le décès de sir Winston Churchill. Élisabeth II a bien le sens de la grandeur.

Un règne heureux ?

Depuis 1952, la reine Élisabeth a été associée à tous les moments de bonheur ou de malheur qui ont affecté la vie de ses peuples du Royaume-Uni ou du Commonwealth. Il est difficile pour cette raison de tirer le bilan de ce long règne, tout au plus évoquera-t-on quelques instantanés, à l'exemple de ces reporters qui ont compris la valeur incommensurable des photos.

Notre premier arrêt sur image sera pour ce 26 octobre 1965 où la reine a décerné aux Beatles la médaille de l'Empire, *Order of the British Empire*. Par leur humour, leur sens musical, la qualité de leurs enregistrements, les quatre garçons dans le vent originaires de Liverpool (John Lennon, Paul McCartney, George Harrison et Ringo Starr) sont devenus en quelques années le symbole de leur pays dans ces années 1960 ouvertes au changement. À l'opposé, on évoquera aussi quelques épisodes tristes ou tragiques, au premier rang desquels il faut citer l'assassinat de lord Mountbatten. L'oncle maternel du prince Philippe, « qui a traversé comme un météore deux guerres mondiales et trois quarts de siècle », avait bien, comme l'écrit son biographe, « l'étoffe des héros »[19]. Il meurt dans l'explosion de son bateau, au large du petit port de pêche de Mullaghmore, dans le comté de Sligo en Irlande, en août 1979, âgé de 79 ans. L'attentat est commandité par l'IRA provisoire qui souhaite visiblement atteindre directement la famille royale. Le conflit d'Ulster, mettant aux prises protestants, adeptes du maintien de leur pays au sein du Royaume-Uni, et catholiques favorables au rattachement à la République d'Irlande s'est traduit par de nombreux attentats terroristes, y compris en Angleterre. En accomplissant une visite officielle de quatre jours à Dublin en mai 2011, la reine Élisabeth a marqué son attachement à la cause de la paix, ajoutant que beaucoup (dont elle-même sans doute) avaient souffert personnellement de ce conflit. Depuis exactement un siècle (visite de George V en 1911), aucun monarque britannique ne s'était aventuré sur l'autre rive de la mer d'Irlande[20]. Mary McAleese, présidente de la République d'Irlande, après avoir évoqué les relations souvent tumultueuses entre les deux pays, avait rappelé pour sa part les mouvements migratoires constants entre l'Irlande et la Grande-Bretagne, expliquant que beaucoup de leurs habitants avaient des liens familiaux plus ou moins lointains. Parmi ces rencontres qui font date, il faut citer également les visites que la reine, qui est toujours à la tête de l'Église d'Angleterre, a faites au Vatican ; en mai 1961, elle se rend auprès de Jean XXIII ; elle réitère en 1980 et en 2000 avec Jean-Paul II, ou encore en 2014 avec le pape François. Le temps des anathèmes est bien révolu ; parmi les cadeaux offerts au pape, on notera un pot de miel en provenance des ruches de Buckingham Palace… et une bouteille de whisky, venant directement du domaine royal de Balmoral en Écosse. Ces échanges de mondanités un peu badins jouent un rôle inestimable en facilitant les contacts dans un monde de plus en plus secoué par le retour des tensions religieuses. La Grande-Bretagne ignore presque totalement notre concept français de laïcité, mais elle pratique la tolérance et le dialogue philosophique ou religieux à une très haute échelle.

Une figure tutélaire

Il faut enfin pour conclure mentionner une ou deux occasions où la reine, tout en restant naturellement réservée, a été affectée par des événements douloureux. La charnière du règne semble être cette année 1992, qualifiée par Élisabeth II elle-même d'*annus horribilis.* Cette expression est un jeu de mots, faisant directement allusion à un poème de John Dryden qualifiant d'*Annus mirabilis* l'année 1666. Le Grand Feu de Londres qui détruit l'ensemble de la cité est ainsi commémoré non sans une certaine forme d'ironie puisque le seul miracle est que l'incendie s'est finalement arrêté, comme tous les sinistres dira-t-on. Élisabeth a été très touchée au moment où elle prononce son discours par le feu qui a détruit une partie du château de Windsor, mais ce drame matériel ne l'a pas mise à l'abri d'autres événements fâcheux, dont l'effondrement du mariage de son fils.

Un mois avant Noël, le 24 novembre, à l'Hôtel de ville de Londres (*Guildhall*), la reine prononce l'un de ses discours les plus personnels et les plus inspirés. On commémore alors son accession au trône quarante ans plus tôt. Elle s'adresse solennellement au *Lord Mayor* : « Un évêque bien attentionné avait dit à la reine Victoria : *Majesté nous ne saurions prier trop souvent ni avec trop de ferveur pour la famille royale.* La reine Victoria lui avait répondu : *Avec trop de ferveur, non ; trop souvent, assurément.* Je suis comme la reine Victoria, j'ai toujours affectionné la vieille maxime : *Savoir être modéré en toute chose.* »

Et, poursuit Élisabeth II : « Je me demande parfois comment les générations futures jugeront cette année tumultueuse. Je pense vraiment que l'histoire émettra un jugement plus modéré que nombre de nos actuels commentateurs. La distance permet l'enchantement, même pour les choses les plus triviales. »

Le mariage du prince Charles et de lady Diana Spencer remonte à juillet 1981. Lady Di a donné naissance à deux garçons, William, devenu depuis duc de Cambridge, et Harry. La survie de la dynastie semble donc parfaitement assurée. La princesse de Galles a compris son rôle et a rempli un certain nombre de fonctions mineures, assumées également par la reine : elle est une figure compassionnelle et s'occupe à merveille des pauvres et des malheureux. Tout serait presque parfait si la presse ne s'en était mêlée et si l'on n'avait révélé au grand jour les difficultés du couple et l'adultère du prince avec Camilla Parker Bowles. Du temps d'Henri VIII, tout cela se serait arrangé ; malheureusement Camilla n'était pas Anne Boleyn et Charles n'était pas un Tudor.

En mai 1992, quelques mois avant le célèbre discours de la reine, tout éclate. Andrew Morton publie son *Diana, la véritable histoire* (*Diana: Her True Story*), dont de larges extraits sont disponibles dans le *Sunday Times.* Dans le monde entier, y compris en France, la princesse revêt un statut de victime archétypale ; elle devient une sorte d'icône ou de Cendrillon des contes de fées, alors même qu'elle appartient à l'une des plus grandes familles aristocratiques du pays, les Spenser remontant au Moyen-Âge et étant même probablement liés à ces De Spenser de l'entourage d'Édouard II… L'auguste sang des Spenser avait même coulé dans les veines de sir Winston Churchill, mort à temps pour ne pas assister à ces scènes affligeantes.

En 1995, pour couper court, la reine recommande au prince et à la princesse de divorcer. En août suivant, le divorce est consommé. Lorsque Lady Di meurt dans un accident de voiture dans le tunnel du pont de l'Alma à Paris, le 31 août 1997, les rumeurs repartent de plus belle. On parle même d'assassinat.

La reine est prise au dépourvu par l'ampleur de cet événement. Lectrice d'Agatha Christie et attentive aux questions de mécanique depuis sa formation militaire durant la guerre, elle aurait laissé tomber avec un prosaïsme digne de quelque Miss Marple : « Quelqu'un a dû graisser les freins[21]. » On reprochera longtemps à la reine de ne pas avoir montré spontanément beaucoup d'émotion à l'annonce de la nouvelle. Mais ces choses-là ne se commandent pas, ou du moins elles relèvent de cette communication dans laquelle la politique risque de s'enliser et de se dissoudre si l'on n'y prend garde. L'on a consacré un film entier à la gestion de la crise qui permet au nouveau premier ministre travailliste, Tony Blair, de se croire indispensable. Sorti en 2006, le film *The Queen* de Stephen Frears avec Helen Mirren dans le rôle-titre est consacré en grande partie au juste retour aux apparences pour une famille endeuillée[22]. Prodiguant inlassablement ses conseils à la reine (là où théoriquement il aurait dû en recevoir), Tony Blair a illustré cette version moderne du travaillisme qu'il appelait de ses vœux...

La reine a eu le dernier mot. Elle a prononcé le 5 septembre 1997, avec l'aval de son premier ministre, un discours très étudié dans lequel elle rend hommage à la disparue « en tant que mère et en tant que grand-mère ». Mère, grand-mère : la force des monarchies ne repose-t-elle pas en grande partie sur le caractère familial de leur popularité ? À ce titre, après Aliénor, après la reine Anne, après Victoria, Élisabeth a bien mérité de ses peuples, tant au Royaume-Uni qu'au travers du monde. Le 9 septembre 2015, elle a battu le record de longévité détenu précédemment par sa trisaïeule : 63 ans (23 226 jours), 16 heures et 30 minutes environ. *Long live the Queen !*

Conclusion

LES LOIS DU GENRE

Rois et reines ne relèvent pas de l'humanité commune. Pourtant, le destin des reines d'autrefois renvoie en permanence à la condition des femmes ordinaires et à ses invariants, subis ou acceptés, contestés ou contestables, la vie, la mort, la sexualité, la maternité, l'éducation des enfants. C'est ce qui explique le succès des pages qui leur sont consacrées dans les magazines féminins. Garantes des successions et de la pureté des lignages, les reines jouent un rôle considérable dans la transmission de la couronne et des pouvoirs qui s'y attachent. Toujours observées, souvent épiées, elles ont longtemps été maintenues dans un rôle mineur auquel elles se dérobent par une volonté aussi exceptionnelle que surhumaine : Aliénor d'Aquitaine, Marie Tudor, Élisabeth Ire, la reine Anne même, pour ne rien dire de Victoria ou de l'actuelle souveraine, Élisabeth II, ont marqué durablement leur temps en donnant à leur fonction un lustre incomparable. Les monographies consacrées aux reines et aux princesses d'Angleterre ont massivement participé au développement des études féministes[1].

Plus encore que les autres mortels, rois et reines sont écartelés entre leurs sentiments et leurs devoirs. William Blackstone, en plein siècle des Lumières, a tenté une vigoureuse synthèse du droit anglais sous le titre *Commentaires*. Il consacre un chapitre au personnage de la reine. « La première branche de la famille royale, écrit-il, la plus importante de toutes, d'après les lois d'Angleterre, correspond à la reine. » Il y a trois sortes de reines : la reine d'Angleterre peut être reine gouvernante, ou reine épouse (reine consort), ou reine douairière (en cas de veuvage). Blackstone cite au nombre des reines gouvernantes (ou régnantes ou souveraines), Marie Tudor, Élisabeth Ire et la reine Anne. Ces *reines régnantes* sont, on le voit clairement, l'exception qui renvoie à la règle : elles occupent au départ un vide, en l'absence de successeur masculin et pour empêcher toute guerre fratricide, impliquant peu ou prou des puissances étrangères. Ces reines régnantes exercent « les mêmes pouvoirs, prérogatives, droits et dignités » que les rois. La *reine épouse*, quant à elle, n'est pas une femme ordinaire : elle est la femme du roi régnant ; et, « ès qualités, elle jouit de diverses prérogatives que n'ont pas les autres femmes ». Elle est une personne publique, tout en étant distincte de la personne du roi ; mais alors que les autres femmes mariées (nous sommes au XVIIIe siècle) ont perdu « toute existence légale ou séparée tant que le mariage subsiste », la reine peut acquérir des biens immeubles et en disposer « sans le concours de son époux ». Blackstone évoque enfin un dernier point, qui a eu des conséquences particulièrement funestes comme nous l'avons vu au temps de George III et de son fils George IV : « Aucun descendant issu du roi George II [...] ne peut contracter mariage sans le consentement préalable du roi, donné sous le grand sceau ; et tout mariage contracté sans ce consentement est nul[2] » (*Royal Marriages Act*). Déjà à l'aube de la splendeur victorienne, Robert Huish était amené à réfléchir de façon critique aux conséquences calamiteuses que faisait encourir au pouvoir royal la limitation du choix des épouses. Il en tirait la leçon en termes d'image publique et de communication – comme nous dirions de nos jours. S'il n'était ni un grand juriste ni un constitutionnaliste, Huish avait des instincts de journaliste, plus attentif à la réception des grandes décisions historiques qu'à leur fondement politique. Il aurait à l'heure actuelle été un excellent chroniqueur de radio ou de télévision. Le *Royal*

Marriages Act ne condamnait-il pas une majorité de jeunes princes à être soit des fornicateurs soit des adultères, se plaint notre auteur[3] ? N'était-il pas à ce titre « contraire à la nature », tout autant qu'attentatoire à la morale pour un homme du début du XIXe siècle ? L'amour de Mrs Fitzherbert ou celui de Mrs Clarke faisaient éclater au grand jour l'hypocrisie de cette société aristocratique. Plus récemment, la révélation de l'adultère du prince Charles avec Camilla Parker Bowles, l'interview de Lady Di retransmise par la BBC en 1995, avec sa phrase désormais célèbre : « Nous étions trois dans ce mariage », ne relèvent-elles pas des mêmes mécanismes ? L'historien n'est pas là pour juger les réussites ou les échecs sentimentaux, mais il ne saurait ignorer leur impact sur le public, décuplé à l'heure actuelle par les médias.

Les institutions britanniques que les Européens croient parfois figées et immobiles dans leur décorum passé sont capables de surprenantes mutations. Un véritable tournant s'est produit en notre début du XXIe siècle avec le *Succession to the Crown Act* ou Acte de succession à la couronne de 2013. Cette loi rend la succession à la couronne britannique « indépendante du genre ». Toute discrimination à l'encontre des filles disparaît. La couronne doit revenir désormais au premier-né, sans tenir compte de son sexe. Cette primogéniture cognatique absolue abolit la préférence masculine pour les descendants du prince Charles[4]. N'est-ce pas la fin de siècles, voire de millénaires de domination masculine ? Après la prêtrise et même l'épiscopat, désormais ouverts aux femmes dans une bonne partie de la communion anglicane, la succession au trône outre-Manche est également partagée entre garçons et filles. L'Église établie a précédé l'État dans cette voie. Cette histoire des reines que nous offrons aujourd'hui au lecteur témoigne assez de certains des mécanismes de cette évolution pluriséculaire et sans doute irréversible de notre espèce. En serait-ce fini de la « domination d'Adam », à la fois père et roi, à l'image du Très-Haut[5] ? Que les reines deviennent souveraines selon les mêmes modalités que les rois, que les conditions de leur accession au trône soient identiques reflète une évolution anthropologique majeure dans l'ensemble des sociétés occidentales. Quant à la monarchie, gageons qu'elle a encore de beaux jours devant elle en Angleterre.

Notes

Notes de l'introduction, p. 11.

1. Ch. de Gaulle, *Mémoires de guerre*, Paris, Plon, 1994, p. 9.

2. S. Bertière, *Les Reines de France au temps des Valois*, Paris, de Fallois, 1994, I, p. 19-20.

3. L. Hilton, *Queens Consort: England's Medieval Queens*, Londres, Weidenfeld & Nicolson, 2008, p. 1. L'on peut également s'interroger sur la réception de l'image de la reine. Une étude produite à la fin du siècle dernier parvenait à la conclusion que c'étaient à une écrasante majorité les femmes britanniques qui exprimaient leur attachement à la famille royale, contrairement aux hommes, beaucoup plus indifférents (M. Billig, *Talking of the Royal Family*, Londres, Routledge, 1999, p. 173).

4. G. Duby, *Dames du XIIe siècle*, Paris, Gallimard, 1995-1996, I, p. 7.

5. A. Fraser, *Rois et reines d'Angleterre*, Paris, Tallandier, 1979, p. 10.

6. A. Strickland, *Lives of the Queens of England*, Philadelphie, Blanchard & Lea, 1852, p. VII.

Notes du chapitre premier, p. 17.

1. Tacite, *Œuvres complètes*, Paris, R. Laffont, 2014, p. 734 ; Dion Cassius, *Histoire romaine, LXII*, Cambridge (Mass.), Harvard University Press, 1982, p. 84.

2. Boadicée refait une percée discrète chez le poète élisabéthain Edmund Spenser dans ses « Ruines du temps » où il est question d'une « conquérante victorieuse » ; John Fletcher écrit une pièce sur l'héroïne au début du siècle suivant, suivie par un opéra de Purcell en 1695 dans lequel se dégage un tube patriotique, aux fortes tonalités martiales : *Britons, Strike Home* (« Britanniques, rendez les coups »), qui est un peu à la conscience nationale anglaise du temps ce qu'est ultérieurement le *Nabucco* de Verdi pour les Italiens. Sur le plan pictural, la National Portrait Gallery de Londres possède un tableau de John Opie, *La reine Boadicée haranguant les Britanniques*. Peinte en 1793

l'année de la déclaration de guerre de la France à la Grande-Bretagne, la toile ne pouvait avoir qu'une forte connotation exhortatoire. Mais ce n'est qu'au XIXe siècle que Boadicée acquiert pleinement sa valeur prémonitoire, à partir de la *Boadicée* d'Alfred lord Tennyson en 1864. Elle devient dès lors une icône patriotique parmi les plus célèbres, à la fois comme femme et comme combattante.

3. A. Fraser, *Boadicea's Chariot*, Londres, Weidenfeld & Nicolson, 1988, p. XIII.
4. Selon la tripartition retenue par P. Stafford, *Queens, Concubines, and Dowagers*, Athens, University of Georgia Press, 1983.
5. *Annales de Saint-Bertin et de Saint-Vaast*, Paris, veuve Jules Renouard, 1871, p. 172-173 ; Asser, *Histoire du roi Alfred*, Paris, Les Belles Lettres, 2013, p. 29.
6. O. Vital, *Histoire de Normandie*, Paris, J. L. J. Brière, 1826-1827, III, p. 137 et 169-170.
7. Henri de Huntingdon, *Chronicle*, Londres, H. G. Bohn, 1853, p. 249.
8. Guillaume de Malmesbury, *Gesta regum Anglorum*, Londres, H. G. Bohn, 1847, p. 481.
9. P. de Rapin de Thoyras, *Histoire d'Angleterre*, La Haye, C. Van Lom, 1733, II, p. 83.
10. Henri de Huntingdon, *Chronicle*, *op. cit.*, p. 259-260.
11. Guillaume de Malmesbury, *Gesta regum Anglorum*, *op. cit.*, p. 490.
12. Eadmer, *Histoire des temps nouveaux*, Paris, Cerf, 1994, p. 145.
13. I. de Larrey, *L'Héritière de Guyenne*, Rotterdam, R. Leers, 1691, p. 40.
14. *Gesta Stephani*, Londres, T. Nelson, 1955, p. 80-81.
15. R. de Hoveden, *Annals*, Londres, H. G. Bohn, 1853, I, p. 243-244.
16. D. Hume, *Histoire d'Angleterre*, Paris, Furne, 1839, I, p. 293.
17. S. Cassagnes-Brouquet, *Chevaleresses*, Paris, Perrin, 2013, p. 32.
18. M. Chibnal, *The Empress Matilda*, Oxford, B. Blackwell, 1991, p. 1.
19. O. Rössler, *Kaiserin Mathilde*, Berlin, E. Ebering, 1897.

Notes du chapitre 2, p. 39.

1. Benoît de Sainte-Maure, *Roman de Troie*, Paris, Firmin Didot, 1904-1912, II, p. 302.
2. I. de Larrey, *L'Héritière de Guyenne*, *op. cit.*, « Avertissement ».
3. B. Wheeler, J. C. Parsons (éd.), *Eleanor of Aquitaine*, Basingstoke, Palgrave Macmillan, 2003, p. XIII.
4. P. Delorme, *Aliénor d'Aquitaine*, Paris, Tallandier, 2011, p. 9.
5. R. V. Turner *Aliénor d'Aquitaine*, Paris, Fayard, 2011, p. 8.

6. « Fragments de la troisième vie de Saint Bernard », *Œuvres complètes de saint Bernard*, Paris, L. de Vivès, 1866, 8 vol., VIII, www.abbaye-saint-benoit.ch/saints/bernard.

7. L'on sait ce qu'il advient par la suite au Moyen-Orient. La brouille avec les Byzantins ajoutera à la confusion ; les croisés échoueront devant Damas en juillet 1248. Finalement le Kurde Saladin grignotera l'une après l'autre les possessions des chrétiens avant de reprendre Jérusalem en 1187.

8. B. Cottret, *Histoire de l'Angleterre*, Paris, Tallandier, 2015, p. 43-44.

9. A. Weir, *Aliénor d'Aquitaine*, Nantes, Siloë, 2005, p. 195.

10. A. Chauou, *Sur les pas d'Aliénor d'Aquitaine*, Rennes, Ouest-France, 2005.

11. D. Starkey (dir.), *The English Court*, Londres, Longman, 1987.

12. Rigord, *Vie de Philippe Auguste*, Paris, J. L. J. Brière, 1825, p. 12.

13. Le *Draco Normannicus* d'Étienne de Rouen occupe le dernier tiers des *Chronicles of the Reigns of Stephen, Henry II, and Richard I*, Londres, Longman & Co, 1885, p. 589-781.

14. R. Higden, *Polychronicon*, Londres, Longman & Co, 1865-1869, 2 vol.

15. P. N. Chantreau, *Voyage*, Paris, Briand, 1792, II, p. 309. Un tel personnage capte l'imagination des poètes ; l'histoire se prête au *bel canto*, et Donizetti produit sa *Rosmonda d'Inghilterra* à Florence en plein âge romantique. Profondément moral, l'opéra élude la réalité historique en campant Rosemonde en Madeleine pécheresse repentie et épouvantée par son adultère. Il ne fallait pas heurter plus longtemps la morale ; pour pimenter le tout, Aliénor devient un personnage d'assassin qui met fin aux jours de l'amante de son mari.

16. H. G. Bohm, *Chronicles of the Crusades*, Londres, Kegan Paul, 2004, p. 3.

17. R. de Hoveden, *Annals*, *op. cit.*, II, p. 112, 119 et 196.

18. Fils de Frédérick Barberousse, et donc rejeton de la célèbre famille des Hohenstaufen, Henri VI (1165-1197) a épousé en 1186 la princesse Constance, fille du roi de Sicile. Il devient à son tour roi de Sicile en 1194.

19. http://epistolae.ccnmtl.columbia.edu/letter/139.html et suivantes : version latine et traduction anglaise de ces lettres.

20. A. Weir, *Aliénor d'Aquitaine*, *op. cit.*, p. 437.

21. M. Aurell, *Aliénor d'Aquitaine*, Cahiers de Fontevraud, 2014, p. 14.

22. A. Palamède de Macheco, *Éléonore d'Aquitaine*, Paris, Janet & Cotelle, 1823, I, p. 1-2.

23. A. Thierry, *Histoire de la conquête de l'Angleterre*, Paris, A. Mesnier, 1830, I, p. 291 ; J. Michelet, *Histoire de France*, Lausanne, Rencontre, 1965-1966, I, p. 530 ; G. Duby, *Dames du XIIe siècle*, *op. cit.*, p. 15.

24. Y. Hillion, *Aliénor d'Aquitaine*, Paris, Ellipses, 2015, p. 480.

25. B. Wheeler, J. C. Parsons (éd.), *Eleanor of Aquitaine*, *op. cit.*, p. XVII.

Notes du chapitre 3, p. 61.

1. Mais l'on trouve déjà cet usage au XVIIIe siècle dans un poème de Thomas Gray appelé *Le Barde* ou au siècle dernier dans une pièce de l'Allemand Bertolt Brecht.

2. York s'adresse à elle et lui déclare qu'elle est une « Louve de France, mais pire que les loups de France ». Pour dresser d'elle ce portrait sinistre : « toi dont la langue est plus envenimée que la dent de la vipère, qu'il sied mal à ton sexe de triompher, comme une amazone effrontée, des malheurs de ceux qu'enchaîne la fortune ! » et appliquée plus tard à Isabelle, au XVIIIe siècle (*Henri VI* III, 1, 4).

3. On renverra ici à la synthèses récente de M. Gaude-Ferragu, *La Reine au Moyen Âge*, Paris, Tallandier, 2014.

4. Marquise de Tencin, *Anecdotes de la Cour et du règne d'Édouard II*, Paris, Pissot, 1776, p. 10.

5. P. Studer (éd.), « An Anglo-Norman Poem by Edward II », *Modern Language Review*, 26, 1921, p. 40.

6. *The Anonimalle Chronicle*, éd. W. R. Childs, J. Taylor, Leeds, Yorkshire Archaeological Society, 1991, p. 80.

7. Cela lui a valu une certaine commisération à partir du XXe siècle, aux côtés d'Oscar Wilde et de quelques autres présentés eux aussi comme des victimes de l'ordre moral. Réalisé par Derek Jarman en 1991, *Le Règne troublé et la triste mort d'Édouard II, roi d'Angleterre*, est devenu une sorte de manifeste du cinéma gay. C'est, il faut bien l'avouer, au prix d'un certain anachronisme, le plus souvent militant, que l'on définit ainsi une cause homosexuelle éternelle, objet de ressentiments tenaces.

8. W. R. Childs (éd.), *Vita Edwardi Secundi*, Oxford, Clarendon Press, 2005, p. 28.

9. T. de Burton, *Chronica monasterii de Melsa*, Londres, Longman & Green, 1866-1868, II, p. 335.

10. L. Hilton, *Queens Consort*, *op. cit.*, p. 225.

11. P. Chaplais, *Piers Gaveston*, Oxford, Clarendon Press, 1994, en particulier p. 1-5 et 23-43.

12. R. Hoyt, « The Coronation Oath of 1308 », *English Historical Review*, 71, 1956, p. 355-356.

13. Marguerite, née en 1290, fille de Robert II, duc de Bourgogne, Jeanne de Bourgogne, née en 1291, et sa sœur Blanche, née en 1296, filles d'Othon IV, comte palatin de Bourgogne et de Mahaut d'Artois.

14. C. Balouzat-Loubet, *Mahaut d'Artois*, Paris, Perrin, 2015.

15. W. R. Childs (éd.), *Vita Edwardi Secundi*, *op. cit.*, p. 96.

16. Froissart, *Chroniques*, Paris, A. Desrez, 1835, I, p. 7-8.

17. B. Cottret, *Histoire d'Angleterre*, *op. cit.*, p. 102-103.

18. P. Seymour, *Edward II*, New Haven, Yale University Press, 2010, p. 520-521.

19. J.-C. Cassard, *L'Âge d'or capétien*, Paris, Belin, 2011, p. 135. Édouard III épouse le 25 janvier 1328 Philippa de Hainault. Celle-ci montre à son tour un vif intérêt pour la culture courtoise et chevaleresque, elle est la dédicataire des poèmes de Jean de La Mote sur la mort de son père, *Lie regret Guillaume, comte de Hainault.* Édouard III sera le fondateur de l'ordre de la Jarretière vers 1349-1350.

20. T. Basin, *Histoire des règnes de Charles VII et de Louis XI*, Paris, J. Renouard, 1855-1859, I, p. 291-293.

21. *Letters & Papers Illustrative of the Wars of the English in France during the Reign of Henry VI*, éd. J. Stevenson, Londres, Longman & Green, 1861-1864, I, p. 165 et suivantes pour l'ensemble de ces échanges.

22. www.gutenberg.org/files/26608/26608-h/26608-h.htm#ch8.

23. T. Basin, *Histoire des règnes de Charles VII et de Louis XI*, *op. cit.*, p. 299.

Notes du chapitre 4, p. 95.

1. Lady Margaret Beaufort aura la chance d'être perpétuellement veuve ; elle épouse en premières noces John de La Pole mais cette union est rompue et elle épouse Edmund Tudor, comte de Richmond. Elle donne naissance à son fils Henri en janvier 1457, et elle épouse encore sir Henry Stafford et Thomas Stanley, futur comte de Derby, qui couronnera de ses mains Henri VII sur le champ de bataille. La reine mère vivra assez longtemps pour voir l'arrivée au pouvoir d'Henri VIII.

2. J. E. Paul, *Catherine of Aragon*, Londres, Burns & Oates, 1966, p. 19.

3. F. Héritier, *Les Deux Sœurs et leur mère*, Paris, Odile Jacob, 2012, p. 12-23.

4. http://englishhistory.net/tudor/letter1.html. Les différentes références à la correspondance entre l'Angleterre et l'Espagne renvoient aux volumes des *Calendars of State Papers, Spain, 1485-1525*, éd. G. A. Bergenroth, Londres, HMSO, 1862-1868, vol. 1-2 et suppléments, désormais accessibles en ligne par dates sur http://www.british-history.ac.uk/catalogue.aspx.

5. Curieux destin tragique que celui de la famille Dudley. Le fils d'Edmund, John Dudley, comte de Warwick puis duc du Northumberland, est à son tour décapité en 1553. Quant à son petit-fils, Robert Dudley, il sera l'amant de cœur sinon nécessairement l'amant de corps d'Élisabeth Ire.

6. D. Starkey, *Six Wives*, Londres, Chatto & Windus, 2003, p. 122.

7. *Calendar of State Papers, Venice 1509-1519*, éd. R. Brown, Londres, HMSO, 1867, p. 247.

8. En écrasant les envahisseurs, Thomas Howard, comte de Surrey, parvient à effacer son passé yorkiste, trente ans auparavant. Le roi d'Écosse, Jacques IV, est tué sur le champ de bataille.

9. J. L. Vivès, *L'Institution de la femme chrétienne*, Paris, P. Dumoulin, 1893, p. 17.

10. J. Lévesque de Burigny, *Vie d'Érasme*, Paris, De Bure, 1757, I, p. 531-532.

11. Cette Marie Tudor (1496-1533), sœur d'Henri VIII, ne doit évidemment pas être confondue avec sa nièce aussi appelée Marie, la future reine dont il sera question plus bas (voir chap. 5). Après la disparition de Louis XII, la sœur d'Henri VIII épousera sans demander son autorisation au roi Charles Brandon, duc de Suffolk. En 1503, Margaret Tudor, l'autre sœur d'Henri VIII, épousera Jacques IV d'Écosse – d'où descendra Jacques VI d'Écosse-Jacques Ier d'Angleterre, roi d'Angleterre en 1603.

12. *Lettres d'Henri VIII à Anne Boleyn*, Paris, Crapelet, 1826, p. 123 et 139. Le livre du roi dont il est ici question est le texte de 1527 par lequel Henri VIII défendait l'idée d'un simple vice de forme lors de la dispense pontificale pour ne pas remettre en cause frontalement l'autorité du Saint-Siège.

13. Le traité du Moore, du nom d'un manoir de Wolsey, prévoit en août 1525 la cessation des hostilités entre la France et l'Angleterre, la restitution des prisonniers de guerre et la liberté du commerce entre les deux pays.

14. E. F. Rogers, *Correspondence of T. More*, Princeton, Princeton University Press, 1947, p. 498.

15. Lv 18, 16 ; Lv 20, 21.

16. G. Tremlett, *Catherine of Aragon*, Londres, Faber & Faber, 2010, p. 309-312.

17. B. Cottret, *Henri VIII*, Paris, Payot, 1999, p. 78.

18. 26 Hen. VIII, c. 1. Les lois votées par le Parlement (*statute* en anglais) sont généralement présentés ainsi : année du règne, nom du souverain (ici : 26e année du règne d'Henri VIII, chapitre 1).

19. Sorti en 2008, le film de Justin Chadwick, *Deux sœurs pour un roi*, insiste à juste titre sur la rivalité amoureuse entre Mary et Anne Boleyn qui se disputent les faveurs du roi. Mais cette intrigue sentimentale passe visiblement au second plan.

20. N. Sanders, *Histoire du schisme d'Angleterre*, Paris, D. Mariette, 1701, I, p. 19-20.

21. A. Fraser (éd.), *Rois et reines d'Angleterre*, Paris, Tallandier, 1979, p. 182.

22. Cité par H. Paget, « The Youth of Anne Boleyn », *Bulletin of the Institute of Historical Research*, 54 1981, p. 169.

23. N. Sanders, *Histoire du schisme d'Angleterre*, *op. cit.*, p. 150-151. Outre son frère, Mark Smeaton, Henry Norris, Francis Weston et William Brereton sont accusés de s'être partagé les faveurs de la reine.

24. A. Weir, *The Lady in the Tower*, Londres, J. Cape, 2009, p. 329-335.

25. E. Chapuys à Charles Quint, 18 mai 1536. Les différentes références renvoient aux volumes des *Letters and Papers, Foreign and Domestic of the Reign of Henry VIII*, éd. J. S. Brewer, 1862-1910, 35 vol., désormais accessibles en ligne.

26. D. Starkey, *Six Wives*, *op. cit.*, p. 584.

27. Sir John Seymour († 1536), père de Jane, est ainsi présent lors de la rencontre du Drap d'or.

28. Originaire de Riom, Charles de Marillac deviendra évêque de Vannes en 1550, pour mourir dix ans plus tard.

29. Claude de Lorraine († 1550) avait eu entre autres pour filles de son union avec Antoinette de Bourbon-Vendôme, Marie mariée à Jacques V d'Écosse, Louise, Anne, mariée en secondes noces à Charles II de Croÿ, et Renée, abbesse de Saint-Pierre de Reims. Le portrait d'Anne de Guise par Holbein n'a pas survécu.

30. B. Cottret, *Henri VIII*, *op. cit.*, p. 272.

31. Le premier des *Six articles* de 1539 réaffirme le dogme de la transsubstantiation pour l'Église d'Angleterre : « Dans le saint sacrement de l'autel, par la force et l'efficacité des paroles miraculeuses du Christ, prononcées par le prêtre, sont réellement présents, sous la forme du pain et du vin, le corps et le sang naturels de notre Sauveur Jésus-Christ, conçu de la Vierge Marie ; et après la consécration il ne reste rien des substances du pain et du vin, ni d'aucune autre substance, mais il n'y a que la substance de Jésus-Christ, Dieu et homme. »

32. L'excommunication d'Henri VIII se fait en trois temps. Dès 1533, Clément VII exhorte paternellement Henri VIII à quitter Anne Boleyn et à reprendre son épouse Catherine. Le roi est excommunié mais il n'est pas déposé pour autant par le pape. À l'été 1535, Paul III renouvelle l'excommunication et défend aux sujets d'Henri VIII de le reconnaître pour roi. En décembre 1538, cette excommunication est officialisée (on dit fulminée) par le Saint-Siège, avec la même absence d'effets.

33. Un autre portrait en miniature se trouve au Victoria and Albert Museum de Londres. Les deux œuvres sont contemporaines.

34. Sans avoir embrassé lui-même la Réforme, le père d'Anne, Jean de La Marck, duc de Clèves, avait marié sa première fille Sibylle à Jean Frédérick, électeur de Saxe, chef du parti luthérien.

35. Le père d'Anne, Jean de La Marck, duc de Clèves, meurt en 1539 et son fils Guillaume, dit Guillaume le Riche, lui succède.

36. G. Burnet, *Histoire de la Réformation*, Londres, R. Chiswell, 1683-1685, I, p. 371-372.

37. C. Wriothesley, *A Chronicle of England during the Reigns of the Tudors*, Londres, Camden Society, 1875, I, p. 109-111.

38. François (1517-1545), fils d'Antoine duc de Lorraine, épouse la même année 1540 Christine de Danemark.

39. J. Kaulek (éd.), *Correspondance politique de MM. de Castillon et de Marillac*, Genève, Slatkine 1971, p. 214.

40. M. Saaler, *Anne of Cleves*, Londres, Rubicon Press, 1995, p. 116-117.

41. R. H. Helmhoz, *Marriage Litigation in Medieval England*, Cambridge, Cambridge University Press, 1974, p. 27-28 ; S. Melchior-Bonnet, C. Salles, *Histoire du mariage*, Paris, La Martinière, 2001, p. 65.

42. *The Byrth of Mankynde*, Londres, 1540.

43. S. E. James, *Kateryn Parr*, Aldershot, Ashgate, 1999, p. 114 et 170.

44. K. Parr, *Complete Works*, Chicago, Chicago University Press, 2011, p. 89-108, 113.

45. *Ibid.*, p. 24.

46. Leur bonheur sera de courte durée : Catherine Parr s'éteint en septembre 1548 après avoir accouché d'une fille, baptisée Mary ; quant à Thomas Seymour, il meurt exécuté sur Tower Hill en mars 1549.

Notes du chapitre 5, p. 139.

1. Abbé de Vertot, *Ambassades de Messieurs de Noailles en Angleterre*, Leyde, 1763, I, p. 84.

2. *Calendar of State Papers, Venice 1534-1554*, éd. R. Brown, Londres, HMSO, 1873, V, p. 338-362 pour l'ensemble de ce rapport très complet sur l'Angleterre du temps d'Édouard VI, daté de mai 1551, auquel nous empruntons plusieurs citations. Bàrbaro († 1570) avait été ambassadeur de la Sérénissime à Londres d'août 1549 à février 1551.

3. On entend généralement par loi salique les règles de succession au trône de France visant à partir des Valois à interdire les successions féminines. En dépit de son antiquité invoquée (elle remonterait aux Francs saliens des IVe-Ve siècles), cette construction juridique a pour but de justifier le pouvoir de Philippe VI, un neveu de Philippe le Bel, face aux prétentions des Plantagenêts. La branche collatérale des Valois assoit ainsi ses droits à l'héritage d'Hugues Capet et de Saint Louis.

4. D. Loades, *The Reign of Philip and Mary*, Oxford, Davenant, 2001, p. 12 ; E. Duffy (éd.), *J. A. Froude's The Reign of Mary Tudor*, Londres, Continuum, 2009.

5. Le premier Acte d'uniformité en 1549 (2 & 3 Edw. 6, c. 1) et plus encore celui de 1552 (5 & 6 Edw. 6, c. 1) imposent une liturgie nettement protestante à l'ensemble du pays, en particulier pour le culte dominical.

6. A. Whitelock, *Mary Tudor*, Londres, Bloomsbury, 2009, p. 136.

7. J. G. Nicols, *The Chronicle of Queen Jane*, Londres, Camden Society, 1850, p. 89. Jane Grey descendait de Marie, une jeune sœur d'Henri VIII, qui avait épousé le roi de France Louis XII et en secondes noces Charles Brandon, duc de Suffolk. Leur fille Frances Brandon avait eu pour époux Henry Grey, et de leur union était issue la célèbre lady Jane Grey, † 12 février 1554.

8. J. Foxe, *Actes and Monuments*, Londres, J. Day, 1583, X, p. 1406-1407.

9. *Papiers d'État du cardinal de Granvelle*, Paris, Imprimerie nationale, 1841-1853, IV, p. 32.

10. A. Whitelock, *Mary Tudor*, *op. cit.*, p. 186.

11. *Acts of the Privy Council of England*, IV, Londres ; HMSO, 1892, p. 317.

12. J. Foxe, *Actes and Monuments*, *op. cit.*, X, p. 1432-1433 ; Vertot, *Ambassades*, *op. cit.*, II, p. 120.

13. Vertot, *Ambassades*, *op. cit.*, II, p. 140-141.

14. 1 Mary, st. 2, c. 1.

15. Vertot, *Ambassades*, *op. cit.*, I, p. 241.

16. *Inglese italianato, diavolo incarnato*, cité par T. F. Mayer, *Reginald Pole*, Cambridge, Cambridge University Press, 2000, p. 2.

17. R. Pole, *Défense de l'unité de l'Église*, Paris, Vrin, 1967.

18. Les différentes références à la correspondance entre l'Angleterre et l'Espagne renvoient aux volumes des *Calendar of State Papers, Spain, 1554-1558*, éd. T. Tyler, XI-XIII, Londres, HMSO, 1916-1954, désormais accessibles en ligne par dates sur http://www.british-history.ac.uk/catalogue.aspx

19. Vertot, *Ambassades*, *op. cit.*, II, p. 219-220.

20. B. Da Mantova, *Il beneficio di Cristo*, Florence, G. C. Sansoni, 1972, p. 103.

21. R. Pole, *Correspondence*, Aldershot, Ashgate, 2002-2008, II, p. 209.

22. *Papiers d'État du cardinal de Granvelle*, *op. cit.*, IV, p. 125-126, 129 et 135.

23. « Instructions », adressées par Charles à ses « chiers et féaulx conseilliers », MM. Jehan de Montmorency, sieur de Courrières, Jacques de Marnix, sieur de Toulouse-le-Château, chevaliers, et Symon Regard, maître des requêtes ordinaires, 23 juin 1553, *Papiers d'État du cardinal de Granvelle*, *op. cit.*, p. 4-12.

24. R. Wingfield, *Vita Mariae Angliae Reginae*, Londres, Royal Historical Society, Camden Miscellany XXVIII, 1984, p. 278.

25. J. Foxe, *Actes and Monuments*, *op. cit.*, X, p. 1418-1422.

26. Vertot, *Ambassades*, *op. cit.*, I, p. 242.

27. M. Huggarde, *The Assault of the Sacrament of the Altar*, Londres, R. Caly, 1554. La forte dévotion eucharistique de la reine Marie mérite d'être particulièrement soulignée (D. Loades, « The Personal Religion of Mary I », *The Church of Mary Tudor*, Aldershot, Ashgate, 2006, p. 29).

28. A. Whitelock, *Mary Tudor*, *op. cit.*, p. 244.

29. *The Chronicle of Queen Jane*, éd. J. G. Nichols, Londres, Camden Society, 1850, p. 70-71.

30. G. M. Viotti, *Il Felicissimo ritorno del regno d'Inghilterra alla catholica vnione*, sl, sd [1554].

31. Margaret Pole, née Plantagenêt, comtesse de Salisbury, était la fille d'un frère d'Édouard IV, George, duc de Clarence. La comtesse, son fils Henry Pole, baron Montagu, frère du cardinal, et divers autres membres de la famille sont éliminés par la violence à partir de 1539.

32. Lorsqu'il succédera à Jules III à la tête de l'Église au printemps 1555, Paul IV ne manquera pas de louer Pole pour son action.

33. J. Foxe, *Actes and Monuments*, *op. cit.*, X, p. 1476-1479.

34. J. Knox, *The First Blast of the Trumpet*, Genève, J. Poullain, A. Rebul, 1558, fol. 56.

35. P. de Rapin de Thoyras, *Histoire d'Angleterre*, *op. cit.*, VI, p. 139.

36. D. M. Loades, *Mary Tudor*, Kew, National Archives, 2006, p. 199.

37. E. Perlin, *Description des royaumes d'Angleterre et d'Escosse*, Paris, F. Trepeau, 1558, p. 18-20.

38. I. Fernandes, *Marie Tudor*, Paris, Tallandier, 2012, p. 280.

Notes du chapitre 6, p. 171.

1. B. Cottret, *La Royauté au féminin*, Paris, Fayard, 2009, p. 67 ; *Zurich Letters*, Cambridge, Cambridge University Press, 1845, p. 34 ; T. de Bèze, *Confession de la foi chrétienne*, sl, 1561, p. 214.

2. B. Cottret, *La Royauté...*, *op. cit.*, p. 103.

3. J. Aylmer, *An Harborowe for Faithfull and Trewe Subiectes*, Strasbourg, J. Day, 1559, sig. P 5 vo, sig. B 1 et B 1 vo., sig. C 4, sig. H 3 vo.

4. S. D'Ewes, *A Compleat Journal*, Londres, 1693, p. 12.

5. 1 Eliz 1, c 1 ; 1 Eliz 1, c. 2.

6. W. Camden, *Annales,* Londres, R. Field, 1624, p. 35-36.

7. B. Cottret, *La Royauté...*, *op. cit.*, p. 627-640.

8. *Discours des troubles nouvellement advenuz au Royaume d'Angleterre, au moys d'octobre 1569*, Paris, N. Chesneau, 1570, sig. C 2.

9. T. Norton, *A Warning agaynst the Dangerous Practises of Papistes*, 1569, sig. B 1 ; *An Homelie against Disobedience*, Londres, R. Jugge, J. Cawood, 1570, sig. B 3.

10. B. Cottret, *La Royauté…*, *op. cit.*, p. 617-619 ; H. Bullinger, *A Confutation of the Popes bull*, Londres, J. Day, 1572, p. 26.

11. P. Chevallier, *Henri III*, Paris, Fayard, 1985, p. 143-145.

12. T. B. Howell, *A Complete Collection of State Trials*, Londres, Longman, 1809-1828, I, col. 1202 ; Lamothe-Fénelon, *Correspondance diplomatique*, Paris, Panckoucke, 1838-1840, III, p. 420.

13. A. Jouanna, *24 août 1572. La Saint-Barthélemy*, Paris, Gallimard, 2007, p. 210-211.

14. H. Nicolas, *Memoirs of the Life and Times of Sir Christopher Hatton*, Londres, R. Bentley, 1847, p. 30.

15. D. Digges, *The Compleat Ambassador*, Londres, T. Newcombe, 1655, p. 345.

16. B. Cottret, *La Royauté…*, *op. cit.*, p. 296.

17. J. Stubbes, *The Discouerie of a Gaping Gulf*, Londres, W. Page, 1579, sig. A 2.

18. Acte pour la sécurité de la reine, 27 Eliz. I, c. 1.

19. Acte sur la trahison de 1451, 25 Edw. 3, c. 2.

20. W. Cecil, baron Burghley, *L'execution de iustice faicte en Angleterre*, Londres, T. Vautroullier, 1584, p. 4.

21. W. Allen, *A True, Sincere and Modest Defence, of English Catholiques*, Rouen, F. Parsons, 1584.

22. L. Dorléans, *Advertissement des Catholiques anglois*, sl, 1586, p. 6 ; R. Verstegan, *Théâtre des cruautés*, Paris, Chandeigne, 1995.

23. *Declaration des causes qui ont esmeu la Royne d'Angleterre*, Londres, C. Barker, 1585, p. 4-7, p. 28.

24. Ph. Duplessis-Mornay, *Mémoires*, Paris, Treuttel et Würtz, 1824, III, p. 32.

25. W. Allen, *An Admonition*, Anvers, A. Coninncx, 1588, sig. A 3.

26. S. Bertière, *Les Reines de France au temps des Valois*, *op. cit.*, II, p. 21.

27. B. Cottret, « La beauté de la reine », *in* M. Lazard (dir.), *Pierre de Bourdeille, sieur de Brantôme, homme de guerre, homme de Cour* (à paraître).

28. Brantôme, *Recueil des Dames*, Paris, Gallimard, « Bibliothèque de la Pléiade », 1991, p. 71-104 pour l'ensemble de ce texte. On se reportera ici à l'essai d'A. Dubois-Nayt, « Les représentations de l'héroïsme chrétien de Marie Stuart aux XVIe et XVIIe siècles », *Saintes ou sorcières*, Paris, Éd. de Paris, 2006, p. 27-48.

29. *Elizabeth I: Collected Works*, Chicago, University of Chicago Press, 2000, p. 325-326.

30. *Declaration des causes, qui ont esmeu la Royne d'Angleterre*, Lyon, T. Ancelin, 1596, p. 1-2.

31. J. Delumeau, *Le Péché et la Peur*, Paris, Fayard, 1983, p. 189-208.

Notes du chapitre 7, p. 197.

1. Frédérick V sera le principal protagoniste protestant à ses débuts de cette guerre de Trente Ans qui endeuillera le Saint Empire durant la première moitié du XVIIe siècle.

2. S. Bertière, *Les Reines de France au temps des Bourbons*, Paris, de Fallois, 1996-2002, I, p. 198-201.

3. F.-R. de Chateaubriand, *Les Quatre Stuarts*, 1845, *Œuvres complètes*, Paris, Garnier, 1859-1861, X, p. 167.

4. G. Reworth, *The Prince and the Infanta*, New Haven, Yale University Press, 2003, p. 192.

5. *Mémoires inédits du comte Leveneur de Tillières*, Paris, Poulet-Malassis, 1862, p. 51.

6. B. Cottret, « Diplomatie et éthique de l'État », *L'État baroque*, Paris, Vrin, 1985, p. 221-242 pour l'ensemble de ces développements.

7. B. Cottret *et al.*, *Histoire des îles Britanniques*, Paris, A. Colin, 2005, p. 110-111.

8. H. Ellis, *Original Letters*, Londres, Triphook & Lepard, 1825, 1-III, p. 197-198.

9. François de Sales, *Œuvres*, Paris, Gallimard, « Bibliothèque de la Pléiade », 1969, p. 164 ; Racan, *Les Bergeries*, Paris, Toussaint du Bray, 1625, p. 57 ; K. Britland, *Drama at the Courts of Queen Henrietta Maria*, Cambridge, Cambridge University Press, 2006, p. 34-52.

10. *Mémoires inédits du comte Leveneur de Tillières*, *op. cit.*, p. 66,

11. *Negociation du Mareschal de Bassompierre*, Cologne, Pierre du Marteau, 1668, p. 26 et 113.

12. F. Gayot de Pitaval, *Causes célèbres*, La Haye, J. Neaulme, 1746, II, p. 204.

13. Le Caravage a également une production picturale religieuse considérable, dont un *David et Goliath* ou une célèbre *Judith et Holopherne* mais on ne saurait dire que ces œuvres pleines de sang et de fureur relèvent de la piété, même si quelques saints (dont Jérôme et François d'Assise) ou le cardinal (et futur pape) Maffeo Barberini se fraient un chemin parmi les toiles du maître.

14. R. M. Smuts, « Religion, European Politics and Henrietta Maria's Circle », *in* E. Griffey (dir.), *Henrietta Maria*, Aldershot, Ashgate, 2008, p. 13-37. En juin 1625, Madame de Chevreuse passe en Angleterre avec Henriette-Marie. L'évêque de Mende, un parent de Richelieu, s'inquiète devant la liberté de mœurs de la duchesse : « Je suis honteux des impudences de Madame de Chevreuse et de la faiblesse du mari », dit-il avec inquiétude. Elle en rentre en juillet après sa liaison tapageuse avec Holland. Sans doute Buckingham, toujours prêt à donner de sa personne, a-t-il éga-

lement goûté à ses charmes ; le roi seul aurait résisté à ce fruit défendu. « Notre chère cousine s'en retournant remporte le contentement que nous perdons par son retour, avec l'honneur, le respect, prières et toutes sortes de bons souhaits non seulement de toute notre Cour, mais aussi de tous autres qui ont eu l'honneur de la voir ou qui ont ouï parler d'elle », écrit Charles Ier à Louis XIII (D. Tilliniac, *La Duchesse de Chevreuse*, Paris, Perrin, 2013, p. 130 et 133-134). Elle revient en Angleterre treize ans plus tard, et y reste jusqu'en mai 1640. Elle y retourne en 1645 pour être arraisonnée au large de l'île de Wight et incarcérée. Entre-temps, Henriette-Marie a voulu la revoir en France, mais Anne d'Autriche l'en a dissuadée.

15. *L. Magalotti, Relazioni d'Inghilterra*, Florence, Olschki, 1972, p. 213.

16. Cette hypothèse a été reprise récemment par A. Adolph dans son livre *The King's Henchman, Henry Jermyn*, Londres, Gibson Square, 2012, p. 57-59.

17. La princesse Marie (1631-1660) va épouser Guillaume II d'Orange-Nassau, et donner le jour au futur roi Guillaume III, roi d'Angleterre, d'Écosse et d'Irlande après la Glorieuse Révolution.

18. P. de Rapin de Thoyras, *Histoire d'Angleterre*, La Haye, C. Van Lom *et al.*, 1733, VIII, p. 40.

19. *Mémoires de Mme de Motteville*, Paris, G. Charpentier, 1855, I, p. 183-214, 222-224 et XIII.

20. P. de Rapin de Thoyras, *Histoire d'Angleterre, op. cit.*, VIII, p. 527-531 pour l'ensemble de cette correspondance.

21. *Mémoires de mademoiselle de Montpensier, Collection des Mémoires*, Paris, Foucault, 1824-1825, vol. XL, p. 472-475.

22. *Mémoires de Mme de Motteville, op. cit.*, II, p. 51-52, 104-105 et 340-355.

23. C. de Baillon, *Henriette-Marie de France*, Paris, France-Empire, 2013, p. 199.

24. Bossuet, *Oraison funèbre prononcée le 16 novembre 1669*, *Œuvres*, Paris, Gallimard, 1961, p. 57-81.

Notes du chapitre 8, p. 227.

1. E. Corp corrige : « Il se peut qu'elle n'ait pas été belle, mais elle était jeune et jolie [*young and pretty*] » (*Queenship in Britain* éd. C. C. Orr, Manchester, Manchester University Press, 2002, p. 54).

2. S. Pepys, *Journal*, Paris, Robert Laffont, 1994, I, p. 215.

3. A. Hamilton, *Mémoires du comte de Grammont*, Londres, J. Dodsley, 1783 p. 133 et 79. Sir Winston Leonard Spencer Churchill (1874-1965),

l'un des plus grands hommes d'État que l'Angleterre ait comptés, descend plus précisément d'une fille de Marlborough, Anne Spencer, comtesse de Sunderland (1683-1716). Il est à ce titre un cousin éloigné de Diana Spencer, la célèbre Lady Di de la chronique.

4. B. C. Brown (éd.), *Letters and Diplomatic Instructions of Queen Anne*, Londres, Cassel & Co, 1935, p. 16.

5. J. A. Winn, *Queen Anne*, Oxford, Oxford University Press, 2014, p. 663.

6. J. Swift, *Histoire du règne de la reine Anne*, Amsterdam, Rey, Arkstée & Merkus, 1765, p. 19 ; *Histoire secrette de la reine Zarah*, Oxford, 1711, p. A3 ; S. Churchill, *An Account of the Conduct of the Dowager Duchess of Marlborough*, Londres, G. Hawkins, 1742, p. 9-12.

7. G. Burnet, *Histoire de mon* temps, Paris, Pichon-Béchet, 1827, IV, p. 330-331.

8. A. Somerset, *Queen Anne*, New York, A. A. Knopf, 2013, p. 47.

9. 6 février 1716, *Correspondance complète de Madame duchesse d'Orléans*, Paris, Charpentier, 1857, I, p. 214-215.

10. B. Cottret, *La Glorieuse Révolution d'Angleterre*, Gallimard, 2013, p. 130-137.

11. S. Churchill, *An account*..., *op. cit.*, p. 13-14.

12. J. Michelet, *Histoire de France*, *op. cit.*, X, p. 187.

13. B. C. Brown (éd.), *Letters and Diplomatic Instructions*..., *op. cit.*, p. 43-45 et 52-53.

14. E. Gregg, *Queen Anne*, Londres, Ark Paperbacks, 1984, p. 74.

15. *Act of Settlement* (12 & 13 Will. III, c. 2).

16. J.-B. Renoult, *Le Panegyrique de leurs majestez Britanniques*, Londres, J. Mayos, D. Du Chemin, 1702, p. 10.

17. Cette *whig junto* est composée de John, baron Somers, de Charles Montagu, comte d'Halifax, de Thomas, marquis Wharton, d'Edward Russell, comte d'Orford, et finalement de Charles Spencer, comte de Sunderland.

18. F. Harris, *A Passion for Government*, Oxford, Clarendon Press, 1991, p. 2.

19. W. T. Morgan, *English Political Parties*, New Haven, Yale University Press, 1920, p. 194.

20. F. Kersaudy, *Winston Churchill*, Paris, Tallandier, 2009 ; nouvelle édition, 2015, p. 15.

21. W. Coxe, *Memoirs of John, Duke of Marlborough*, H. G. Bohn, 1847-1848, II, p. 2-12 et 200-221.

22. *The Rival Dutchess*, Londres, 1708, p. 6.

23. *Mémoires secrets de Mylord Bolingbroke*, Londres, 1754, p. 16-18.

24. *Chronique des rois d'Angleterre*, Londres, T. Cooper, 1743, p. 134.

25. B. Cottret, *Bolingbroke*, Paris, Klincksieck, 1992, I, p. 49.

26. Contre un *bill* sur la milice d'Écosse. Nous parlons ici du droit de veto concernant une loi déjà passée par le Parlement qui doit recevoir l'assentiment royal pour être valide. Cette ratification *a posteriori* doit être distinguée de l'assentiment *a prioi* du roi ou de la reine, ou encore du prince de Galles à un projet de loi, en particulier lorsque les intérêts financiers ou autres de la monarchie sont concernés. Dans ce domaine, la reine Élisabeth II a eu plusieurs fois l'occasion d'utiliser sa prérogative.

27. M. Bloch, *Les Rois thaumaturges*, Paris, Gallimard, 1983, p. 397 ; R. Asch, *Sacral Kingship*, Oxford, Berghahn, 2015, p. 4 ; R. Bucholz, *Queenship in Britain*, Manchester, Manchester University Press, 2002, p. 94 et 108.

Notes du chapitre 9, p. 255.

1. Bolingbroke, *Lettres sur l'esprit de patriotisme*, *op. cit.*, p. 6.

2. J. Toland, *An Account of the Courts of Prussia and Hannover*, Londres, J. Roberts, 1714 ; J. Champion, « The Empire of Reason », *Hannover, Grossbritannien und Europa*, Göttingen, Wallstein, 2014, p. 238.

3. « Comme il a plu à Dieu tout-puissant de retirer en sa grâce notre dernière souveraine et dame, la reine Anne de bénite mémoire, et que par cette mort les couronnes impériales de la Grande-Bretagne, de France, et d'Irlande, sont tombées uniquement et de plein droit à haut et puissant prince l'électeur de Brunswick Lunebourg,

« À ces causes, nous, lords ecclésiastiques et séculiers de ces royaumes, assistés des conseillers privés de Sa Majesté défunte et d'un nombre d'autres gentilshommes de qualité, le lord maire, les échevins et citoyens de Londres, à ces causes, savoir faisons d'unanimité de voix, de consentement de bouche et de cœur, publions et proclamons, que le haut et puissant prince George électeur de Brunswick-Lunebourg, par le décès de notre défunte souveraine d'heureuse mémoire est devenu notre unique légitime et véritable seigneur George par la grâce de Dieu, roi de la Grande-Bretagne, de France, et d'Irlande, défenseur de la foi auquel nous promettons hommage, entière fidélité et obéissance constante, avec une affection toute cordiale et soumise, priant Dieu, par qui les rois et les reines règnent, de bénir Sa Majesté le roi George d'un long et heureux règne sur nous » (Donné au palais de St James le 12 août 1714). *Mémoires du règne de George I*, La Haye, A. Moetjens, 1729-1731, I, p. 371-372.

4. Dès le XVIIIe siècle, on écrase une larme en dévorant le récit des malheurs de Sophie. L'infortunée princesse s'était rendue coupable d'adultère en compagnie de Philipp Christoph de Königsmarck, un grand Suédois aux « yeux noirs et saillants », au « front spirituel et surmonté d'une forêt de

cheveux noirs un peu crépus », aux « lèvres sensuelles », et à « l'ironie étincelant sur tous les traits ». Assassiné pour sa témérité, Königsmarck sera pour la génération romantique de la race des aventuriers « présomptueux, légers, satiriques, ardents » et « capables de tout ». La pauvre Sophie Dorothée suscitera pour sa part la commisération des lecteurs de la *Revue des Deux Mondes*, appelés en 1845 à déplorer « l'innocente imprudence » de cette reine enfermée pendant trente ans par le roi son mari (*Histoire secrette de la duchesse d'Hannover*, Londres, Compagnie des libraires, 1732 ; *Mémoires Revue des Deux Mondes* 11 (1845), p. 348-352).

5. *To a Thing they call Prince of Wales*, sl, sd.

6. *Correspondenz von Leibniz mit Caroline*, Hildesheim, G. Olms, 1973, p. 31.

7. 2 novembre 1704, *Correspondance de Madame duchesse d'Orléans*, Paris, A. Quantin, 1880, p. 321.

8. G. Burnet, *History of his Own Time*, Oxford, Clarendon Press, 1823, V, p. 313.

9. Le *Septennial Act* de mai 1716 (1 Geo I St 2, c. 38) reste en application jusqu'en 1911. Il succède lui-même à une loi de 1694 fixant la durée maximale des parlements à trois ans, le *Triennial Act* (6 & 7 Will & Mary, c. 2).

10. *Letters of Madame*, Londres, Chapman, 1924, II, p. 77 ; H. Walpole, *Reminiscences*, Londres, J. Sharpe, 1819, p. 21-22.

11. J. M. Beattie *The English Court in the Reign of George I*, Cambridge, Cambridge University Press, 1967, p. 262.

12. *Diary of Mary Countess Cowper*, Londres, J. Murray, 1864, p. 191-192 et 79-80.

13. 4 décembre 1714, *Correspondenz von Leibniz*, *op. cit.*, p. 26.

14. J. Perceval, comte d'Egmont, *Manuscripts*, HMSO, 1920-1923, II, p. 319-320.

15. *Diary of Mary Countess Cowper*, *op. cit.*, p. 102.

16. *Memoirs of the Life and Administration of Sir Robert Walpole*, Londres, T. Cadell & W. Davies, 1798, I, p. 60.

17. *Characters by Lord Chesterfield*, Londres, E. & C. Dilly, 1778, p. 10.

18. 13 février 1706, *Correspondenz von Leibniz*, *op. cit.*, p. 4 ; septembre 1715, *ibid.*, p. 47 ; novembre 1715, *ibid.*, p. 52 et 54 ; mai 1716, *ibid.*, p. 112.

19. *Diary of Mary Countess Cowper*, *op. cit.*, p. 126-127.

20. R. Steele, *Epistolary Correspondence*, Londres, J. Nicholas, 1819, 2 vol., II, p. 406-407.

21. *Works of [...] Joseph Addison*, Londres, G. Bell, 1889-1893, VI, p. 514-519 ; *Letters of Joseph Addison*, Oxford, Clarendon Press, 1941, p. 394-395.

22. *Works of [...] Joseph Addison, op. cit.*, VI, p. 519-522. Spencer Compton, futur comte Wilmington († 1743), est également à l'époque le trésorier du prince de Galles.

23. Townshend avait épousé en secondes noces Dorothy Walpole, sœur de Robert.

24. *Diary of Mary Countess Cowper, op. cit.*, p. 164.

25. W. H. Wilkins, *Caroline the Illustrious*, Londres, Longmans, Green & Co, 1901, I, p. 337.

26. J. H. Plumb, *Sir Robert Walpole*, Londres, Cresset Press, 1956-1960, I, p. 309-315.

27. W. H. Wilkins, *Caroline the Illustrious, op. cit.*, II, p. 26-27.

28. R. Drögerei, « Das Testament König Georgs I. », *Niedersächsisches Jahrbuch für Landesgeschichte*, 14, 1937, p. 181 ; N. Harding, *Hanover and the British Empire*, Woodbridge, Boydell Press, 2007, p. 73-74.

29. H. Walpole, *Memoirs of the Reign of King George the Second*, Londres, H. Colburn, 1846-1847, III, p. 306-308 ; *Memoirs and Speeches of James, Second Earl Waldegrave*, Cambridge, Cambridge University Press, 2002, p. 25 ; R. Hatton, *George I*, New Haven, Yale University Press, 2001, p. 169.

30. J. Hervey, *George the Second*, Londres, J. Murray, 1848, I, p. 58-65.

31. J. Black, *Robert Walpole and the Nature of Politics*, Basingstoke, Macmillan, 1990, p. 38 ; J. Van Der Kiste, *King George II and Queen Caroline*, Stroud, Sutton, 1997, p. 104.

32. J. H. Plumb, *Sir Robert Walpole, op. cit.*, I, p. 39.

33. B. Cottret, M. Cottret, J. Borm (dir.), *Savoir et pouvoir*, Paris, Éd. de Paris, 2011.

34. E. Curll, *The Rarities of Richmond*, Londres, 1736, p. 7 et 12 ; M. C. Kilburn, « Royalty and Public in Britain: 1714-1789 », Oxford, D. Phil., 1997, p. 153-155.

35. E. Pearce, *Sir Robert Walpole*, Londres, Jonathan Cape, 2007, p. 387.

36. 1 Co 15, 55 ; J. Perceval, comte d'Egmont, *Manuscripts*, HMSO, 1920-1923, II, p. 458.

37. A. Clarke, *An Essay towards the Character of Her Late Majesty Caroline*, Londres, J. & P. Knapton, 1738, p. 17 ; Voltaire, *Mélanges*, Paris, Gallimard, 1961, p. 31.

Notes du chapitre 10, p. 287.

1. R. Huish, *William IV*, Londres, W. Emans, 1837, p. 25.
2. *Royal Marriages Act* (12 Geo III, c. 11).
3. L. Strachey, *Queen Victoria*, Londres, Chatto & Windus, 1921, p. 3.

4. K. Hudson, *A Royal Conflict*, Londres, Hodder & Stoughten, 1994, p. 39.

5. A. Clarke, *Scandal*, Princeton, Princeton University Press, 2014, p. 153.

6. *The Queen's Letter to the King*, Kendal, R. Lough, 1820, p. 18-29.

7. T. Almertè, *Voyages de Sa Majesté la reine d'Angleterre*, Paris, Locard et Davi, 1821, p. V-VI.

8. Caroline, *Letter from the Queen to the King*, Londres, W. Benbow, 1820, p. 7.

9. T. Harral, *Henry the Eighth and George IV*, Londres, C. & H. Baldwin, 1820 ; K. Baker, *George IV*, Londres, Thames & Hudson, 2005, p. 191 ; L. Carter, « British Masculinities on Trial », *Gender and History*, 20-2, 2008, p. 249.

10. E. T. Lean, *The Napoleonists*, Oxford, Oxford University Press, 1970, p. 118 ; P. B. Shelley, *Oedipus Tyrannus*, Londres, J. Johnson, 1820, couverture.

11. W. H. Wilkins, *Mrs Fitzherbert and George IV*, Londres, Longmans, Green & Co, 1905, II, p. 215.

Notes du chapitre 11, p. 307.

1. K. Hudson, *A Royal Conflict*, Londres, Hodder & Stoughten, 1994, p. 56.

2. C. Hibbert, *Queen Victoria, in Her Letters and Journals*, Stroud, Sutton, 2000, p. 10.

3. L. Strachey, *Queen Victoria*, Londres, Chatto & Windus, 1921, p. 22.

4. K. Hudson, *A Royal Conflict*, *op. cit.*, 1994, p. 104.

5. R. Esher (dir.), *The Girlhood of Queen Victoria*, Londres, J. Murray, 1912, I, p. 168.

6. *Letters of Queen Victoria*, Londres, J. Murray, 1907, I, p. 47-49. Passé en août 1833, l'Acte abolissant l'esclavage dans la plus grande partie de l'Empire britannique (3 & 4 Will. IV c. 73) précède de quinze ans le décret français équivalent d'avril 1848.

7. C. F. C. Greville, *Memoirs*, Londres, Longman & Green, 1903-1905, III, p. 365-368.

8. R. Esher (dir.), *The Girlhood of Queen Victoria*, *op. cit.*, I, p. 194.

9. F. Guizot, *Mémoires*, Paris, Michel Lévy, 1858-1867, V, p. 9.

10. L. Strachey, *Queen Victoria*, *op. cit.*, p. 53 et 55.

11. S. Smith, *Works*, Londres, Longman, Orme, Brown, Green, and Longmans, 1839, III, p. 178-179.

12. S. Walpole, *The Life of Lord John Russell*, Londres, Longmans, Green & Co, 1889, I, p. 284.

13. C. F. C. Greville, *Memoirs*, *op. cit.*, III, p. 373-376.

14. R. Huish, *William IV*, *op. cit.*, p. 1-4.

15. R. Esher (dir.), *The Girlhood of Queen Victoria*, *op. cit.*, I, p. 357.

16. Paul Beliën, *A Throne in Brussels: Britain, the Saxe-Coburgs and the Belgianisation of Europe*, Exeter, Imprint Academic, 2005, p. 66.

17. C. Hibbert, *Queen Victoria. A Personal History*, Londres, Harper Collins, 2000, p. 216-220 et 149.

18. J. Ridley, *Victoria*, Milton Keynes, Allen Lane, 2015, p. 84.

19. F. Guizot, *Mémoires*, *op. cit.*, p. 10-11.

20. E. Daudet, *Une vie d'ambassadrice*, Paris, Plon-Nourrit, 1904, p. 285.

21. P. De Witt, *Le Prince Albert*, Paris, Michel Lévy, 1863, p. 3 et 13.

22. E. Landseer, *Windsor Castle in Modern Times*, National Trust, Anglesey Abbey ; S. Schama, « The Domestication of Majesty », *Journal of Interdisciplinary History*, 17, 1986, p. 155.

23. *Letters of Queen Victoria*, *op. cit.*, I, p. 352-353.

24. 1er octobre 1842, R. Esher (dir.), *The Girlhood of Queen Victoria*, II, p. 136-137.

25. *Ibid.*, p. 144.

26. J. A. Auerbach, *The Great Exhibition of 1851*, New Haven, Yale University Press, 1999, p. 1 ; F. Crouzet, *L'Économie de la Grande-Bretagne victorienne*, Paris, Belin, 2009, p. 9-10.

27. *Letters of Queen Victoria*, *op. cit.*, II, p. 476.

28. C. Hibbert, *Queen Victoria. A Personal History*, *op. cit.*, p. 230-237.

29. *Letters of Queen Victoria*, *op. cit.*, II, p. 317-318 et III, p. 50 et 242.

30. C. F. C. Greville., *Memoirs*, *op. cit.*, VIII, p. 128-129.

31. P. De Witt, *Le Prince Albert*, *op. cit.*, p. v et xv.

32. J. Ridley, *Victoria*, *op. cit.*, p. 80.

33. E. Longford, *Victoria* (1964), Londres, Abacus, 2011, p. 500.

34. W. Meynell, *Benjamin Disraeli*, New York, D. Appleton & Co, 1903, p. 508.

35. R. W. Seton-Watson, *Disraeli, Gladstone and the Eastern Question*, Londres, Routledge, 1971, p. 7.

36. S. Weintraub, *Victoria*, Paris, Robert Laffont, 1988, p. 590.

37. E. Longford, *Élisabeth II. La couronne et la famille*, Paris/Montréal, Sand/Primeur, 1984, p. 695.

Notes du chapitre 12, p. 341.

1. W. Bagehot, *La Constitution anglaise*, Paris, Germer Baillière, 1869, p. 5.

2. E. Longford, *Élisabeth II*, *op. cit.*, p. 10 ; S. Bradford, *Élisabeth II*, Paris, L'Archipel, 1996-2001 ; S. Bern, *Le Destin d'une reine*, Paris, Albin Michel, 2012 ; J. Moulin, *Élisabeth II*, Paris, Flammarion, 2012, p. 7 ; C. Hargrove, *Élisabeth II*, Paris, Perrin, 1994, p. 9.

3. D. Palmer, *The Queen and Mrs Thatcher*, Stroud, History Press, 2015, p. 17 et 23-25.

4. C. Davies, « Philip, the One Constant Through Her Life », *Telegraph*, 20 avril 2006 ; G. Rayner, « Queen's "Tears" over Duke of Edinburgh's Brutal' Behaviour », *Telegraph*, 2 décembre 2011 ; T. Heald, *Le Duc*, Paris, Zélie, 1992, p. 125.

5. Depuis une déclaration devant le conseil privé de 1960, les descendants de la reine peuvent utiliser le patronyme Mountbatten Windsor pour leur état civil, à moins théoriquement que leur prénom ne soit précédé des mots « prince », « princesse » où *royal hightness.* Le nom de la dynastie demeure Windsor cependant.

6. La majorité de ces discours, sans cesse actualisés, se trouve sur Internet : http://www.royal.gov.uk/Home.aspx.

7. M. Pearce, G. Stewart, *British Political History*, Londres, Routledge, 2002, p. 610.

8. G. Couderc, « *Gloriana* de Britten », *Revue LISA/LISA e-journal*, 4/2, 2006, p. 106-125.

9. F. Kersaudy, *Winston Churchill*, *op. cit.*, p. 636.

10. *Ibid.*, p. 665.

11. *Keesing's Record of World Events*, XI, décembre 1965, Rhodesia, p. 21087.

12. I. D. Smith, *The Great Betrayal*, Londres, Blake, 1997, p. 104-105.

13. P. Mangold, *The Almost Impossible Ally*, Londres, I. B. Tauris, 2006, p. 218.

14. Margarita avait épousé Gottfried von Hohenlohe-Langenburg ; Theodora, Berthold, margrave de Baden ; Cecilia, Georg Donatus, grand-duc de Hesse ; Sophie le prince Christophe de Hesse.

15. « England/Elizabeth II. Besuch des Jahrhunderts », *Der Spiegel*, 19 mai 1965.

16. D. Palmer, *The Queen and Mrs Thatcher*, Londres, History Press, 2015.

17. M. Roche, « Un monarque qui n'a pas aimé tous ses premiers ministres », *Le Monde*, 2 février 2012.

18. M. Jones, S. Freeman, « The African Queen », *Sunday Times*, 20 juillet 1986.
19. F. Kersaudy, *Lord Mountbatten*, Paris, Payot, 2015, p. 395.
20. A. Slaby, *Histoire de l'Irlande. De 1912 à nos jours*, Paris, Tallandier, 2016, p. 9.
21. A. Morton, *Diana*, Paris, O. Orban, 1992 ; S. Harrison, *Telegraph*, 15 août 2015.
22. S. Frears, *The Queen*, 2006, avec H. Mirren dans le rôle-titre.

Notes de la conclusion, p. 371.

1. J. Thirsk, « Preface », *Women in English Society*, Londres, Methuen, 1985, p. 2-5.
2. W. Blackstone, *Commentaries*, Chicago, Chicago University Press, 1979, I, p. 212-219.
3. R. Huish, *William IV*, *op. cit.*, p. 417.
4. De plus, le *Royal Marriages Act* a été abrogé en mars 2015. L'autorisation préalable de la couronne ne s'applique désormais plus qu'aux six premiers dans l'ordre de la succession : Charles, prince de Galles ; son fils, le prince William, duc de Cambridge ; son petit-fils, le prince George de Cambridge ; la princesse Charlotte de Cambridge, sa petite-fille ; le prince Henry, second fils de Charles ; le prince Andrew, duc d'York, second fils de la reine Élisabeth.
5. A. Casanova, *Figures de Dieu*, Paris, L'Harmattan, 2015, p. 13. La préférence masculine avait déjà été abolie dans plusieurs monarchies européennes de 1979 à 2009 : Suède, Pays-Bas, Norvège, Belgique et Danemark. On notera aussi qu'une personne ayant un conjoint de confession catholique n'est plus exclue de l'ordre de succession au Royaume-Uni.

Appendice

LES REINES D'ANGLETERRE DEPUIS GUILLAUME DE NORMANDIE

LES NORMANDS
Mathilde de Flandre (1066-1083) ép. Guillaume le Conquérant.
Mathilde d'Écosse (vers 1080-1118) ép. Guillaume II.
Adélaïde de Louvain (1121-1135) ép. Henri Ier Beauclerc.
Mathilde de Boulogne (1103-1152) ép. Étienne.
Impératrice Mathilde (1135-1141) ép. (1) Henri V du Saint Empire (2) Geoffroy V le Bel, comte du Maine.

LES PLANTAGENÊTS
Aliénor d'Aquitaine (1122-1204) ép. (1) Louis VII, (2) Henri II Plantagenêt.
Marguerite de France (1158-1197) ép. (1) Henri le Jeune Plantagenêt, (2) Béla III de Hongrie.
Bérangère de Navarre (1165-1230) ép. Richard Ier Cœur de Lion.
Isabelle d'Angoulême (1188-1246) ép. (1) Jean sans Terre, (2) Hugues X de Lusignan.
Éléonore de Provence (1223-1291) ép. Henri III.
Éléonore de Castille (1241-1290) ép. Édouard Ier.
Marguerite de France (1279-1318) ép. Édouard Ier.
Isabelle de France (1292-1358) ép. Édouard II.
Philippa de Hainaut (1311-1369) ép. Édouard III.
Anne de Bohême (1366-1394) ép. Richard II.
Isabelle de Valois (1389-1409) ép. (1) Richard II, (2) Charles Ier, duc d'Orléans.

LES LANCASTRE ET YORK
Jeanne de Navarre (1370-1437) ép. Henri IV de Lancastre.
Catherine de Valois (1401-1437) ép. Henri V de Lancastre.
Marguerite d'Anjou (1430-1482) ép. Henri VI de Lancastre.

Élisabeth Woodville (1437-1492) ép. Édouard IV d'York.
Marguerite d'Anjou (1430-1482) ép. Henri VI de Lancastre.
Anne Neville (1456-1485) ép. Richard III d'York.

LES TUDORS
Élisabeth d'York (1466-1503) ép. Henri VII Tudor.
Catherine d'Aragon (1485-1536) ép. Henri VIII.
Anne Boleyn (?-1536) ép. Henri VIII.
Jane Seymour (1508-1537) ép. Henri VIII.
Anne de Clèves (1515-1557) ép. Henri VIII.
Catherine Howard (? -1542) ép. Henri VIII.
Catherine Parr (1512-1548) ép. Henri VIII.
Marie Tudor (1516-1558).
Élisabeth Ire (1533-1603).

LES STUARTS
Anne de Danemark (1574-1619) ép. Jacques Ier.
Henriette-Marie de France (1609-1669) ép. Charles Ier.
Catherine de Bragance (1638-1705) ép. Charles II.
Marie de Modène (1658-1718) ép. Jacques II.
Marie Stuart (1662-1694) ép. Guillaume III.
Anne Ire (1665-1714) ép. George de Danemark.

LES HANOVRE
Caroline d'Ansbach (1683-1737) ép. George II.
Charlotte de Mecklembourg-Strelitz (1744-1818), ép. George III.
Caroline de Brunswick (1768-1821), ép. George IV.
Adélaïde de Saxe-Meiningen (1792-1849) ép. Guillaume IV.
Victoria (1819-1901).
Alexandra de Danemark (1844-1925), ép. Édouard VII.
Marie de Teck (1867-1953), ép. George V.
Élisabeth Bowes-Lyon (1900-2002) ép. George VI.
Élisabeth II, née en 1926.

Bibliographie

Acts of the Privy Council of England, IV, éd. J. R. Dassent, Londres, HMSO, 1892.

ADOLPH Anthony, *The King's Henchman, Henry Jermyn*, Londres, Gibson Square, 2012.

AGULHON Maurice, *Marianne au combat*, Paris, Flammarion, 1979.

ALLEN William, *A True, Sincere and Modest Defence, of English Catholiques*, Rouen, F. Parsons, 1584.

— , *An Admonition to the Nobility and People of England and Ireland*, Anvers, A. Coninncx, 1588.

ALMERTÈ Tarmini, *Voyages de Sa Majesté la reine d'Angleterre et du baron Pergami*, Paris, Locard et Davi, 1821.

An Homelie against disobedience, Londres, R. Jugge, J. Cawood, 1570.

Annales de Saint-Bertin et de Saint-Vaast, Paris, Veuve Jules Renouard, 1871.

ASCH Ronald G., *Hannover, Grossbritannien und Europa*, Göttingen, Wallstein, 2014.

— , *Sacral Kingship Between Disenchantment and Re-Enchantment. The French and English Monarchies 1587-1688*, Oxford, Berghahn, 2015.

ASSER *Histoire du roi Alfred*, éd. A. Gautier, Paris, Les Belles Lettres, 2013.

AUERBACH Jeffrey A., *The Great Exhibition of 1851*, New Haven, Yale University Press, 1999.

AURELL Martin, « Aux origines de la légende noire d'Aliénor d'Aquitaine », *Royautés imaginaires*, (éd.) A.-H. Allirot, G. Lecuppre, L. Scordia, Turnhout, 2005, p. 89-102.

— , *Aliénor d'Aquitaine*, Cahiers de Fontevraud, 2014.

AYLMER John, *An Harborowe for Faithfull and Trewe Subiectes*, Strasbourg, J. Day, 1559.

BAGEHOT Walter, *La Constitution anglaise*, Paris, Germer Baillière, 1869.

BAILLON Charles DE, *Henriette-Marie de France*, Paris, France-Empire, 2013.

BAKER Kenneth, *George IV. A Life in Caricature*, Londres, Thames & Hudson, 2005.

BALOUZAT-LOUBET, Christelle, *Mahaut d'Artois*, Paris, Perrin, 2015.

BASIN Thomas, *Histoire des règnes de Charles VII et de Louis XI*, Paris, J. Renouard, 1855-1859, 4 vol.
BASSOMPIERRE François DE, *Negociation du Mareschal de Bassompierre envoyé ambassadeur extraordinaire en Angleterre de la part du Roy tres-chrestien l'an 1626*, Cologne, Pierre du Marteau, 1668.
BEATTIE John Maurice, *The English Court in the Reign of George I*, Cambridge, Cambridge University Press, 1967.
BEDOUELLE Guy, LE GAL, Patrick, *Le « Divorce » du roi Henri VIII*, Genève, Droz, 1987.
BELIËN Paul, *A Throne in Brussels: Britain, the Saxe-Coburgs and the Belgianisation of Europe*, Exeter, Imprint Academic, 2005.
BEN M'CHAREK Leïla, « Étude lexicométrique : les discours royaux de Noël en Grande-Bretagne de 1932 à 1997 », thèse, Paris III, dir. Monica Charlot, 2000.
BENNASSAR Bartolomé, *Le Lit, le Pouvoir et la Mort*, Paris, de Fallois, 2006.
BENNETT Gareth V., « Robert Harley, the Godolphin Ministry, and the Bishoprics Crisis of 1707 », *English Historical Review*, 82, 1967, p. 726-746.
BENOÎT DE SAINTE-MAURE, *Roman de Troie*, Paris, Firmin Didot, 1904-1912, 6 vol.
BERN Stéphane, *Le Destin d'une reine*, Paris, Albin Michel, 2012.
BERNARD, saint, *Œuvres complètes*, Paris, L. de Vivès, 1866, 8 vol, http://www.abbaye-saint-benoit.ch/saints/bernard.
BERNARD George William, « Anne Boleyn's Religion », *Historical Journal*, 36, 1993, p. 1-20.
— , *Anne Boleyn*, New Haven, Yale University Press, 2010.
BERTIÈRE Simone, *Les Reines de France au temps des Valois*, Paris, de Fallois, 1994, 2 vol.
— , *Les Reines de France au temps des Bourbons*, Paris, de Fallois, 1996-2002, 4 vol.
BERTOLONI MELI Domenico, « Caroline, Leibniz, and Clarke », *Journal of the History of Ideas*, 60, 1999, p. 469-486.
BÈZE Théodore DE, *Confession de la foi chrétienne*, sl, 1561.
BILLIG Michael, *Talking of the Royal Family*, Londres, Routledge, 1999.
BLACK Jeremy, *Robert Walpole and the Nature of Politics*, Basingstoke, Macmillan, 1990.
— , *The Hannoverians*, Londres, Hambledon, 2004.
BLACKSTONE William, *Commentaries of the Laws of England*, Chicago, Chicago University Press, 1979, 4 vol.
BLOCH Marc, *Les Rois thaumaturges*, Paris, Gallimard, 1983.
BOLINGBROKE Henry ST JOHN, vicomte, *Lettres sur l'esprit de patriotisme*, Londres, 1750.
— , *Mémoires secrets de Mylord Bolingbroke*, Londres, 1754.

BOSSUET, *Œuvres*, Paris, Gallimard, « Bibliothèque de la Pléiade », 1961.
BOYER Abel, *The History of the Reign of Queen Anne*, Londres, 1703-1713, 11 vol.
BRADFORD Sarah, *Élisabeth II. Une vie*, Paris, L'Archipel, 1996-2001.
BRANTÔME, Pierre DE BOURDEILLE, sieur DE, *Recueil des Dames*, Paris, Gallimard, 1991.
BREWER John Sherren, GAIRDNER James, BRODIE R. H. (éd.), *Letters and Papers, Foreign and Domestic of the Reign of Henry VIII*, 1862-1910, 35 vol.
BRITLAND Karen, *Drama at the Courts of Queen Henrietta Maria*, Cambridge, Cambridge University Press, 2006.
BROWN Beatrice Curtis (éd.), *The Letters and Diplomatic Instructions of Queen Anne*, Londres, Cassel & Co, 1935.
BROWN Elizabeth A. R., « The Political Repercussions of Family Ties in the Early Fourteenth Century », *Speculum*, 63, 1988, p. 573-595.
BULLINGER Heinrich, *Refutatio Bullae papisticae contra Angliae Reginam Elizabetham*, Londres, J. Day, 1571.
— , *A Confutation of the Popes Bull*, Londres, J. Day, 1572.
BURGHLEY William Cecil, baron, *L'execution de iustice faicte en Angleterre*, Londres, T. Vautroullier, 1584.
BURNET Gilbert, *Histoire de la Réformation de l'Église d'Angleterre*, Londres, R. Chiswell, 1683-1685.
— , *History of His Own Time*, Oxford, Clarendon Press, 1823, 6 vol.
— , *Histoire de mon temps*, Paris, Pichon-Béchet, 1827, 4 vol.
BURTON Thomas DE, *Chronica monasterii*, Londres, Longman, Green & Co, 1866-1868, 2 vol.
Calendar of State Papers, Spain, 1485-1525, éd. G. A. Bergenroth, Londres, HMSO, 1862-1868, 2 vol. et suppléments.
Calendar of State Papers, Spain, 1554-1558, éd. T. Tyler, XI-XIII, Londres, HMSO, 1916-1954.
Calendar of State Papers, Venice 1509-1519, éd. R. Brown, Londres, HMSO, 1867.
CAMDEN William, *Annales des choses qui se sont passees en Angleterre et Irlande soubs le regne de Elizabeth*, Londres, R. Field, 1624.
CAMPBELL ORR Clarissa, *Queenship in Britain*, Manchester, Manchester University Press, 2002.
CAROLINE, reine, *Letter from the Queen to the King*, Londres, W. Benbow, 1820.
— , *The Queen's Letter to the King*, Kendal, R. Lough, 1820.
CARTER Louise, « British Maculinities on Trial », *Gender and History*, 20-2, 2008, p. 248-269.

CASANOVA Antoine, *Figures de Dieu. Entre masculin et féminin : la longue marche*, Paris, L'Harmattan, 2015.

CASSAGNES-BROUQUET Sophie, *Chevaleresses. Une chevalerie au féminin*, Paris, Perrin, 2013.

CASSARD Jean-Christophe, *L'Âge d'or capétien*, Paris, Belin, 2011.

CASTOR Helen, *She-Wolfes*, Londres, Faber & Faber, 2010.

CHANTREAU Pierre Nicolas, *Voyage*, Paris, Briand, 1792, 3 vol.

CHAPLAIS Pierre, *Piers Gaveston*, Oxford, Clarendon Press, 1994.

CHARLOT Monica, *Victoria. Le pouvoir partagé*, Paris, Flammarion, 1989.

CHATEAUBRIAND François-René DE, *Œuvres complètes*, Paris, Garnier, 1859-1861, 12 vol.

CHAUOU Amaury, *Sur les pas de Aliénor d'Aquitaine*, Rennes, Ouest-France, 2005.

CHESTERFIELD Philip Dormer Stanhope, comte DE, *Characters*, Londres, E. & C. Dilly, 1778.

CHIBNALL Marjorie, « The Empress Matilda and Church Reform », *Transactions of the Royal Historical Society*, Fifth Series, 38, 1988, p. 107-130.

— , *The Empress Matilda*, Oxford, B. Blackwell, 1991.

CHILDS Wendy R. (éd.), *Vita Edwardi Secundi*, Oxford, Clarendon Press, 2005.

CHRISTIENSEN Eric (éd.), *Dudo of St Quentin*, Woodbridge, Boydell Press, 1998.

Chronicles of the Reigns of Stephen, Henry II, and Richard I, Londres, Longman & Co, 1885.

Chronique des rois d'Angleterre [...] par Nathan Ben Saddi, Londres, T. Cooper, 1743.

CLARKE Alured, *An Essay towards the Character of Her Late Majesty Caroline*, Londres, J. & P. Knapton, 1738.

CLARKE Anna, *Scandal. The Sexual Politics of the British Constitution*, Princeton, Princeton University Press, 2014.

COLLEY Linda, « The Apotheosis of George III », *Past & Present*, 102, 1984, p. 94-129.

Copia della lettere del Serenissimo Re d'Inghilterra e del Reverendissimo Card. Polo, sl, 1554.

COTTRET Bernard, *Bolingbroke*, Paris, Klincksieck, 1992, 2 vol.

— , *Henri VIII. Le pouvoir par la force*, Paris/Lausanne, Payot, 2008.

— , *La Royauté au féminin. Élisabeth Iʳᵉ d'Angleterre*, Paris, Fayard, 2009.

— , *Histoire de l'Angleterre. De Guillaume le Conquérant à nos jours*, Tallandier, « Texto », 2015.

— , *La Révolution anglaise, une rébellion britannique, 1603-1660*, Paris, Perrin, 2015.

— , « La beauté de la reine », *in* M. Lazard (dir.), *Pierre de Bourdeille, sieur de Brantôme, homme de guerre, homme de Cour* (à paraître).

— *et al.*, *Histoire des îles Britanniques, XVIe-XVIII*e *siècle*, Paris, A. Colin, 2005.

— , COTTRET Monique, BORM Jan (dir.), *Savoir et pouvoir au siècle des Lumières*, Paris, Éd. de Paris, 2011.

COUDERC Gilles, « *Gloriana* de Britten et le rêve de l'opéra anglais », *Revue LISA/LISA e-journal*, 4/2, 2006, p. 106-125.

COWPER Charles Spencer (dir.), *Diary of Mary, Countess Cowper*, Londres, J. Murray, 1865.

COXE William (dir.), *Sir Robert Walpole*, Londres, T. Cadell & W. Davies, 1798, 3 vol.

— , *Memoirs of John, Duke of Marlborough*, Londres, H. G. Bohn, 1847-1848, 3 vol.

CROUCH David, *The Normans*, Londres, Hambledon, 2002.

CROUZET François, *L'Économie de la Grande-Bretagne victorienne*, Paris, Belin, 2009.

CURLL Edmund, *The Rarities of Richmond*, Londres, 1736.

DA MANTOVA Benedetto, *Il beneficio di Cristo*, Florence, G. C. Sansoni, 1972.

DAUDET Ernest, *Une vie d'ambassadrice au siècle dernier. La princesse de Lieven*, Paris, Plon-Nourrit, 1904.

Declaration des causes qui ont esmeu la Royne d'Angleterre, Londres, C. Barker, 1585.

DAVIS Ralph Henry Carless, *King Stephen*, Londres, Longman, 1993.

DELORME Philippe, *Aliénor d'Aquitaine*, Paris, Tallandier, « Texto », 2011.

DELUMEAU Jean, *La Seconde Gloire de Rome*, Paris, Perrin, 2013.

DENNY Joanna, *Anne Boleyn*, Londres, Piatkus, 2005.

D'EWES Simonds, *A Compleat Journal of the Votes, Speeches and Debates, both of the House of Lords and House of Commons throughout the Whole Reign of Queen Elizabeth*, Londres, Jonathan Robinson, etc., 1693.

DIGGES Dudley, *The Compleat Ambassador*, Londres, T. Newcombe, 1655.

DION CASSIUS, *Histoire romaine*, LXII, Cambridge (Mass.), Harvard University Press, « Loeb », 1982.

Discours des troubles nouvellement advenuz au Royaume d'Angleterre, au moys d'octobre 1569, Paris, N. Chesneau, 1570.

DORAN Susan, *Queen Elizabeth I*, Londres, British Library, « Historic Lives Series », 2003.

DORLÉANS Louis, *Advertissement des Catholiques anglois*, sl, 1586.

DRÖGEREI Richard, « Das Testament König Georgs I., und die Frage der Personalunion zwischen England und Hannover », *Niedersächsisches Jahrbuch für Landesgeschichte*, 14, 1937, p. 94-199.

DUBOIS-NAYT Armel, « Les représentations de l'héroïsme chrétien de Marie Stuart », *Saintes ou Sorcières ?*, Paris, Éd. de Paris, 2006, p. 27-48.

DUBY Georges, *Dames du XIIe siècle*, Paris, Gallimard, 1995-1996, 3 vol.
DUCHEIN Michel, *Élisabeth Ire d'Angleterre*, Paris, Fayard, 1992.
DUFFY Éamon (éd.), *J. A. Froude's The Reign of Mary Tudor*, Londres, Continuum, 2009.
— , LOADES David (dir.), *The Church of Mary Tudor*, Aldershot, Ashgate, 2006.
DUNCAN Sarah, *Mary I*, Basingstoke, Palgrave Macmillan, 2012.
DUPLESSIS-MORNAY Philippe, *Mémoires*, Paris, Treuttel et Würtz, 1824, 12 vol.
EADMER, *Histoire des temps nouveaux en Angleterre*, éd. R. W. Southern, Paris, Cerf, 1994.
EDWARDS John, *Mary I: England's Catholic Queen*, New Haven, Yale University Press, 2011.
EGMONT John Perceval, comte D', *Manuscripts*, HMSO, 1920-1923, 3 vol.
ELLIS Henry, *Original Letters*, 1-III, Londres, Triphook & Lepard, 1825.
ESHER Reginald (dir.), *The Girlhood of Queen Victoria*, Londres, J. Murray, 1912, 2 vol.
EVERETT GREEN Mary Anne (éd.), *Letters of Queen Henrietta Maria*, Londres, R. Bentley, 1857.
FERNANDES Isabelle, *Marie Tudor*, Paris, Tallandier, 2012.
FERIA Gómez Suárez DE FIGUEROA, comte DE, *Dispatch*, Londres, Royal Historical Society, Camden Miscellany XXVIII, 1984, p. 302-337.
FOISIL Madeleine, *Femmes de caractère au XVIIe siècle*, Paris, Fallois, 2004.
FOXE John, *Actes and Monuments*, Londres, J. Day, 1583.
FROISSART Jean, *Chroniques*, Paris, A. Desrez, 1835, 3 vol.
GALLAND Bruno, *Philippe Auguste*, Paris, Belin, 2014.
GAULLE Charles DE, *Mémoires de guerre*, Paris, Plon, 1994.
GARDNER John, *Poetry and Popular Protest*, Basingstoke, Palgrave Macmillan, 2011.
FRANÇOIS DE SALES, saint, *Œuvres*, Paris, Gallimard, « Bibliothèque de la Pléiade », 1969.
FRASER Antonia (dir.), *Rois et reines d'Angleterre*, Paris, Tallandier, 1979.
— , *Boadicea's Chariot*, Londres, Weidenfeld & Nicolson, 1988.
GAUDE-FERRAGU Murielle, *La Reine au Moyen Âge*, Paris, Tallandier, 2014.
GAYOT DE PITAVAL François, *Causes célèbres*, vol. 2, La Haye, J. Neaulme, 1746.
GEARY Patrick J., *Women at the Beginning*, Princeton, Princeton University Press, 2006.
Gesta Stephani, Londres, T. Nelson, 1955.
GRAHAM Walter James, *The Letters of Joseph Addison*, Oxford, Clarendon Press, 1941.
GREGG Edward, *Queen Anne*, Londres, Ark Paperbacks, 1984.

GREVILLE Charles F.C., *Memoirs*, Londres, Longmans & Green, 1903-1905, 8 vol.
GRIFFEY Erin (dir.), *Henrietta Maria*, Aldershot, Ashgate, 2008.
GROSS Pamela M., *Jane, the Queene*, Lewiston (NY), E. Mellen Press, 1999.
GUILLAUME DE MALMESBURY, *Gesta regum Anglorum*, Londres, H.G. Bohn, 1847.
GUIZOT François, *Mémoires pour servir à l'histoire de mon temps*, Paris, Michel Lévy, 1858-1867, 8 vol.
GUY John (dir.), *The Reign of Elizabeth I*, Cambridge, Cambridge University Press, 1995.
HAIGH Christopher (dir.), *The Reign of Elizabeth I*, Basingstoke, Macmillan, 1984.
HAMILTON Anthony, *Memoires du comte de Grammont*, Londres, J. Dodsley, 1783.
HAMILTON Jeffrey S., *Piers Gaveston*, Detroit, Wayne State University Press, 1988.
HARDING Nick, *Hanover and the British Empire*, Woodbridge, Boydell Press, 2007.
HARGROVE Charles, *Élisabeth II*, Paris, Perrin, 1994.
HARRAL Thomas, *Henry the Eighth and George IV*, Londres, C. & H. Baldwin, 1820.
HARRIS Frances, *A Passion for Government. The Life of Sarah, Duchess of Marlborough*, Oxford, Clarendon Press, 1991.
HATTON Ragnhild, *George I*, New Haven, Yale University Press, 2001.
HEALD Tim, *Le Duc. Un portrait du prince Philip*, Paris, Zélie, 1992.
HELMHOZ Richard H., *Marriage Litigation in Medieval England*, Cambridge, Cambridge University Press, 1974.
HÉRITIER Françoise, *Les Deux Sœurs et leur mère*, Paris, Odile Jacob, 1994.
HERVEY John, *Memoirs of the Reign of George the Second,* Londres, J. Murray, 1848, 2 vol.
HIBBERT Christopher, *Queen Victoria. A Personal History*, Londres, Harper Collins, 2000.
— , *Queen Victoria, in Her Letters and Journals*, Stroud, Sutton, 2000.
HIGDEN Ranulph, *Polychronicon*, Londres, Longman, 1865-1869, 2 vol.
HILLION Yannick, *Aliénor d'Aquitaine*, Paris, Ellipses, 2015.
HILTON Lisa, *Queens Consort: England's Medieval Queens*, Londres, Weidenfeld & Nicolson, 2008.
Histoire secrette de la duchesse d'Hannover, Londres, Compagnie des libraires, 1723.
HOLLISTER C. Warren, *Henry I*, New Haven, Yale University Press, 2001.
HIBBERT Christopher, *Queen Victoria*, Londres, Harper Collins, 2001.
HOVEDEN Roger DE, *Annals*, Londres, H. G. Bohn, 1853, 2 vol.

HOWELL Thomas Baily, *A Complete Collection of State Trials*, Londres, Longman, 1809-1828, 34 vol.
HOYT Robert, « The Coronation Oath of 1308 », *English Historical Review*, 71, 1956, p. 353-383.
HUDSON Katherine, *A Royal Conflict*, Londres, Hodder & Stoughten, 1994.
HUISH Robert, *The History of the Life and Reign of William IV*, Londres, W. Emans, 1837.
HUME David, *Histoire d'Angleterre*, Paris, Furne, 1839-1840, 13 vol.
HUNTINGDON Henri DE, *Chronicle*, Londres, H. G. Bohn, 1853.
HURD Richard, BOHN Henry G. (éd.), *The Works of the Right Honourable Joseph Addison*, Londres, G. Bell, 1889-1893, 6 vol.
HURSTFIELD Joel, *Elizabeth I and the Unity of England* (1960), Harmondsworth, Penguin, 1971.
IRVINE Valerie, *The King's Wife: George IV and Mrs Fitzherbert*, Londres, Hambledon, 2005.
IVES Eric William, « The Queen and the Painters », *Apollo*, 389, 1994, p. 36-45.
— , « Anne Boleyn and the *Entente Évangélique* », *François Ier et Henri VIII*, Villeneuve-d'Ascq, Université de Lille III, 1996, p. 83-102.
— , *The Life and Death of Anne Boleyn*, Oxford, Blackwell, 2004.
JACQUOT Jean, « La reine Henriette-Marie et l'influence française dans les spectacles à la courde Charles Ier », *Cahiers de l'Association internationale des études françaises*, 9, 1957, p. 128-160.
JAMES Susan E., *Kateryn Parr*, Aldershot, Ashgate, 1999.
JESCH Judith, *Women in the Viking Age*, Woodbridge, Boydell Press, 1991.
JOUANNA Arlette, *24 août 1572. La Saint-Barthélemy*, Paris, Gallimard, 2007.
KAULEK Jean (éd.), *Correspondance politique de MM. de Castillon et de Marillac*, Genève, Slatkine, 1971.
KENAAN-KEDAR Nurith, « Aliénor d'Aquitaine conduite en captivité », *Cahiers de civilisation médiévale*, 41-164, 1998, p. 317-330.
KERSAUDY François, *Winston Churchill*, Paris, Tallandier, 2009 ; nouvelle édition 2015.
— , *De Gaulle et Churchill*, Paris, Perrin, 2010.
— , *Lord Mountbatten*, Paris, Payot, 2015.
KILBURN Matthew Charles, « Royalty and Public in Britain: 1714-1789 », Oxford, D. Phil., 1997.
LABANDE Edmond-René, *Pour une image véridique d'Aliénor d'Aquitaine*, éd. M. Aurell, La Crèche, Geste éditions, 2005.
LAMOTHE-FÉNELON, Bertrand DE SALIGNAC DE, *Correspondance diplomatique*, Paris, Panckoucke, 1838-1840, 7 vol.
LARREY Isaac DE, *L'Héritière de Guyenne, ou histoire d'Éléonor*, Rotterdam, R. Leers, 1691.

LAYNESMITH Joanna L., *The Last Medieval Queens*, Oxford, Clarendon Press, 2004.
LEAN Edward Tangye, *The Napoleonists*, Oxford, Oxford University Press, 1970.
LEIBNIZ Gottfried Wilhelm, *Correspondenz [...] mit Caroline*, Hildesheim, G. Olms, 1973.
LEES Beatrice A., « The Letters of Queen Eleanor of Aquitaine to Pope Celestine III », *English Historical Review*, 21, 1906, p. 78-93.
Letters & Papers Illustrative of the Wars of the English in France during the Reign of Henry VI, éd. J. Stevenson, Londres, Longman & Green, 1861-1864, 2 vol.
Lettres d'Henri VIII à Anne Boleyn, Paris, Crapelet, 1826.
LÉVESQUE DE BURIGNY Jean, *Vie d'Érasme*, Paris, De Bure, 1757, 2 vol.
LEVIN Carole, *The Heart and Stomach of a King*, Philadelphie, University of Pennsylvania Press, 1994.
LOACH Jennifer, *Edward VI*, New Haven, Yale University Press, « Yale English Monarchs », 1999.
LOADES David Michael, *Mary Tudor. A Life*, Oxford, Blackwell, 1989.
— , *The Reign of Philip and Mary*, Oxford, Davenant, 2001.
— , *Elizabeth I*, Londres, Hambledon, 2003.
— , *Mary Tudor. The Tragical History of the First Queen of England*, Kew, National Archives, 2006.
— (éd.), *Chronicles of the Tudor Queens*, Stroud, Sutton, 2002.
LONGFORD Elizabeth, *Victoria* (1964), Londres, Abacus, 2011.
— , *Élisabeth II. La couronne et la famille*, Paris/Montréal, Sand/Primeur, 1984.
LOTZ Jürgen, *Victoria*, Reinbeck, Rohwohlt, 2000.
MAGALOTTI *Lorenzo, Relazioni d'Inghilterra 1668 e 1688*, Florence, Olschki, 1972.
MANGOLD Peter, *The Almost Impossible Ally*, Londres, I. B. Tauris, 2006.
MARLBOROUGH Sarah CHURCHILL, duchesse DE, *An Account of the Conduct of the Dowager Duchess of Marlborough*, Londres, G. Hawkins, 1742.
MARSCHNER Joanna, *Queen Caroline. Cultural Politics at the Early Eighteenth-Century Court*, New Haven, Yale University Press, 2014.
MARX Roland, *La Reine Victoria*, Paris, Fayard, 2000.
MAURER Helen E., *Margaret of Anjou*, Woodbridge, Boydell Press, 2003.
MAYER Thomas F., *Reginald Pole*, Cambridge, Cambridge University Press, 2000.
MÉCHOULAN Henry (dir.), *L'État baroque*, Paris, Vrin, 1985.
MELCHIOR-BONNET Sabine, SALLES Catherine, *Histoire du mariage*, Paris, La Martinière, 2001.
Mémoires du règne de George Ier, La Haye, Moetjens, 1729-1731, 5 vol.

Memoires of the Life and Death of [...] Henrietta Maria de Bourbon, Londres, 1671.

MEYNELL Wilfrid, *Benjamin Disraeli, an Unconventional Biography*, New York, D. Appleton & Co, 1903.

MICHELET Jules, *Histoire de France*, Lausanne, Rencontre, 1965-1966, 11 vol.

MONTER E. William, *The Rise of Female Kings in Europe*, New Haven, Yale University Press, 2012.

MORGAN William Thomas, *English Political Parties and Leaders in the Reign of Queen Anne*, New Haven, Yale University Press, 1920.

MORTON Andrew, *Diana*, Paris, O. Orban, 1992.

MOTTEVILLE Françoise BERTAUT DE, *Mémoires sur Anne d'Autriche*, Paris, G. Charpentier, 1855, 4 vol.

MOULIN Joanny, *Victoria, reine d'un siècle*, Paris, Flammarion, 2011.

— , *Élisabeth II. Une reine dans l'histoire*, Paris, Flammarion, 2012.

— , *Élisabeth*, Paris, Cerf, 2015.

NICOLAS Harris, *Memoirs of the Life and Times of Sir Christopher Hatton*, Londres, R. Bentley, 1847.

NICOLS John Gough, *The Chronicle of Queen Jane*, Londres, Camden Society, 1850.

NIGHTINGALE Joseph, *Queen Caroline*, Londres, Folio Society, 1978.

NORTH Jonathan (éd.), *England's Boy King. The Diary of Edward VI*, Welwyn, Ravenhall Books, 2005.

ORLÉANS Charlotte Élisabeth, duchesse D', *Correspondance complète*, Paris, Charpentier, 1857, 2 vol.

— , *Correspondance de Madame duchesse d'Orléans*, Paris, A. Quantin, 1880.

— , *The Letters of Madame*, Londres, Chapman, 1924, 2 vol.

ORLÉANS DE MONTPENSIER Anne Marie Louise Henriette, *Mémoires*, Paris, Foucault, 1824-1825, vol. XL-XLIII.

Oxford Dictionary of National Biography, Oxford University Press, 2004.

PAGET Hugh, « The Youth of Anne Boleyn », *Bulletin of the Institute of Historical Research*, 54, 1981, p. 162-170.

PALAMÈDE DE MACHECO Amicie, comtesse, *Éléonore d'Aquitaine*, Paris, Janet & Cotelle, 1823, 2 vol.

PALMER Dean, *The Queen and Mrs Thatcher*, Stroud, History Press, 2015.

PARR Catherine, *Complete Works and Correspondence*, éd. J. Mueller, Chicago, Chicago University Press, 2011.

PARSONS John Carmi, « The Intercessionary Patronage of Queens Margaret and Isabella of France », *Thirteenth-Century England*, VI, Woodbridge, Boydell Press, 1997, p. 145-156.

— (dir.), *Medieval Queenship*, New York, St Martin's Press, 1993.

— , WHEELER Bonnie (dir.), *Medieval Mothering*, New York, Garland, 1996.

— , *Eleanor of Aquitaine*, Basingstoke, Palgrave Macmillan, 2002.

PAUL John E., *Catherine of Aragon and Her Friends*, Londres, Burns & Oates, 1966.
PEARCE Edward, *The Great Man Sir Robert Walpole*, Londres, Jonathan Cape, 2007.
PEARCE Malcom, STEWART Geoffrey, *British Political History, 1687-2001*, Londres, Routledge, 2002.
PEPYS Samuel, *Journal*, Paris, Robert Laffont, 1994, 2 vol.
PERLIN Étienne, *Description des royaumes d'Angleterre et d'Escosse*, Paris, F. Trepeau, 1558.
PERNOUD Régine, *Aliénor d'Aquitaine*, Paris, A. Michel, 1965.
PLOWDEN Alison, *Lady Jane Grey*, Stroud, History Press, 2009.
PLUMB John Harold, *Sir Robert Walpole*, Londres, Cresset Press, 1956-1960, 2 vol.
POLE Reginald, *Correspondence*, Aldershot, Ashgate, 2002-2008, 4 vol.
— , *Défense de l'unité de l'Église*, Paris, Vrin, 1967.
PORTER Linda, *Mary Tudor. The First Queen*, 2007.
PRIOR Mary (dir.), *Women in English Society*, Londres, Methuen, 1985.
RACAN Honorat DE BUEIL, seigneur DE, *Les Bergeries*, Paris, Toussaint du Bray, 1625.
RAPIN DE THOYRAS, Paul DE, *Histoire d'Angleterre*, La Haye, C. Van Lom, J. Van Duren, P. de Hondt, 1733, 10 vol.
REDWORTH Glyn, *The Prince and the Infanta*, New Haven, Yale University Press, 2003.
RENOULT Jean-Baptiste, *Le panegyrique de leurs majestez Britanniques, Guillaume le Grand troisieme du nom, [...] et de la reine Anne*, Londres, J. Mayos/D. Du Chemin, 1702.
RIDLEY Jane, *Victoria*, Milton Keynes, Allen Lane, 2015.
RIGORD, *Vie de Philippe Auguste*, Paris, J. L. J. Brière, 1825.
The Rival Dutchess: or, Court Incendiary, Londres, 1708.
ROBINSON Hastings, HUNTER John (éd.), *The Zurich Letters*, Cambridge, Cambridge University Press, 1845.
ROGERS E. F., *The Correspondence of Thomas More*, Princeton, Princeton University Press, 1947.
RÖSSLER Oska, *Kaiserin Mathilde*, Berlin, E. Ebering, 1897.
SAALER Mary, *Anne of Cleves*, Londres, Rubicon Press, 1995.
SANDARS Mary Frances, *The Life and Times of Queen Adélaïde*, Londres, Stanley Paul & Co, 1915.
SANDERS Nicholas, *Histoire du schisme d'Angleterre*, Paris, D. Mariette, 1701, 2 vol.
SASSIER Yves, *Louis VII*, Paris, Fayard, 1991.
SCHAMA Simon, « The Domestication of Majesty: Royal Family Portraiture, 1500-1850 », *Journal of Interdisciplinary History*, 17, 1986, p. 155-183.

SCHNITH Karl Rudolf (dir.), *Frauen des Mittelalters in Lebensbilder*, Vienne, Verlage Styria, 1997.
SETON-WATSON Robert William, *Disraeli, Gladstone and the Eastern Question*, Londres, Routledge, 1971.
SHELLEY Percy Bysshe, *Oedipus Tyrannus*, Londres, J. Johnson, 1820.
— , *Œuvres poétiques complètes*, éd. F. Rabbe, D. Bonnecase, Paris, Sandre, 2007, 3 vol.
SEYMOUR Phillips, *Edward II*, New Haven, Yale University Press, 2010.
SKIDMORE Chris, *Edward VI*, Londres, Weidenfeld & Nicolson, 2007.
SLABY Alexandra, *Histoire de l'Irlande. De 1912 à nos jours*, Paris, Tallandier, 2016.
SMEETON George, *The Important and Eventful Trial of Queen Caroline*, Londres, George Smeeton, 1820.
SMITH Ian Douglas, *The Great Betrayal*, Londres, Blake, 1997.
SOMERSET Anne, *Queen Anne. The Politics of Passion*, New York, A. A. Knopf, 2013.
STAFFORD Pauline, « The King's Wife in Wessex 800-1066 », *Past & Present*, 91, 1981, p. 3-27.
— , *Queens, Concubines, and Dowagers: The King's Wife in the Early Middle Ages*, Athens, University of Georgia Press, 1983.
— , *Queen Emma and Queen Edith*, Oxford, Blackwell, 1997.
— (dir.), *A Companion to the Early Middle Ages*, Oxford, Blackwell, 2009.
STARKEY David (dir.), *The English Court*, Londres, Longman, 1987.
— , *Six Wives*, Londres, Chatto & Windus, 2003.
STEELE Richard, *Epistolary Correspondence*, Londres, J. Nicholas, 1819, 2 vol.
STRACHEY Lytton, *Queen Victoria*, Londres, Chatto & Windus, 1921.
— , *La Reine Victoria*, Paris, Payot, 1993.
STRICKLAND Agnes, *Lives of the Queens of England*, Philadelphie, Blanchard & Lea, 1852.
STUBBES John, *The Discouerie of a Gaping Gulf*, Londres, W. Page, 1579.
SWIFT Jonathan, *Histoire du règne de la reine Anne*, Amsterdam, Rey, Arkstée & Merkus, 1765.
TACITE, *Œuvres complètes*, Paris, Robert Laffont, 2014.
TAYLOR Ida Ashworth, *The Life of Queen Henrietta Maria*, Londres, Hutchinson & Co, 1905, 2 vol.
TENCIN, Claudine-Alexandrine GUÉRIN, marquise DE, *Anecdotes de la Cour et du règne d'Édouard II*, Paris, Pissot, 1776.
THIERRY Augustin, *Histoire de la conquête de l'Angleterre par les Normands*, Paris, A. Mesnier, 1830, 4 vol.
THOMPSON Andrew C., *George II*, New Haven, 2011.
TILLIÈRES Tanneguy LEVENEUR, comte DE, *Mémoires inédits*, Paris, Poulet-Malassis, 1862.
TILLINAC Denis, *La Duchesse de Chevreuse*, Paris, Perrin, 2013.

TOLAND John, *An Account of the Courts of Prussia and Hannover*, Londres, J. Roberts, 1714.
To a Thing they Call Prince of Wales, sl, sd [1716].
TOLHURST Fiona, *Geoffrey of Monmouth and the Translation of Female Kingship*, Basingstoke, Palgrave Macmillan, 2012.
TREMLETT Giles, *Catherine of Aragon*, Londres, Faber & Faber, 2010.
TURNER Ralph V., *Aliénor d'Aquitaine*, Paris, Fayard, 2011.
VAN DER KISTE John, *King George II and Queen Caroline*, Stroud, Sutton, 1997.
VAN HOUTS Élisabeth (dir.), *The Normans in Europe*, Manchester, Manchester University Press, 2000.
VERSTEGAN Richard, *Théâtre des cruautés des hérétiques de notre temps*, Paris, Chandeigne, 1995.
VERTOT René Aubert, abbé DE, *Ambassades de Messieurs de Noailles en Angleterre*, Leyde, 1763, 5 vol.
VICTORIA *Letters*, Londres, J. Murray, 1907, 3 vol.
VIOTTI Giovanni Maria, *Il Felicissimo ritorno del regno d'Inghilterra alla catholica vnione*, sl, sd [1554].
VITAL Orderic, *Histoire de Normandie*, Paris, J. L. J. Brière, 1826, 4 vol.
VIVÈS Juan Luis, *L'Institution de la femme chrétienne*, Paris, P. Dumoulin, 1893.
VOLTAIRE *Mélanges*, Paris, Gallimard, « Bibliothèque de la Pléiade », 1961.
WALDEGRAVE James, comte DE, *Memoirs and Speeches*, éd. J. C. D. Clark, Cambridge, Cambridge University Press, 2002.
WALLER Maureen, *Ungrateful Daughters*, Londres, Hodder & Stoughton, 2002.
WALPOLE Horace, *Reminiscences*, Londres, J. Sharpe, 1819.
— , *Memoirs of the Reign of King George the Second*, Londres, H. Colburn, 1846-1847, 3 vol.
WALPOLE Spencer, *The Life of John Lord Russell*, Londres, Longmans, Green & Co, 1889, 2 vol.
WANEGFFELEN Thierry, *Le Pouvoir contesté. Souveraines d'Europe à la Renaissance*, Paris, Payot, 2008.
WARNICKE Retha Marvine, *The Marrying of Anne of Cleves*, Cambridge, Cambridge University Press, 2000.
WATKINS John, *The Life and Times of « England's Patriot King », William the Fourth*, Londres, Fisher Son & Jackson, 1831.
WEINTRAUB Stanley, *Victoria*, Paris, Robert Laffont, 1988.
WEIR Alison, *Lancaster and York*, Londres, J. Cape, 1995.
— , *Aliénor d'Aquitaine*, Nantes, Siloë, 2005.
— , *The Lady in the Tower*, Londres, J. Cape, 2009.

Weiss Charles (éd.), *Papiers d'État du cardinal de Granvelle*, Paris, Imprimerie nationale, 1841-1853, 9 vol.

Wheeler Bonnie, Parsons John C. (dir.), *Eleanor of Aquitaine*, Basingstoke, Palgrave Macmillan, 2003.

Whitelock Anna, *Mary Tudor*, Londres, Bloomsbury, 2009.

Wilkins William Henry, *Caroline the Illustrious*, Londres, Longmans/Green & Co, 1901, 2 vol.

— , *Mrs. Fitzherbert and George IV*, Londres, Longmans/Green & Co, 1905, 2 vol.

Williams Richard, *The Contentious Crown*, Aldershot, Ashgate, 1997.

Wilson David M., *La Tapisserie de Bayeux*, Paris, Flammarion, 2005.

Wingfield Robert, *Vita Mariae Angliae Reginae*, éd. D. MacCulloch, Londres, Royal Historical Society, Camden Miscellany XXVIII, 1984, p. 181-301.

Winn James Anderson, *Queen Anne, Patroness of Arts*, Oxford, Oxford University Press, 2014.

Wriothesley Charles, *A Chronicle of England during the Reigns of the Tudors*, Londres, Camden Society, 1875, 2 vol.

Ziegler Philip, *King William IV*, Londres, Cassell, 1989.

Remerciements

Je souhaiterais souligner ici le rôle déterminant de la rencontre de travail que j'ai eue avec Xavier de Bartillat et Anne-Laure Bonnet au siège des éditions Tallandier, le vendredi 20 juin 2014. Ce livre constitue évidemment un hommage à Anne-Laure Bonnet qui, avec sérieux et émotion, m'a accompagné initialement dans ce projet. Il n'y a pas une seule ligne de ce livre qui n'ait été écrite sans penser à elle avec gratitude. Mes remerciements les plus amicaux vont également à Maëva Duclos qui a suivi ce livre avec gentillesse et compétence comme précédemment la réédition en « Texto » de l'*Histoire d'Angleterre*.

Index des noms de personnes

A

Abélard, Pierre : 32, 40
Aberdeen, George Hamilton-Gordon, comte d' : 325
Addison, Joseph : 269
Adélaïde de Saxe-Meiningen, épouse de Guillaume IV : 296-298, 306, 315
Adèle de Champagne, épouse de Philippe Auguste : 44, 49
Adolphus Frédérick, duc de Cambridge, fils de George III : 295
Adrien IV, pape : 48
Æthelbald, fils d'Æthelwulf : 20-21
Æthelbert : 20
Æthelwulf : 20
Agulhon, Maurice : 12
Albert de Habsbourg, roi des Romains († 1308) : 69
Albert de Saxe-Cobourg, prince Albert, époux de la reine Victoria : 314-315, 323-331, 333-335, 339, 361
Albert, fils cadet de George V *Voir* George VI, roi d'Angleterre
Albertazzi, Emma : 320
Alexandre d'Orange, fils de Guillaume II, roi des Pays-Bas : 314
Alexandre Farnèse, duc de Parme : 193
Alexandre II, tsar : 337
Alexandre VI, pape : 102
Alexandrina Victoria, princesse *Voir* Victoria, reine
Alfonso y Castro, confesseur de Philippe II : 168
Alfred, fils de Victoria : 324
Alfred le Grand : 21-22
Alice de Battenberg († 1969) : 346
Alice, grande-duchesse de Hesse : 324
Aliénor, comtesse de Gueldres : 75
Aliénor d'Aquitaine : 15, 34, 39-47, 49-60, 65-66, 369, 371
Alix, fille d'Aliénor et de Louis VII : 44
Allen, William, cardinal : 186, 190
Allice, Jane : 311
Almertè, Tarmini : 301
Almertè, Thomasi : 301
Amédée, comte de Savoie : 66
Amélie, fille de George II : 260
Anaclet II, pape schismatique : 32
André de Grèce : 346
Andrew, duc d'York (né en 1960), fils d'Élisabeth II : 347, 395
Anna Féodora Leiningen († 1872), demi-sœur de Victoria : 307-309, 311
Anna Luise Sophie, fille de la duchesse de Kendal : 262
Anne d'Autriche : 198, 217, 387
Anne de Bretagne : 110
Anne de Clèves : 97, 126-129, 131-132

Anne de Danemark, épouse de Jacques Ier : 197
Anne, fille de George II : 260
Anne, princesse royale (née en 1950), fille d'Élisabeth II : 347-348
Anne, reine d'Angleterre : 15, 229, 231, 235, 238, 240, 242-244, 246-247, 249-254, 256-257, 260, 265, 268, 272, 287, 319, 323-324, 361, 369, 371-372, 389
Anselme, archevêque de Cantorbéry, Saint : 26, 33
Antonio, don, prétendant portugais : 194
Antony Bek, évêque de Durham : 69
Arnoul, archidiacre de Sée, évêque de Lisieux : 33
Arthur, époux de Louise Marguerite de Prusse : 324
Arthur, frère aîné d'Henri VIII : 97, 99-102, 114
Arthur, roi : 59
Askew, Anne, hérétique : 135-136
Asser : 21
Audley, Edmund, évêque de Salisbury : 101
Augusta de Hanovre : 291
Augusta de Hesse-Cassel, épouse d'Adolphus Frédérick, duc de Cambridge : 296
Auguste, duc de Sussex : 295
Aurell, Martin, historien : 58
Ayala, Pedro de : 99-100
Aylmer, John, auteur ecclésiastique : 173

B

Babington, Anthony : 192
Bach, Jean-Sébastien : 259
Bacon, Nicholas, chancelier : 175
Bagehot, Walter : 342
Baillon, Charles, comte de, historien : 224
Ballard, John : 192
Bàrbaro, Daniele († 1570), ambassadeur vénitien : 140, 144, 382
Barberini, Maffeo *Voir* Urbain VIII, pape
Basin, Thomas, évêque de Lisieux : 86, 94
Bassompierre, François de, maréchal : 206
Bathurst, Allen, comte († 1775) : 281
Battenberg, Louis, prince de, grand amiral : 360
Baudoin, archevêque de Cantorbéry : 54
Baudouin Ier, comte de Flandre : 20
Bauer, Caroline : 309
Béatrice (née en 1857), épouse d'Henri de Battenberg : 324
Beaverbrook, William Maxwell « Max » Aitken, baron : 360
Bedford, John, duc de : 88
Bellay, Jean du : 120
Bellini, Vincenzo : 312
Benoît de Peterborough : 50
Benoît de Sainte-Maure : 39
Beorhtric, roi du Wessex : 22
Bérangère de Navarre, épouse de Richard Cœur de Lion : 55
Bernard de Clairvaux, Saint : 40, 42-43
Bernard de Ventadour : 60
Bernstorff, Andreas Gottlieb von : 271
Bertière, Simone, historienne : 13, 190, 197
Bertrand de Beauvau, sire de Précigny : 88
Bérulle, Pierre de, cardinal : 201-202
Bèze, Théodore de : 171
Blackstone, William : 371-372
Blair, Tony : 363, 369
Blanche de Castille : 58, 66

Blanche, fille d'Othon IV, comte palatin de Bourgogne : 75-76, 378
Boadicée : 13, 17-18, 375-376
Boleyn, Anne, reine d'Angleterre : 97, 109-111, 116-122, 127, 130, 134, 137, 143, 154, 202, 368, 380-381
Boleyn, Geoffrey : 109
Boleyn, George, frère d'Anne : 120
Boleyn, Mary, sœur d'Anne Boleyn : 109
Boleyn, Thomas : 113
Bolingbroke, Henry St John, vicomte de : 250-252, 256, 280, 282, 318
Boniface VIII, pape : 66
Bonner, Edmund, évêque de Londres : 164
Borough, Edward († 1533), premier époux de Catherine Parr : 133
Bossuet, Jacques Bénigne : 215, 225, 318
Bradford, Sarah : 343
Brantôme, Pierre de Bourdeille, sieur de : 192
Brereton, William : 120-121, 381
Brézé, Pierre de : 91
Briçonnet, Guillaume, évêque de Meaux : 118
Britten, Benjamin, compositeur : 351-352
Brock, Mrs : 311
Brougham, Henry, baron Brougham and Vaux : 300-302
Brown, John : 335, 339
Bruno de Trèves : 26
Brunswick, Charles Guillaume Ferdinand duc de : 291
Bucer, Martin, réformateur : 140
Bückeburg, Johanna Sophia, comtesse de : 264, 268
Buckingham, George Villiers, duc de : 197, 207-208, 210
Bullinger, Heinrich : 145, 180
Burke, Edmund : 287
Burnet, Gilbert, historien ecclésiastique écossais : 127, 232, 260
Burt, Robert, révérend : 290
Byron, George Gordon, lord : 301, 317

C

Callaghan, James : 362
Calvin, Jean : 168, 171
Campeggio : 114
Caraffa, Gian Pietro *Voir* Paul IV, pape
Carlisle, James Hay, comte de : 201
Carnwath, Robert Dalzell, comte de, rebelle jacobite : 263
Caroline d'Ansbach, épouse de George II : 255, 258
Caroline de Brunswick-Wolfenbüttel, épouse éconduite de George IV († 1821) : 255, 291, 293, 299
Caroline Élisabeth, fille de George II : 260
Carr, Robert, comte de Somerset : 197
Carranza, Bartolomé : 161
Castillon : 125
Castlereagh, Robert Stewart, vicomte : 297, 300
Catherine d'Aragon : 97, 99, 103-104, 112-114, 117, 120, 122, 124, 132, 137, 140-142, 145, 150-151, 199, 303
Catherine de Bragance, épouse de Charles II : 228
Catherine de Médicis : 14, 180, 182
Catherine de Valois, épouse d'Henri V de Lancastre : 96
Cecil, Robert, comte de Salisbury : 195
Cecil, William, baron Burghley : 171-172, 175, 185, 355
Charlemagne : 20, 22, 26
Charles d'Anjou, frère de René : 89

Charles d'Autriche, fils de Philippe II : 159
Charles de Linange : 307
Charles de Valois : 69
Charles Frédérick Guillaume († 1856), demi-frère de Victoria : 307
Charles Ier, roi d'Angleterre : 197-198, 201-204, 206-207, 209-211, 213-215, 217, 222-224, 227-228, 239, 289, 322, 387
Charles II, roi d'Angleterre : 209, 223-224, 227-228, 233
Charles II, roi de Sicile : 69
Charles IV le Bel, roi de France : 74-75, 78-81
Charles le Chauve : 20-21
Charles le Téméraire, duc de Bourgogne : 92
Charles, prince de Galles (né en 1948) : 347-348, 368, 373, 395
Charles VI, empereur : 278
Charles VII, roi de France : 85, 88-89, 92
Charlotte († 1817), princesse, fille du régent, futur George IV : 296, 301
Charlotte de Mecklembourg-Strelitz, épouse de George III : 287-289, 296, 298, 325
Châtelet, Gabrielle Émilie Le Tonnelier de Breteuil, marquise du : 284
Chauou, Amaury, historien : 46
Chesterfield, Philip Stanhope, comte de : 266
Chevalier, Étienne : 88
Chevreuse, Charles de Lorraine, duc de : 201
Chevreuse, Marie de Rohan, duchesse de : 209, 386
Chibnall, Marjorie : 37
Christian IV, roi de Danemark : 233
Christie, Agatha : 369
Christine de France, duchesse de Savoie : 198
Christine de Pisan : 90
Christine de Danemark, nièce de Charles Quint : 124, 382
Churchill, Arabella, sœur de John : 229
Churchill, John, duc de Marlborough : 231-232, 237
Churchill, Sarah, née Jennings, duchesse de Marlborough : 231-232, 245-246, 248-250
Churchill, Winston : 244, 346, 356, 360, 362, 365, 368
Claramonde de Marsan : 64
Clarendon, Edward Hyde, comte de : 223, 229
Clarendon, George Villiers, comte de : 333
Clarke, Alured : 285
Clarke, Mary Anne, née Thompson : 295, 299
Clarke, Samuel : 266-267
Claude de France, épouse de François Ier : 110
Clément VII, pape : 112, 115, 381
Clifford, Rosemonde, maîtresse d'Henri II : 51
Clotaire, fils de Clovis : 52
Coligny, amiral de : 182
Commynes, Philippe de : 91
Compton, Spencer : 271, 280
Conrad III : 43
Conroy, Elizabeth Jane, fille de John Conroy : 311, 314
Conroy, John : 308-312, 319
Conroy, Victoria, fille cadette de John Conroy : 311
Constance de Castille : 44
Conyngham, Francis, marquis de : 317
Costa, Michele : 320
Coty, René : 11
Courtenay, Edward : 151-152, 156-157, 162

Cowper, Mary, comtesse : 268, 272-273
Cranmer, Thomas, archevêque de Cantorbéry : 119, 122, 128, 132, 135, 141, 148, 167
Croker, John Wilson : 320
Cromwell, Olivier : 223, 231
Cromwell, Thomas : 119, 121, 123, 126, 129
Crouzet, François : 330
Cruickshank, George : 295
Culpeper, Thomas : 132
Curll, Edmund : 283

D

Darwin, Charles : 325
Davenant, William : 210
David Ier, roi d'Écosse : 36
Davys, George, Révérend : 311, 316
Defoe, Daniel : 245
Delaroche, Paul : 157
Delorme, Philippe, historien : 40
Delumeau, Jean : 213
Dereham, Francis : 130, 132
Dickens, Charles : 329
Digby, John, comte de Bristol : 199
Dinteville, Jean de : 120
Dion Cassius : 18
Disraeli, Benjamin : 318, 335-337
Donizetti, Domenico Gaetano : 312, 377
Dorléans, Louis : 186
Douglas-Home, Alec : 356
Drake, Francis : 188
Druon, Maurice : 61
Duby, Georges : 14, 60
Dudley, Edmund, financier, père du duc de Northumberland († 1510) : 104, 379
Dudley, Guildford, époux de lady Jane Grey : 145
Dudley, John, comte de Warwick, puis duc de Northumberland († 1553) : 139, 379
Dudley, Robert, comte de Leicester, fils du duc de Northumberland († 1588) : 172, 189, 195, 379
Duplessis-Mornay, Philippe, homme d'État, huguenot : 188

E

Eadburh, reine : 22
Eadmer, biographe de Saint Anselme : 33
Eden, Anthony : 355
Édith *Voir* Mathilde d'Écosse, Sainte, épouse d'Henri Ier, mère de l'impératrice Mathilde
Edmund Beaufort, duc de Somerset († 1455) : 91
Edmund de Woodstock, comte de Kent, frère d'Édouard II : 80
Edmund Fitzalan, comte d'Arundel : 76-77
Édouard Auguste, duc de Kent, père de la reine Victoria : 307-308, 310
Édouard, duc de Kent (né en 1935) : 351
Édouard Ier, roi d'Angleterre : 64-67, 69, 109
Édouard II, roi d'Angleterre : 15, 61-65, 67-68, 70-71, 74-78, 80-81, 83, 100, 244, 368
Édouard III, roi d'Angleterre : 64, 74, 78, 80-84, 379
Édouard IV, roi d'Angleterre : 87, 91-93, 95-96, 99, 151, 384
Édouard le Confesseur : 23, 35, 70, 123, 349
Édouard VI, roi d'Angleterre : 139, 144, 146, 150, 153, 167
Édouard VII, roi d'Angleterre : 324, 350, 360
Édouard VIII, roi d'Angleterre puis duc de Windsor († 1972) : 344-345, 347

Edward, comte de Wessex (né en 1964), dernier fils d'Élisabeth II : 347
Edward Vere, comte d'Oxford : 182
Effiat, Antoine Coëffier, marquis d' : 201-202
Egmont, Lamoral, comte d' : 158
Egremont, George Wyndham, comte d' : 317
Eisenhower, Dwight David : 354
Élisabeth d'Autriche, fille de l'empereur Maximilien : 180
Élisabeth de France, reine d'Espagne : 198
Élisabeth de Tyrol († 1312) : 69
Élisabeth d'York, fille d'Édouard IV, épouse d'Henri VII : 96
Élisabeth, fille de Jacques Ier : 197
Élisabeth Ire, reine d'Angleterre : 220, 236, 264, 322, 341, 355, 371-372, 379
Élisabeth II, reine d'Angleterre : 11-13, 342-343, 351-352, 354, 356, 362, 364-365, 367-368, 371, 389
Élisabeth Bowes-Lyon, épouse de George VI : 344
Emmanuel-Philibert, duc de Savoie († 1580) : 163
Enguerrand de Marigny : 69
Érasme, Didier : 97, 106, 108, 113, 133, 135
Ernest Auguste de Brunswick-Lunebourg : 257
Ernest Auguste de Hanovre, frère cadet de George Ier, duc d'York, prince-évêque d'Osnabrück : 270, 275-276
Ernest Christian Charles de Hohenlohe-Langenburg, époux de Féodora : 309
Ernest, duc de Cumberland, roi de Hanovre : 295, 319
Ernest, duc de Saxe-Cobourg et Gotha, frère du prince Albert : 314, 321
Essex, Devereux, Robert 2e comte d' : 194, 351
Essex, Devereux, Walter, comte d' : 195
Étienne de Blois, comte de Boulogne, roi d'Angleterre : 31, 34
Étienne de Rouen, moine de Notre-Dame du Bec : 50
Eugène III, pape : 43
Everard, John, Révérend : 199

F

Ferdinand d'Aragon : 97, 102
Feria, Gomez Suarez de Figueroa, comte de : 169, 173
Fernandes, Isabelle, historienne : 170
Fisher, Geoffrey, archevêque de Cantorbéry († 1972) : 349
Francesco Sforza, duc de Milan : 124
François d'Anjou *Voir* Hercule-François, duc d'Alençon puis duc d'Anjou
François d'Assise, Saint : 83, 204, 208, 386
François de Sales : 224
François Ier, roi de France : 107, 110, 117, 124-126, 134-135
François, pape : 366
Frears, Stephen : 369
Frédérick Guillaume Ier de Prusse, fils de Frédérick Ier : 275
Frédérick Louis, prince de Galles, fils de George II : 260-261
Frédérick V, électeur palatin : 256, 386
Frédérick VI, landgrave de Hesse-Homburg : 296
Frédéricka Charlotte de Prusse : 294
Froissart, Jean : 62, 77, 79-80

G

Gabaston, Arnaud de : 64
Gardiner, Stephen, évêque de Winchester : 133-136, 148-149, 151-152, 155-156, 158-159, 164, 166
Gaulle, Charles de : 12, 354, 358-359, 361
Gaulle-Anthonioz, Geneviève de : 14
Gaultier, François, abbé : 252
Gauthier d'Aunay : 76
Gentileschi, Orazio : 208, 213
Geoffroy d'Anjou, fils cadet de Mathilde : 33, 44
Geoffroy d'Auxerre : 42
Geoffroy de Mandeville : 35
Geoffroy, duc de Bretagne, fils d'Henri II et d'Aliénor d'Aquitaine : 47, 52
Geoffroy Fitzplantagenêt, frère bâtard de Richard Cœur-de-Lion, archevêque d'York : 57
Geoffroy Plantagenêt, comte d'Anjou : 28-29, 32-34, 36
George Auguste de Hanovre *Voir* George II, roi d'Angleterre
George, duc de Saxe-Meiningen († 1803) : 296
George FitzClarence, comte de Munster, fils de Guillaume IV : 298
George Ier, roi d'Angleterre : 256-258, 260-263, 265, 269-273, 275-277, 279, 282, 345
George II, roi d'Angleterre : 255-258, 260, 275-279, 281-282, 284, 290, 310, 372
George III, roi d'Angleterre : 288-289, 291, 293-295, 299, 306, 308, 325, 372
George IV, roi d'Angleterre : 255, 299-300, 302-307, 309-310, 315, 320, 345, 372
George Louis de Hanovre *Voir* George Ier, roi d'Angleterre
George V, roi d'Angleterre : 340, 344, 366
George VI, roi d'Angleterre : 344-345, 348
George de Danemark, époux de la reine Anne : 233
Geraldini, Alessandro : 100
Gifford, Gilbert : 192
Gildas le Sage : 19
Gillray, James : 295
Gladstone, William Ewart : 336-337
Gloucester, Henri, duc de, fils de Charles Ier : 224
Godefroy de Paris : 74
Godolphin, Sidney, comte de : 243, 245, 248
Gómez de Silva, Ruy : 160
Goodman, Christopher : 168
Gordon, Charles George, général, « Gordon Pacha » : 337
Gramont, Gabriel de, évêque de Tarbes : 112-113
Gregg, Edward, historien : 238
Grégoire le Grand, Saint : 21
Grégoire VIII, pape schismatique : 27
Grey, Charles, comte : 303
Grey, Frances, mère de Jane Grey : 146
Grey, Jane : 145-147, 149, 154, 157, 383
Grisi, Giulia : 320
Gui, comte de Laval : 88
Guillaume Adelin : 27
Guillaume Cousinot, sire de Montreuil : 88-89
Guillaume de Corbeil, archevêque de Cantorbéry : 31
Guillaume de Coucy : 79
Guillaume de Malmesbury : 28, 30
Guillaume de Normandie, dit Guillaume le Conquérant *Voir* Guillaume Ier, roi d'Angleterre
Guillaume, duc de Clarence *Voir* Guillaume IV, roi d'Angleterre
Guillaume d'Ypres : 35

Guillaume Ier, empereur d'Allemagne : 337
Guillaume Ier, roi d'Angleterre : 23, 25, 29, 31-33, 45
Guillaume II, empereur d'Allemagne : 339
Guillaume II, prince d'Orange († 1650) : 209, 214, 223, 387
Guillaume II, roi d'Angleterre : 23-24, 32
Guillaume III, prince d'Orange, roi d'Angleterre : 230, 235
Guillaume IV, roi d'Angleterre : 295-298, 306, 311-317
Guillaume IX d'Aquitaine, dit « le Troubadour » : 41
Guillaume le Bon, comte de Hollande et de Hainault : 81
Guillaume le Maréchal : 54
Guillaume le Taciturne, prince d'Orange : 187, 230
Guillaume Longchamp, évêque d'Ely : 55
Guillaume, premier fils d'Henri II et Aliénor d'Aquitaine : 45
Guillaume X d'Aquitaine, père d'Aliénor : 40-41, 60
Guise, François, duc de : 124, 169
Guise, Louise de : 124-125
Guise, Marie de, régente d'Écosse et mère de Marie Stuart : 124, 148, 190
Guise, Renée de : 124-125, 381
Guizot, François : 24, 317, 325-326, 333
Guy de Beauchamp, comte de Warwick : 76
Gwyn, Nell : 228

H

Haendel, Georg Friedrich : 278
Halifax, Montagu, Charles, comte de : 243, 388
Hamilton, David, médecin : 268-269
Harley, Robert, comte d'Oxford : 243, 246, 248, 251
Harold, roi : 24
Harris, James, comte de Malmesbury : 291
Harrison, George : 365
Hartnell, Norman, couturier : 349
Hastings, Flora : 320
Hatton, Christopher, courtisan : 182
Havart, Jean : 88-89
Hazlitt, William : 304-305
Heath, Edward : 358
Heath, William : 303
Héléna, épouse de Christian de Schleswig-Holstein : 324
Hélène, mère de Constantin : 22
Héloïse : 32, 40
Henri de Blois, évêque de Winchester : 35
Henri de Galles, le « prince Harry » : 368
Henri de Huntingdon : 27, 30
Henri de Lancastre : 70, 81, 84
Henri de Sully : 79
Henri, duc d'Anjou *Voir* Henri III, roi de France
Henri, duc de Gloucester, oncle d'Elisabeth II († 1974) : 350
Henri Ier, dit Henri Beauclerc, roi d'Angleterre : 24, 26-27, 29, 31-32, 34, 37
Henri II, roi d'Angleterre : 15, 34, 36-37, 44, 46-54, 58, 60, 65, 169
Henri II, roi de France : 173
Henri III, roi d'Angleterre : 54
Henri III, roi de France : 180, 182-183
Henri IV, roi de France : 198, 200, 212, 216-217, 221, 252
Henri le Jeune, fils d'Henri II et Aliénor d'Aquitaine : 46-47, 52-53
Henri le Libéral, comte de Champagne : 29
Henri le Lion, duc de Saxe : 53
Henri Plantagenêt, comte d'Anjou et duc de Normandie *Voir* Henri II, roi d'Angleterre

Henri Tudor, comte de Richmond *Voir* Henri VII, roi d'Angleterre
Henri V de Franconie : 26, 37
Henri VI, empereur : 56
Henri VI, roi d'Angleterre : 61, 85-89, 91-93, 95
Henri VII, roi d'Angleterre : 96-103
Henri VIII, roi d'Angleterre : 95, 104-107, 109-116, 118, 121-129, 131-137, 139-140, 142, 144-145, 147, 149-151, 154, 156, 158-159, 163-164, 167, 170, 175-176, 190, 211, 216, 222, 303, 351, 368, 379-381, 383
Henriette-Anne, fille de Charles Ier, épouse de Monsieur, Philippe d'Orléans († 1670) : 209
Henriette-Marie, reine d'Angleterre : 198-212, 214-215, 217-220, 222-225, 227, 229, 386-387
Henry Beaufort, duc de Somerset, († 1464) : 92
Henry Holland, duc d'Exeter : 92
Hercule-François, duc d'Alençon puis duc d'Anjou : 182-184
Hertford, Isabella Anne Seymour-Conway, marquise de : 292
Hildegarde de Bingen : 40, 59
Hill, Abigail : 245
Hilliard, Nicholas, miniaturiste : 184
Holbein, Hans : 111, 125, 127, 381
Holland, Henry Rich, comte de : 201, 209-210, 386
Hooper, John, évêque de Gloucester : 141, 167
Howard, Catherine, avant-dernière épouse d'Henri VIII : 97, 130-131
Howard, Charles, baron d'Effingham, grand amiral : 195
Howard, Elizabeth, mère d'Anne Boleyn : 109
Howard, Henrietta, comtesse de Suffolk, dite « Mrs Howard », maîtresse de George II : 281
Howley, William, archevêque de Cantorbéry : 317
Hubert Walter, évêque de Salisbury : 57
Huggarde, Miles : 159
Hugo, archevêque de Rouen : 30
Hugues Capet, roi de France : 41, 382
Hugues, évêque de Lincoln : 51
Hugues le Despenser, dit Hugues l'Ancien, comte de Winchester : 77, 81
Hugues le Despenser, dit Hugues le Jeune : 68, 77-81
Huish, Robert : 287, 322, 372
Hume, David : 36-37
Humphrey, duc de Gloucester : 88
Hyde, Anne, fille de Clarendon : 229
Hyde, Edward *Voir* Clarendon, Edward Hyde, comte de
Hyde, Lawrence, comte de Rochester : 240-242

I

Innocent II, pape : 31-32
Isabelle d'Angoulême († 1246) : 61
Isabelle de Castille : 97, 100, 102
Isabelle de France († 1358), fille de Philippe le Bel, épouse d'Édouard II : 61-63, 65-70, 72-83
Isabelle de France († 1409), femme de Richard II : 61

J

Jack Cade : 87
Jacques de Molay : 75
Jacques, duc d'York *Voir* Jacques II, roi d'Angleterre
Jacques (Francis) Édouard, dit le chevalier de Saint-Georges, prétendant Stuart : 237, 239, 252, 256

Jacques Ier, roi d'Angleterre : 193, 197, 202, 211-212, 219, 230, 238-239, 256-257, 361, 380
Jacques II, roi d'Angleterre : 203, 209, 221, 227, 229-230, 234-237, 239, 244, 256
Jacques V, roi d'Écosse : 124, 190, 381
Jacques VI, fils de Marie Stuart *Voir* Jacques Ier, roi d'Angleterre
Jarry, Alfred : 304
Jean de Roye : 79
Jean de Varenne, comte de Surrey : 76
Jean George IV de Saxe : 259
Jean sans Terre, roi d'Angleterre : 55, 57-58, 61, 65-66
Jean XXII, pape : 77
Jean XXIII, pape : 366
Jeanne d'Arc, Sainte : 14, 85
Jeanne de Bourgogne, fille d'Othon IV, comte palatin de Bourgogne et de Mahaut d'Artois : 75-76, 378
Jeanne de Navarre, épouse de Philippe le Bel : 67
Jeanne, fille d'Édouard II, reine d'Écosse : 75
Jeanne Hachette : 14
Jean-Paul II, pape : 366
Jennings, Frances, sœur de Sarah Churchill : 229
Jermyn, Henry, comte de St Albans, confident d'Henriette-Marie : 209-210, 215, 218, 223
John de Stratford, évêque de Winchester : 80
John, fils cadet d'Édouard II : 75
Jones, Inigo : 212
Jones, Richard : 131
Jordaens, Jacob : 213
Juan, prince des Asturies : 110
Judith, épouse d'Æthelwulf : 20-21
Juvénal des Ursins, archevêque de Reims : 88
Juxon, William, évêque de Londres : 223

K

Karim, Abdul : 338
Kendal, Mélusine de Schulenburg, duchesse de : 276, 278
Kersaudy, François, historien : 355
Kielmansegg, Sophie de : 261
Knollys, Lettice, épouse de Leicester : 190, 195
Knox, John, réformateur écossais : 168, 171, 173-174

L

La Mothe Duplessis-Houdancourt, Daniel de, évêque de ende : 204
Lablache, Luigi : 312, 320
Landseer, Edwin : 327
Larrey, Isaac de : 34, 39-40
Latimer, Hugh, évêque de Worcester : 141, 167
Le Caravage : 208, 386
Le Chapelain, André : 60
Lee, Edward, archevêque d'York : 148
Lefèvre d'Étaples, Jacques : 118
Lehzen, Louise : 311
Leibniz, Gottfried Wilhelm : 258, 264, 266-267
Lemaire de Belges, Jean : 110
Lennon, John : 365
Léopold d'Autriche, fils d'Albert de Habsbourg, roi des Romains († 1326) : 69
Léopold de Saxe-Cobourg *Voir* Léopold Ier († 1865), roi des Belges
Léopold, époux de la princesse de Waldeck et Pyrmont : 324
Léopold Ier († 1865), roi des Belges : 293, 307, 309, 312, 314-316, 319, 323-324, 329-332
Léopold Ier, empereur : 240

Lincoln, Henry de Lacy, comte de : 66, 68-69, 73
Liverpool, Charles Jenkinson, comte de : 297, 300
Locke, John : 227, 266, 283
Londoño, Sancho de : 99
Longueville, Anne-Geneviève de Bourbon-Condé, duchesse de : 217
Louis, comte d'Évreux : 67, 74
Louis de Bourbon, comte de Vendôme : 88
Louis de Bourbon-Soissons, petit-cousin de Louis XIII : 199
Louis de Héraucourt, évêque de Toul : 87
Louis d'Évreux : 69
Louis II, duc d'Anjou et roi de Naples : 85
Louis Napoléon Bonaparte, prince impérial : 337
Louis Rodolphe, duc de Wolfenbüttel : 278
Louis VI le Gros, roi de France : 26, 34
Louis VII, dit Louis le Jeune, roi de France : 34, 41, 43-45, 47-50, 52
Louis IX, Saint Louis : 58, 67, 70, 74
Louis X le Hutin, roi de France : 69, 75
Louis XI, roi de France : 92-93
Louis XII, roi de France : 110, 380, 383
Louis XIII, roi de France : 198-199, 206-207, 387
Louis XIV, roi de France : 221, 240, 244, 248, 267
Louise, duchesse d'Argyll : 324
Louise Éléonore, duchesse de Saxe-Meiningen, grand-mère maternelle de Victoria : 298
Louise, fille de Louis-Philippe, épouse de Léopold Ier : 309, 329
Louise Michel : 14
Louis-Philippe, roi des Français : 309, 321, 329
Luther, Martin : 109, 116, 135, 165, 259

M

Machado, Roger : 98
Machiavel, Nicolas : 15
Macmillan. Harold : 355-356, 358
Mahaut d'Artois : 378
Maintenon, Françoise d'Aubigné, marquise de : 248
Manox, Henry : 130
Mantova, Benedetto da : 151
Manuel, Doña Elvira : 101-103
Margaret Beaufort, comtesse de Richmond : 96, 379
Margaret de Clare, épouse de Gaveston : 67
Margaret Gertrude, fille de la duchesse de Kendal : 262
Margaret Tudor († 1541), sœur aînée d'Henri VIII, grand-mère de Marie Stuart : 176, 190, 380
Marguerite d'Anjou : 61-62, 84-94
Marguerite d'Autriche, fille de l'empereur Maximilien : 110, 117
Marguerite de France, fille de Louis VII, seconde épouse d'Édouard Ier : 52, 69
Marguerite de Navarre : 135
Marguerite de Valois, sœur de François Ier : 117
Marguerite d'Écosse : 25
Marguerite d'York, épouse de Charles le Téméraire : 92, 99
Marguerite, fille de François Ier : 124
Marguerite, fille de Robert II, duc de Bourgogne : 75-76, 378
Maria Anna, infante d'Espagne : 200
Marie Curie, née Skłodowska : 14
Marie de Brabant, épouse de Philippe III le Hardi : 69
Marie de Champagne : 60

Marie de France, fille d'Aliénor et de Louis VII : 43
Marie de Médicis, reine de France : 198, 202, 207, 213
Marie de Modène, épouse de Jacques II : 229-230, 234-236
Marie Ire, reine d'Angleterre : 13, 141
Marie, reine d'Angleterre, fille de Jacques II, épouse de Guillaume III : 233, 235-236, 238, 261
Marie Stuart, reine d'Écosse et reine de France : 124, 148, 173, 176, 181, 190-193, 197, 227
Marie-Henriette, fille de Charles Ier, épouse de Guillaume II, prince d'Orange : 209, 214
Marillac, Charles de : 123, 128-129, 131, 381
Marlow, Christopher : 63
Marshall, William : 70
Martineau, Harriet : 321
Masham, Samuel : 246, 251
Mathilde de Boulogne, épouse du roi Étienne : 23, 35, 37
Mathilde de Flandre, épouse de Guillaume le Conquérant : 23, 25
Mathilde d'Écosse, Sainte, épouse d'Henri Ier, mère de l'impératrice Mathilde : 23, 25, 29, 33
Mathilde, Empresse : 31, 33-34, 36, 40, 44-46, 51, 56, 140
Mathilde, fille d'Henri II et Aliénor d'Aquitaine : 46, 53
Matienzo, Tomás de : 99
Maynwaring, Arthur : 248
Mazarin, Jules, cardinal : 223
McAleese, Mary, présidente de la République d'Irlande : 366
McCartney, Paul : 365
Medina Sidonia, Alonso Pérez de Guzmán, duc de : 193
Melbourne, William Lamb, vicomte : 317-320, 323, 325, 328-329
Mélisande, fille de Baudoin II de Jérusalem : 38
Memo, Dionisio, organiste : 142
Mendelssohn Bartholdy, Felix : 327
Mendoza, Iñigo de : 113
Meyerbeer, Giacomo : 94
Michelet, Jules : 60, 237
Middleton, Kate, épouse de William, duc de Cambridge : 310
Mignard, Pierre : 228
Mirren, Helen : 369
Moleyns, Adam : 89
Montgenet, Thérèse-Bernardine, comtesse de, Mme de Saint-Laurent : 299
Montmorency, Anne de, connétable : 131
Montpensier, Anne Marie Louise, duchesse de, fille de Gaston d'Orléans, la « Grande Mademoiselle » : 220, 223
More, Thomas, auteur de l'*Utopie* : 106, 113, 117, 119, 133
Morton, Andrew : 368
Moulin, Joanny : 343
Mountbatten, Louis de Battenberg († 1979), oncle du duc d'Édimbourg : 360, 366
Murat, Joachim, roi de Naples : 293

N

Nanfan, Richard : 98
Napoléon Ier : 37, 293, 323, 363
Napoléon III : 331-332, 337
Nasser, Gamal Abdel : 354
Neville, Anne de : 93
Neville, Charles, comte de Westmorland : 178
Neville, John baron Latimer († 1543), second époux de Catherine Parr : 133
Newcastle, Thomas Pelham Holles, duc de : 270-271
Newton, Isaac : 227, 267, 283

Nicolas Ier, tsar : 329
Nicolas II, tsar : 339
Nightingale, Florence : 332
Noailles, Antoine de, ambassadeur : 148, 151, 156
Norfolk, Thomas Howard, duc de († 1524), grand-père d'Anne Boleyn : 109
Norris, Henry : 120-121, 381
Norris, Margery : 182
Northumberland, Henry Percy, comte de († 1537), fiancé d'Anne Boleyn : 118

O

Oglethorpe, Owen, évêque de Carlisle : 175
Orban, Ferdinand, jésuite : 259
Orderic Vital : 24-25
Orléans, Élisabeth Charlotte, Princess Palatine, duchesse d' : 234, 266
Orléans, Gaston, duc d' : 217, 220
Owen, Robert : 299
Owen Tudor, grand-père d'Henri VII : 96

P

Paget, William : 149, 151, 158-159
Palamède de Macheco, comtesse : 59
Palladio, Andrea : 212
Palmerston, Emily Lamb, vicomtesse, sœur de Lord Melbourne : 326
Palmerston, Henry Temple, vicomte : 330
Panzani, Gregorio : 213
Parker Bowles, Camilla, duchesse de Cornouailles : 368, 373
Parr, Catherine, dernière épouse d'Henri VIII : 97, 132-134, 136, 139, 143, 145, 382
Parr, Maud, née Green, mère de Catherine : 132
Parr, Thomas, père de Catherine : 132
Parry, Hubert : 350
Pascal II, pape : 27
Paul III, pape : 126, 381
Paul IV, pape : 161, 384
Paulet, William, marquis de Winchester : 175
Paxton, Joseph : 330
Peel, Robert : 323, 328-329
Pembroke, William Herbert, comte de : 92
Pepys, Samuel : 229
Percy, Thomas, comte de Northumberland († 1572) : 178
Pergami, baron : 300
Perlin, Étienne : 170
Pétrarque : 154
Petronilla Melusina, fille de la duchesse de Kendal : 262
Philibert II de Savoie († 1504) : 110
Philippa de Hainaut, épouse d'Édouard III : 81, 379
Philippe Auguste : 27, 48, 56-57
Philippe d'Aunay : 76
Philippe de Grèce et de Danemark, duc d'Édimbourg : 346
Philippe II, roi d'Espagne : 151, 161, 170, 173, 183, 187-188, 193, 199
Philippe IV le Bel, roi de France : 15, 62, 66-70, 72, 74-75, 77-78, 83, 382
Philippe IV, roi d'Espagne : 198-199
Philippe le Bon, duc de Bourgogne : 85
Philippe V le Long, roi de France : 75
Pie III, pape : 102
Pie IV, pape : 176
Pie V, Saint : 179, 192
Pie VII, pape : 291
Pierre de Blois : 45, 53, 56
Pierre le Vénérable : 40
Pierre Valdo : 40
Pitaval, François Gayot de : 207

Pitt-Watson, James, modérateur de l'Église presbytérienne d'Écosse : 350
Platon : 255
Plumb, John Herbert, historien : 281
Pole, Reginald, cardinal : 149, 163, 165-166, 175
Pollard, John : 155
Pompadour, Jeanne-Antoinette Poisson, marquise de : 284
Pompidou, Georges : 358, 361
Pope, Alexander : 266, 282-283
Portsmouth, Louise Renée de Penancoët de Keroual, duchesse de : 228
Prévost, Antoine François, abbé : 94
Prynne, William, pamphlétaire puritain : 212
Puebla, Rodrigo González de : 97, 99-100, 102-103
Pulteney, William : 282

R

Racan, Honorat de Bueil, seigneur de : 204-205
Radcliffe, John, médecin : 233
Rahman, Abdul : 355
Ranulf Higden : 51
Rapin de Thoyras, Paul de, historien : 29-30, 169
Raymond V, comte de Toulouse : 50
Reagan, Ronald : 363
Renard, Simon, ambassadeur : 146, 151-154, 156
René d'Anjou, comte de Provence : 85, 88
Reynolds, Joshua : 290
Richard de Devizes : 54-55
Richard Ier, dit Cœur-de-Lion, roi d'Angleterre : 52, 56, 58, 63
Richard II, roi d'Angleterre : 61, 84
Richard III, roi d'Angleterre : 91, 95, 98-99, 118
Richard Plantagenêt, duc d'York : 90
Richelieu, Armand Jean du Plessis, cardinal de : 199, 201, 206-207, 209, 386
Ridley, Nicholas, évêque de Londres : 141, 146, 167
Rigord, moine de Saint-Denis : 48-49
Robert Bruce : 76
Robert, comte de Gloucester : 30-31, 34-35
Robert Courteheuse : 24, 26
Robert d'Arbrissel : 45
Robert d'Artois : 79
Robert de Baldock, chancelier : 77
Roesslin, Euchaire : 131
Roger de Hoveden : 35, 53-55
Roger de Sicile : 43
Roger Mortimer : 70, 81-82
Ronsard, Pierre de : 191
Rossini, Gioachino : 312
Rowe, Nicholas : 268
Rupert, prince palatin : 239
Russell, John, comte : 318

S

Sacheverell, Henry, Révérend : 249
Saladin : 39, 43, 55, 377
Salisbury, Robert Arthur James Gascoyne-Cecil, marquis de († 1972) : 355
Sand, George : 14
Sanders, Nicholas : 117, 120
Savage, John : 192
Scott, Walter : 85, 327
Ségur, Sophie Rostopchine, comtesse de : 311
Sepúlveda, Juan de : 98
Seymour, Edward, comte de Hertford, puis duc de Somerset : 122, 139
Seymour, Jane, reine d'Angleterre, mère d'Édouard VI : 97, 121-123, 133, 139, 143
Seymour, Mary, « Minney » : 292

Seymour, Thomas († 1549), grand amiral, frère de Jane Seymour : 133, 136, 139, 181, 382
Shakespeare, William : 61, 87, 93-95, 275, 357
Sheffield, John, comte de Mulgrave : 231
Shelley, Percy B. : 303
Shorter, Catherine : 272
Simier, Jean de : 183
Smeaton, Mark : 120-121, 381
Smith, Ian : 356-357
Smith, Sydney : 318
Smuts, Malcolm, historien : 209
Sophia Dorothea de Hanovre, fille de George Ier, épouse de Frédérick-Guillaume Ier : 275
Sophie Dorothée, mère de George II : 258, 390
Sophie, électrice douairière du Hanovre : 238, 242, 257, 259-260, 264
Sophie-Charlotte de Hanovre, fille de l'électrice Sophie, 2e épouse de Frédérick Ier : 259, 264
Soto, Pedro de : 161
Soubise, Benjamin de Rohan, baron de : 206
Soult, Jean de Dieu, duc de Dalmatie, maréchal : 321
Southesk, Anne Carnegie, comtesse de : 229
Spaeth, baronne : 311
Spenser, Diana, « Lady Di » : 244, 303, 343, 368, 373, 388
Spenser, Edmund : 375
Stanhope, James : 272-273
Starkey, David, historien : 47
Starr, Ringo : 365
Steele, Richard : 269
Stockmar, Christian Friedrich, baron de : 319, 328
Strachey, Lytton : 293, 317-318, 351
Strafford, Thomas Wentworth, comte de : 213
Strickland, Agnes : 15
Strickland, Elizabeth : 62, 94
Suffolk, duchesse de, *Voir* Grey, Frances, mère de Jane Grey
Suger, abbé de Saint-Denis : 27, 40, 42, 44
Sunderland, Charles James Spencer, comte de : 244-245, 248, 272, 388
Sunderland, Robert Spencer, comte de : 234, 244
Swift, Jonathan : 231, 250

T

Tacite : 17
Tencin, Claudine-Alexandrine-Sophie Guérin de : 62
Thatcher, Margaret, née Roberts, baronne Thatcher de Kesteven : 343, 359, 363-365
Thibault V de Blois († 1191) : 44
Thierry, Augustin : 60
Thomas Becket, Saint : 40, 48, 50, 78
Thomas de Burton, abbé cistercien : 64
Thomas de la Moor : 62
Thomas de Lancastre : 73, 77-78, 80
Thornycroft, Thomas : 17
Tillières, Leveneur, comte de : 200-201, 206
Toland, John : 257
Townshend, Charles : 272, 391
Trimmer, Sarah : 311
Tunstall, Cuthbert, évêque de Londres : 133

U

Udall, Nicholas, latiniste : 135
Underwood, Cecilia : 295
Urbain VIII, pape : 201, 213, 386
Urraca, fille d'Alphonse VI de Castille : 38

V

Van Dyck, Antoine : 211
Vertot, René Aubert, abbé de : 139, 158
Victoria de Saxe-Cobourg-Saalfeld, duchesse de Kent, mère de la reine Victoria : 297, 307
Victoria, impératrice d'Allemagne : 324, 333
Victoria, reine : 254, 287, 299, 307-320, 322-325, 327-340, 343-345, 355, 361, 367, 369, 371
Villagarcia, Juan de : 161
Villiers, Barbara : 228
Villiers, Eleanor, nièce de Buckingham : 210
Vives, Juan Luis : 97, 108, 142
Voltaire, François-Marie Arouet, dit : 116, 266, 285
Von Ribbentrop, Joachim : 345

W

Wake, William, archevêque de Cantorbéry : 263, 277
Wallis Simpson, née Bessie Wallis Warfield, duchesse de Windsor : 344
Walpole, Horace, fils de Robert : 263
Walpole, Robert, Premier ministre : 263, 265, 272-273, 279, 282
Walsingham, Francis : 192
Walter de Stapledon, évêque d'Exeter : 77, 80
Warbeck, Perkin : 98
Warham, William, archevêque de Cantorbéry : 106, 112
Warwick, Richard Neville, comte de : 93
Weld, Édouard : 289
Wellington, Arthur Wellesley, duc de : 306, 309, 318, 323, 325
Weston, Francis : 120-121, 381
Wilberforce, William : 297
Wilhelmina de Prusse : 275-276
William Aiscough, évêque de Salisbury : 88
William, duc de Cambridge, fils de Charles, prince de Galles (né en 1982) : 310, 368, 395
William, duc de Gloucester, fils de la reine Anne : 233
Willoughby : 101
Wilson, Harold : 356, 362
Winchelsea, Robert, l'archevêque de Cantorbéry : 71
Witt, Henriette de, née Guizot : 326
Woodlock, Henry, évêque de Winchester : 71
Wriothesley, Thomas, comte de Southampton : 134
Wyatt, Thomas, poète († 1542) : 118, 154
Wyatt, Thomas, rebelle, fils du précédent († 1554) : 154, 156-157, 162

Y

Yolande, fille du roi d'Aragon : 85-86

Z

Zwingli, Ulrich : 145, 168, 180

Du même auteur (suite)

J.-J. Rousseau, Perrin, 2005 ; rééd. Tempus 2011 (avec M. Cottret). Prix P.-G. Castex 2006 de l'Académie des sciences morales et politiques.
Cosmopolitismes, patriotismes, Rennes, Les Perséides, 2005 (en collaboration).
Le Jardin. Figures et métamorphoses, Dijon, EUD, 2005 (en collaboration).
Convertir / Se convertir, Nolin, 2006 (en collaboration).
Sainte ou sorcière ? L'héroïsme chrétien au féminin, Éd. de Paris, 2006 (en collaboration).
Histoire de l'Angleterre, Tallandier, 2007 ; nouvelle édition mise à jour « Texto », 2011 et 2015.
Naissance de l'Amérique du Nord, Indes savantes, 2008 (en collaboration).
La République et le Royaume, Éd. de Paris, 2008.
Calvin. Traité des reliques, Éd. de Paris, 2008.
La royauté au féminin. Élisabeth Ire d'Angleterre, Fayard, 2009.
Du bon usage des commémorations, PUR, 2010 (en collaboration).
Karl Marx, une vie entre romantisme et révolution, Perrin, 2010. Version turque.
Savoir et pouvoir au siècle des Lumières, Éd. de Paris, 2011 (en collaboration).
J.-J. Rousseau, *Lettre à Christophe de Beaumont*, Infolio, 2012 (avec M. Cottret).
Naissance et affirmation de la Réforme, Paris, Puf, « Nouvelle Clio », 2012 (avec J. Delumeau et T. Wanegffelen).
Thomas More, Tallandier, 2012.
La Glorieuse Révolution d'Angleterre, 1688, Gallimard, 2013.
La Révolution anglaise, 1603-1660, Perrin, 2015.

Réalisation : Nord Compo à Villeneuve-d'Ascq
Dépôt légal : mai 2016
ISBN : 979-10-210-1969-0
Numéro d'édition : 3888
Imprimé en Italie